멘토링 경영과 실전 성공 전략

The Mentoring Management & Strategy

멘토링 경영과

실전 성공 전략

The Mentoring Management & Strategy

류재석 지음

멘토링 경영이란 무엇인가?

한마디로 요약하자면 인간존중경영을 통하여 생산성효과를 얻고자 하는 경영기법인 것이다.

KSI 한국학술정보㈜

멘토링 시스템 도입의 효과는 조직구성원의 특성에 맞게 1 : 1로 잠
재 역량을 개발하여 개인적으로 인간성 향상과(Humanity) 조직적으로
생산성 향상(Productivity)에 기여하는 것이다.

멘토링 경영
Mentoring Manangement

1. 멘토링 중요성 Mentoring Important

조직은 곧 사람이다. 좋은 자질을 가진 사람에게 체계적인 경로를 만들어 주고 단계적으로 인적자원을 검증해 나가는 조직은 번영할 수밖에 없다.

우리나라 조직에서 선량한 관리자는 풍부하지만 비전과 추진력을 갖춘 리더는 부족하다. 사회적으로도 말만 많은 지식인과 목청을 높이는 선동가는 넘쳐나지만 현실문제해결 능력과 미래 비전을 겸비한 지도자는 기근상태다.

과거처럼 권위와 명령에 의존해서는 날로 복잡해지고 다양해지는 환경에서 조직역량을 높이고 공동체의 생존을 기약하기 어렵다는 점을 많은 사람들은 절감하고 있다.

미래 리더를 키워내는 데 있어 현장에서 인간관계를 중시하고 단계별로 육성해내는 멘토링 프로그램이 3,250년이 지난 오늘날에도 맥킨지 컨설팅에서 보고(2000 스위스 다보스포럼)한 대로 21세기 인재개발에 놀라운 힘을 발휘하고 있다.

금번 신간-멘토링 경영과 실전성공전략-발간에 즈음하여 그동안 내재된 암묵지형태의 멘토링이 형식지화하여 멘토링을 현장에서 저비용 고효율의 인재개발 기법으로 적용하는 데 유용하게 활용되기를 기대한다.

2. 멘토링 경영 Mentoring Management

21세기에 들어서 인재확보 여부가 조직 경쟁력의 성패를 결정한다는 인식이 확산되면서 해외기업들은 물론 국내기업들도 우수인재를 확보하기 위해 총력을 기울이고 있다. 또한 대기업뿐만 아니라 지금까지 상대적으로 인재확보에 소극적이었던 금융권이나 공기업들도 고급 인재를 적극적으로 찾아 나서고 있다.

특히 전문성과 실력을 갖추고 있다면 국적이나 출신을 가리지 않겠다는 글로벌 차원의 인재유치 움직임도 점차 치열해지고 있다. 이처럼 기업들의 소위 '인재확보 전쟁'은 앞으로 더욱 치열해질 것으로 예상된다.

멘토링은 이러한 기업의 인재육성 활동을 효과적으로 지원해 주는 매우 효과적인 제도라고 할 수 있다. 물론 직무순환, 액션러닝 등 인재육성을 위한 다양한 기법들이 있기 때문에 멘토링이 인재육성을 위한 유일한 방법이라고 할 수는 없다.

그러나 멘토링은 이러한 기법들과 비교되는 명확한 차이가 있다. 바로 '사람과의 관계를 통한 학습'이라는 점이다. 즉 이와 같이 멘토링은 상호 인간적인 관계를 맺고, 전문적, 정서적, 윤리적 지원을 통해 진행되기 때문에 인재육성 측면에서 다른 어떤 방법보다도 전인적인 차원에서 효과적이라고 할 수 있다.

그러면 멘토링 경영이란 무엇인가? 한마디로 요약하자면 인간존중(Humanity) 경영을 통하여 생산성(Productivity) 효과를 얻고자 하는 경영기법인 것이다.

그러나 오늘날 경영 현실은 사람 중심 경영, 인간존중 경영을 하면서도 실제로는 구성원을 강한 훈련, 강한 리더십으로 밀어붙여야 생산성 목표를 달성할 수 있다는 속설이 있고 현재도 이러한 경영 방침이 현장에서 먹혀 들어가고 있는 것이 현실이다.

이러한 경영은 단기적으로는 효과가 있는 것은 사실이다. 그러나 장기적인 안목으로 볼 때 일방적인 밀어붙이는 식 경영은 날이 갈수록 인간관계에서 골이 깊어 갈 수밖에 없는 것이며 이로 인한 조직의 갈등과 강성 노조의 대두는 어쩌면 자연스러운 현상이라고 볼 수 있겠다.

멘토링 경영은 현재 이러한 경영의 한계를 극복하기 위해서 인간성(Humanity) 바탕이라는 분모(分母) 위에 생산성(Productivity)이라는 분자(分子)를 얹히자는 것이 목적이다. 바로 수학 공식에서 과분수라는 불안한 상태에서 진분수라는 안정적인 상태로 조직의 틀(Paradigm)을 바꾸자는 인간존중 프로그램인 것이다.

그러기 위해서는 정규업무라인에서 생산성 향상을 위한 경영과 멘토링 라인에서 인간존중 경영을 이룰 수 있도록 하고 더 나아가 멘토링 인재개발 프로그램으로 중장기적인 차원에서 경영의 효율성을 극대화하고자 하는 것이다.

3. 본 도서에 관한 줄거리 Mentoring Book Outline

현재 국내에서 멘토링에 관한 자료는 그동안 원론적인 차원에서는 주로 번역서와 일부 논문이나 리포트 형식의 자료가 시중에서 쉽게 구할 수 있도록 다량의 자료들이 출간되어 있다.

그러나 기업체, 대학, 공공기관 등 다양한 조직에서 현장에서 실무적인 자료를 원하고 있으나 그러한 면에서는 아쉬운 점이 있어 금번 그에 대한 시장의 니즈(Needs)를 해결하고자 집필을 하게 되었다.

작년(06.10.31 한국학술정보㈜ 간)에는 멘토링을 체계적으로 연구하고자 하는 사람들에게 필요한 [멘토링 원리와 현장적용방법]을 출간했고 금번 멘토링 경영도서는 멘토링을 도입하고자 하는 사람들에게 경영전략 차원에서 생산성 효과가 손에 잡힐 수 있도록 실천 중심 그리고 매뉴얼 중심으로 현장실무 전략을 주로 다루었다.

특히 본서에는 인간존중 경영을 통한 생산성 효과를 얻는 방법으로 아래 5가지 단계를 통하여 수익경영에 이르는 경영방법도 제시하고 있다.

단계 1 – 멘토링 기법으로 인간존중 경영을 통하여
단계 2 – 우수인재양성으로 인재경쟁력을 확보하고
단계 3 – 고객에게 고품질에 서비스를 제공하여
단계 4 – 내부 사원 고객과 외부 고객을 만족시키고
단계 5 – 고객의 재구매 의욕으로 수익경영을 이룩한다.

Part – 1에서는 멘토링 현장경영에서 실패 원인을 분석하고 성공전략을 다루었다.
Part – 2에서는 인간존중 경영에 관한 전략을 다루고 11가지 사례를 소개하였다.
Part – 3에서는 생산성 효과를 도출하는 방법을 8군데 업체의 사례와 함께 다루었다.
Part – 4에서는 개인의 인재개발 10게임을 Workshop형태로 진행하도록 하였고
Part – 5에서는 조직에서 멘토링 도입에 필요한 컨설팅 11도구를 소개해서 현장경

영의 효과를 더할 수 있도록 했다.

4. 본 도서에 관한 특징 Mentoring Book Feature

1. 경영 차원에서 특징 – 진분수 균형경영 유도
  1) 현재 경영이 생산성에 치우친 분자 중심의 과분수 경영이라면
  2) 인간존중을 분모 부문에 보완하여 진분수로서 균형 경영을 이룰 수 있도록 했다.
2. 컨설팅 차원에서 특징 – 조직과 개인에 경영지수 활용
  1) 조직 – 인간존중지수(**Human Respect Index =H R I**)를 진단하여 CEO가 인간존중 경영을 실현하도록 권장했고(Part2 조직 환경분석 도구 참조)
  2) 개인 – 인격개발지수(**Person Development Index =PDI**)를 진단하여 구성원 개인 인격개발목표를 갖고 힘쓸 수 있도록 했다.(Part3 Star Game 참조)
3. 성공사례 차원에서 특징
  1) 개인 간의 성공사례 – Part 2 각 장마다 아름다운 인간존중 멘토링 이야기를 수록했다.
  2) 조직에서 성공사례 – Part 3 각 장마다 생산성이 담긴 성공 사례 8개를 수록하여 멘토링 경영을 통한 생산성 효과를 실감나게 부각시켰다.

5. 멘토링코리아 팀 Mentoring Korea Team

멘토링 프로그램을 디자인(**Design**)한 지 벌써 10년째(98.2.1 창립) 접어들었다. 그동안 저자는 초창기부터 멘토링 전문연구 위원으로 탁충실 위원(시스템 전문) 민홍기 박사(경영학), 김영회 박사(교육공학), 최창호 박사(사회심리학), 최명국 박사(언론학) 등과 함께 10년 동안 재창조(**Recreation**)하는 마음으로 회원에게 가장 값진 다이아몬드 프로그램(**Diamond Mentoring Program**)으로 업그레이드하여 서비스할 것을 사명으로 오늘날까지 멘토링 연구에 전념해 왔다.
  1. 1998.2 멘토링코리아 창립
  2. 1999.2 도서 – 멘토링 현대 조직에 적용방법(A4 – 246p)

3. 2000.10 프로그램 - 제도적 멘토링 프로그램 개발
4. 2001.1 도서 - 멘토링 원리와 적용방법론(A4 - 600p - 5권 합본)
5. 2003.10 프로그램 - 다이아몬드 멘토링 리더십 프로그램 개발
6. 2006.10 도서 - 멘토링 원리와 현장적용방법(190 × 260 536p 한국학술정보㈜)
7. 2006.12 프로그램 - 멘토링 시스템운영 매뉴얼(노동부사례 중심)

6. 멘토링을 통한 사명 Mentoring Mission

멘토링은 하나님께서 저자에게 25년 만에 기도의 응답으로 주신 선물(**Gift**)이다. 이에 저자는 하나님께 감사하면서 아래와 같은 사명선언을 다짐했다.

* 사명선언서(성경말씀 고전**10:31~33**)
  1) 하나님께 영광 - 멘토링이 활용되는 곳마다 하나님께 영광 돌리는 계기를 만든다.
  2) 조직에 공헌 - 교회, 기업, 학교, 공공기관, 군대 등 조직 개발에 공헌하는 멘토링이 된다.
  3) 사람에 유익 - 사람의 역량을 개발하고 가치를 성장시키는 데 유익한 멘토링이 된다.

7. 멘토링에 관한 감사 Mentoring Thanks

금번(06.5~12월간) 노동부 멘토링 8개월 프로젝트를 성공적으로 완료하고 멘토링 운영 매뉴얼을 공동으로 작성하여 이 책을 현장 실무자료로서 더욱 활용할 수 있도록 힘쓴 아래 분들께 먼저 감사를 드린다.

- 노동부 혁신성과 관리단 - 멘토링을 혁신업무로 선정하여 시범시행을 할 수 있도록 본부 차원에서 업무 지원과 자금 지원한 *정원호 서기관님, 김성진 님, 유연희 님
- 노동부 부천지청 - 멘토링을 본부에 혁신업무 주제로 제안하여 채택시켰고 8개월 동안 직접 멘토링 20쌍을 활동에 참여시켜 프로그램 관리를 성공적으로 수행한 *임인주 지청장님, 최광휘 과장님, 박은경 계장님
- 멘토링코리아 - 노동본부와 컨설팅 위탁계약을 맺고 준비 기간까지 8개월간 현장

에서 저자와 함께 교육 및 컨설팅을 성공적으로 수행한 *탁충실 위원님, 한광
훈 박사님, 김동철 박사님

- 이 책이 발간되기까지 짧지 않은 세월 속에서 초창기 설립부터 동역(同役)했던
  탁충실 님, 기도의 응원군인 서현교회 김경원 목사님과 성도님들, 가나안농군
  학교 김평일 교장님 그리고 저자의 에너지 근원이 된 아내 임금자를 포함한
  가족인 류환, 류현, 한현숙, 류경헌, 류지영, 안성훈에게 감사를 드린다.
- 마지막으로 어려운 여건에서도 기꺼이 출판을 맡아 수고한 한국학술정보㈜ 임직
  원님들께 심심한 감사를 드린다.

2007. 10. 01
저자: 멘토링코리아 류재석 드림

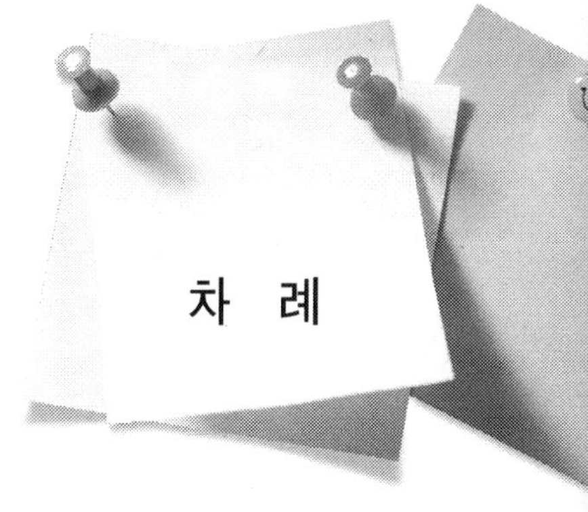

차 례

Part 3 Mentoring Productivity

멘토링 경영 생산성 효과 ★ ☆ ★ ☆ ★ 157

Part 4 Mentoring Game

멘토링 경영 인재개발 게임 ★ ☆ ★ ☆ ★ 297

Part

01

멘토링 경영 실전성공전략

Mentoring Strategy

"21세기 인재전쟁시대에서 멘토링은 인재개발의 놀라운 힘을 발휘하고 있다"고 맥킨지 컨설팅은 그 중요성을 강조했다.

멘토링은 조직구성원의 특성에 맞게 1 : 1로 잠재 능력을 개발토록 원리와 기법을 학습하고 멘토링 활동을 실천하여 차세대 리더로 세우는 일이 목적이다.

멘토링의 효과성은 개인적으로 인간성 향상(Humanity)과 조직적으로 생산성 향상(Productivity)에 기여하는 것이다.

오늘날 어려운 경제 환경에서 참된 기업 경쟁력이란 무엇일까? 고도 성장기에는 매출 지상주의 기업이 주류를 이루었으나 지금의 경제 정체기에는 이익률 중시 기업이 늘고 있다.

이익률 향상을 위해서는 기존의 고객을 유지하고, 이탈을 방지하는 것이 최선의 과제다. 이것을 실현하기 위해서는 종래와 같이 제품 품질만으로는 차별화가 어렵다.

최근의 경영의 핵심은 어떻게 경쟁력 있는 인재를 확보하여 서비스의 질을 높이고 고객이탈을 막아 이익률을 높일까 하는 것이다. 멘토링 경영의 효과는 이와 같은 생산성 향상을 실현하는 데 실전성공전략으로 큰 기여를 할 것이다.

멘토링 현장경영 전략

1장

 ## 1. 멘토링 원리 이해

1) 멘토링 유래와 의미

멘토링(Mentoring)은 BC1250년대 트로이(Troy) 전쟁을 소재로 한 호머의 그리스 신화에 등장하는 이타카 왕 오디세우스가 출정하여 귀국하기까지 어린 왕자 텔레마코스(Telemachus)를 멘토(Mentor)라는 스승에게 20년 동안 맡겨 지혜롭고 현명한 왕으로 성장시킨 데서 유래한다.

오늘날 지식시대의 출현과, 지속적인 학습의 장으로 변모한 조직의 풍토로 인해, 멘토링은 각 조직의 경영자(CEO)가 수행해야 할 가장 중요하고 가치 있는 역할 가운데 하나로 새롭게 부상하고 있다.

역할 모델이 되고, 피드백을 제공하고, 재능을 키워 주고, 발전을 독려하며, 개인과 팀의 장점을 이끌어 냄으로써, 경영자는 멘토링을 통해 조직 내의 결속을 다지고, 궁극적으로 조직의 업무 수행 능력과 수익성을 높일 수 있으며, 필요한데도 떠나려는 직원들의 이직을 낮출 수도 있다.

하지만 훌륭한 스승이 되는 일이 쉬운 일이 아닌 것처럼, 멘토링은 아무나 구사할 수 있는 쉬운 기술은 아니다.

다행히 오늘날 멘토가 되는 데 요구되는 멘토링에 관한 모든 기술들은 일정한 학습과 훈련을 통해서 충분히 습득할 수 있는 것이다.

변화와 경쟁을 즐기면서 리드(Lead)하는 조직이 되기 위해서는 학습하는 조직이 되어야 하고, 특히 자율 학습하는 조직에는 멘토가 필요하다.

오늘날 조직들은 어제의 지식, 어제의 전략, 어제의 리더십, 어제의 기술이 더 이상 내일의 성공을 보장해 주지 않는다는 것을 깨닫고 있다. 날마다 새로운 지식, 새로운 전략, 새로운 리더십, 새로운 기술이 요구되는 시대인 것이다.

어제 대학이나 MBA 과정에서 배운 지식은 오늘 이미 쓸모가 없어지고, 과거의 파란만장했던 경험들은 내일의 전략 수립에 아무런 도움이 되지 않는다.

그렇다면 조직은 어떻게 날마다 새로운 지식, 전략, 리더십, 기술을 개발할 수가 있을까? 끊임없이 학습하는 조직이 되는 수밖에는 달리 방법이 없다. 더 빨리 배우고, 더 빨리 변화할 수 있는 조직만이 살아남는다. 그러므로 구성원들이 더 빨리 배우로, 변화를 즐길 수 있도록 리드하는 경영자, 그가 바로 오늘 우리에게 필요한 경영자요 CEO이며, 우리는 이를 멘토라 부른다.

그러나 리더와 경영자를 꿈꾸기 전에 먼저 멘토가 되라. 구성원들이 자발적으로 참여하고 끊임없이 학습하는 새로운 조직 풍토가 되기 위해서는 그의 지름길로 멘토링 선택에 관심을 갖는 것이다.

2) 멘토링 용어

* 멘토(Mentor) - 도움을 주는 사람이며 멘제의 전인적인 삶의 조언자다.
* 멘제(Menger) - 도움을 받는 사람이며 상대인 멘토를 통하여 자신의 역량을 개발하고자 하는 사람이다.
　　- 유사용어 Protge(프로테제 - 불란서에서 호칭), Mentoree(멘토링 - 영국), Mentee(멘

티-미국)

- 멘제(Menger) - 한국에서 멘토링코리아 프로그램에 의하여 개발된 형님, 동생이 라는 의미로 호칭하는 용어다.

* 멘토링(Mentoring) - 멘토가 멘제와 활동(Activity)하는 상태를 말한다.(Mentor+ing)

* 멘토제(Mentorger) - 멘토와 멘제를 합성하여 호칭하는 용어다.

3) 멘토링 유형

(1) 전통적 (Typical) 멘토링	개인 간 연결과 헤어짐이 누구의 간섭 없이 자유로운 형태다.(인간성 중심-**Humanity**)
(2) 유사적 (Side) 멘토링	특히 기업의 OJT와 같이 멘토링의 1 : 1 형식은 갖추었으나 그 내용이 업무 위주로 진행된다. 생산성 중심(**Productivity**)
(3) 제도적 (Systematic) 멘토링	조직에서 체계적으로 멘토링 시스템을 도입하여 일정 기간, 즉 준비, 도입, 활동, 평가과정에 프로그램을 적용한다.(인간성 바탕 위에 생산성-**Humanity / Productivity**)

# 2. 멘토링 현장 전략

1) 멘토링 목적은(What)?

멘토링(**Mentoring**)은 인간의 특성을 연구하고, 인간의 역량을 개발하며, 한 사람을 인격적인 리더로 세우는 1 : 1 인재개발 프로그램이다.

특히 관계 본능을 지향하는 인간에게 멘토링은 인류역사 이래로 그 활동이 이어져 왔고 오늘날도 사회 구석구석에서 활동하고 있으며 미래에서도 인간이 존재하는 한 멘토링 활동은 계속 진행될 것으로 예견한다.

  * 멘토링의 목적: 1 : 1 방법으로 리더개발   (Reproducting)
  * 멘토링의 목표: 개인은 인재개발 목표달성   (Humanity)
    조직은 업무개발 목표달성   (Productivity)

2) 멘토링의 필요성은(Why?)

* 개인에 필요성 − 한 사람의 멘제가 자신이 가장 잘할 수 있는 적성(Aptitude)을 찾아 역량(Competency)을 개발하고 리더로 성장하는 데 멘토가 필요하다.
* 조직에 필요성 − 평사원의 의식을 리더(Leader)의식으로 전환함으로 인재경쟁력을 확보하고 개인의 역량개발과 조직의 업무 능력을 향상하는 데 멘토가 필요하다.
* 사회에 필요성 − 오늘날 하이테크 도그마(Hightech Dogma)로 상실된 인간성을 하이터치(Hightouch)로 회복하여 인간이 존중받는 사회를 이룩하는 데 멘토가 필요하다.

3) 멘토링을 어떻게 도입할 것인가(How)?

개인 간에 자연스럽게 이뤄지는 전통적인 멘토링과는 달리 기업, 교회, 학교, 군대, 공공기관 등 조직에 적용하는 멘토링은 조직의 특성상 투자의 개념과 성과관리 차원에서 평가가 뒤따르는 것이 필수적이기 때문에 체계적인 시스템으로 접근이 필요하게 되었다.
이와 같이 조직개발용으로 개발한 체계적인 프로그램이 제도적 멘토링(Systematic Mentoring)이다. 구체적으로 일정 기간 동안 프로젝트(Projects) 개념에서 준비과정, 도입과정, 활동과정, 평가과정에 프로그램을 적용하는 것을 말한다.

멘토링 핵심가치 전략

2장

　멘토링의 5가지 핵심가치(Core Value)를 소개한다. 멘토링 본질에 관한 순수성을 유지하면서 우후죽순(雨後竹筍)처럼 도입되어 있는 경영기법과 차별성을 부각하여 멘토링을 제대로 알고자 하는 독자들에게 혼란을 방지하기 위함이다.

　멘토링에 관한 5가지 핵심가치는 상호 간 인격(Character)존중 바탕 위에 멘토와 멘제가 신뢰와 존경관계(Relation)를 유지하면서 리더(leader)로 성장하는 것이다. 각 조직은 성장한 리더가 주관하여 경영혁신(Innovation)을 유도하고 성과(Performance)를 도출하는 개인과 조직개발의 핵심요소다.

Value 1. 인격(Character)

1. 인격의 기원

멘토링에서 인격(人格-Character)의 기원은 최초 멘토가 텔레마코스 왕자를 위해 20년간 교재로 사용한 수학(知-상징), 철학(情-상징), 논리학(意-상징)에서 기인하며 오늘날도 역시 멘토링 프로그램의 내용(Contents)은 지, 정, 의를 상징하는, 즉 인격이다.

> * 人格 인격＝知지 情정 意의

2. 인격의 위치

멘토링의 핵심가치는 전인적인 인격을 기본 분모로, 나머지 네 가지는 인격을 공통 주제로 기능적인 분자 역할로서 시너지 상태다.

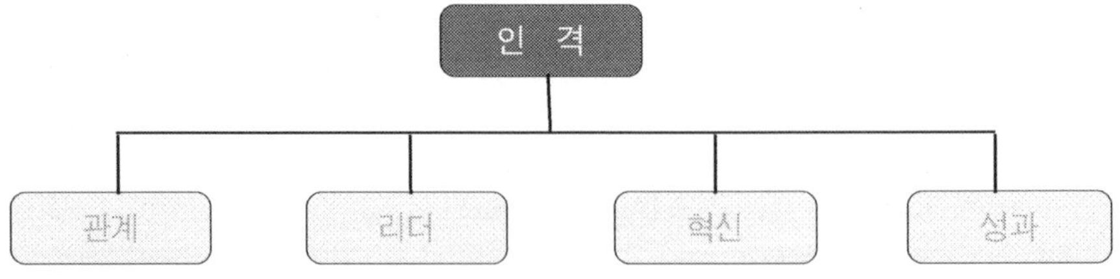

3. 인격의 실행 프로그램

인격 서비스	세 부 분 류	Stargame Stargame 적용 부분
지적(知的) 서비스	지식, 기술, 정보 등	**HightecHightech**−지식
정적(情的) 서비스	포용력, 기대와 칭찬, 헌신봉사	**Hightouch Hightouch**−마음 **Highhealth**−건강 **Highrelation**−관계
의적(意的) 서비스	의지력, 절제력, 판단력(선과 악)	**Highcontrol**−**Highcontrol**−관리

　멘토링에서 인격의 실행 프로그램은 **Star Game**으로 개인의 인재개발지수(P D I)
진단도구로 활용하고 있다.

Value 2. 관계 Relation

 # 1. 멘토링 관계의 정의

멘토링에서 관계(關係 Relation)는 인격을 기본으로 인간 간 수평적(Person to Person) 관계를 의미한다.

* 여기에서 관계는 외형적이거나 계급 등 신분적이 아니라 평등한 인격적인 관계다.
* 하나님과 인간관계
* 부모와 자녀 관계
* 부부 관계 등은 멘토링보다 더 깊고 높은 관계(High Quality)이며 수직적인 또한 부부일체적인 면에서 멘토링과 비교할 수 없는 고차원적인 관계로 봐야 한다.

 # 2. 멘토링 관계의 보완

인간관계 형성은 인간의 본능이다. 그래서 역사 이래로 멘토링은 지속되어 왔고 오늘날도 그리고 미래에도 인류가 존속하는 한 멘토링 관계는 지속될 것이다. 전통적인 멘토링에서는 프로그램 없이 위대한 멘토의 리드(Lead)에 의하여 멘토링에 관한 성공 사례는 수도 없이 많다.

그러나 오늘날 조직에 멘토링 관계는 위대한 멘토를 찾기가 그리 쉽지 않기 때문에 인위적·계획적으로 멘토/멘제를 선정하여 모니터링시스템(Monitoring System)에 의하여 진행하고 있는데 이를 제도적 멘토링(Systematic Mentoring)이라고 부른다.

 3. 올바른 관계 형태

멘토링 관계의 상호 간은 멘토와 멘제다. 많은 사람이 멘토링을 1:1이 전부인 양 생각한다. 그러나 그것은 선입견이라 볼 수 있다. 멘토링의 가장 올바른 관계형태는 멘제1에 멘토가 다수(전문별로 멘토1, 멘토2, 멘토3 -)로 도움을 주는 형태다. 바로 왕자 한 사람을 왕사(王師) 여러 사람이 도움을 주는 형태가 멘토링 관계에서 가장 올바른 형태이기 때문이다.

    관계형태1 - 멘제1 - 멘토 다수　　고품질의 멘토링(High Quality)
    관계형태2 - 멘제1 - 멘토1　　　　일반적인 멘토링
    관계형태3 - 멘제 다수 - - - 멘토1 - - 저품질의 멘토링(Low Quality)

  * 형태3의 경우는 멘토링이기보다는 코칭이나 팀장제도에 가까운 제도다.

Value 3. 리더 Leader

 # 1. 멘토링에서 리더의 의미

멘토링에서 리더(Leader)는 먼저 인격적인 리더를 의미한다. 반면 조직 폭력 등 비인격적인 유해 단체의 리더는 제외된다. 한편 멘제를 리더로 세우는 멘토는 자신보다 멘제를 더 큰 리더로 세우는 것이 멘토십(Mentorship)의 기본이며 타 리더십과의 차별이다.

 # 2. 리더로 개발 예시

1) **왕자를 왕으로 개발**−한 사람 멘제 왕자를 수많은 멘토 왕사(王師)에 의해 장기적 체계적인 방법으로 왕으로 세운다.

2) **임직원을 핵심 리더로 개발**−조직의 후계자나 CEO를 양성하는 방법으로 한 사람 핵심인재를 양성하기 위하여 전문적인 멘토 군(群)(멘토1, 멘토2, 멘토3 −)을 세워 장기적으로 조직의 핵심 리더로 양성하게 된다.

3) **멘제를 멘토로 개발**−제도적 멘토링에서 멘제를 멘토와 1:1로 연결하여 일정 기간 멘토링 활동 기간을 거쳐 멘토로 재생산(Reproducting)하는 방법이다.

 3. 멘제를 멘토 리더로 재생산하는 과정 도표

◀ 멘토링 재생산 Mentor － Menger 관계 모델(by '78 William Gray 교수)

  M m － 멘토 표시 P p － 멘제 표시(Protege － 원어)

M	Mp	MP	mP	P(＝M)
정보제공형 멘토링 과정	안내형 멘토링 과정	상호협력형 멘토링 과정	확인형 멘토링 과정	재생산달성 멘토링 멘토로 성공 과정
양육해 주는 단계		능력을 부여하는 단계		인재 재생산 단계

* 우측의 대문자 P(멘제)는 멘토로 재생산되어 다음 기회에 멘토로 활용할 수 있다는 것
  을 의미한다.

Value 4. 혁신 Innovation

 # 1. 멘토링에서 혁신의 개념(Concept)

멘토링에서 혁신(Innovation)의 개념은 개인적인 면과 조직적인 면, 즉 두 가지 차원에서 설명할 수 있다.

1) 개인적인 면 – 멘제가 멘토라는 리더로 재생산될 때 이기(利己)주의에서 이타(利他)주의로, 즉 180도 변화를 가져오는데 이를 두고 혁신이라고 할 수 있다.

2) 조직적인 면 – 조직의 CEO는 구성원 전체를 양적(量的)으로 (**Productivity**)관리하고 멘토는 구성원 중 한 사람 멘제를 질적(質的)으로 관리(**Humanity**)하게 되는데 이때 조직은 양과 질의 관리가 제대로 이루어져 유기체(有機體)조직으로 변화되는 현상을 혁신이라고 할 수 있다.

* 한 사람의 삶에 진정한 변화를 가져다주는 멘토링
* 조직 경영에서 인재 경쟁력을 가져다주는 멘토링

 # 2. 멘토링의 혁신 리더십

일반적 Leadership	구 분	혁신적 Mentorship
사람들(People)에게	대 상	한 사람(A Person)에게
영향력(Influence)을 발휘하여	내 용	역량(Competency)을 발휘하여
많은 추종자들(Followers)을 얻는 일	목 적	한 리더(A Leader)를 얻는 일
양적(Quantity) 성장 평가	평 가	질적(Quality) 성장 평가
망원경적 리더십 – 숲을 보는 리더십	Synergy	현미경적 리더십 – 나무 보는 리더십

* 멘토는 한 사람(A Person)을 리더(A Leader)로 화학적 변화, 즉 혁신이 이루어진다.
* 멘토는 한 사람 멘제를 위하여 자신의 핵심 역량을 제공함으로 멘제를 변화시 킨다.
* 멘토는 현미경적 멘토십으로 좁고 깊게 관리함으로 질적 변화 유도가 가능하게 된다.

Value 5. 성과 Performance

 # 1. 성과의 의미

멘토링에서 성과(**Performance**)의 의미는 멘토/멘제가 멘토링 활동 기간 동안에 개인과 조직에서 얼마나 성과가 있는가를 평가하여 보여주는 것을 말한다. 특히 멘토링에서 평가 목적은 먼저 참여자의 포상만(벌은 배제)을 전제한다. 왜냐하면 정규 업무를 다루면서 멘토링 활동까지 겸하기 때문이다.

 # 2. 평가 착안점

멘토링의 이념은 타인을 배려하는 인간존중이다. 먼저 상호 간 인격을 존중하면서 참여하는 멘토/멘제의 개인의 목표 대비, 성과지표에 착안하고 그다음 조직의 목표 대 성과지표를 정하여 사전에 발표하면 된다. 목표 대 실적평가는 추진 팀, 모니터, 멘토/멘제 등 참여자들의 책임감, 열정, 몰입도를 높일 수 있는 프로그램이다.

 # 3. 타인 배려 평가

일반적으로 조직의 효율성을 위하여 구성원들을 **경쟁-평가** 등식을 활용하다 보니 치열한 경쟁의 후유증으로 구성원 간의 심한 갈등이 표출되고 있다. 멘토링의 타인 배려 평가방식은 **경쟁-협력-평가**라는 등식을 활용하여 참여자의 선의의 경쟁은 유도하되 타인을 배려하는 협력에 우선을 둠으로 갈등을 사전에 방지하고 성과를 얻게 되는 것이다.

* **일반 조직체: 구성원의 경쟁-평가＝성과와 갈등**
* **멘토링 체제: 참여자의 경쟁-협력-평가＝성과**

* 경쟁의미-타인과의 지나친 경쟁을 지양하고 자기와 경쟁을 유도하여 자신의 역량개발에 최우선을 두도록 한다.
* 협력의미-타인을 배려, 즉 멘토는 자신의 핵심역량을 최대한 발휘하여 멘제를 자신보다 더 큰 리더로 개발한다.
* 평가의미-멘토링 평가의 핵심은 개인의 인간성(Humanity) 평가와 조직의 생산성(Productivity) 평가의 상승률을 성과지표로 삼는 것이다.

* **인간성 평가: 만족도(교육 활동 관계 애사심) 개인-PDI 조직-HRI**
* **생산성 평가: 유지율, 정착률, 성과율, 확보율, 달성률, 회수율.**

멘토링 시스템 운영 전략

3 장

 ## 1. 시스템 운영 방법

1) 멘토링 System 의미

　대부분 업체에서조차 전통적인 멘토링의 틀을 크게 벗어나지 못하고 있어 지속적인 프로그램 유지가 되지 않아 교육 이벤트식 일회성으로 끝나는 예가 허다하다. [제도적 멘토링]의 기원은 1982년 William Gray(加 브리티시대 교수)에 의하여 개발된 New Mentoring Program에 의한다.

　기업, 학교, 교회, 군대, 공공기관 등 조직체에 체계적인 멘토링 프로그램을 도입하여 운영하는 것을 말한다. 개인 간에 자연스럽게 연결하여 활동하는 전통적 멘토링을 조직구성원에 적용할 때는 준비, 도입, 활동, 평가 프로그램을 적용하여 시행하게 되는데 이런 경우에 제도적인 멘토링(Systematic Mentoring)이라고 한다.

　제도적 멘토링의 목적은 조직에 멘토링 제도를 도입함에 있어 투자(인력투자, 자금투자, 시간투자 등)에 대비, 인재개발 성과와 생산성 효과를 확보하기 위함이다.

멘토링 제도를 실행하기 위하여 다음과 같은 3가지 형태의 틀을 갖추게 되면 운영상 효과를 거둘 수 있으며 특히 목표제와 평가제에 의한 생산성 효과도 보장할 수 있게 된다.

형태1 조직(Organization)

- 멘토링 제도를 도입함에 있어 정규조직에 상응하는 멘토링 조직이 구축되어야 한다. 예를 들면 '멘토링운영위원회', '멘토링아카데미', '멘토링TFTeam', '멘토 풀센터' 등으로 명칭하면 된다.

형태2 사람(People)

- 조직을 운영하는 데 필요한 사람을 세운다. 예를 들면 '운영위원장', '추진 팀장(TFTeam)', 프로그램 매니저, 모니터 등이다. 멘토링 운영위원회-위원장, 멘토링 추진 팀-추진 팀원, 프로그램 매니저, 모니터-멘토 / 멘제

형태3 운영 프로그램(Program)

- 조직과 사람을 갖추었다고 볼 때 그다음 중요한 것이 체계적인 프로그램을 개발하든지 그렇지 못하면 외부에서 채택하는 일이다. 지금까지 국내 조직에서 의욕만 앞섰지 제대로 프로그램을 갖추지 못한 것이 바로 실패의 원인이라고 볼 수 있다. 참고로 멘토링코리아에서 개발된 프로그램으로 멘토링 전문 인력을 양성하는 20시간~80시간 정규교육과정과 멘토링 제도 도입 4개 과정(4Process) 컨설팅 매뉴얼이 있다.

2) System 구축도표

1. 멘토링 운영 조직도(System)

2. 멘토링 운영 팀 직무도(Task)

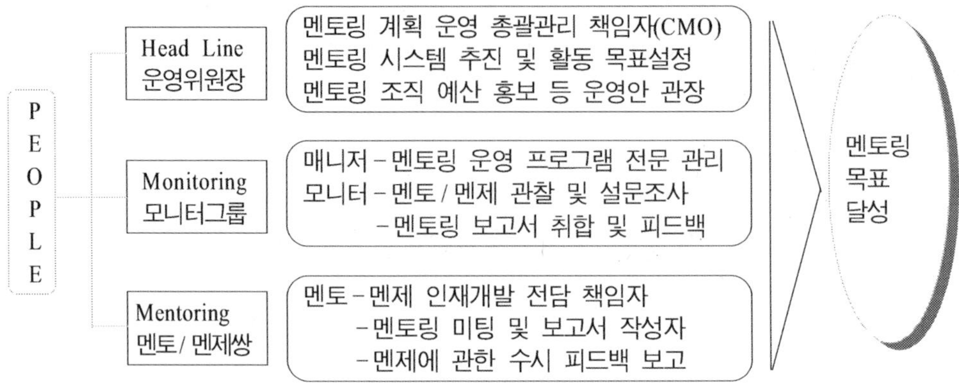

3) 모니터링 System 필요성

멘토링에서 모니터링 시스템의 개념정리가 우선되어야 한다. 광의의 시스템으로 운영위원장, 멘토링 **TFTeam**, 모니터그룹 등을 통틀어 말할 수 있다. 그리고 협의의 시스템은 단지 모니터 그룹에서 전담하는 업무로 국한하는 것을 말한다.

모니터링 시스템은 멘토 / 멘제의 활동 중 부정적인 면과 경영진들의 우려 사항을 사전에 모니터를 세워 긍정적이면서도 성공확률을 높이기 위한 방편으로 조직에서 멘토링 시스템을 운영할 때 필수적인 프로그램이다.

(1) 멘토의 문제점 사전 보완

멘토링에서 멘토의 역할은 절대적이라고 볼 수 있다. 그러한 제도에서 멘토링 활동을 방치하게 되면 멘토의 파벌 짓기, 멘제의 사유화, 혈연·지연·학연의 피해 등 부정적인 상황 전개를 방지할 길이 없다.

특히 조직 운영의 파워게임에서 멘토링 활동을 이용한다고 볼 때 — 예를 들어 노조와 편 가르기, 경영권 강화하기, 특정 임원의 영향력 보완하는 등 — 이러한 문제점을 사전에 보완할 수 있는 시스템이 모니터링 제도라고 볼 수 있다.

(2) 모니터의 주어진 책임

모니터는 광의 역할을 제하고는 단지 멘토의 멘토 역할과 멘제를 포함하여 관찰하고 지원하는 역할이 주 업무라고 볼 수 있다. 멘토 / 멘제의 상급자에게 멘토링 정보를 정기적으로 제공하는 일과 멘토 / 멘제와 운영위원장의 중간에서 코디네이터의 역할을 감당하기도 한다.

특히 멘토 / 멘제의 관계가 원하지 않을 때 즉시 설문도구를 이용하여 자의적으로 처리할지 위원장에 보고해야 할지를 신속히 결정도 해야 한다.

4) 모니터 역할 세부지침

멘토링 프로그램의 성공의 비결은 모니터링에 의한 매칭의 관리에 있다. 멘토링은 일반적으로 6~12개월간 실시하는데 그 기간 동안 진행 사항을 파악하기 위해서 멘토와 멘제로부터 한 달에 한 번 월간 보고서를 제출하도록 하고 각 기간 월마다 목표와 그 달성도, 문제점, 과제에 필요한 최소한의 정보 등 간단한 보고에 요구되는 사항을 검토하도록 한다. 이 월간 보고서에 기초하여 멘토와 멘제의 매칭과 그 효과를 프로그램 매니저 역이 체크를 한다. 이때 서로 간의 조율이 맞지 않고 바라는 효과가 나타나지 않을 경우에는 빠른 시간 내에 멘토와 멘제를 개별 면담하여 그 상황을 명확하게 파악하여 수습하고 다른 쌍 구성을 고려해야 프로그램 전체의 성과를 높일 수 있다. 프로그램 실시 중에는 짧은 프로그램 기간(6~12개월)에 어느 정도의 효과를 달성할 수 있을지 파악하면서 각 매니저의 적절한 지도, 조정과 함께 멘토링 프로그램 위원회에서 전체적인 방향을 확인 후 다음 기간을 계속할 것인지, 목표나 멘토를 변경하여 계속할 것인지를 결정한다. 아울러 성과가 있었던 팀 구성과 멘토의 공적(功績)도 하나하나 기록으로 남기며 목표관리제도에도 반영하도록 한다. 이때 성과가 있었던 멘토와 멘제에게는 뭔가 보상을 하는 것이 더욱 효과적이다. 또한 멘제의 의욕향상에 어느 정도 기여했는지, 우수한 인재를 육성하고 유지하는 데 얼마나 공헌을 했는지 파악하여 그 효과를 확인해 두어야 한다.

(1) 멘토 / 멘제 상대로 하는 모니터링 모니터는 멘토가 당면하고 있는 아래 사항

을 참고하여 다음과 같이 모니터링을 수행해야 한다.

가 멘토가 직면하는 문제

　　가) 많은 업무량과 출장이 잦은 편이다.

　　나) 멘토 / 멘제 간에 개성이 부딪치는 관계가 있다.

　　다) 멘토가 좋은 활동을 보이지 않는다.

　　라) 멘토가 멘제의 부서장의 영역을 침범하는 경우가 있다.

나 멘토/멘제를 모니터링해야 할 내용

　　가) 각자 자기의 멘제와 충분한 횟수로 미팅을 가졌는가?

　　나) 매월이나 매주 등 정기적으로 만났는가?

　　다) 어느 정도 만남 시간을 가졌는가?

　　라) 미팅 시 주로 다루어지는 화제는?

　　마) 서로 간의 관계는 친밀했는가?

　　바) 의사소통이 향상되었는가?

　　사) 멘토 자신의 성장과 발전이 있었는가?

　　아) 멘제와 의사결정을 공유하고 있는가?

　　자) 멘제와 속마음을 나눴다고 보는가?

　　차) 멘토 자신의 문제가 해결되었다고 보는가?

5) 시스템 목표 설정

(1) 개인 인재개발 목표

멘토링의 첫 번째 목표는 개인 스스로 인재개발하는 것이다. 아래 내용은 인격을 5가지 테마로 구별하여 우선 현재 득점(100점 만점)을 산정하고 만점에서 현재 점수를 공제한 숫자를 멘토링 활동 중 개인개발의 목표로 설정한다.

Star Game 지수 목표

지수 목표 / 지수 분야	지수별 착안점	지수
① Hightouch(마음지수)	포용력, 정서력, 봉사헌신력	만점 20점
② Hightech(지식지수)	지식력, 기술력, 정보력,	만점 20점
③ Highhealth(건강지수)	정신과 신체의 건강력	만점 20점
④ Highcontrol(관리지수)	의지, 절제, 판단, 분별력	만점 20점
⑤ Highrelation(관계지수)	조직원 간, 가족 간, 사회활동	만점 20점
		합계 100점 중( )

(2) 조직 생산성 목표

멘토링의 두 번째 목표는 아래 12가지 활동 목표를 조직의 실정에 맞게 선택하여 목표로 삼고 멘토링 활동 기간에 성과와 연결된 생산성 효과를 얻는 것이다.

6) 멘토링 12개월 운영 일정표

멘토링은 일회성 교육이벤트가 아니고 일정 기간 특수업무 차원에서 프로젝트 개념으로 활동이 진행된다. 특별히 정규업무와 긴밀한 협조 아래 TFTeam에 의해 Process별로 준비한 프로그램을 적용한다. 우선 12개월 기간을 모델로 하여 아래 4개 과정(Process)의 일정표를 소개한다.

구분	예비1	예비2	예비3	실행1	2	3	4	5	6	7	8	9	10	11	12	비고
준비과정 전문교육 TFTeam 환경분석	☐	☐	☐													
도입 과정 Workshop 결연식				☐												
활동과정 주월계간서비스 개인활동서비스 그룹활동서비스				☐	☐	☐☐	☐	☐	☐☐	☐	☐	☐☐	☐	☐	☐☐	
평가과정 중간평가 결과평가 멘토 인증						☐			☐			☐			☐	

 # 2. 준비과정 – 관리프로그램

1) 4개 과정 프로그램 개요

인간에 의해 자연스럽게 이뤄지는 전통적인 멘토링과는 달리 학교, 기업, 교회, 군대, 공공기관 등 조직에 적용하는 멘토링은 조직의 특성상 투자의 개념과 성과 측정 차원에서 평가가 뒤따르는 것이 필수적이기 때문에 체계적인 시스템 도입이 필요하게 된다.

이와 같이 조직 개발용으로 적용되는 4개 과정(4-Process)에 적용되는 관리부문, 교육부문, 활동부문, 평가부문으로 구분하여 구체적으로 운영계획에 의한 현장에서 프로그램이 실행되어야 한다.

월 별	과정별	4개 부분 프로그램			
		관리부문 프로그램	교육부문 프로그램	활동부분 프로그램	평가부문 프로그램
준비1월 준비2월 준비3월	준비 과정	TFTeam구성 운영안 작성 활동목표설정 동기부여설계 평가기준설계	전문가양성 간부특강		
실행1월 실행2월 실행3월	도입 과정	T/G 결연식 월간 컨설팅	도입 Workshop	주간 이메일 주간 개인미팅 계간 그룹미팅	
실행4월 실행5월 실행6월	활동 과정	월간 컨설팅	보수교육	주간 이메일 주간 개인미팅 계간 그룹미팅	중간평가
실행7월 실행8월 실행9월		월간 컨설팅	보수교육	주간 이메일 주간 개인미팅 계간 그룹미팅	중간평가
실행10월 실행11월 실행12월		월간 컨설팅	보수교육	주간 이메일 주간 개인미팅 계간 그룹미팅	중간평가
종료1월	평가 과정	종료식			최종 평가 멘토 인증서

2) 관리 프로그램

멘토링 관리부문은 멘토링 시스템을 도입하기 위한 준비과정에서 주로 시스템 구축, TFTeam구성 각종 교육 활동촉진 프로그램 및 행정서식을 설계하는 역할이다. 특히 프로그램 관리 전문가가 도입에서 평가까지 사전에 운영영안으로 설계한 프로그램을 현장에 적용하는 것이 중요한 일이다.

컨설팅	프로그램	주관	참여자	일정 및 장소	성과도출
시스템 구축 컨설팅	컨설팅 용역계약				[컨설팅용역계약서]작성
	추진 팀 구성				멘토링 실행 TFTeam확정
	조직환경 조사				활동목표설정 자료확보
	온라인 시스템				온라인활동 카페
	Document Design				각종 행정 양식확보
현장 지원 컨설팅	주간자료 이메일				주간 이메일 자료전송
	월간현장 점검				컨설팅자료 TFTeam활용
동기 부여 컨설팅	활동경비				활동촉진지원
	멘토링 DAY				활동촉진지원
	멘토 시상				우수자 시상
	우수 쌍				우수 쌍 시상
	멘토 인증				멘토 평가

 # 3. 도입과정 – 교육프로그램

　멘토링 교육부문은 먼저 추진 팀원을 멘토링 전문가로 양성하고 특히 멘토 / 멘제가 멘토링 활동 기간에 자생력을 발휘할 수 있도록 사전 충분히 Workshop으로 진행하는 교육 프로그램이다. 아울러 임직원의 멘토링 마인드 조성을 위해 특강 프로그램이 준비되어 있고 활동 촉진을 위해 보수 교육과 이벤트 식으로 참여자를 북돋아 주는 프로그램도 실행한다.

교육 프로그램	세부 내용	주관 부서	참여 인원	일정 및 장소	성과 예측
전문가 양성과정	프로그램 관리 전문가 양성 과정				[전문가과정수료와 자격증 과정]
간부급 특강과정	간부급, 멘토 후보에 게마인드조성				멘토 / 멘제의　활동 적극지원분위기조성
멘토 / 멘제 Workshop	멘토 / 멘제 활동개시 Kick Off				멘토 / 멘제　활동촉 진 학습
결연식 및 전 직원 Orientation	멘토 / 멘제 한 쌍식 연결식				멘토 / 멘제　공식출 발 선언
보수교육 과정	중간활동 촉진교육				활동점검 및 Skill Up
이벤트 행사	활동 촉진 및 봉사 활동참여				멘토 / 멘제 활동 촉진을 위한 이벤트

# 4. 활동과정 – 활동프로그램

멘토링 활동부문은 멘토/멘제가 5개월 동안 조직의 지원하에 자유롭게 프로그램을 진행하는 자율활동을 말한다. 여기에서 개인 활동은 정기미팅 등 멘토/멘제 두 사람만이 갖는 프로그램을 말하고 그룹 활동은 전체 쌍이 야외 활동을 하는 등 합동으로 활동하는 것을 말한다.

부 분	활동유형	주관	참여인원	일정 및 장소	성과기대
개인 활동	정기미팅 활동				멘토 월간보고서
	스포츠활동				체력단련
	친목활동				친목교제
	학습활동				자율학습
프로 그램	가정방문				가정친목
	봉사활동				사회봉사 불우이웃돕기
	문화활동				교양활동
그룹 활동 프로 그램	분기그룹 미팅				그룹 건의해결 및 친목
	야외활동				그룹친목
	독서활동				특수 분야 도서구입신청
	학습활동				특수 분야 강사 초청수강
	봉사활동				사회봉사 불우이웃돕기

1) 현장 활동 참고사항

멘토링 활동에서 멘토/멘제가 가장 염려하는 부문이 미팅시간이다. 왜냐하면 평상시에 직장에 출근하여 업무적인 일 외에는 상대방에 관하여 거의 관심을 가질 수 없기 때문이다. 그러나 멘토링 활동에서는 두 사람이 면대면(Face to Face)해야 하기 때문에 이에 익숙하지 않아 자연이 사전에 부담을 느끼게 된다. 한편으로는 멘토/멘제가 미팅시간을 어떻게 효과적으로 활용하느냐는 추진 팀의 성의에 달렸다고 해도 과언은 아니다. 그래서 미팅소재 개발에 멘토/멘제가 큰 관심을 갖고 주어진 목표달성에 매진하도록

첫째는 멘토는 멘제가 조직의 경영 현황에 관심 갖도록 설명자료가 미팅소재로 활용되어야 하며

둘째는 멘토는 멘제의 인재개발을 위하여 멘제의 니즈(Needs)와 가치관이 자연스럽게 소재가 되어야 한다.

셋째는 멘토/멘제가 각자 개인 개발의 목표 달성을 위해서는 Star Game과 LifePlan Game에서 제시하는 10가지 주제가 미팅소재로 활용되어야 한다.

결과적으로는 멘토링 활동에서 주어진 기간을 목표와 연결하여 미팅 시마다 준비된 소재와 실천 활동이 이뤄진다면 목표 대비 높은 성공률을 걷을 수 있다.

2) 미팅에 관한 가이드

(1) 멘토/멘제 미팅 횟수

멘토/멘제의 미팅 횟수는 조직에서 주간 1회, 월간 1회 등 최소한의 횟수를 정해 주어야 한다. 왜냐하면 두 사람의 정규업무 사정에 따라 신축적으로 횟수가 변동되면 큰 차질이 올 우려가 있기 때문이다.

(2) 멘토/멘제 미팅 장소

멘토/멘제의 미팅 장소는 크게 사내와 사외 두 가지로 나눌 수 있다. 초창기에는 대부분 개인 시간을 보호하는 차원에서 근무시간 내 사내에서 미팅을 하게 된다. 그

러나 3개월쯤 지나 서로 간 만나 정을 서로 느낄 때가 되면 구태여 시간 내 사내라는 등식이 맞지 않게 되고 근무시간 외에 자연스러운 미팅이 이뤄진다.

(3) 멘토 / 멘제 미팅일자 — Mentoring Day 선포

멘토링 활동이 개시되고 멘토 / 멘제가 염려하는 것이 "과연 현재 상급자 밑에서 정규업무를 다루면서 미팅에 나갈 수 있을까?"이다. 조직에서는 이 점을 감안하여 이왕 예산과 인력을 들여 멘토링을 도입했으므로 과감한 결단이 과정마다 필요로 한다. 바로 미팅일자를 CEO의 결재를 얻어 —Mentoring Day — 양성화해 주는 일이다.

 # 5. 평가과정 — 평가프로그램

멘토링 평가부문은 조직마다 멘토링 시스템을 도입하기 위해서는 사람, 시간, 자금 투자를 해야 함으로 투자에 대한 성과확보 측면에서 아래 3가지 차원에서 평가가 이뤄져야 한다.

1) 평가기간: 분기별을 기준하여 중간평가와 활동을 종료하고 최종 평가
2) 평가대상: 멘토 / 멘제 개인별 평가와 전체 쌍을 평가하는 그룹(조직)별 평가
3) 평가방법: 숫자를 반영하는 정량(경제성)평가와 기타 설문 중심의 정성평가

1) 평가부문 성과기대 지표

평가 방법	평가 유형	평가 대상	평가 기준	평가 주관	성과 기대
정량 평가	유지율	그룹평가	최종 쌍 / 당초 쌍		90%
	정착률		최종 신입 / 당초 신입		90%
	회수율		회수금액 / 투자금액		200%
	인재역량개발 평균상승률		최종 평균점수 / 당초 평균점수 * Star Game		20%Up
	인재역량 개발점수	개인 멘토 / 멘제	최종 점수 / 당초 점수 *Star Game		20%Up
	업무숙달	개인 멘제	정상 기간 / 단축 기간 * 업무목표설정표		기간: 120% 숙달: 30Up
	자생력 개발지수	개인 – 멘토	최종 점수 / 당초 점수 * 멘토 자기진단표		30%UP
정성 평가	멘토링 만족	그룹평가	활동만족 5점 척도 진단도구		3,5점
	관계만족		관계만족 5점 척도		3,5점
	교육만족		교육만족 5점 척도		3,5점
	직장만족		직장만족 5점 척도		3,5점
평가 보고	중간평가	컨설팅사	리포트제출		시행예정일
	최종 평가		리포트제출		시행예정일

2) 평가기준표

　어떤 경영 기법일지라도 기업의 양적 질적 효과성과 연결하지 못한다면 채택 및 유지될 수 없는 것이다.

　기업의 효과성을 위하여 만든 프로그램이 바로 7대 평가 목표율이며 이 기법을 적용하면 멘토링 추진 팀이나 멘토 등 관련된 모두가 강한 책임의식을 갖게 된다. 그러므로 멘토링 활동이 끝난 후에는 반드시 목표율에 의한 실적평가가 나타남으로 CEO는 한눈에 생산성 효과를 점검할 수 있는 것이다.

멘토링 정량평가 기준표

정성평가 – 비경제성 평가 Humanity – 인간성		정량평가 – 경제성 평가 **Productivity** – 생산성	
* 멘토링 만족도 평가		1. 유지율	최종 쌍수 / 당초 쌍수 × 100
1. 멘토링 교육만족도		2. 정착률	정착 신입원 / 당초 신입원
2. 멘토링 관계만족도		3. 확보율	확보인재 수 / 목표인재 수
3. 멘토링 활동만족도		4. 성과율	최종 성과율 / 당초 성과율
4. 조직 만족도		5. 숙달률	최종 숙달률 / 당초 숙달률
* 멘토 자생력 상승률 평가 * 개인 – PDI 상승률 평가 * 조직 – HRI 상승률 평가 * 멘제 업무 조기 숙달률 평가		6. 회수율 (ROI)	총 회수액 / 총 투자액

멘토링 정량평가 적용표

1) 유지율 – 멘토 / 멘제 각 쌍이 종료까지 유지율 평가에 적용한다.
2) 정착률 – 신입사원이 종료 후 정착률 평가에 적용한다.
3) 확보율 – 핵심인재, 경력자확보율 평가에 적용한다.
4) 성과율 – 노사화합, 경영 지원 등 평가에 적용한다.
5) 숙달률 – OJ수T업무숙달, 지식경영, 품질향상, R&D 향상률 평가에 적용한다.
6) 투자회수율 · 투자 대 회수율평가에 적용한다.
  * 신입사원 3개월 인건비와 이직 감소인원 감안 회수액
  * 업무나 경력 조기 숙달 시에 단축 기간과 월 인건비 환산 감안 회수액

3) 멘토 인증제도(예시)

멘토 인증제도는 멘토 Pool관리 차원에서 멘토의 공훈인정, 심적 동기부여, 멘토 재활용 우대 그리고 조직인사평가에 반영할 수 있도록 하는 것이 목적이다.

금번 부천지청 멘토 20명은 멘토 인증제도에 의하여 5개월 활동 기간에 교육부문, 활동부문, 포상부문에 사전 인증 기준을 마련하고 중간마다 계속 자료를 확보하여 인증 점수를 기록으로 남겼다.

- 특히 멘토 인증서는 멘토를 배려하는 차원에서 시행하는 것이며 이 자료가 문 책용으로 사용될 때는 앞으로 멘토링 활동에서 큰 부작용을 초래할 수 있다.

[멘토 인증서]는 최종 포상자까지 인증 점수에 감안하고 멘토링 활동 종료식 때 수여하도록 하였다.

* 노동부 멘토 인증 기준표

인증 부문	배 점 기 준	권장 점수	실제 점수	비 고
교육 부문 인증	* 정규 Workshop – 2일 13시간　　　　13점 * 보수교육 2일 4시간　　　　　　　　4점	17		17시간 기준
활동 부문 인증	* 활동 기간 1개월당 – 8점x 5개월　　40점 * 주간 이메일 학습 – 18회x 0,5점　　9점 * 병영 체험 – 1일 8시간　　　　　　8점 * 대부도 농장 – 1일 8시간　　　　　8점 * 문수산 등산 – 1일 8시간　　　　　8점	73		5개월 기준
포상 부문 인증	우수 멘토 선정 – 6점(1등)　　　　4점　　2점 우수 멘토링 쌍 선정 – 각 6점(1등)　4점　　2점 후기 당선자 선정 – 각 6점　　　　4점　　2점 기타 우수자로 수상자 – 4점	16		우수자로 수상기준
종합 평가 인증	합계 점수	만점 106		

4) 정량부문 효과성 평가 – 노동부

노동부 멘토링 활동을 마감하고 당초 목표한 대로 성과지표를 적용하여 생산성 (Productivity)부문, 즉 정량평가부문을 아래 6가지 기준으로 실적을 소개한다.

<table>
<tr><td>정
량
평
가
부
문</td><td>

1. 유지율: 멘토 / 멘제의 유지상태　　　　　100%
2. 정착률: 멘제의 현재 정착상태　　　　　　100%
3. 업무 조기 숙달률 – 멘토를 통하여
　멘제의 업무 숙달 정도(평균)　　　　　2,5개월
4. 자금 회수율 투자금에 대한 회수율
　투자금: 2천만 원 vs 회수금: 1억 1천　　553%
5. 인재역량 상승률 – 멘토 / 멘제 개인역량상승
　멘토: 당초 47점 상승 65점　　　　　138%
　멘제: 당초 48점 – 상승 65점　　　　137%
6. 멘토 자생력 상승률 – 멘토자 자생력 상승점수
　멘토 당초 52점 – 상승 72점　　　　138%

</td></tr>
</table>

5) 정성부문 효과성 평가 – 노동부

　　만족도 평가 등 정성평가 부문은 계량화하기 어려운 인간성(**Humanity**)부문으로 당초에 목표 설정하여 설문도구로 측정한 실적을 소개한다.

<table>
<tr><td>정
량
평
가
부
문</td><td>

1. 멘토링 4가지 만족도 설문 실적
　(평가기준 5점 척도 – 당초목표 설정 3,5)
　1) 교육만족도: 멘토링 교육 만족도　　　3,6
　2) 활동만족도: 멘토링 활동 만족도　　　3,7
　3) 관계만족도: 인간간계 만족도　　　　4,0
　4) 조직만족도: 부청지청에 만족도　　　3,7
2. 멘토 환경분석 평가 우리부천지청에
　인간존중지수(HRI)의 당초와 최종 상승수치
　* 멘토평가: 당초 36점 – 상승 54점　　150%

3. 멘토 인증제도 멘토 20명에 대한 동기부여
　차원에서 인증제 실시하여 12 / 11일 멘토링
　종료식 때 개인별로 인증서 수여

　* 인증기준 1) 교육점수 2) 활동점수 3) 포상점수

</td></tr>
</table>

멘토링 실전 성공 전략

4 장

 **1. 멘토링 국내 현황**

1) 국내 멘토링 도입 소개

멘토링이 국내에 소개되는 시점은 30년 정도로 추측한다. 먼저 멘토링을 먼저 접한 사람은 외국 유학을 통해 주로 미국에서 멘토링을 경험하고 국내에 귀국한 대학교수들이다.

다음으로는 외국 선교사 특히 네비게이토 선교 단체에서 국내에서 멘토링 기법을 이용하여 1 : 1 성경공부나 선교방법으로 교회에서 활용한 것이다.

최근에 멘토링을 특히 기업체에서 HRD 분야 종사자들이 미국산업교육협회(ASTD) 매년 정기 세미나에 다녀오면서 멘토링에 관한 정보를 얻어 국내에 소개한 것이다.

　　그러나 위의 몇 가지 사례들은 참고자료로 활용하는 정도로 실제 조직 현장에 적용하기는 실행 프로그램 차원에서 미흡한 자료들이었다.

　　멘토링을 전문 컨설팅 서비스 프로그램으로 국내에서 처음 개발한 것은 1998.2.1에 설립한 멘토링코리아(**Mentoring Korea＝MKO**)다.

　　멘토링 전문가 자격증을 소지하고 프리랜서로 활동하고 있는 조병용 박사(고려대), 한광훈 박사(호서대), 김상진 박사(대전보건대), 서정민 박사(한경대), 박시범 박사(장안대), 김동철 박사(명지대), 최명국 박사(백석대), 조주영 박사(백석대), 이제빈 박사(어니스트 경영컨설팅), 홍은경 박사(영 유아연구소장), 전종현 실장(에듀박스), 활동 조 교수(현대인재개발원), 김성일 군목(공군본부) 등도 멘토링 확산에 큰 역할을 담당하고 있다.

2) 오늘날 멘토링 현황

　　오늘날 기업체의 47.5%(잡코라아), 대학생의 43.1%(장원섭 교수 저서 — 대학생 멘토링 시스템 모델개발)가 멘토링을 경험했다는 보고 자료가 공개되었다.

　　실제로 국내 삼성, 현대, LG, SK, 두산, 포스코, 한화, 동부, STX, 삼양 등 그룹사들은 100% 신입사원 정착에 멘토링을 적용하고 있다.

　　멘토링의 확산은 기업체뿐만 아니라 공공기관에서 활발히 거론되고 있다. 행정자치부, 정보통신부, 농림부 등 그리고 노동부는 금번 멘토링을 프로젝트 개념으로 업무 혁신 차원에서 8개월 시범시행했다.

　　대학에서는 심각한 정원 미달 상태와 취업률 부진으로 이를 타개하기 위한 대안으로 30% 정도 멘토링을 도입했거나 현재 도입 준비에 열을 올리고 있다.

　　그동안 멘토링은 전문 업체 다섯 군데(멘토링코리아 류재석 대표, 멘토링 솔루션 김호정 원장, 멘토링코리아 컨설팅 나병선 대표, 한국 멘토링 코칭사 이용철 원장, 핸즈프리사 홍은경 소장 등)와 멘토링 지도사 프리랜서의 활동을 합하여 지금까지 멘토링 도입이나 특강한 기업체, 공공기관, 군대, 교회, 학교 등을 종합해 보면 대략 500군데 정도로 예측한다.

 # 2. 국내 멘토링 실패 원인 분석

멘토링이 국내에서 실패했다는 차원에서 전략적으로 분석해 보는 것으로 우선 사회적인 여건조성의 미흡, 전문가들에 책임문제 그리고 고객인 업체의 실패 원인 제공 등으로 구분해서 정리한 자료다.

1) 멘토링의 실패에 관한 의미

먼저 멘토링을 도입하는 과정에서 분명히 개인이나 조직의 입장에서 멘토링을 프로젝트 개념으로 투자 요인에 유의해야 한다. 첫째가 시간투자이고 둘째는 인력 투자이고 셋째는 자금투자로 볼 수 있다.

그러므로 멘토링이 실패로 끝날 경우 개인과 조직 모두에게 상당한 금전적·심리적 손실을 가져오게 된다.

우선 멘토 입장에서는 자신이 멘토링에 투자한 엄청난 시간에 대해 아무런 소득을 보지 못했다는 상실감으로 인해 상당한 충격을 받을 수 있다. 또 실패한 멘토라는 소문이 퍼질 경우 조직 내에서의 입지가 상당히 좁아질 수 있다. 게다가 이러한 실패담은 조직 전체의 손실로도 이어질 수 있다. 즉 아무리 시간과 노력을 투자해도 결국 실패하면 "좋은 소리를 못 듣는구나"라는 부정적 인식이 전체 멘토 후보자들에게 퍼질 경우, 조직에서 멘토 인력을 확보하는 데 당장 큰 어려움을 겪을 수 있기 때문이다.

멘제의 경우 실패에 따른 부정적 영향이 더욱 직접적으로 나타난다. 즉 멘토링에 실패한 멘제는 업무 또는 조직생활에 적응하지 못할 뿐만 아니라, 실력향상 및 경력개발이 부진해지고 상사나 동료들과도 원만한 대인 관계에 부정적인 영향을 미치게 된다.

조직 전체 차원에서 보면, 멘토링 제도의 설계 및 운영과정에서 투자한 자원에 대한 소득이 없으므로 상당힌 금전적 손실을 보게 된다. 또한 전체 구성원들의 사기나 조직 분위기도 크게 떨어지게 된다.

그렇다면 과연 멘토링에 실패하는 이유는 무엇 때문일까? 멘토링의 실패 원인은 프로그램 목적의 부적절성, 설계과정에서의 미숙함 등 여러 가지가 있을 수 있다. 그런데 이러한 원인들을 자세히 살펴보면, 대부분 조금만 더 주의를 기울인다면 충분히 해결할 수 있는 문제들임을 알 수 있다. 따라서 실패를 반복하지 않기 위해서는 반드시 기존의 멘토링 활동에 대한 도입과정과 실행과정에서의 효과에 대한 평가가 제대로 이루어져야 한다.

물론, 100% 완벽한 제도나 시스템은 있을 수 없다. 그러나 멘토링 과정에 불합리한 요소 등을 찾아내고 이를 개선하는 활동을 지속적으로 해 나간다면 멘토링의 성공률을 크게 높일 수 있을 것이다.

다음은 멘토링에 관련된 사회적 차원 실패, 전문 업체 책임문제 그리고 수요자인 업체 차원에서 실패 원인 제공을 전략적으로 분석해 보고자 한다.

2) 전략적 차원에서 실패 원인 분석

(1) 사회적 여건 조성 미흡이 실패 원인을 제공한다

멘토링이 북미 지역에서 이미 성공 프로그램으로 인증되었음에도 유독 국내에서 실패한 이유는 상당 부분 사회적인 여건 조성에 미흡한 점을 둘 수 있는데 아래 내용을 요약해서 소개한다.

1) 인간 중심이라는 선입견이 경영을 효과적인 프로그램으로 이끌어 가도록 하는 데 인식의 부족을 야기한다.
2) Hightech로 상실된 인간성을 멘토링 프로그램 홀로 짐을 지기는 힘겹다.
3) 국내 리더에게서 언행불일치 문제가 심각함으로 멘토의 역할에 의심을 한다.
4) 고학력 이기주의가 팽배한 사회현상에서 봉사를 위주로 한 멘토링이 매력이 될 수 없다.
5) 갈수록 바쁜 일상생활에서 타인을 배려하는 시간할애가 아주 힘들다.
6) 멘토링이 인재개발의 혁신 틀을 필요로 하는 데 변화를 거부하는 힘이 강하다.

(2) 전문가가 실패 원인을 제공한다

국내에는 50명 넘게 멘토링 전문교육을 수강하고 자격증을 소지한 인력이 있다. 현재 5개 업체가 멘토링 비즈니스를 현장에서 서비스로 제공하고 있다. 저자를 포함해서 과연 이러한 전문적인 위치 있는 사람들이 실패 원인을 제공하는 것이 무엇인지 부끄럽지만 자가 원인 분석을 해 보기로 한다.

1) 멘토링 이론과 실행 프로그램에 관한 분명한 제공을 제대로 못 하고 있다.
2) 코칭제도, 팀장제도, 일반리더십제도 등과 차별화 미흡으로 멘토링 진수를 제대로 전달하지 못하고 있다.
3) 멘토링 도입에 가장 우선적인 도입목표를 불분명히 제시함으로 방향 없는 멘토링이 되어 생산성 평가를 제대로 하지 못하는 사태가 속출하고 있다.
4) 한국 실정에 맞고 생산성 효과를 얻을 수 있는 시중 판매 도서를 준비하지 못하고 있다.
5) 멘토링 철학에 심취하여 연구하고 새로운 프로그램 개발에 열정이 부족하다.
6) 프로젝트 멘토링을 1회성 교육이벤트로 잘못 전달되어 업체에서 프로그램 유지가 제대로 되지 못하여 도중 활동 중지가 빈번하고 있는 실정이다.

(3) 고객업체에서 실패 원인을 제공한다

현재 인재개발의 화두(話頭)는 멘토링이다. 그러나 밀운불우(密雲不雨)라는 말이 있듯이 재벌 그룹을 비롯해서 대기업을 위주로 수많은 업체가 멘토링을 도입은 하고 있지만 그 성공률은 극소수에 불과한 실정이다. 어째서 이런 낭비적인 멘토링을 하고 있을까? 심지어 멘토링이 '유행병처럼 번지다가 이제 한물갔다'는 말까지 거론되고 있다. 심각하게 실패 원인 분석이 필요하다고 생각한다. 결과는 생산성 효과 없는 멘토링은 자연 도태될 수밖에 없기 때문이다. 멘토링 프로그램이 문제인가? 시행을 주도하고 있는 업체가 문제인가이다.

1) 멘토링 프로그램 전문가를 양성하지 않고 인사나 교육 실무자 손에서 한 번 구색을 맞춰 보는 차원에서 가볍게 도입하고 있는 실정이다.

2) 경영에서 사람 중심 경영의 중요성을 알고 있지만 장기간 소요되는 인력 투자에 적극적이지 못하다.

3) 멘토링 활동을 한두 번 교육으로 진행하려고 보니 다음 과정의 프로그램이 유지가 되지 못하고 있다.

4) 멘토링에 분명한 활동 목표 없이 인간관계 개선을 위해 두루뭉술하게 진행함으로 책임지는 사람이나 생산성 효과를 평가한다거나 하는 개념이 희박하다.

5) 멘토링 프로그램을 현재 시행하고 있는 OJT에 얹혀 시행하다 보니 정규업무와 멘토링 업무가 혼동되어 더욱 업무만 가중되고 있다.

6) 멘토링 프로그램이 생산성 위주경영에 들러리 서는 경우가 되어 상급자와 멘토/멘제의 충돌까지 야기되고 있다.

3) 일반적인 차원에서 실패 원인 정리

1. 정규업무와 멘토링 업무를 혼동해서 운영하고 있다.
2. 수평적 멘토/멘제 관계에서 상·하급 수직 라인의 한계를 극복하지 못하고 있다.
3. 멘토/멘제 간의 비윤리적·비도덕적인 과당경쟁 관계를 초래하고 있다.
4. CEO의 무관심과 상급자의 몰이해로 활동이 위축되고 있다.
5. 분명한 목표설정이 아니고 비현실적이고 알쏭달쏭한 목표설정을 하고 있다.
6. 적극적 참여 유도에 실패하고 있다(지리적 한계, 지역 및 부서의 이질성 등).
7. 지나치게 단기적으로 멘토링 활동 기간을 운영함으로 정서부문이 미흡하다.
8. 회사 차원(경영진 인사부서 등)에서 지원이 부족하다.
9. 동료나 주위 사람들의 오해소지가 있다.
   (예를 들자면 멘토링을 사교적 관계, 파벌형성 등으로 왜곡)
10. 멘토/멘제의 니즈나 가치관을 제대로 고려하지 않고 활동한다.
11. 멘토/멘제의 개인 성장이나 목표를 고려치 않고 생산성 향상에 주력한다.
12. 멘토, 멘제, 상사의 삼각관계에서 갈등이 노출되고 있다.

 # 3. 멘토링 5가지 성공 전략

북미 지역에서 성공 프로그램으로 인증된 멘토링을 국내에서도 유행성으로 밀려나지 않고 어떻게 생산성 향상에 기여하며 또한 멘토링 전문가를 통하여 지속적으로 프로그램 유지 관리를 할 수 있을까?

특히 멘토링 프로그램을 개발 당시 한국적인 정서에 맞게 아울러 생산성 효과를 창출할 수 있도록 개발한 프로그램을 어떻게 현장에서 제대로 활용할 수 있을까를 전략적인 차원에서 실패 원인 분석을 기초로 하여 성공 전략 5가지를 제시해 보고자 한다.

1) 멘토링 성공의 의미

인재확보 여부가 기업 경쟁력의 성패를 결정한다는 인식이 확산되면서 해외기업들은 물론 국내기업들도 우수인재를 확보하기 위해 총력을 기울이고 있다. 또한 대기업뿐만 아니라 지금까지 상대적으로 인재확보에 소극적이었던 금융권이나 공기업들도 고급 인재를 적극적으로 찾아 나서고 있다. 특히, 전문성과 실력을 갖추고 있다면 국적이나 출신을 가리지 않겠다는 글로벌 차원의 인재유치 움직임도 점차 강해지고 있다. 이처럼 기업들의 소위 '인재확보전쟁'은 앞으로 더욱 치열해질 것으로 예상된다.

이러한 경영 환경 속에서 기업이 지속적으로 성장하고 경쟁력을 유지하기 위해서는 끊임없이 회사의 전략적 과제 달성에 필요한 인재를 육성해야 한다. 즉 기업 스스로 '인재를 만들어 내는 공장'이 되어야 한다는 것이다. 또한 회사는 한 사람의 힘으로 움직이는 조직이 아니기 때문에 미래 기업을 이끌어 갈 핵심인재를 확보하는 것도 중요하지만 구성원 전체의 실력을 향상시키는 활동도 게을리 해서는 안 된다.

멘토링은 이러한 기업의 인재육성 활동을 효과적으로 지원해 주는 매우 효과적인 제도라고 할 수 있다. 물론, 직무순환, 액션러닝 등 인재육성을 위한 다양한 기법들이 있기 때문에 멘토링이 인재육성을 위한 유일한 방법이라고 할 수는 없다. 그러나 멘토링은 이러한 기법들과 비교되는 명확한 차이가 있다. 바로 '사람과의 관계를 통한 학습'이라는 점이다. 즉 지금까지 강조한 바와 같이 멘토링은 상호 인간적, 정서적 관계를 통해 진행되기 때문에 인재육성 측면에서 다른 어떤 방법보다도 효과적이라고 할 수 있다.

멘토링이 실제로 조직 내에서 원활하게 돌아가기 위해서는 무엇보다 조직 차원에서의 충분한 지원체제를 조성해야 한다. 설계상 아무리 뛰어난 제도라 하더라도 조직의 분위기나 여건이 받쳐주지 않는다면 그림의 떡으로 전락할 수 있기 때문이다. 따라서 멘토링 제도를 성공적으로 실행하기 위해 전략적인 차원에서 반드시 필요한 5가지를 살펴보기로 하자.

2) 전략적 차원에서 5가지 성공전략

성공전략1 올바른 이론을 정립해야 성공한다 - 멘토링 5가지 이론
성공전략2 실행 프로그램을 제대로 챙겨야 성공한다 - 멘토링 4부문 프로그램
성공전략3 프로그램 전문가를 양성해야 성공한다 - 멘토링 프로그램전문가교육
성공전략4 프로젝트 개념으로 도입해야 성공한다 - 멘토링 4 - Process Point
성공전략5 올바른 평가시스템을 갖추어야 성공한다 - 멘토링 인간성 / 생산성 평가

성공전략1 올바른 이론을 정립해야 성공한다
멘토링 5가지 이론 정립

먼저 멘토링의 올바른 이론을 아래 5가지로 정리한다. 이론의 설정은 멘토링을 체계화 프로그램으로 개발하고 현장에서 멘토링 활동하는 데 올바른 방향을 제시해 주는 핵심내용이다.

이론1 멘토링의 이념(Idealogy) - 인간존중이다

인간존중이라는 의미는 멘제의 무한대한 잠재력을 개발해 준다는 것이다. 바로 그

냥 놔두면 5% 정도 개발될 것이 멘토가 관여함으로 더욱 %를 업그레이드시켜 주는 것이다.(보통사람 5% 개발, 노벨상수상자 10% 개발, 에디슨 15% 개발)

이론 2 멘토링의 정의(Definition) – 인간관계 촉진이다

멘토링의 정의는 멘토와 멘제의 인간관계를 촉진하는 데 있다. 멘토와 멘제 간에 어떠한 기준으로 관계가 설정되어야 하는가? 바로 존경과 신뢰관계를 통하여 한마음을 갖는 것이다.

이론 3 멘토링의 목적(Purpose) – 리더개발이다

멘토링의 목적 – 인격을 갖춘 차세대 리더개발이다.(Standing Together)

멘토링의 목표 – 개인의 목표와 조직의 목표로 구분할 수 있다.

1) 개인적인 목표 – 인재개발지수 Up – 인간성(Humanity) 향상 – Star Game으로 측정

2) 조직적인 목표 – 인간존중지수 Up – 생산성(Productivity) 향상 – 환경분석으로 측정

이론 4 멘토링의 내용(Contents) – 지, 정, 의, 즉 전인적인 인격이다.

멘토링 내용(Contents)은 인격(知, 情, 意) 자체다. 그러므로 멘토링 활동은 바로 지적에 치우친 교육이 아니라 전인적인 삶으로 조언해 주는 인재개발이 되어야 한다. 그 기원은 그리스신화에서 멘토(Mentor) 스승이 텔레마코스(Telemachus) 왕자를 20년간 멘토링 할 때 교재로 수학(知를 상징), 철학(情을 상징), 논리학(意를 상징)을 사용했다는 데서 기인한다.

이론 5 멘토링의 전략(Strategy) – 멘제 중심의 1 : 1이다.

멘토링의 전략은 멘제 중심의 1 : 1(One to One) 서비스를 말한다. 멘제 중심의 서비스란 코칭이나 일반 리더십이나 유사 멘토링에서 리더 중심으로 활동이 이뤄지는 것과 큰 차이가 있는 것이다. 그러므로 멘제 중심의 1 : 1 의미는 멘제1에 멘토1이나 멘제1에 멘토가 소그룹으로의 등식을 말한다.

성공전략2 실행 프로그램을 제대로 챙겨야 성공한다
멘토링 4가지 부문 프로그램

1. 관리 프로그램

멘토링 전문가로 하여금 멘토링을 도입하기 전에 운영조직, 운영예산, 행정 서식, 운영할 사람들, 운영계획안 그리고 각종 교육프로그램, 연결 프로그램, 멘토링 활동 프로그램, 평가 프로그램 등 전체 프로그램을 관리하는 것이다.

2. 교육 프로그램

멘토링 교육에 관한 프로그램을 챙기는 일로서 전문가양성 교육, 간부특강, 도입 Workshop, 보수교육 그리고 멘토 / 멘제의 기술 교육에 등 프로그램을 말한다.

3. 활동 프로그램

멘토 / 멘제의 활동 프로그램을 챙기는 일이다. 구체적으로 멘토 / 멘제가 개인적인 미팅 프로그램 그리고 멘토 / 멘제 전체 쌍이 활동하는 그룹 프로그램 등을 말한다.

4. 평가 프로그램

멘토링 시스템 운영에 관한 평가 그리고 멘토 / 멘제 활동 평가 등이다. 인간성 평가로 4가지 만족도(교육, 활동, 관계, 조직)와 생산성 효과 6가지(유지율, 정착률, 성과율, 확보율, 숙달률, 회수율 등) 평가 프로그램이 있다.

성공전략3 프로그램 전문가를 양성해야 성공한다
멘토링 전문가 양성교육 3과정

멘토링 프로그램 전문가는 아래 3가지 교육 과정에서 양성하며 멘토링 도입에서 최종 활동 및 사후관리까지 프로그램을 관리하고 유지하는 일을 맡아야 성공한다.

* 전문관리자양성과정(manager)20H~40H
* 사내강사자격과정(Facilitator)60H
* 컨설턴트자격과정(Consultant)80H

성공전략4 프로젝트 개념으로 도입해야 성공한다
멘토링 4—Process Point

멘토링은 일회성 교육이벤트가 아니고 12개월 등 일정 기간 특수업무 차원에서 프로젝트 개념으로 활동이 진행된다. 특별히 정규업무와 긴밀한 협조 아래 TFTeam에 의해 process별로 준비한 프로그램을 적용한다.

성공전략5 올바른 평가 시스템을 갖춰야 성공한다
인간성 평가와 생산성 평가

멘토링 활동의 활성화는 올바른 평가 시스템을 갖추는 데 있다. 평가의 핵심부문은 정성부문의 인간성(Humanity)평가와 정량부문의 생산성(productivity)평가다.

1. 정성부문 평가－인간성(Humanity)부문

 * 인간성 향상 4가지 만족도－1 활동　　2 교육　3 관계　4 조직 만족도

2. 정량부문 평가－생산성(Productivity)부문

 * 생산성 효과 6가지 효율성－ 유지율, 정착률, 성과율, 확보율, 숙달률, 회수율

1. 일반적인 차원에서 성공 전략 정리

1. 회사의 적극적인 지원이 필요하다.
2. 멘토링 활동 기간을 잘 잡아야 한다.
3. 제반 인사제도와 연계한다.
4. 사내 리더에게 인재육성의 책임을 지운다.
5. 직속상사의 적극적인 협조를 구한다.
6. 멘토링 활동 후에도 지속적인 관계를 유지한다.
7. 경영자의 열정과 몰입이 성공의 핵심이다.

2. 성공전략 대담기사 내용

[류재석 소장 Interview －한경 비즈니스 권오준 기자 2003.5.11]
류재석 멘토링코리아 대표(64)는 '멘토링'이라는 용어가 생소했던 지난 98년 2월

멘토링 컨설팅업체를 설립, 지금까지 왕성하게 활동하고 있다. 이전에 경영컨설턴트로 활동했던 류 대표는 "핵심인재 5%를 10%로 늘리고, 문제사원 10%를 5%로 줄이는 방법이 뭘까라는 화두로 심각하게 고민하다가 결국 멘토링에서 해답을 찾았다"고 한다. 그는 "멘토링은 인재개발의 훌륭한 수단으로 더 많은 기업들이 도입할 것"이라고 내다봤다.

문 최근 멘토링 도입 기업이 늘어나는 배경은?

2000년 매킨지가 '21세기 인재개발전략으로 멘토링은 놀라운 능력을 발휘하고 있다'는 보고서를 내면서 국내기업들이 바빠졌습니다. 인식이 바뀐 것입니다. 이전에는 멘토링을 그저 신입사원의 조직적응을 도와주는 수단이나 분위기 조성용으로 여겼습니다. 그러나 요즘은 가장 효과적이고 확실한 인재육성 전략으로 인식이 바뀌었습니다. 휴렛패커드(HP)나 인텔은 이미 경영 화두를 멘토링으로 가져가겠다고 밝혔습니다.

문 인재육성 차원에서 멘토링의 강점은 무엇인가요?

일대일은 가장 효과적인 인재개발 수단입니다. 국내기업의 인재개발은 대집단, 중집단(팀장제도), 소집단(코치) 형태로 변화해 왔습니다. 이런 과정을 거쳐 최종적으로 나온 것이 바로 일대일 멘토링입니다. 이 세상에서 일대일만큼 강력한 교육수단은 없습니다.

문 멘토링을 도입하고도 성과를 내지 못하는 기업도 있는데요?

아직 우리나라 기업 멘토링은 초보적인 수준입니다. 단순히 신입사원의 조직 적응이나 조직 간의 관계 정립 차원에서 진행되는 멘토링은 실패할 수밖에 없습니다. 이를 유사멘토링이라고 부르고 싶습니다. 치밀한 프로그램 없이 대충 선배와 후배를 연결시키는 것은 효과를 기대하기 힘듭니다. 한마디로 옛날 버전입니다.

문 그럼 성공하려면 어떻게 합니까?

단순히 업무성과만 내겠다는 생각으로 접근하면 곤란합니다. 멘토링은 리더를 만들어 주는 연결고리 역할을 해야 합니다. 리더를 키우겠다, 핵심인재를 기르겠다는 생각으로 접근해야 합니다. 오프라인뿐만 아니라 인터넷 기반의 시스템도 마련해야 합니다. 이를 통해 정보를 제공하고 상호교류를 활성화하는 것이 필요합니다.

3. 21세기 멘토링 전망과 대안

대량 생산으로 풍미해 오던 20세기 양(量) 경제 체제가 21세기를 맞아 다품종 소량 생산이라는 질(質) 경제 체제로 급속히 전환되고 있다.

그로 인하여 지금까지 대량 집단교육 체제로 이어오던 인재육성 전략도 이제는 새로운 틀(New paradigm)을 강력히 요구받게 되었다.

멘토링의 차별성은 단지 교육에 그치지 않고 멘토링 방법론을 현장에 직접 적용하여 개인의 인간성 목표(Humanity)와 조직의 생산성목표(productivity) 달성을 이룩해 내는 전략으로 기존의 HRD방법과는 판이하게 다른 인재육성 Solution과 21세기 조직개발 혁신기법으로 효과성을 인정받고 있다.

21세기 멘토링 경영을 절략으로 1) 인재개발전략, 2) 조직개발전략, 3) 수익개발전략을 멘토링 리더십 핵심으로 설정하고 프로그램을 개발하여 현장에 활용하고 있다.

멘토링코리아에서는 21세기 지적 자본시대에 걸맞게 각 조직 현장에 인간을 중심으로 한 멘토링 경영 프로그램을 제공함으로 인간성 바탕 위에 생산성 효과를 도출할 수 있는 프로그램이 활용될 것으로 전망한다.

1) 21세기 멘토링 전망

전망 1 인간의 관계형성 본능에 멘토링의 필요성을 전망한다.

멘토링은 인간의 특성을 연구하고 그 역량가치를 개발하여 인격을 갖춘 차세대 리더로 세우는 일이다. 멘토링은 인류 역사 이래로 인간의 관계형성 본능으로 사회에 깊숙이 자리잡고 왔으며 오늘날로 도처에 활용되고 있다. 아마도 유행에 관계없이 인간이 존재하는 한 멘토링 기법은 계속 존재하리라고 전망한다. 그동안 우리가 생소하게 멘토링을 접하는 것은 올바른 이론 정립과 실행 프로그램을 갖추지 못한 이유일 것이다. 멘토링코리아는 멘토링 연구 10년 동안에 이론정립과 실행 프로그램을 담은 10권의 연구총서를 출간하여 앞으로 회원들의 니즈(Needs)에 충분히 만족을 제공하여 멘토링 활성화에 기여할 것이다.

전망 2 21세기 인재경쟁력 확보에 멘토링의 필요성을 전망한다.

20세기 산업 중심 사회에서 사람이 자동화 기계에 예속되어 생산의 도구로 전락했다. 이제는 21세기 지적 자본사회에서 인재전쟁을 방불할 만큼 인간 중심의 사회로 풍토가 조성되고 있다. 이제 산업사회에서 바탕을 잃었던 멘토링이 서서히 인재경쟁력 확보 전략으로 제자리를 찾아 정착하고 있다. 21세기는 멘토링시대(Mentoring Age)로 전망한다.

* **잭 웰치 전 GE 회장:** "내 시간의 75%는 핵심인재를 찾고 배치하고 보상하는 데 썼다."
* **앨런유스티스 구글부 회장:** "일류 엔지니어 한 명이 평범한 인력 300명보다 낫다."
* **빌 게이츠 MS 창업자:** "핵심인재 20명이 없었다면 오늘의 MS도 없다"
* **고 마스시타 고노스케 송하 전기 창업자:** "당신 회사는 무엇을 만드는 회사인가고 물으면 사람을 만든다고 대답한다."
* **제프리 페퍼 스탠퍼드대 교수-**"기술이나 가격은 경쟁 기업이 쉽게 모방할 수 있지만, 사람의 의욕과 창의성을 극대화시키는 인력개발정책은 쉽게 모방할 수 없는 장기적인 경쟁우위의 원천이다."
* **이건희 삼성그룹 회장-**"우수인력 한 사람이 10만 명을 먹여 살린다. 바둑 1급 10명이 힘을 모아도 바둑 1단 한 명을 이길 수 없다. 경영자는 인재에 대한 욕심이 있어야 하고, 우수인재를 확보하고 양성하는 것이 기본 책무다."

전망 3 선진 미국에서 효과성 인정으로 멘토링의 필요성을 전망한다.
1) 피터드러커-21세기 인재개발의 가장 큰 핵심 틀(Paradigm)은 멘토링이다.
2) 맥킨지 컨설팅-21세기 인재전략에서 멘토링이 놀라운 힘을 발휘하고 있다.
3) Fortune지 선정-500대 기업 중 77%가 멘토링을 통해 업무성과를 거두고 있다.
4) ASTD보고서-멘토링은 [지식경영] [학습조직] 두 마리 토끼를 잡고 있다.
5) C L C(리더십센터)-멘토링 도입기업 이직률 16%, 미도입기업 이직률 35%이다.

전망 4 엘리트층 교수들의 인재개발 학습용으로 멘토링을 활용하고 있다.
1) 로체 교수(하버드대)-기업에서 임원 출신은 그 배경에 멘토가 있었다(1976, 하바드 비즈니스 리뷰지 기고).
2) 레빈슨 교수(예일대)-청년 초기에 멘토가 없는 사람은 부모 없는 고아와 같다 (1978, 본인 저서-남자의 계절).
3) 레너드 교수(하바드대)-실리콘밸리 창업 CEO는 멘토 조합으로부터 멘토를 지

원받아 성공경영을 하고 있다(2000, 하바드 비즈니스 리뷰지).

4) 조동성 교수(서울대) - 경영대학원에 멘토링 시스템(BBS) 도입 운영(2002).

5) 강정애 교수(숙명여대) - 취업률 향상 멘토링 시스템 도입(2003) 운영.

전망 5 조직개발 혁신차원에서 멘토링의 필요성을 전망한다.

* 미국 기업을 대표하는 GE그룹

* 한국 기업을 대표하는 삼성그룹

* 한국 교육을 대표하는 서울대

* 한국 정부를 대표하는 노동부

(1) GE 그룹 Innovation Mentoring

1) 1999년 진급자의 80%가 멘토의 도움을 받았다.

2) 잭 웰치를 포함 임원 600명이 멘토링으로 IT기술을 습득했다.

3) 샤린 베글리(GE 여성CEO) - 멘토링으로 20년 걸리는 업무를 6년에 마스터했다.

4) 이멜트와 잭 웰치 간 후계자 CEO의 인수인계 멘토링이 1년간 이루어졌다.

(2) 삼성그룹 Innovation Mentoring

1) 이건희 삼성그룹 회장의 멘토는 일본 고바야시 회장(후지 제록스)이다.

2) 이재용 전무 - 후계자 멘토링 방식으로 계열사 CEO들로부터 멘토링을 받고 있다.

3) 핵심인재 - 윤종용 부회장을 비롯하여 계열사 CEO가 멘토로 적극 참여하고 있다.

4) 계열사 - 삼성테크윈, 삼성화재, 삼성물산, 삼성SDI, 삼성전자, 삼성세크론 등에
    서 멘토링을 활용하고 있다.

(3) 서울대학교 Innovation Mentoring

1) 경영대학원에서 재학생과 동문 간에 **Big Brother System** 멘토링 활동

2) 인문계열에서 학생과 교수 5명이 1 : 1 **Tutorial Mentoring** 진행

3) 사범대학에서 재학생 300명과 인근 지역 초, 중, 고교생과 1 : 1 멘토링 활동

(4) 노동부 Innovation Mentoring

1) 주관부서: 노동부 혁신성과 관리단
2) 시범시행: 노동부 부천지청
3) 시행 기간: 06.6월~06.12월
4) 활동특징: 멘토링을 프로젝트 차원에서 멘토링코리아의 자문으로 시범시행
 * 노동부에서는 2006혁신업무 주제로 멘토링을 채택하여 부천지청에서 20쌍을
   시범시행하고 12 / 11일 멘토링 종료식을 했다.

그동안 시행과정에서 활용한 프로그램을 담아 [손에 잡히는 혁신－14 멘토링 운영을 위한 매뉴얼] 성공사례 500부를 발간하여 본부 및 지방지청 그리고 예하 협력기관에 활용자료로 배부했다.

2) 21세기 멘토링 대안

멘토링 생명주기(Mentoring Life cyde)의 정상은 도입기~성장기~성숙기~쇠퇴기다. 그러나 오늘날 멘토링에 관한 실패 원인 분석은 도입~쇠퇴기라는 변칙적 주기로의 가능성도 알려 있다. 금번 실패 원인 분석과 성공 전략은 바로 멘토링의 생명주기를 정상적 변화로의 유도가 가장 중요한 관건이며 이에 관한 대안을 제시한다.

아울러 멘토링이 단순히 멘토 / 멘제의 개인관계 촉진에서 벗어나 조직 개발의 차원에서 업무혁신 성과 관리 멘토링의 기법을 제시하고 실제적으로 경영 현장에서 확실한 생산성 효과를 제시하는 것이 두 번째 대안이다.

세 번째로 업무 스킬의 다양화와 성과 위주의 코칭이나 팀장 제도와 차별화하면서 한편으로 보완의 시너지 효과를 제공하여 현장에서 우대받을 수 있는 멘토링 프로그램으로 대안을 한다.

대안 1. 21세기 리더십의 새로운 대안이
New Paradigm Mentoring이다.

21세기 급변하는 경영환경에서 리더십에 새로운 틀을 요구받고 있다. 아래 5가지 주제에 관한 대안으로 New paradigm Mentoring을 제시한다.

리더십	멘토링	내용이해－기존 리더십의 한계를 멘토링으로 대안제시
존재론적	관계론적	자기존재가치Up에서 타인배려 관계 중심 멘토링이 대안
단편적	복합적	지식 중심에서 전인적인 삶을 배려하는 멘토링이 대안
단기적	복합적	단기적 교육에서 장기적인 생활을 나누는 멘토링이 대안
평준화	수준별	대량 인원관리에서 1:1로 질적인 관리로 멘토링이 대안
생산적	인간적	업무 중심 경영에서 인간 중심 경영으로 멘토링이 대안

대안 2. 인재개발 교육의 새로운 대안이
Project Mentoring이다.

오늘날 인재개발에 단기적이고 한시적인 교육 프로그램을 활용하고 있다. 사람을 변화시키는 멘토링은 강하게 Projects 개념에서 일정 기간 상호 간 1 : 1로 삶의 활동을 제시한다. 멘토링은 일반 리더십과 코칭, 팀장 등의 방법과 현격한 차별화 기법이다.

1. 사례제시－개인관계 멘토링과 조직개발 제도적 멘토링 차별화

－단순히 멘토와 멘제가 개인적인 관계를 유지하는 전통적 멘토링과 조직의 업무

성과를 도출하는 프로젝트 개념의 제도적 멘토링과 차이점을 제시한다.

내용	전통적 개인멘토링	제도적 조직멘토링
활동목표 유무	무	유
약정 기간 유무	무	유
교육프로그램 유무	무, 유	유
멘토, 멘제 연결방법 유무	무	유
모니터링 유무	무	유
평가방법 유무	무	유
성과 도출 차원	개인관계개선 성과	조직업무 성과 관리

2. 사례제시 - 코칭 시스템과 멘토링 시스템 차별화

－코칭 상사 팀장은 업무 중심의 틀에서 부하 관리로 업무성과를 도출하는 제도
이고 멘토링은 인간 성장프로그램으로 인격을 갖춘 리더 개발이 목적이 된다.

Coaching	구분	Mentoring
상급자가 주관	누가	멘토가 주관
부하들	누구를	멘제
1: 그룹	관리범위	1 : 1
업무 스킬 다양화, 성과	내용	인간성장 리더개발
인력관리부서 정규업무라인	운영	모니터링시스템 멘토링 관리라인

대안 3. Off Line의 새로운 대안이
e－Mentoring System이다.

생산성·효과성이 우선하는 조직 경영에서 Off Line으로 진행되는 멘토링은 인원,

시간, 공간 그리고 관리적인 한계가 대두된다.

특히 대량인원(대학 신입생 2000명, 그룹본부 수만 명, 대기업 수천 명, 중견기업 1,000명 이상 등)의 한계를 극복할 수 있는 대안이 멘토링 전산 시스템을 활용하는 방법으로 운영의 편리성과 생산성 효과 차원에서 절실하게 요구된다.

멘토링 전산 시스템을 통하여 멘토링 활동을 지원하므로 멘토링 목표를 효과적으로 달성하는 데 그 목적이 있으며

- 멘토링의 과학적, 체계적인 수행
- 멘토와 멘제의 수가 많은 멘토링 활동에서의 철저한 관리확대 제공
- 멘토링 활동의 부서, 각 공장 적용의 사전 탐색을 위한 모니터링
- 대면에 의한 시간적, 공간적, 관리적 제약을 Cyber 공간을 통하여 해소함

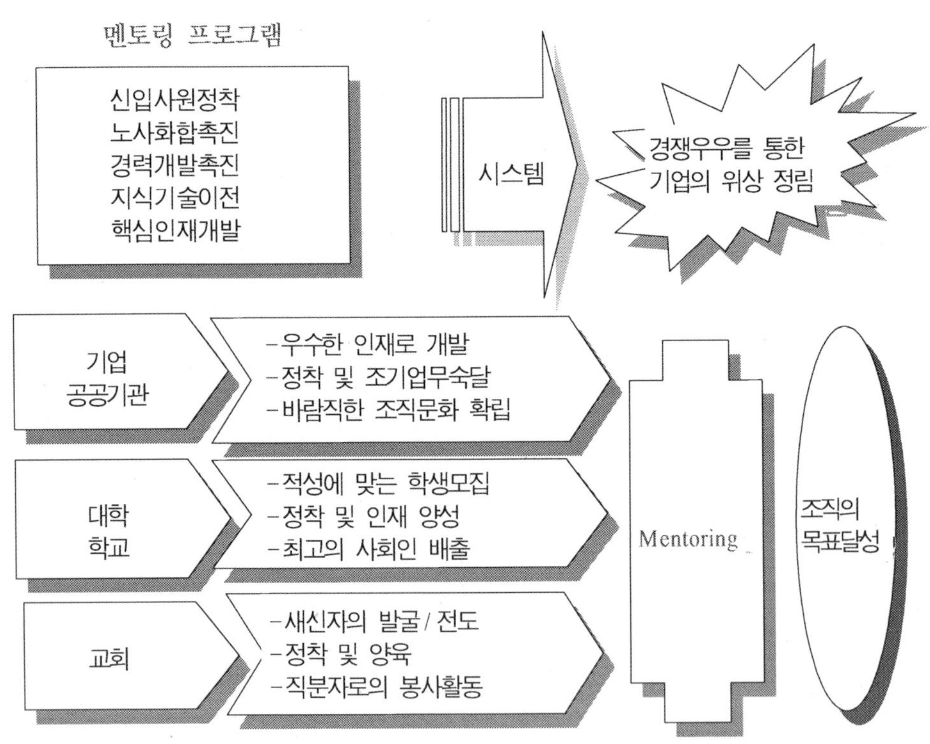

대안 4. 인간존중 경영의 새로운 대안이
Humanity Mentoring이다.

　인간존중 경영은 CEO가 분명한 인간관(人間觀)을 갖고 분모라는 인간성 바탕 위에 분자라는 생산성을 올려놓는 사람과 업무의 균형을 이루는 경영을 말한다.
　조직의 환경 분석 프로그램 중 [인간존중지수]를 점검하여 CEO의 인간존중 경영이 이뤄질 수 있도록 대안으로 제시하고 있다.

　＊ 인간존중지수(**HRI**)란?
　용어: 인간존중지수(Human Respect Index＝H R I)
　목적: 조직의 환경분석 진단도구로 얼마나 인간존중 경영이 이루어지는가를 점검하는 내용이다.
　지수: 5가지 인간존중 멘토링 전략을 선정하여 50개 진단도구로 100점 만점에 실득점수를 말한다.
　주제: 1) Humanity와 Productivity가 균형 경영인가?
　　　　2) Two경영으로 사원과 멘토에게 위임 경영인가?
　　　　3) C R M으로 내부 외부 고객 만족 경영인가?
　　　　4) Hightouch로 업무보다 인성이 우선 경영인가?
　　　　5) Mindship으로 구성원들의 마음을 얻는 경영인가?

대안 5. 고객만족경영의 새로운 대안이
Productivity Mentoring이다.

　생산성 효과 멘토링은 먼저 멘토／멘제 활동으로 구성원을 멘토십으로 무장하여 외부고객에게 고품질의 서비스를 제공함으로 재구매 의욕을 북돋우어 수익경영 대안

프로그램이다.

* 생산성 효과 멘토링 경영의 단계?
단계1) 인간경영 지수를 활용한 인간경영을 한다.
단계2) 멘제를 멘토화함으로 조직의 인재경쟁력을 확보한다.
단계3) 정신적, 물질적의 고품질의 서비스를 제공한다.
단계4) 조직 내부고객이 멘토십으로 외부고객을 만족시킨다.
단계5) 외부고객의 재구매 의욕으로 생산성 효과를 거둔다.

Part

02

멘토링 인간존중 경영

Mentoring Humanity

21세기 새로운 천 년을 여는 창은 휴먼(Human)이다. 사고와 사물을 지탱하는 중심축으로 '인간 재발견'이다. 결국 과학의 목적지도, 이념의 지향점도 인간이다. 모든 사상(事象)이 인간을 위해 존재하는 네오휴머니즘(Neo Humanism: 新人本主義)이 새로운 세계의 테마다.

지나간 밀리엄은 물질의 시기였다. 자연과 물질의 효용을 극대화하는 것이 목표였다. 인간도 노동력을 공급하는 생산요소 중의 하나였다. 무한한 잠재력을 가진 인간이라는 '기계'는 너무나 많은 것을 이루었다. '문명'이라는 신천지(新天地)를 창조했다. 우주와 바다 속을 활동 공간에 포함시켰다. 보이지도 잡히지도 않는 사이버(Cyber) 세계까지 만들었다. 이제 자신을 복제하기까지 이르렀다.

하지만 인간의 활동영역이 확대되는 것과 비례해서 인간의 크기는 왜소해진다는 역설을 확인했을 뿐이다. 소요량이 커질수록 소외감도 커졌다. 인간성 상실은 가속화되었다. 기아도 질병도, 전쟁도 막지 못했다. 이상(理想)이라고 믿었던 것은 혼돈과 갈등이었다. 인간 스스로를 구속시킨 속박의 역사였다.

이제야 인간은 자신에게로 돌아오고 있다. 밖으로 향하던 시선을 내면으로 돌리고 있다. 인간실존에 대한 부흥 운동이다. 문명과 물질이 인간성취의 보조물이어야 한다는 게 새 이데올로기다. 인간의 삶을 보다 풍요롭게 쾌적하게 만드는 수단으로 바꾸는 자는 인식의 전환이다. 물질과 인간의 주객전도(主客顚倒)가 목표다.

인간은 변하지 않는 본성과 변하는 세계 사이에서 항상 타협하면서 집단을 이룬다. 특히 지도자는 조직 내에서 인간성(Humanity)과 생산성(Productivity)이라는 두 견인력 사이를 중재하는 중요한 역할을 담당한다.

성공적인 조직을 이끄는, 조직과 의사소통이 가능하게 할 수 있는 지도자의 리더십은 카리스마에 있는 것이 아니라, 인간의 본성을 이해하고 선한 방법으로 이를 이용할 줄 아는 현명함에 있다.

따라서 가장 성공적인 조직은 틀에 박힌 위계질서 속에서 벗어나 유연한 관계를 유지할 수 있는 조직이다.

이 파트(Part)에서는 기업의 경영자, 조직의 관리자, 구성원들의 서로 다른 비즈니스 조직에서 어떤 방식으로 행동하며 기업 문화를 만들어 가야 할지를 살펴본다.

또한 저자는 최선의 인간 공동체를 창조하고 유지하는 데 멘토링 시스템(Mentoring System)으로 영리, 비영리를 포함하여 인간존중 경영의 의미를 부여하고 싶은 것이다.

오늘날 조직의 인재개발 프로그램은 헤아릴 수 없을 만큼 다양하다. 그중 멘토링은 먼저 인간존중 경영을 통하여 조직이 추구하는 인재 경쟁력을 확보하고 그다음 생산성 목표를 챙기고자 하는 기법이다.

특별히 이 파트에 사람을 귀하게 여기는 멘토링 11가지 사례(Case)를 통하여 멘토링이 실감나게 이해되리라 믿는다.

1. 인간의 지도 원리

　　유사 이래 인류의 역사를 인간이라는 견지에서 보기로 한다. 유사 이래 긴 수천 년 동안 인간은 거의 어디에서나 다 신화, 종교, 교리, 전통, 관습 등에 대한 교조적 신앙이 생활과 사고의 지도원리가 되어 있던 시대를 살아왔다. 이런 때를 信仰時代(신앙시대)라고 부르자. 예컨대 서양에서는 오랫동안 기독교의 교리는 신성불가침의 원리였고, 우리나라에서는 유교의 三綱五倫(삼강오륜)이 오랫동안 의심이 용서 안 되는 신조였다.

　　그러다가 서양사에서 먼저 이른바 '문예부흥'을 계기로 종교도, 절대 권력도, 전통도 모두 포함하는 모든 독단을 배격하고 오로지 '이성'의 합리적 판단을 생활이나 사고에서의 지도원리로 삼기 시작했다. 문예부흥이란 곧 이성부흥이었다. 이 시대를 理性時代(이성시대)라고 부르는바 그것을 대략 서기 1500년에서 1800년 사이의 300년 동안이라 해 두자.

　정신사적으로 이른바 '근세'에 들어왔고, 각양의 예술, 음악, 문학, 철학, 사상 등이 활발하게 소생한 시기다. 그 시대에 서서히 싹트기 시작한 과학의 발달이 여러 큰 발견·발명의 힘찬 세력을 형성해 가면서, 이른바 '산업혁명'을 계기로 대략 1800년대에 科學時代(과학시대)로 접어든다. 과학, 그리고 그것이 낳은 과학기술은 가히 만능자가 되었다. 그것이 생산력, 戰力(전력)의 원천이 되었고, '국부', '국력'의 근본이 되었다. 그래서 서양의 제국들은 그것으로써 동양을 유린하고 서양 우세를 오랫동안 유지해 오기도 했다. 사고에서는 과학적 사고가 지도원리였고, 자연사만 아니라 사회사, 인간사도 과학적으로 처리되어야 했다. 과학시대는 확실히 人知(인지) 발달의 거보를 의미한다. 과학시대는 대략 1800~2000년까지의 약 200년으로 여겨두자.

　당장 오늘 21세기는 무슨 시대로 규정될까? 또는 적어도 무슨 시대로 규정지어지면 좋을까? 우리는 人間時代(인간시대)의 출현으로 이어질 것을 기대한다. 사실 인간시대 출현에 대한 소망과 기대는 이미 100년 전인 1900년 전후에 크게 일기 시작했다. 이성과 과학이라는 지도원리에 대한 반발이 시작되었던 것이다.

2. 인간의 반발

　科學技術(과학기술)은 그것이 가져다준 온갖 이득과 복지와 장점에도 불구하고, 그것이 몰고 온 난폭한 원시 자본주의의 산업체제와 제국주의의 전쟁 그리고 일변도적인 이성적, 과학적 사고방식 때문에 이미 1900년 전후부터 여러 논자에 의해 여러 갈래로 맹렬한 반발과 도전을 받기 시작했다. 과학기계 문명의 가장 격렬한 비판자였던 철학자 니체(Nietzsche), 이성의 가면 뒤에 웅크리고 있는 허위를 간파하고, 그리스 신화의 이성의 신 아폴로 대신 격정의 신 디오니수스의 진실을 논한 니체가 서서한 1900년이 그 전후 사정을 말하는 하나의 상징이라 할까?

　비판의 첫 포문은 마르크스(Marx)가 연 셈이다. 그는 과학기술을 이용한 초기 자본주의의 생산체제의 몰인간적 비정을 人間疎外(인간소외)의 개념으로 파악하고 이를 비판하면서 그 후 근 한 세기 동안 세계를 흔들어 놓은 사회주의, 공산주의 창시자가 된 셈이다. 공산주의라는 독재와 결부되어서 1980년대를 고비로 마침내 그 '역사의 종언'을 겪기는 했지만, 처음 그의 사상은 '순진한' 인간적 반항이었다.

둘째 포문은 實存主義(실존주의)의 반발이다. 두 번의 세계대전에서 대량살상으로 파리 떼처럼 무의미해진 인간, 그리고 '근대화'로 인하여 거역할 수 없이 대형화, 집단화, 표준화해 가는 기업조직과 사회조직, 생활방식과 사고방식 속에서 티끌처럼 미소해지는 인간을 보면서, '인간적인 너무나 인간적인' 인간을 찾아 외치는 니체, 야스퍼스, 사르트르, 카뮈 등 일련의 실존주의 철학자, 문학자들의 반발이다. 쓰러져 가는 인간성에 대한 울부짖음과 같다.

셋째 포문은 프로이드(Freud)와 융(Jung) 등 정신분석학자들의 理性過信(이성과신)에 대한 경고였다. 그들은 인간의 사고와 행동에서 이성 아닌 정서적 불안과 걱정 그리고 '무의식'의 역할이 얼마나 큰가를 일깨워 준다. 특히 융은 그의 이른바 '집단 무의식'을 주장하면서, 먼 옛날의 인류나 민족의 원초적인 意識(의식)이 지금 우리 무의식에 작용한다는 일종의 신비주의적인 주장까지 한다. 말하자면 호모 하빌리스나 호모 에렉투스 혹은 옛 호모 사피엔스 그리고 선사시대의 민족에서 생겨난 생활의식들이 지금 우리의 무의식에 작용하고 있다는 말이 된다.

넷째로 다른 측면에서 여러 史家(사가)들의 문명 흥망론도 현대 문명 비판에 가세한다. 물론 가장 대표적인 것이 슈펭글러의 <서구 멸망>이며 토인비의 <역사의 연구>, 그리고 최근 사학자 케네디의 <강대국의 흥망>도 이와 무관하지 않다. 서구와 미국 그리고 근자의 일본마저도 그 과학기술에 대한 지나친 팽창주의를 경계해야 한다고 스스로를 비판하고 있다. 인간이란, 그것이 아무리 긴요하다 해도, 이성적, 과학적으로만 사고하고 행동하는 존재도 아니고, 이성적, 과학적으로만 이해될 수 있는 존재도 아니라는 인식이다.

다섯째, 보다 심각하게 근본적으로 근대적인 사고방식, 접근방식 또는 패러다임의 문제들이 여러 학자에 의해 제기되고 있다. 과학적 방법의 대전제인 이른바 '데카르트적 二分論'(이분론), 즉 정신과 물질, 인간과 자연, 주체와 객체 등을 칼로 자르듯 이분하는 사고방식에 대한 비판이 일고 있는 것이다. 신비, 낭만, 개연성, 불확정성, 자유의지 등의 역할을 완전히 배제하는 기계론적 접근방식에 대한 비판도 거세다. 개념적, 추상적 '분석' 일변도로 치닫고, 구체적, 체험적인 '종합'의 역할을 경시하는 패러다임에 대한 비판도 가세한다. 일반적으로 서구적인 접근자세를 넘어서서 동양적인 접근에 대한 매료가 대두되고 있다. 이것은 물리학 자체에서부터 그렇다.

 # 3. 21세기 인간존중시대

　이런 이성과 과학 일변도에 대한 비판이 인간에로의 回歸(회귀)를 부르짖는 상황에서, 최근 生態系(생태계)의 파괴가 인류 생존의 생물학적 근거마저 위협하고 있다는 위기감이 '인간시대'를 더욱 절실하게 한다.

　물론 인간시대에도 신앙, 이성, 과학, 기술은 계속 발전될 것이고 또 발전되어야 한다. 그러나 인간시대의 가장 두드러진 특징은 모든 것에 앞서 인간생존, '인간의 인간적인 생존', 즉 인간소외, 인간상실, 인간억압, 인간유린 없이 인간이 인간답게 살 수 있어야 한다는 것이 최우선의 관심사가 되는 시대라는 것이다. 물론 이것이 21세기에 들어서면 그런 유토피아적인 인간적 사회가 실현된다는 낙관론을 말하는 것은 아니다. 경우에 따라서는 더 혹독한 인간소외, 인간유린이라는 기대치 않았던 사건들이 벌어질 수도 있다.

　그러나 적어도 '인간'에 대한 관심이 모든 것의 기저가 되리라는 것은 충분히 기대가 된다. 그런 관심은 그동안 긴 역사에서 한때는 교조적 신앙에 눌려, 한때는 일변도적인 이성과 과학의 세력에 밀려, 그리고 그 여세로 '근대화'와 경제발전에 가려져 제일차적인 관심으로 표출되지 못했을 뿐이다. 그래서 장차 혹 인권유린이나 인간소외로 인간생존 위협을 일삼으려는 예비 독재자나 파괴적 사업가들은 옛날이나 종래보다는 훨씬 더 그럴듯한 속임수를 발견하지 않으면 안 될 것이다. 왜냐하면 마르크스나 니체, 프로이드 등의 경고가 먼 곳 몇몇 사람의 외롭고 가냘픈 외침이었다면, 지금부터의 인간적 관심은 넓게 퍼지는 큰 무리의 함성으로 나타날 것이기 때문이다. 21세기는 그래서 인간시대다.

# 4. 인간존중에 관한 용어 정리

1) 인격(人格: Person)이란?

1) 인격의 뜻 ▶ 인격은 법률적이고 도덕적인 개념이다. 인격은 의식적이고 이상적인 주체인 인간을 가리킨다. 즉 인격으로서의 인간은 선과 악, 참과 거짓을 구분할 줄 알아야 하며, 자신의 행위나 선택에 대해 설명할 수 있어야 한다. 인격 개념은 오늘날 매우 친숙한 것이 되었다. 인격 존중은 보편적으로 인정되는 덕목이며, 원리적인 측면에서 계속 다듬어져 온 개념이다. 그러나 현대 윤리학자들의 논쟁에서 볼 수 있듯이 인격 개념은 복잡하다. 인격이란 종교적, 법률적, 철학적 원천들로부터 점점 다양하게 발전해 온 개념이다.

2) 가치로서의 인격 ▶ 인간이 권리를 가진 주체, 즉 자기 자신에 대한 결정을 내릴 수 있는 주체인 것은 인간이 하나의 인격이기 때문이다. 이 같은 법률적 지위가 모든 사람에게 인식된 것은 1789년 인권 선언을 통해서였다. 인간이 권리상 평등하다면, 그것은 인간들이 모두 동일한 가치를 지니고 있기 때문이다.

인권 선언은 법률적인 의미만이 아니라 도덕적인 의미도 가진다. 인격이 도덕적인 범주가 된 것은 칸트 이후다. 인격은 결국 권리의 주체일 뿐만 아니라 의무의 대상이기도 하다. 칸트에 따르면 인격은 절대적인 가치를 가지며 그 자체가 목적이다. 다시 말해 인격은 상대적인 가치를 가지고 단순한 수단으로 사용되는 사물과는 다르다. 인격을 절대적으로 존중해야 한다는 원리는 타인을 단순한 수단이 아니라 목적으로 대하라는 정언 명령을 통해서 표현된다.

인격의 가치와 존엄을 인정한다는 것은 권리에 대한 단순한 긍정을 말하는 것이 아니다. 인격이 자유롭게 행동할 수 없을 때에도 그 인격을 보호하고 존중해야 함을 말한다. 이 같은 긍정은 정당하지만, 동시에 태아의 지위나 안락사, 복제인간에 관한 최근의 논쟁에서 볼 수 있듯이 위험한 윤리적 문제를 제기하는 긍정이기도 한다. 이 점에서 인격의 문제는 오늘날에도 많은 논의가 필요하다.

2) 인류 / 인간성(人類 / 人間性: Humanity)이란?

1) 인류의 뜻 ▶ 동물에 비해 인간이 독특하게 가지는 특성들의 집합

2) 풀이 ▶ 인간성이라는 개념은 동물성이라는 개념에 대비되어 만들어졌다. 예를 들어 데카르트는 인간과 동물 사이에 단순한 정도 차이가 아닌 본성상의 차이가 존재한다고 주장한다. 오직 인간만이 사유할 수 있다. 즉 의식할 수 있고 언어를 사용할 수 있다(뉴캐슬에게 보내는 편지). 인류학적, 사회학적 관점에서 볼 때, 이 능력은 문화와 역사의 가능성을 확립한다.

콩트는 인류가 문화와 역사를 통해서 '산 자들보다는 죽은 자들로 구성된다'고 보았으며, 인류를 특수한 인간들(개인들)을 넘어서는 하나의 집단적 존재로 여겼다. 도덕적 관점에서 볼 때, 사유 능력은 인간존중의 기초가 된다.

결국 인간은 어떤 목적을 표상할 수 있는 존재이며, 나아가 스스로가 하나의 목적이기도 하다. 인간은 우리가 이용할 수 있는 단순한 사물이 아니라 존중해야 할 하나의 인격체다.

칸트는 『도덕적 형이상학』에서 "당신은 당신의 인격만이 아니라 다른 모든 사람의 인격에 대해서도 언제나 인류를 단순한 수단이 아닌 하나의 목적으로 대해야 한다"고 썼다.

3) 인간존중(人間尊重 Human Respect)이란?

(1) 인격 가치에 대한 존엄성

사람의 인격을 절대적으로 존중해야 한다는 원리는 타인을 단순한 수단이 아니라 목적으로 대하라는 정언 명령을 통해서 표현된다.

인격의 가치와 존엄을 인정한다는 것은 권리에 대한 단순한 긍정을 말하는 것이 아니다. 인격이 자유롭게 행동할 수 없을 때에도 그 인격을 보호하고 존중해야 함을 말한다. 이 같은 긍정은 정당하지만, 동시에 태아의 지위나 안락사에 관한 최초의 논쟁에서 볼 수 있듯이 위험한 윤리적 문제를 제기하기도 한다. 이 점에서 인력가치

의 문제는 오늘날에도 그 존엄성에 관한 많은 논의가 필요하다.

(2) 인간성에 대한 존중의 개념

인간성이라는 개념은 동물성이라는 개념에 대비되어 만들어졌다. 도덕적 관점에서 볼 때, 사유(思惟) 능력은 인간존중의 기초가 된다. 결국 인간은 어떤 목적을 표방할 수 있는 존재이며, 스스로가 하나의 목적이기도 한다. 인간은 우리가 이용할 수 있는 단순한 사물이 아니라, 존중해야 할 하나의 인격체다.

(3) 인본주의에서 존엄성

역사적으로 인본주의는 14세기에 이탈리아에서 등장한 운동으로 중세 교회의 통제에서 인간의 가치와 존엄성 그리고 우주 안에서 인간이 같이하는 특권적인 위치를 강조했다.

18세기 계몽주의 철학은 인간에 대한 신뢰를 통해서 그저 그 인간의 행복을 염원하고 인간의 권리를 옹호함으로써 정치적, 종교적, 반(反)계몽주의와 싸웠으며, 이 점에서 인본주의적 이상과 결합했다.

일반적으로 말해, 인본주의는 인간이 궁극의 가치라는 것, 즉 인간의 존엄성이 존중되어야 하고 모든 정치적, 종교적, 이데올로기적, 경제적 예속으로부터 보호되어야 한다는 것을 강조한다.

4) 인간성 존중 경영이란?

인간성의 존중이라는 말은 요즘엔 흔히 사용되고 있지만 그 말은 무엇을 의미하고 있는 것일까. 입으로 수다스럽게 떠들고 있는 것만으로는 인간성을 존중하고 있다고는 할 수 없지 않을까.

인간성의 존중이란 대체 어떻게 하는 것일까.

최근 들어 기업에서뿐만 아니라 특히 인간성 존중이 중요시되게 된 것은 인간성이라는 것에 대한 자각(自覺)의 확립과, 그것에 대해 현실적으로는 인간성이 저해(沮害)되고 있는 경우가 너무 많기 때문이겠지만, 실제로 여러분의 경우는 어떨까? 회사에서는 도의 향상이니 격려니 하는 여러 가지 명목하에 노력과 연구가 거듭되고 있지만, 궁극적으로는 실질적으로 인간성의 존중이 거기서 실행되고 있는 것이 아니면 사상(砂上)의 누각에 지나지 않게 된다.

단적으로 말하여 기업 안에서 인간성을 억압하는 것은 근대 경영에서는 생각할 수 없는 일이다. 인도상의 의미로서의 인간성의 존중은 말할 나위도 없다. 다른 동물에겐 없는 인간만이 지니는 훌륭한 특성을 어떻게 살리느냐 하는 것이 적극적인 의미에서의 인간성의 존중이 되지만, 이것은 결과적으로 기업의 발전의 밑거름이 되기도 하는 것이다.

그러면 구체적으로 어떤 일을 해야 하는지 살펴보도록 하겠다.

1) 몸을 움직이는 일에서, 머리를 쓰고 생각하는 것은 인간만이 할 수 있다.
→ 인간은 기계의 대용물은 아니다.

2) 창조 활동을 장려한다.
→ 더 좋은 것, 보다 새로운 것을 만들어 내는 것은 인간만이 지니는 중요한 특성이다. 제안 제도의 중요성은 여기에 있다.

3) 능력의 개발 향상을 꾀한다.
→ 인간은 자신의 성장 진보를 끊임없이 바라고 있다. 이것은 인간의 기본적인 욕구의 하나다. 자꾸 공부하여 능력을 발휘할 수 있는 터전을 마련하는 것이 필요하다.

4) 자주성 · 자발성(自發性)의 존중
→ 단순히 본능에 따르는 것이 아니라 스스로의 의지, 스스로의 생각으로 주체성을 지니고 행동하는 것도 인간이 가지고 있는 중요한 특성이다. 이것이 억압되면 대번에 싫증과 반감을 일으킨다.

5) 안전 · 건강
→ 이것은 말할 필요도 없다.

6) 욕구 충족 · 불만의 해소
→ 생리적인 욕구, 경제적인 욕구, 사회적인 욕구, 자아(自我)의 욕구, 자기실현의 욕구 등 여러 가지 욕구를 인간은 가지고 있다. 그것이 어떻게 어느 정도 충족되는지가 중요한 문제다.

7) 인간의 노력과 에너지를 허비(虛費)하지 말라
→ 귀중한 인간을 기계를 헛돌게 하는 것처럼 헛일을 하게 해서는 안 된다. 이것

이 없이 인간성의 존중은 있을 수 없다. 귀중한 인간에게 가치가 낮은 일, 질이 나쁜 일을 시키지 않도록 하는 것이 중요하다.

어떤 회사건 어떤 직장이건 이상과 같은 사항을 확실하게 보다 강력하게 잘 연구하여 철저하게 실행하는 것이 인간성 존중 실행의 첫 단계다.

인간성의 존중은 고창(高唱)되는 것이 아니라 실행되는 것이어야 하지만, 그러기 위해 인간성의 존중이란 어떤 것이며 무엇을 어떻게 하면 좋은가 하는 것을 자기들의 회사, 자기들의 직장 그리고 자기 자신의 생활에 비추어 잘 생각해 보기를 바란다.

인간성의 존중은 먼저 자기 자신의 존중부터 시작해야 한다. 존중해 준다, 존중을 받는다는 것이 아니라 먼저 스스로의 실행이 근본이다.

*사례1 — 멘토와 텔레마코스의 최초 멘토링 이야기

멘토(Mentor)라는 단어는 BC 1250년, 고대 그리스 신화인 호머의 '오디세이'에서 처음 등장한다. 멘토는 사람의 이름으로 오디세이 왕의 충실한 친구다. 이타카 왕국의 오디세우스 왕이 트로이 전쟁에 출전하게 되자 그는 자신의 어린 아들 텔레마코스(Telemachus)를 멘토에게 맡긴다. 그래서 멘토는 오디세우스의 아들에게 일반교육뿐만 아니라, 그가 왕자로서 필요한 자질을 갖추는 데 필요한 소양까지도 책임지게 된다. 왕이 20년간의 전쟁을 끝내고 돌아와 보니 왕자는 현명하고 성실한 사람, 즉 왕으로서 필요한 자질을 완벽하게 갖추고 있었다. 그 후로 멘토라는 이름은 지혜와 신뢰로 한 사람의 인생을 이끌어 주는 지도자 등의 동의어로 사용되어 왔다.

멘토는 자신에 맡겨진 임무(텔레마코스를 완전한 인간, 즉 인격자, 용사, 지혜자, 왕자로서 성장시키는 일)를 완수하기 위해 온몸을 던져 완벽하게 수행했으며, 자신의 임무가 완료되었을 때 미련 없이 떠나가는 아름다운 이야기에서 멘토와 텔레마코스의 관계를 통하여 멘토링을 작품 속에서 최초로 발견하게 된다.

* 용어해설
멘토(Mentor): 멘토링에서 한 사람의 전인적인 삶의 조언자로 역할을 하는 사람
멘제(Menger): 멘토의 도움을 받아 자기 역량개발에 앞장서고자 하는 사람
　　　　　유사용어 Protege(불) Mentoree(영) Mentee(미)
멘토링(Mentoring): 멘토와 멘제가 함께 상호유익의 활동을 하는 상태
　　　　　(Mentor+ing)11

선생인 멘토(Mentor)	왕자인(Menger Telemachus)
멘토는 대화식으로 교육을 실시하였으며 함께 이야기를 나누며 사색했다.	대화식 –
멘토는 텔레마코스의 상상력을 최대한 동원케 하여 열렬한 토론을 벌였다.	토론식 –
멘토는 질문자였고 텔레마코스는 대답하는 사람이었다.	문답식 –
멘토는 텔레마코스를 대할 때 동료처럼 대하여 거리를 좁혔다.	수평적 –
멘토는 제자가 답변을 못 할 때는 그냥 건너뛰었으며, 가까운 사물을 예로 들어 설명하기를 좋아했다.	예화식 –
멘토는 논리학, 철학, 수학에 평생을 기울여 집중했다.	전문적 –
텔레마코스가 불안한 흔들림으로 가득 차 있다가도 신 같으면서도 아버지처럼 정다운 멘토의 이야기에 스스로 녹아 버렸다	감성적 –

이타카 왕국의 상황전개	멘토링 후 목표달성
1 왕이 전쟁으로 20년간 나라를 비움	1 아버지 왕을 무사히 귀국시키고
2 원로 간신들이 왕권찬탈 위한 득세	2 원로 간신들을 물리치고
3 왕국에 지도자가 없었음	3 이타카 왕국을 제2건국하다

*사례2 – 상도에서 임상옥의 아름다운 멘토링 이야기

　　200여 년 전 평안도 의주에서 태어나 청(淸)나라와 인삼 무역을 통해 조선 최고의 거상(巨商)이 된 임상옥(林尙沃 1779－1837)은 말년에 장부를 불사르고 빚을 탕감하여 주고는 59세에 속세를 떠나 채마밭에서 채소를 가꾸며 풍류생활로 77세에 여생을 마쳤다(최인호 著 상도 商道)고 전한다.

　　그의 유언으로 財上平如水(재상평여수－재물은 평등하기가 물과 같고), 人中直似衡(인중직사형－사람은 바르기가 저울과 같다)은 오늘날 모든 경영자들에게 시대를 초월하여 심금(心琴)을 울려 주는 교훈으로 받아들여지고 있다.

　　특히 오늘날 세계 제일의 부자인 마이크로 소프트의 빌 게이츠가 남달리 자선사업에 앞장서는 것도, 투자의 귀재 벅셔 해서웨이 CEO 워런 버핏이 전 재산을 기부한 것도, 삼성의 이건희 회장이 8000억 원을 사회재단에 기부한 것도 임상옥과 같은 마음가짐을 터득한 사람이기에 가능했던 것이 아닐까 생각한다.

　　저자는 사실 상도의 방송 드라마 50회분을 거의 빠짐없이 시청하면서 놀랍게도 그 속에서 최고의 가치로 평가할 만한 한국적인 멘토링 사례를 발견했다. 여기에 요약해서 싣는다.

　　임상옥의 성장 뒤에는 멘토 홍득주 사장을 잊어서는 안 된다. 그는 홍 사장을 만난 것은 공직의 길인 통역관의 길을 접고 경영자의 길을 선택하는 결정적인 계기되었다. 그뿐 아니라 그의 사업가로서 재능을 맘껏 발휘할 수 있는 든든한 버팀목이 되어 주기도 했다. 여기에 홍득주 사장이 멘토의 역할을 수행한 내용을 아래와 같이 소개한다.

멘토인 홍득주 사장	멘제인 임상옥 사장
1. 그는 임상옥을 20세 나이에 점포 판매원으로 채용했다.	
2. 그는 재능을 인정하여 본사 경리 책임자로 승진시켰다.	
3. 그는 경영의 폭을 넓혀 주기 위해 마케팅 팀장으로 전국을 누비도록 했다.	
4. 그는 사장직을 양보하여 드디어 임상옥을 후계자로 세웠다.	
5. 그는 임상옥에게 "장사는 이문을 남기는 것이 아니라 사람을 남기는 것"이라고 경영철학(商道)을 전수해 주었다.	
6. 그는 임상옥에게 "돈보다 더 귀한 한 사람의 보배를 얻었는데 그게 바로 자네다"라고 그의 가치평가를 분명히 해 주었다.	
7. 그리고 그는 임상옥을 사위로 삼았다.	
8. 마지막에는 임상옥을 위해 경쟁업자의 밀수사실을 조사하다가 죽음을 당하게 된다.	

　　멘토 홍득주의 적극적인 도움을 받은 멘제 임상옥의 그 후 삶의 가치를 평가해서 멘토링을 이해하는 자료로 활용해 보기로 하자.

1. 그는 중국어에 능통하고 북경과의 무역을 활발히 했다.

2. 그는 현장경영과 기술 중시로 인삼 증포 기술, 나전칠기 기술에 일인자다.

3. 그는 신뢰를 얻어 협상에서 중국 상인과 또는 공직자들과도 좋은 성과를 거두었다.

4. 그는 그 시대 상인(商人)으로서 양반이나, 벼슬이 불가했지만 군수, 부사 벼슬까지 지내는 행운까지 누렸다.

5. 그는 신뢰를 앞세운 대인관계로 그를 위해 마음과 몸을 바치는 사람들이 많이 모였다.

6. 그는 효심이 대단하여 모친에 대한 순종과 장인 홍득주 사장을 친자식과 다름없이 보살펴 주었다.

임상옥(林尙沃)! 그는 끝없는 실패와 재기의 인생 역정 속에서도 멘토 홍득주의 100% 도움을 바탕으로 톱스타(Topstar)로 우뚝 서게 되었다. 그는 당시뿐만 아니라 21세기 오늘날도 역사적 거상(巨商)으로서 그 명성이 살아 있는 것이다.

인간존중의 본질과 당위성

2장

 ## 1. 철학적인 차원에서 검토

1) 인격 가치에 대한 존엄성

사람의 인격을 절대적으로 존중해야 한다는 원리는 타인을 단순한 수단이 아니라 목적으로 대하라는 정언 명령을 통해서 표현된다.

인격의 가치와 존엄을 인정한다는 것은 권리에 대한 단순한 긍정을 말하는 것이 아니다.

인격이 자유롭게 행동할 수 없을 때에도 그 인격을 보호하고 존중해야 함을 말한다. 이 같은 긍정은 정당하지만, 동시에 태아의 지위나 안락사에 관한 최초의 논쟁에서 볼 수 있듯이 위험한 윤리적 문제를 제기하기도 한다. 이 점에서 인력가치의 문제는 오늘날에도 그 존엄성에 관한 많은 논의가 필요하다.

2) 인간성에 대한 존중의 개념

인간성이라는 개념은 동물성이라는 개념에 대비되어 만들어졌다. 도덕적 관점에서 볼 때, 사유(思惟) 능력은 인간존중의 기초가 된다. 결국 인간은 어떤 목적을 표당할 수 있는 존재이며, 스스로가 하나의 목적이기도 하다. 인간은 우리가 이용할 수 있는 단순한 사물이 아니라, 존중해야 할 하나의 인격체다.

3) 인본주의에서 존엄성

역사적으로 인본주의는 14세기에 이탈리아에서 등장한 운동으로 중세 교회의 통제에서 인간의 가치와 존엄성, 그리고 우주 안에서 인간이 같이하는 특권적인 위치를 강조했다.

18세기 계몽주의 철학은 인간에 대한 신뢰를 통해서 그저 그 인간의 행복을 염원하고 인간의 권리를 옹호함으로써 정치적, 종교적, 반(反)계몽주의와 싸웠으며, 이 점에서 인본주의적 이상과 결합했다. 일반적으로 말해, 인본주의는 인간이 궁극의 가치라는 것, 즉 인간의 존엄성이 존중되어야 하고 모든 정치적, 종교적, 이데올로기적, 경제적 예속으로부터 보호되어야 한다는 것을 강조한다.

 # 2. 두뇌의 지능구조에서 검토

인간과 다른 동물과의 기본적인 차이에는 태어났을 때의 뇌 상태에 있다. 다른 동물의 뇌는 침팬지 같은 고등동물에서도 거의 완성되어 태어나지만 인간은 아주 미숙한 상태에서 태어난다.

스위스의 동물학자, 아톨프 호르트만은 "만일 인간이 태어났을 때 침팬지와 똑같이 행동하려면 어머니의 배 안에 또 11개월간 들어가야 된다. 즉 임신 21개월 만에 태어나지 않고는 불가능하다"고 말하고 있다.

쉽게 말하면, 인간의 특징인 '새로운 피질'은 완전히 미개발 상태에서 태어난다. 태어났을 때 인간의 지능은 제로라고 하는 이유가 여기에 있다. 그리고 이것과 관계없이 인간의 뇌 발달은 충실하게 약속되어 있다.

우리 뇌의 '새로운 피질'은 탄생 후부터 급속도로 충실해진다. 그것은 우선 두정(頭頂), 후두연합야(後頭連合野)에 있는 지능의 자리＝정보를 받아들이는 구조부터 충실하기 시작하여 전두연합야의 지혜의 자리＝정보의 종합(사고방식), 조립(창조), 의지결정(의도) 등은 2세 이후부터 서서히 충실하기 시작한다.

태어났을 때, 아기의 두뇌 무게는 약 400g, 이것이 시간이 지남에 따라 점차 커지며 어른 남성은 약 1,400g, 여성은 1,250g이 된다. 이와 같이 뇌가 커지면서 무거워지는 것은 뇌 안의 신경세포 때문이다. 그러나 신경세포는 영구세포, 비분열세포, 매증식 세포이므로 수량이 증가되는 것도 아니다. 또 하나하나 세포의 부피가 증가되는 것도 아니다.

이들 신경세포는 몸의 다른 세포와는 달리 많은 돌기(突起)가 나와 있고 주위의 신경세포와 얽혀 존재한다. 이 얽힌 상태에 따라 비로소 뇌가 여러 가지 기능을 발휘하는데, 뇌가 발달하여 충실해지고 커진다는 것은 이 돌기가 점차 성장되어 조화롭게 주위의 세포와 얽힌다는 뜻이고 그 때문에 뇌가 무거워지는 것이다.

이와 같은 발달은 '새로운 피질' 안에서 진행되는데 이 '새로운 피질'을 2가지 부분으로 나누어 생각하면 쉽게 이해할 수 있다. 내용을 설명하면, 입력되는 부위(지능의 자리)와 출력되는 부위(지혜의 자리)인데, 지능의 자리가 먼저 충실하기 시작하여 2～3세까지에는 중요한 것이 완성되고, 10세 정도에서 대부분 완성된다.

한편, 지혜의 자리는 2～3세경부터 서서히 얽히는 상관관계가 시작되고 4～7세 정도와 10세 정도의 중요한 3단계를 거쳐 20세 전후하여 대부분 완성되는 것으로 알려져 있다. 이것을 정리하여 설명하면, 신경세포 전체가 얽히는 연결은 전두엽을 제외하고는 20세 전후에 끝나며, 그 이후부터는 하루에 10만 개에서 20만 개의 비율로 신경세포가 사멸된다는 것이다.

무엇을 망각한다는 것은 이와 같이 기능하고 있던 신경세포가 사멸하는 결과에서 나타나는 현상이라고 볼 수 있는데, 지혜의 자리만은 죽을 때까지 쇠퇴하지 않는 것 같다. 인간은 3세경이 되면 그때까지의 모방적 활동에서 탈피하여 스스로 생각하고 새로운 것을 만들려 하는 의욕이 싹트게 된다. 지혜의 자리에 있는 신경세포와 다른 신경이 연결되기 시작하였기 때문이다.

이것이 4~7세의 취학기가 되면 경쟁심이나 배운 것을 받아들이려는 기분을 갖게 된다. 시간적인 관념도 갖게 되며 약속도 지키게 된다. 여기에서 10세쯤 되면 지혜에서 만들어지는 정신이라는 즐거움과 슬픔, 질투나 시기 등의 정조적(情操的)인 마음이 분명히 나타나게 된다.

그리고 이 지혜의 자리만은 죽을 때까지 쓰면 쓸수록 발달하는 것 같고, 인간성을 존중하는 것은 '두뇌를 훌륭하게 활용하는 것'이고 삶의 보람도 또한 '머리의 슬기로운 활용'에 있다는 것이다.

 # 3. 부모의 어린이사랑에서 검토

1) 어린이를 거부하지 말고 응석을 받아준다

'화이트 박사의 육아서'로 널리 알려진 미국의 발달심리학자 버튼 L. 화이트 박사는 1985년 일본을 방문하여 여러 곳에서 육아에 대한 강연을 한 바가 있다.

화이트 박사에 따르면, 생후 7개월까지의 젖먹이에게는 "자기는 부모와 주위사람들로부터 사랑을 받으며 귀여움을 받고 있다고 느끼도록 하는 것이 중요하다"고 했다.

여기서 '사랑받는다'는 것은 젖먹이에 대해서는 '기분이 좋다'는 것이다. 젖먹이가 운다는 것은 무엇인가를 요구할 때를 의미한다. 이 점을 이해하고 요구에 응해 주는 것이 젖먹이의 기분을 좋게 만든다고 화이트 박사는 말했다.

그러나 부모들 사이에서는 귀여워하는 도가 지나치면 아이들이 응석받이가 된다는 오해가 있다. 아이들을 너무 귀여워하면 안 된다고 할 수 있는 시기는 어느 정도 판단을 할 수 있는 나이가 된 다음의 일이며, 그때까지는 최대한 귀여워해 주고 응석을 받아 주어야 한다. 이 시기에는 아무리 귀여워하고 응석을 받아 주어도 지나친 일이 아니다.

어떤 아동심리학자는 '어머니의 무릎 위는 어린이의 마음의 터전'이라고 밝히며, 응석을 받아 주는 것이 얼마나 중요한가를 다음과 같이 말했다.

"어머니와의 스킨십은 어린이의 정서적 안정에 가장 큰 역할을 한다. 그러므로 어머니의 무릎 위는 어린이의 마음의 터전이다. 소년기와 사춘기에 여러 가지 문제를 일으키는 어린이는 이런 마음의 터전을 지니지 못하고 있다. 그것은 어머니로부터 방임된 어린이들의 경우에 가장 많은데, 너무 일찍 어린이의 독립심을 키워야겠다고 초조해하는 어머니의 경우에도 볼 수 있다. 즉 어린이가 응석을 부릴 때 그것을 받아 주는 것이 나쁜 버릇이 들게 한다고 생각하기 때문이다.

어린이에게 있어서 최대의 비극은 어린이가 응석을 부리는 것을 싫어하는 어머니의 경우다. 어린이의 정서는 메마르게 되고, 이로 말미암아 잔학성을 드러내는 경우도 있다."

2) 어린이를 존경하고 예의 바르게 대할 것

『스포크 박사의 육아서』로 유명한 미국의 벤저민 스포크 박사는 1979년 오스트리아의 잘츠부르크에서 개최된 세계정신위생연맹 국제회의에서 다음과 같은 취지의 발언을 했다.

"가장 중요한 것은 부모가 어린이를 존경하는 것이라고 생각한다. 어린이는 간혹 가난한 자, 노예, 여성 등과 함께 '종속적'으로 취급되어 호통을 듣고 매를 맞는 대상이었다. 그러나 어린이에 관해 연구하면 할수록 향상되려는 그 이상(理想), 오염되지 않은 선의에는 훌륭한 면이 있다는 사실을 알게 된다. 이들은 어른이 충분히 존경할 만한 대상이다. 부모와 어른이 이들에게 존경하는 마음을 기울여야만 어린이들이 보다 이상적으로 선의의 훌륭한 시민으로 육성되어 나간다. 부모도 어린이로부터 존경을 받아야 한다. 어린이가 예의에 벗어난 태도를 취할 때는 용인해서는 안 된다. 예의 바르게 대하는 것이 무엇보다도 중요하다."

인간은 타인으로부터 신뢰받고 존경을 받을 때 그 신뢰와 존경에 보답하려고 한다. 이것이 인간의 진정한 마음이며, 이는 또한 어린이에만 국한된 것이 아니다.

# 4. 신앙적 원리에서 검토

창세기 1장은 하나님이 사람을 '하나님의 형상과 모양으로' 창조하셨다고 말씀하신다. 모든 사람들에게는 위대한 창조주 하나님의 형상이 있다고 하는 것이다. 남녀노소, 가난한 자와 부한 자, 지위가 낮은 자와 높은 자, 흑인과 백인, 정박아에게까지도 하나님의 형상이 있다는 것이다. 따라서 인간은 존엄하고 존귀한 존재다. 신약에서 예수 그리스도께서는 이것을 명백하게 말씀하고 계신다. "사람의 목숨이 온 천하보다도 귀하다"(마 16: 26). 이만큼 사람이 귀중하다는 것이다. 이것은 여러분들이 특히 조직경영을 하면서 어떻게 사람을 대해야 할지에 대해서 명확히 제시해 주는 중요한 성경적 원리다. 인간을 존중하는 경영활동을 해야 된다는 것이다.

그러면 인간을 존중하는 경영활동은 어떤 식으로 하는 것일까? 예를 들어 현장확인 경영을 한다고 하자. 인간을 존중하지 않는 태도는 일이 어떻게 되는지를 감독하러 가는 것이다. 일이 잘 되는지 안 되는지를 감독하러 가는 태도, 그 속에서 종업원은 자신이 억압당하고 조작당하고 감시당하고 있다는 느낌을 갖게 된다. 그러나 인간을 존중하는 태도로 현장을 방문하는 것은 경영자가 그 종업원에게 관심이 있고 그 종업원이 하는 일이 아주 귀중한 일이라는 것을 종업원으로 하여금 인식하도록 하는 것이다. 그렇게 할 때 종업원은 자발적으로 자신이 하고 있는 일의 중요성과 가치를 깨닫고 열심히 일을 할 수 있다. 이것은 리더십 연구결과에서도 나타난다. 경영학자들이 과업을 중심으로 한 리더십의 생산성과, 관계를 중심으로 한 리더십의 생산성을 살펴보았다. 그랬더니 관계 중심적인 리더십에 있어서 생산성이 높더라는 것이다. 성경적 원리를 과학적으로 증명한 연구결과라고 생각한다.

요즘에는 비기독교인이 경영하는 조직들, 특히 탁월성을 추구하는 많은 기업들이 내세우는 것이 바로 이 인간존중의 경영이다. 예를 들면, GE그룹, 삼성그룹, LG그룹 같은 경우에 '인간의 가치인정', '인간제일주의', '고객을 위한 가치 창조', '인간존중' 슬로건을 내세우고 있다. '종업원 만족 없는 한 고객 만족도 없다.' 그래서 종업원부터 만족시키고 고객을 만족시키려는 그러한 결의들, 이 모두가 인간존중의 경영을 나타내고 있다.

이러한 인간존중의 대상은 사실 종업원과 고객 그 둘에 국한되지 않는다. 조직과 관련된 모든 사람들이 존중되는 방식으로 조직이 운영되어야 한다는 것이다. 최근의 경영학 연구결과나 많은 초일류기업들이 그런 인간존중의 경영을 탁월한 경영을 할 수 있는 원리로 보고 있다.

*사례3-성경에서 아름다운 멘토링 이야기

구약 성경에 나타난 대표적인 사례로 모세의 삶 속에서 놀랍게도 이스라엘 지도자로 탄생하는 이면에 멘토들이 깊숙이 자리잡고 있음을 볼 수 있다. 모세의 종합 멘토링은 오늘날 멘토링의 성경적 모델로 그 가치를 높게 평가해도 전혀 손색이 없다. 우선 아래와 같이 유년 시절, 소년·청년 시절, 장년 시절에 모세를 도운 네 사람 멘토와 노년 시절에는 반대로 모세의 여호수아 멘토로서의 역할을 소개해 보기로 하자.

모세의 아름다운 멘토링	모세를 위한 멘토 이야기
1) 유년 시절 멘토-요게벳과 어린 시절 모세(출2: 1~10 히11: 23) -애급나라 법을 어기고 하늘나라법으로 모세를 살렸다.	
2) 소년 시절 멘토-바로 공주와 소년 시절 모세(출2: 10 행7: 22) -모세가 바로왕국에서 세상의 학문을 통달하도록 했다.	
3) 청년 시절 멘토-이드로와 청년 시절 모세(출18: 2~6 18: 13~27) -모세가 권력 위임을 통해 평신도지도자를 개발하도록 했다.	
4) 장년 시절 멘토-아론과 장년 시절 모세(출4: 10 14: 28) -모세의 바로 앞에서 부족한 부문을 보완해 줬다.	
5) 노년 시절 멘토링-노년모세와 후계자 여호수아(출17: 8~16 32: 15~35 수1: 18) -모세는 멘토로서 후계자 여호수아에게 노하우를 전이(傳移)했다.	

[신약에서 나타난 베스트 멘토링-멘토 바나바와 바울의 아름다운 이야기]

멘토-바나바	멘제 바울

바나바와 바울은 신약성경에 나타난 멘토링의 모델 가운데 뛰어난 모델 중 하나다. 바나바는 바울을 지원했고 유대 그리스도인들에게 성공적으로 연결시켜 주었다. 뿐만 아니라 바나바는 바울을 이방 기독교의 중심에 서도록 길을 만들어 준 멘토였다.

바나바는 바울이 예루살렘교회의 사도들에게 의심받고 있을 때 바울의 멘토로서 사도들로 하여금 그를 안심하고 받아들이도록 연결시키는 고리 역할을 훌륭히 수행했다(행9: 23-24). 바나바는 이곳에서 1년 이상 바울이 배우고 성장하도록 여러 기회들을 제공해 주었으며 다시 그를 안디옥으로 불러 그곳에서 말씀사역을 함께 담당했다. 그의 멘토링은 여기에서 끝나지 않는다.

안디옥교회가 바나바를 선교사로 이방세계에 파송할 때 바나바는 바울과 함께 간다. 이렇게 바나바는 바울에게 있어 목회의 멘토, 설교의 멘토, 선교사역의 멘토가 되었다. 그 이후로 이방선교의 중심은 바나바에서 바울에게로 넘어가게 된다.

바나바의 멘토링으로 바울은 그 후에 브리스길라와 아굴라, 디도, 디모데, 아볼로 등을 멘토링함으로써 그의 선교사역은 그레데, 아시아의 여러 교회들(행18: 27-28)과 계시록에 나오는 일곱 교회들(계2-3장)과 고린도교회(행18: 1-2), 로마교회(롬16: 3-5) 등 세계교회로 뻗어나가게 되었다.

MBC드라마 '허준'이 평균 60%를 넘는 시청률을 기록할 만큼 폭발적 인기다. 과연 어떤 매력이 이처럼 시청자들을 묶어 매는 것일까? 곰곰이 생각해 본다. 소설 동의보감에 바탕을 둔 이야기 구조의 재미를 **빼놓**을 수 없지만, 보다 중요한 것은 천민 출신 허준이 온갖 역경을 딛고 명의가 되는 파란만장한 인생역정이 감동이 아닐까 싶다.

  허준이 명의가 되기 위해 갖춘 덕목은 인격이다. 역적의 딸로 쫓기는 양가 규수를 구해 아내로 맞는 일부터, 병자들에 대한 사랑과 헌신으로 문둥병자 소굴로 들어가는 일, 환자를 뿌리치지 못해 과거 시험을 포기하는 일 등에서 그의 됨됨이는 드러난다. 스승 유의태도 어의가 된 아들을 내치고 허준을 인정한다. 그런 고초와 헌신은 매번 시청자들의 가슴을 뭉클하게 한다.

Mentor 한의원 유의태		**Menger** 허준
1. 허준에게 덕목과 의술을 전수시키다.	멘	1. 힘든 좌절을 딛고 성실과 뛰어난 의술로 어의가 된다.
2. 병부일지를 직접 기록게 하여 현지실습을 시키다.	토	2. 서출로서 정일품 양반이 된다.
3. 침술의 으뜸자로 훈련시범을 보인다.	링	3. 조선당대의 최고의 명의가 된다.
4. 자신의 몸을 해부 실습으로 제공한다.		4. 25권의 동의보감 저술로 민간요법의 대가가 되다.

* 동의보감 허준의 가치평가

마음	뛰어난 윤리 의식
지식	25권의 동의보감, 독창적 의학 이론
건강	강한 정신력과 건강한 신체
자기관리	서출건달에서 정일품 고관
인간관계	가족, 이웃, 관리들과 신뢰성 구축
인간성(人): 마음의 병을 먼저 치료 – 심성치료 재능(才): 육신의 병을 그 후 치료 – 의술치료	

- 허준 뒤에 멘토 유의태는
    1. '내 위에 우뚝 서게 하리라' 신념
    2. 자신의 몸을 해부용으로 내놓은 살신성인의 결단
- 멘토 허준의 의술 전이 멘토링
    당대 → 상화에 의술 전이
    300년 후 → 이제마(서적으로)

인간존중의 과거, 현재, 미래

3장

 ## 1. 인간존중 경영의 의미

1) 지금까지 경영방식의 문제점

18세기 산업혁명으로 시작된 산업사회는 공장제 대량생산체제를 확립하고 기술발전을 촉진하면서 이전에는 볼 수 없었던 생산성의 증대를 통해 경제적 풍요와 소비생활의 질을 향상시키는 등 비약적인 발전을 지속해 왔다. 이와 같은 경제성장으로 인한 사회구성원들의 소득증대, 대량생산체제를 통한 소비물량의 증대, 교육수준의 향상, 보건 및 의학수준의 향상으로 인한 사망률의 저하 등 삶의 조건을 크게 개선시켜 왔다.

산업사회의 발전과정에서 기업은 견인차 역할을 수행하였다. 기업은 기계화 및 분업화를 통해 생산성을 급격하게 향상시켰고, 기술혁신과 기술축적을 선도하였다. 그러나 이 과정에서 기업은 단기적인 성과에 치중하여 효율성만을 우선시하는 경영방식을 행함으로써 많은 문제점들을 발생시키게 되었다. 더욱이 경제적 성과만을 높이려는 단기지향적인 경영방식은 기업이 앞으로의 새로운 환경변화에 적응하여 지속적인 성장을 도모하고, 나아가 열린 공동체 사회를 발전시키는 데 걸림돌이 되고 있는 것이다.

그러한 문제점들 중 대표적인 두 가지를 들어보면 하나는 조직운영 측면에서 볼 때 권위주의적·관료주의적 방식이 조직 내 만연되어 조직병리현상, 세칭 대기업병을 일으키게 하였다는 것이다.

또 다른 하나는 조직구성원들 측면에서 볼 때 효율성 일변도의 기업경영방식 때문에 구성원들의 인간성 상실, 건전한 인간관계의 붕괴 등 여러 가지 비인간화문제를 야기해 왔다는 것이다. 다음에서는 이러한 두 가지 문제에 대해 좀 더 자세히 살펴보자.

(1) 관료주의적 조직운영문제

기존의 단기적인 효율성 우선주의에 입각한 기업경영방식은 조직을 관료주의적·권위주의적으로 운영함으로써 조직의 경직화를 야기했다. 특히 규모가 커지고 연륜이 쌓여 가면서 기업조직은 기존의 효율적인 작업방식과 질서유지를 위해 더욱 많은 규정과 절차를 도입하고 더 많은 계층과 부서를 두게 됨에 따라 조직 상하·좌우간에 의사소통의 장벽이 생기고 조직이 경직화되어 유연성과 활력을 잃게 되는 조직병리현상이 나타나게 되었다. 이러한 관료주의적 조직운영은 다음과 같은 역기능을 초래하였다.

첫째, 관료주의적 조직운영은 과거에 행했던 경영방식을 그대로 답습하려는 구조적 관성(structural inertia)을 촉진하여 조직이 환경변화에 대해 무감각해지고 제때에 필요한 변화를 하지 못하게 하고 있다. 또한 관료주의적 조직운영은 조직구성원에게 창의적 인간보다는 수동적 인간, 진취적 인간보다는 조직에 순응하는 인간이 될 것을 요구하고 있어, 그 결과 기존의 조직운영방식에 순응하는 사람들만이 조직에서 살아남게 되는 바람직하지 못한 현상이 나타나고 있다.

둘째, 관료주의적 조직운영은 원활한 생산 활동의 수행이라는 조직의 원래 목표와 그것을 달성하려는 수단이 뒤바뀌어 오히려 수단이 목적시되는 이른바 '목표의 전치'(goal displacement) 현상을 야기하고 있다. 즉 조직에서 생산활동을 보다 효과적이고 원활하게 촉진하기 위해 필요한 규칙이나 절차를 도입했으나 이러한 수단이 오히려 더욱 중시되고 목적시됨으로써 생산성의 저하를 가져올 뿐만 아니라 조직구성원 개인의 일방적인 희생과 복종을 요구하고 있다.

셋째, 관료주의적 조직운영은 불필요한 조직부문과 인력을 증대시킴으로써 조직을 비대화시키고 있다. 즉 爲人設官식의 임기응변적 방편으로 조직기구를 늘리는 등 비탄력적으로 조직을 설계하고 운영함으로써 불필요한 부문이 늘어나게 되는 파킨슨의 법칙(Parkinson's law) 현상이 나타나게 되었다.

넷째, 관료주의적 조직운영은 하향적이고 일방적인 의사소통만이 이루어지게 하고, 비민주적이고 강압적인 의사결정방식이 행해지도록 하고 있다. 그 결과 조직활동이 원활하게 수행되지 않을 뿐만 아니라, 조직구성원들의 자발적이고 적극적인 협력을 이끌어 내지 못하고 강제적이고 통제적인 경영방식에 주로 의존할 수밖에 없는 악순환이 반복된다. 이로 인해 조직구성원들로 하여금 자진해서 위험을 무릅쓸 필요가 없다는 생각에 사로잡혀 기존에 주어졌던 불필요한 일을 되풀이하게 하는 관료제의 비능률(red tape)을 낳게 하고 있다.

다섯째, 관료주의적 조직운영은 조직 내 갈등을 심화시키고 있다. 즉 관료주의적 조직운영은 부문 간 장벽을 쌓게 하고 부문이기주의를 낳게 하며, 지연·학연·혈연 등의 특수연고관계에 의한 파벌집단이나 사단을 형성시키고 있는 것이다. 그 결과 부문 간에 비건설적이고 과도한 경쟁을 촉진하거나 몇몇 소수의 계층이나 집단에 의해 조직의 자원과 정보가 독점되는 조직 내 사회적 불균형현상이 심화되고 있다.

(2) 기업경영에서의 비인간화 문제

단기적인 경제적 효율성 위주의 기업경영방식은 많은 경우에 조직구성원들의 비인간화 문제를 발생시켰다. 즉 지금까지의 기업경영방식은 과거에 비해 높은 생산성을 달성하도록 하여, 경제적·물질적인 측면에서는 풍요로움을 가져왔으나 물질적 풍요 추구에 따른 생명경시, 인간경시, 소외, 몰인간적인 태도 등 인간성의 비인간화로 인해 조직구성원들은 다음과 같은 후유증을 앓고 있다.

첫째, 기업경영의 비인간화는 조직구성원들로 하여금 조직의 활동 및 운영 과정에 능동적으로 참여하기보다 수동적인 존재로 되는 인간주체성의 상실, 즉 소외를 경험하게 하고 있다. 종래의 경영방식은 조직 내 합리화, 표준화, 거대화, 집중화를 추진하면서 조직구성원들을 거대한 현대 기업조직의 미미한 부품과 같은 존재로 전락하게 하였다.

둘째, 기업경영의 비인간화는 조직구성원들이 물질 지상주의적 생활자세를 갖도록 하여 일(노동)에 대한 부정적인 태도와 무분별한 개인 이기주의에 빠져들게 하고 있다. 이러한 생활자세는 노동이 갖는 사회적 중요성과 가치를 도외시하고 단순히 일을 경제적·물질적 보상을 획득하는 수단으로만 보게 하여, 일에 대한 진지한 태도나 장인정신이 사라지게 하고 있다.

셋째, 기업경영에서의 비인간화는 조직구성원들로 하여금 다른 사람들을 인간으로서 대접하지 않고 수단시하는 성향을 갖도록 하고 있다. 즉 단기지향적인 성장일변도의 경영방식은 조직구성원들 간의 인간관계를 형식적이고 제한적이며 순간적이고 피상적인 기능 위주의 도구적 관계로 만든다. 그 결과 조직 내에 몰인격적 인간관계를 형성하도록 하고 구성원들 간에 공동체의 일원이라는 연대의식 및 일체감을 상실하게 하고 있다.

넷째, 기업경영에서의 비인간화는 조직 내 구성원들이 불필요하고 과도한 경쟁을 하게끔 하여 구성원들 간에 상호불신을 초래하였으며, 조직에서의 경쟁에서 오로지 승리하고자 수단을 가리지 않는 비윤리적 행위를 하도록 조정하고 있다. 정정당당한 선의의 경쟁은 경쟁당사자 모두를 한 단계 높은 경지로 이끄는 좋은 결과를 가져오지만, 수단을 가리지 않고 이기기만을 서두르는 경쟁은 결국에는 당사자 모두에게 해가 되는 결과를 초래하게 된다.

다섯째, 기업경영에서의 비인간화는 조직구성원 개개인의 개성을 무시하고 있으며, 그 결과 개인의 능력 발휘의 기회를 제공하지 못할 뿐만 아니라 개인의 성장과 발전을 가로막고 있다. 즉 대량생산체제하에서 기계화되고 표준화된 작업방식의 효율적인 운영을 유지하기 위한 기업경영관리방식은 구성원의 성장·발전보다는 획일적인 통제에 주안점을 두게 되었다.

2) 새로운 경영방식으로서의 인간존중의 경영

우리는 종래의 기업경영방식이 초래하고 있는 문제점들을 치유하고 미래사회의 발전에 기여할 수 있는 새로운 경영방식이 없겠는가 하는 데 관심을 갖지 않을 수 없다. 그러한 새로운 기업경영방식으로서 인간존중의 경영을 들 수 있다.

'인간존중'(human respect)이란 사전적인 의미에서 볼 때 "인간의 기본적 가치와 존엄성을 인정하여 사람을 높이고 중하게 여김"을 말한다. 여기서 인간의 기본적인 가치는 인간이 간직하고 있는 고유의 특성 또는 본성(본질)을 의미하며, 그러한 본성을 지닌 인간은 존엄성을 갖고 있는 존재로서 존중한다는 것이다. 이처럼 인간을 존엄한 존재로 존중하는 이유는 무엇인가? 그것은 바로 인간이 다른 동물이나 사물들과 달리 인간만이 갖추고 있는 본질적 속성으로서 이성을 갖고 있기 때문이다. 다시 말해서 이성은 인간이 합리적인 사고와 판단을 할 수 있도록 하는 능력으로, 이 세상의 다른 존재들과 인간을 구별시켜 주는 본질임과 동시에 인간을 존엄하다고 주장하는 근거가 된다. 이러한 이성에 기초하여 인간은 다른 사물이나 동물과 구분되는 인간으로서의 모습을 갖게 되는데, 크게 다음 두 가지로 요약할 수 있다.

먼저 인간은 이성에 기초하여 다른 동물과 달리 논리적인 사고를 할 수 있으므로 어떤 문제에 대해 자신의 판단에 따라 의사결정을 할 수 있으며, 스스로 옳다고 믿는 바나 자기가 세운 목표에 따라서 행동하는 자율적 또는 자주적 존재가 될 수 있다. 인간은 이성에 기초하여 도덕과 규범, 올바른 가치와 의미를 추구하며, '아니오'라고 말할 수 있는 양심과 의지를 가지고 찬반의사를 개진할 수 있는 존재인 것이다.

또한 인간은 이성에 기초하여 집단·조직·사회를 이루어 살아가면서 매우 복잡한 사회생활을 할 수 있으며, 다른 사람들과 상호 작용하여 공동체의 발전에 기여할 수 있는 협동적이고 사회적인 존재가 될 수 있다. 다른 동물 중 일부도 사회생활이라고 부를 수 있을 만큼 무리를 지어 살아가고 있지만, 인간생활의 사회성은 그 관계가 훨씬 복잡하고 다양하며 교섭의 범위가 넓다는 점에서 동물의 그것보다 훨씬 차원이 높다. 이처럼 고차원의 사회생활을 영위할 수 있는 인간은 조직의 일원이 됨으로써 조직을 구성하는 요소로서, 조직성과 산출을 위한 핵심적 자원으로서 대체가능성을 가진 존재로서의 특징을 갖게 된다.

앞에서 살펴본 인간존중의 개념에 입각해 볼 때, 인간존중의 경영(Management for Human Respect)이란 조직에서 구성원들을 인간으로서의 존엄성을 가진 존재로서 존중할 뿐만 아니라 구성원들 스스로가 이성을 가지고 자율적인 행위를 할 수 있으며 동시에 조직공동체의 발전을 위해 기여할 수 있다는 믿음을 가지고 기업을 이끌어 나가는 경영방식을 일컫는다.

따라서 우리는 인간존중 경영의 의미를 조직구성원에 대한 측면과 조직에 대한 측면에서 보다 구체적으로 살펴볼 수 있다.

먼저 조직구성원에 대한 측면에서 볼 때 인간존중의 경영은 조직구성원 개개인을 존중하는 경영을 의미한다. 인간존중 경영에서 개인을 존중한다는 의미는 개인의 삶 자체를 존중하며 특히 개인의 특성, 능력, 사고방식의 차이를 인정하고 그것에 대한 이해를 바탕으로 이들이 자신의 의지와 목표에 따라 행동하는 주체로서, 자기 자신의 성장과 발전을 위해 살아갈 수 있도록 하는 경영방식인 것이다. 즉 인간존중 경영은 조직구성원 개개인을 존중함으로써 개인이 갖고 있는 잠재력을 개발하고 개인의 창의성을 촉진하여 개인성과를 향상시키며 성공적인 조직생활을 영위하도록 한다. 세계적인 컴퓨터 제조업체인 IBM(International Business Machines)사를 창설한 왓슨(T. Watson)은 '개인에 대한 존중'을 가장 중시하였으며 이 회사는 오늘날에도 조직구성원을 가장 존중하는 기업의 하나로 인정받고 있다.

인간존중의 경영은 종업원들에게 자신감과 활력을 불어넣는 경영을 의미한다. 즉 인간존중 경영은 현대조직에서 발생하고 있는 인간소외, 무기력감, 과로, 스트레스와 같은 인간적 문제점을 치유할 뿐만 아니라 조직구성원들이 경제적·사회적·정신적 욕구충족을 통해 만족하고 신명나게 일하며 생활할 수 있도록 함으로써 개인행복을 증진시켜 주는 기업경영방식인 것이다. 세계적인 압축기 제조기업인 일본의 마에가와 제작소는 '사람이 사는 보람과 일하는 보람을 충족시키는 곳이 회사'라는 가치 아래 종업원에게 보람을 주는 기업경영을 하는 대표적인 회사의 하나이다.

다음으로 조직에 대한 측면에서 볼 때 인간존중의 경영은 조직의 성장과 발전 문제를 떠나 개인의 문제를 생각할 수 없다고 보고 여러 사람들이 공동의 목표를 달성하고자 모인 조직의 발전을 중시하는 경영방식을 의미한다. 현대기업이 영구존속체로서 지속적으로 발전하려면 경제적 목적과 사회적 목적을 균형 있게 추구하여 구성원과 조직 모두가 상호 균형적으로 발전할 수 있도록 해야 한다. 현대기업의 이러한 측면을 고려하여 인간존중의 경영은 조직의 발전문제를 양적·경제적 측면에서의 성장뿐 아니라 질적·사회적 측면에서의 만족을 동등하게 중시하여 양자의 균형을 강조한다.

인간존중의 경영은 '사람을 통한 기업경쟁력의 제고'(competitive advantage through pepole)를 실행하는 기업경영방식을 의미한다. 인간존중의 경영은 조직에서 발생하는 많은 문제가 근본적으로 사람과 관련되며 이러한 문제를 어떻게 해결하느냐 하는 것이 조직의 유지·발전에 관건이라고 본다. 늘 '조직성공의 열쇠는 인간', '인간자원이야말로 가장 위대한 자산'[Drucker, 1950], '기업에서의 경영은 사람을 다루는 일'이라는 말들이 의미하듯이 기업경영의 성과는 사람을 얼마나 잘 관리하는가의 여하에 달려 있다고 보는 것이다. 따라서 인간존중의 경영은 우수한 인재를 확보하고 육성하여 구성원들의 자율적인 업무수행역량을 배양함으로써 조직의 성장잠재력을 내생적으로 확보하고자 하며, 조직구성원들이 상호존중하고 협력적인 인간관계를 형성하도록 하여 조직목표달성을 촉진하는 시너지효과를 창출하게 한다. 예를 들어 특히 노사관계에 있어서 인간존중의 경영은 노사 간 인간적인 측면의 문제해결을 강조하여 상호신뢰를 회복하도록 하고 협력적·동반자적 관계하에서 노사공동발전을 위한 '생산성 향상'을 추구하도록 한다.

이처럼 인간존중의 경영이란 경영자가 구성원들로 하여금 자기를 개발하고 자율적으로 그리고 협동적으로 행동할 수 있는 여건을 만들어 주며, 보다 적극적으로 구성원들이 조직의 양적·질적 발전에 기여할 수 있도록 노력을 기울여 나가는 경영활동과정인 것이다.

2. 인간존중의 과거, 현재, 미래

인간존중 그 자체는 너무나 평범한 철학이요, 전혀 새롭지 않다. 그러나 기업경영의 현실 속에서 그것은 큰 의미를 갖는 것이며 대단한 각오를 필요로 한다.

찰리 채플린의 영화 모던타임즈의 주인공은 컨베이어 벨트에 붙어서 하루 종일 나사를 돌린다. 오늘도 내일도 스패너를 들고 같은 작업을 반복하는 것이다. 그러다 보니 아예 몸이 굳어 버렸다. 휴식시간에도 우측으로 자꾸 몸이 돌아가고, 무엇이든지 툭 튀어나온 것만 보면 반사적으로 돌림질을 해댄다. 친구 옷에 달린 단추를 보거나, 길거리에 지나가는 아주머니의 브래지어 꼭지를 보거나 말이다.

채플린 특유의 재치가 담긴 이 영화는 관객을 웃기면서도 동시에 울려 주고 있다. 영화의 제목이 말하는 현대의 기계화되고 인간이 없어져 버린 '우리들의' 삶을 너무나도 적나라하게 보여주고 있기 때문이다.

기업은 영리를 추구하는 것이고, 경영(관리)은 사람을 통해 무언가를 성취하는 것이라고 오래전부터 이야기되어 왔다. 그래서 기업경영에서 인간은 한동안 노동상품의 제공자요, 하나의 수단으로 간주되었다. 임금을 구하는 경제동물로 취급되었고 엄격한 통제 체계 속에 예속되었다. 모던타임즈의 비극은 바로 여기에 있는 것이다.

산업화 초기에는 말할 것도 없고 20세기에 들어와서도 한동안 그 비극은 없어지지 않았다. 1930년대 초 미국의 서부전기회사 호오손 공장에서 대규모 조사가 실시되고 '인간관계', '인간의 감정', '비공식 조직'의 중요성이 설파되었으나 현실은 쉽게 움직이지 않았다. 그 후 1950년대와 1960년대에 들어 마슬로우의 인간욕구 5단계설이 소개되고 맥그리거의 X－Y이론이 지식사회에 널리 공감대를 형성하고 있었음에도 불구하고 현실은 역시 큰 변화를 보이지 않은 것이다.

그러나 이제 기업에서 인간문제는 윤리적 차원이나 사회적 책임의 관점을 넘어 기업생존의 본질적 차원에서 논의되지 않으면 안 되게 되었다. 일본기업이 급기야 서구기업을 추월한 비결은 무엇인가. 기술, 전략, 아니 그 이전에 인간 영역에서의 차이였다. 초우량기업의 조건(In Search of Excellence), 그것은 바로 사람을 통한 고객봉사와 사람을 통한 혁신이었던 것이다.

사회는 바야흐로 산업사회에서 후기산업사회로, 즉 정보와 지식 중심의 사회로 옮아가고 있다. 대량생산, 대량마케팅의 시대에서 소량생산, 다원화시대로 변화되고 있는 것이다. 인간의 창의성, 인간의 열정 그리고 인간의 비전 창출이 더없이 귀중한 자원이 되고 있다.

많은 기업에서 최근 경영이념을 다시 다듬고 '인간존중'을 높이 외치고 있다. 인간존중 그 자체는 너무나 평범한 철학이요, 전혀 새롭지 않다. 그러나 기업경영의 현실 속에서 그것은 큰 의미를 갖는 것이며 대단한 각오를 필요로 한다. 인간존중은 무엇을 뜻하는가.

인간존중은 첫째, 기업에는 사람, 자본, 기술, 설비 등 여러 요소가 있는데 그중에서 사람이 제일 중요하다는 의미를 담고 있어야 한다. 그래서 인적자원에 가장 많은 관심을 기울이고 인적자원의 개발을 위해 가장 많은 투자를 하겠다는 의지가 담겨 있어야 한다. 그러나 그러한 생각만으로는 부족하다. 인간이 무엇인가에 대한 기본시각이 정립되어야 하기 때문이다.

인간존중은 따라서 다음과 같은 의미를 함께 지녀야 한다.

둘째, 사람을 기능인, 지식인으로서가 아니라 종합적 인격체로서 보아야 할 것이다. 기업은 노동현장이다. 따라서 기업 속에서 사람을 볼 때는 그 사람의 노동가치를 중심으로 보기 마련이다. 특히 서구적인 합리주의하에서는 더욱 그렇다. 그러나 사람은 누구나 스스로를 종합적인 개체로 다듬어 하나의 완성품으로 가꾸어 나가려는 강한 욕구(자아실현 욕구)를 지니고 있다. 그 욕구를 무시하고 분석적 시각으로 인간을 다루고 평가하고 대우할 때, 인간은 소외감을 느끼고 삶의 의미를 찾지 못한다.

셋째, 개인차가 존중되어야 한다. 사람을 어떤 고정틀에 의해 분류해 놓고 틀 속에 들어간 사람들을 같은 부류로 취급해서는 안 될 것이다. 개인마다 능력과 재주가 다를 뿐만 아니라 자기만이 가꾸어 온 가치관이나 자기상(self-concept)이 누구에게나 존재한다. 한 사람 한 사람의 세계관과 자아를 경청하고 대화하여야 할 것이다.

넷째, 사람은 고정된 실체가 아닌 변화하는 과정으로서 이해되어야 한다. 열 달 동안의 긴 시간을 어머니 배 속에서 보내고 태어나지만, 사람은 태어나 바로 걷지도 못하고 말도 하지 못한다. 한참 동안을 또 자란다. 언제쯤 사람구실을 할 수 있을까. 발달심리학자들은 인간의 성장은 유아기, 청년기에 그치지 않고 영원히 계속된다고 주장하고 있다. 따라서 'being'의 사고가 아닌 'becoming'의 사고가 필요하다. 사람은 계속 변화하고 자라는 동물이며 무한한 가능성을 지니고 있다. 그러기에 우리는 나쁜 사람을 나쁘다고 말하기보다는 덜된 사람이라고 표현하지 않는가. 끊임없이 성장을 돕는 자세와 계속해서 기대하는 마음, 그것이 인간존중이다.

다섯째, 협력과 팀워크에 대한 강력한 믿음이 있어야 할 것이다. 우리는 전통적으로 인화를 중시한다 하여, 개성을 무시하고 토의를 방해하며 두루뭉술하게 넘어가는 경우가 많다. 그런 인화가 아닌 이질성과 경합보완의 원리에 입각한 팀워크가 존중되어야 할 것이다. 팀워크에 의해 인간의 사회적 욕구가 충족되며 또한 생산적인 인간관계가 형성된다. 나아가서는 여러 사람이 자극을 주고받음으로써 개인의 발전 또한 보장되는 것이다. '더불어 더욱 잘하는' 것이 인간존중의 주요한 과제다.

여섯째, 인간존중은 평범한 사람의 작은 생각과 작은 재주도 소중히 여기는 데서 비롯된다. 학력이 높고 머리가 좋은 엘리트가 결국 회사를 이끌어 간다는 생각은 위험하기 그지없다. 기업환경은 이제 몇 사람의 분석과 판단으로 극복될 수 없을 정도로 복잡해졌고 또 빨리 변하고 있다. 위에서부터 아래까지 모든 사람의 지혜와 협력이 절대적으로 중요하게 되었다.

그리고 마지막으로 꿈과 보람이 존재하는 일터를 만들어야 한다. 사람은 현실 속에서 살지만 그 현실에서 만족하지 못한다. 보다 더 나은 곳을 꿈꾸고 그것이 조금씩 실현될 때 보람을 느낀다. 일터에서 모든 사람의 상상력이 존중되고 꿈을 꿀 수 있는 여유가 있고 또 그것이 하루하루 영글어 가는 것을 볼 수 있어야 할 것이다. 신바람이 바로 여기에서 피어날 것이다.

그런데 그 무엇보다도 중요한 것은 인간존중의 경영이 현실로 나타나게 하는 것이다.

매일 매일의 생산활동과 관리제도의 운영에서 그리고 관리자의 리더십과 동료 간의 인간관계에서 인간존중의 냄새가 물씬 풍겨야 한다.

인간존중의 경영을 실천하는 곳에서는 언어부터 달라야 한다. 생산직과 관리직을 구별하는 언어, 사원들을 도구시하거나 차별하는 언어는 없어져야 한다. 또 인간에 대한 투자가 활발해야 하며 인사나 연수를 담당하는 사람들이 회사의 본업을 담당한다는 사명감을 가져야 하고, 인력관리가 섬세하게 발달되어야 할 것이다. 개인차를 감지하고 있는 인사정보체계가 갖추어져야 하며 장기적인 시각하에 경력관리가 이루어져야 할 것이다. 그리고 원활한 의사소통과 소집단의 활성화가 필요하며 거대한 조직이지만, 제도나 규정에 억눌리지 않고, 개성과 창의성이 발휘될 수 있는 풍토가 만들어져야 한다.

1. 히딩크 소년 시절 멘토인 하터링크(Harterink)

어린 시절과 함께 떠오르는 인물은 하터링크(Harterink)라는 아버지 친구였다. 전형적인 농부였던 이분은 내게 대부(代父) 같은 분이시다.

나는 방과 후에 아저씨 농장에 놀러 갔던 일을 잊지 않는다. 1950년대엔 먹을 것이 별로 없었다. 전쟁이 할퀴고 간 삶의 현장은 처참했다. 빵 한 조각 놓고 싸우던 시절이었다. 난 아저씨 농장에 놀러 가서 일을 도왔다. 농장에 오면 일을 해야 한다는 게 그분의 지론이었다. 당시 농장에는 할 일은 많고 일손은 부족해 나 같은 꼬맹이도 도움이 됐다. 소젖 짜는 법을 배웠고, 돼지 먹이주기, 닭 키우기도 배웠다. 심지어 닭 멱을 따기까지 했다. 지금 생각해 보면 어떻게 그런 일을 했을까 싶지만 당시에 먹고 살려면 누구나 다 해야 하는 일이었다. 때론 그 집에서 자고, 새벽 5시에 일어나 우유를 짰다. 어떤 때는 종일 소젖을 짤 때도 있었다. 그분은 내게 농사짓는 법도 가르쳐 주었다. 열한 살쯤 되었을 때 나는 말 두 마리가 끄는 쟁기를 잡고 땅을 갈아엎는 일을 했다. 드넓은 농토를 종일 오가면서 밭을 갈고 씨를 뿌렸다. 밭에는 당근 같은 야채를 주로 심었다. 밀농사도 지었고 때론 젖소사료로 쓸 작물을 심기도 했다. 처음엔 큰 말 두 마리를 끌고 돌아다니는 게 그렇게 좋을 수가 없었다. 힘들었지만 재미있었고 신나게 일했다. 매일 가야 하는 건 아니었지만 농장에 가는 게 마냥 좋았다.

히딩크: 1946년생(56세) 초등학교장 출신의 아버지로부터 엄한 규율 속에 생활

한국에 입국: 2000.12.17 축구대표팀 감독으로 한국에 입국

선수관리: 월드컵 3달을 앞두고 선수들 20개 항목으로 평가해 둔 개인 능력을 선수 개개인에 알려 주다.

2. 축구대표선수들의 멘토로서 히딩크 감독

멘토인 히딩크 감독	축구대표 선수들
사실 축구의 특성상 인간적인 면에 비중을 둔다는 것은 타 감독의 경우 어려운 접근이라고 본다. 그러나 히딩크 감독은 선수들의 심리상태를 잘 활용하여 선수들의 동요 없이 혹독하게 훈련을 시키면서도 따뜻한 인정을 베풀어 인간관계의 폭이 깊어짐으로 형님같이, 아버지같이, 경기 현장에서 포옹하는 모습은 멘토십의 기본을 충분히 달성했다고 보는 것이다.	

(1) 그는 선수 개개인의 체력의 가치를 개발했다.

먼저 파워 프로그램을 도입하여 선수들의 체력을 요소요소 체크하여 과학적으로 관리해 줌으로써 선수들이 90분간 충분한 체력을 유지할 수 있도록 강훈련을 시켰다.

(2) 그는 선수 개개인의 기술의 가치를 개발했다.

그는 비디오(Video)분석 프로그램으로 자(自), 타(他) 선수들의 경기 테크닉까지 하나하나 분석해 줌으로써 자신은 물론 타 선수들의 기술까지 분석할 수 있어 실력 제일주의의 분위기를 만들었다.

(3) 그는 선수 개개인의 따뜻한 인정 개발에 남다른 방법을 택했다.

그는 축구의 전문가로서 기술은 물론 사람 자체도 챙길 줄 아는 지도자로서 선수들의 정신력, 경쟁력, 담력, 경험, 체력 등을 개발하는 데 탁월한 지도력을 발휘했다고 볼 수 있다.

1. 대장금 드라마의 개요

남존여비의 봉건적 체제하에서 무서운 집념과 의지로 궁중 최고의 요리사(料理師)가 되고, 우여곡절 끝에 조선 최고의 의녀(醫女)가 되어 어의(御醫)를 비롯한 수많은 내의원(內醫院) 남자 의원들을 물리치고 조선조 유일한 임금 주치의가 되었던 역사상 실존인물, 의녀(醫女) '장금'(長今)! 조선조 중종(1506 - 1544) 때 '대장금'(大長今)이라는 엄청난 칭호까지 받은 전설적인 인물인 장금(長今)의 파란만장한 생애를 통해 그동안 역사에 묻혀 있던 한 여성의 의미 있는 성공사례다.

1) 궁중 내 하층민들 중심의 애환과 갈등

왕과 왕비, 후궁과 권신 중심의 권력쟁탈과 암투를 기본으로 엮는, 기존 궁중사극(宮中史劇)에서 벗어나, 미천한 신분의 주인공 장금(長今)을 중심으로 궁중 내의 하층민(下層民)들인, 무수리, 나인, 상궁, 내시, 금군병사, 정원서리, 내의원 사령 및 의녀들의 갖가지 애환과 갈등을 궁중이면사(宮中裏面史)와 함께 우리 사극(史劇)에서 처음으로 보여준다.

2) 궁중요리를 중심으로 한 전통음식에 관한 모든 것

현대인들의 중요한 관심사로 대두된 음식문화(飮食文化)에 대한 정보를 궁중요리(宮中料理)를 중심으로 그 종류와 조리방법을 상세히 소개하고 아울러 보양식(補陽食)을 포함한 우리 고유의 전통음식에 관한 모든 것을 시청자들에게 소개한다.

3) 조선조 의학 상식 및 의녀제도에 대한 소개

그 내밀성(內密性) 때문에 의학의 금기(禁忌)로 여겨 왔던 부인병(婦人病) 중심의 한방치료와 가정에서 여자를 중심으로 이루어져 왔던 갖가지 민간요법 그리고 세계 유일한 제도였던 '조선조 의녀제도'(醫女制度)와 특성과 운용, 의녀(醫女)와 의원(醫員)의 관계, 역할 능에 관하여 드라마에서 상세히 소개하며 특히 기존 의학드라마와 차별화하기 위해 약초학(藥草學), 부인병(婦人病), 일반침구(一般鍼灸) 등 생활과 밀

접한 내용의 질병을 주로 다룬다.

2. 장금이를 위한 멘토링 사례

멘토들의 이야기	멘제 장금
대장금에서 장금이는 그 당시 여인이라는 신분과 서출이라는 절대적인 불리한 여건 속에서도 신입단계, 성장단계, 전문단계, 리더단계 등의 파란만장한 생애에서 자신의 남다른 재능과 우수한 멘토를 만남으로 조선 유일하게 여 의녀가 임금의 주치의 되는 과정을 그린 멘토링 드라마다. **1.** 신입단계 멘토 - 유년 시절 - 장금이와 덕구 아저씨 - 장금이는 입궐 전에 조실부모하고 덕구(임현식 분) 아저씨의 가사 심부름을 해 주면서 부모님과 같은 따뜻한 도움을 받으면서 유년 시절을 보냈다. **2.** 성장단계 멘토 - 궁중 시절 - 나인 서장금과 한상궁의 멘토링 - 스승과 제자, 어머니와 딸이라 할 수 있는 한상궁과 장금! 한상궁 - 눈앞의 과제해결 위해 비법 찾기만 몰두하다 보면 큰 목표를 놓친다. 장금 - 어쩌면 한상궁 님은 저희 어머니와 그렇게 똑같으십니까? **3.** 전문단계 멘토 - 관비 시절 - 장금과 장덕과 의술(침술) 전문 멘토링 - 의술의 핵심을 가르치는 장덕의 열정! "안 가르치면 안 가르쳤지 덜 가르치진 않겠다" 장금에게 의술의 비법 전수를 통하여 못 이룬 자신의 꿈을 실현코자 한다. **4.** 리더단계 멘토 - 왕궁복귀 - 장금과 스승 신익필, 장덕, 민정호와 리더 멘토링 - 스승 신익필과 장덕, 민정호와 멘토링 관계가 이어지면서 앞으로 어의(御醫)로서 리더십을 발휘하게 되는데 이 단계가 리더 멘토링 전개과정이다.	

멘토링과 인간존중
현장경영

4 장

 **1. 경영에서의 인간관(人間觀)**

이제 저자는 경영현장에서 인간문제를 다루려고 한다. '경영은 인간이 하는 것이다.'라는 슬로건은 어느 누구도 반대할 사람은 없는 것 같다. 경영의 핵심자인 경영자 자신도 인간이고 종업원도 인간, 고객이나 어떤 거래선도 모두 인간이다. 결국 경영이라고 하는 것은 인간이 서로 모여서 인간의 행복을 위해 활동하는 것이라고 말할 수 있다.

따라서 경영을 적절하게 실현하기 위해서는 인간이란 어떤 것인가? 어떠한 특성을 갖고 있는가를 올바르게 파악하지 않으면 안 된다. 바꿔서 말한다면 인간관(人間觀)을 가져야만 된다는 것이다. 그러므로 올바른 경영이념이란 것은 인간관에 입각해야 된다고 말할 수 있다.

이것은 단순한 기업경영뿐만 아니라 인생경영, 국가경영 등 모든 분야의 경영, 더 나가서는 모든 인간이 행하는 일체의 활동에도 적용된다. 인간이 스스로를 무엇인지적확(的確)하게 알지 못한다면 그 활동 자체도 적정한 것이 될 수 없다.

인간은 동물에도 종류별로 특성이 있듯이 인간에게도 인간 고유의 천부적인 특성이란 것이 있다. 다만 인간은 세상의 어떤 다른 존재에 의해 지배되는 것이 아니라 인간 자신의 손에 의해서 서로의 공동생활을 운영하고 있는 것이다. 그러므로 인간의 공동생활을 소망스러운 모습으로 유지, 향상시켜 나가기 위해서는 인간이 인간 자신의 본질을 똑바로 파악해야 된다는 것이다. 즉 인간관을 가져야 한다는 것이 지극히 중요한 일이다.

멘토링에서도 나름대로 인간관이란 것이 있다. 그것을 한마디로 표현하자면 인간은 만물의 관리자(Master)로서 위대하고 숭고한 존재로 인간존중(人間尊重)의 가치를 갖고 있다는 것이다. 생성 발전이라고 하는 자연의 이치에 따라서 인간 스스로를 살리고, 또 인간은 만물을 활용하면서 공동생활을 무한히 발전시켜 나갈 수 있는 것이다.

이런 무한한 잠재력(潛在力)을 가지고 있는 것이 바로 인간이라고 생각한다. 인간에 관해서는 옛날부터 여러 가지 견해가 있다. 한쪽에서는 '만물의 영장'이라고 해서 강하고 위대한 존재로 보는 사람이 있는가 하면 또 한쪽에서는 왜소화(矮小化)시키는 사람도 없지 않다. 그 이유는 현실의 인간의 모습이 여러 가지의 양상을 나타내고 있기 때문인 것 같다.

오늘과 같이 고도한 문명 문화를 쌓아 올린 것도 인간이고 그와 동시에 고민하고 싸우고 불행 등을 끊임없이 되풀이해 온 것도 또한 인간의 소행이기 때문이다. 그러기 때문에 파스칼(佛 Pascal 철학자)은 그의 저서 팡세에서 "인간이란 신과 동물의 중간에 위치하고 있다"라고 말했다. 신과 비슷한 측면이 있는가 하면 동물보다 못한 면도 갖고 있는 것이 인간이라는 것이다. 그런 의미에서 비교론적으로 말한다면 신에게도 동물에게도 근사한 양면성을 마음속에 지니고 있는 것이 인간이 아닐까 저자는 생각해 본다. 그러나 이와 같이 갖가지 면을 지닌 인간이란 것을 종합적으로 살펴볼 때 인간은 '만물의 왕자'로서 위대한 능력을 갖고 있다고 볼 수 있다.

만물의 왕자란 표현은 자칫 오해하면 불손하게 들릴지도 모른다. 그러나 왕자란 것은 제한된 범위의 전부를 지배 활용하는 기능을 가짐과 동시에 사랑과 공정한 마음으로 만사(萬事)를 살려 가는 책임도 함께 지니고 있는 것이다. '인간을 왕자'라고 하는 뜻은 바로 여기에 있는 것이지 결코 단순한 욕망이나 감정에 따라서 자의(自意)적으로 만물을 통치(統治)한다는 뜻은 아니다.

이와 같은 인간이 천부적 위대함과 왕자로서 책임을 인간이 스스로 자각하고 그것을 실천에 옮긴다는 것이 중요하다. 그렇게 해야만 인간은 불행과 고통, 싸움과 가난의 악순환에서 벗어나 위대하고 숭고한 인간의 본질을 보다 더 많이 나타낼 수 있을 것이다.

지금 이런 '인간'을 가령, 서로의 입장이나 업무에 적용시켜서 살펴볼 때 어떻게 될 것인가? 그 입장이 경영자라면 경영자는 그 기업체에 있어서는 '왕자'인 것이다. 거기에 있는 모든 경영자원, 즉 인적, 물적, 재무자원 등을 자기의 뜻대로 움직일 수 있는 권한을 갖는 것이 경영자인 것이다. 그러나 동시에 그 사람은 사람, 물자, 자금 등 모든 것에 대해 애정과 공정, 또 충분한 배려로 최선의 활용 방법을 강구해야 하며 그 기업체를 한없이 발전시켜야 한다는 신중한 책임도 등에 지고 있는 것이다. 만일 경영자가 이런 기업체에 있어서의 왕자적 위치의 권한과 책임에 대하여 자각심 (自覺心)이 없다면 그 경영은 결코 충분한 성과를 올릴 수 없을 것이다.

인간은 결국 발전이라고 하는 자연의 이치에 따라서 인간 자신의, 또 만물과의 공동생활을 발전시켜 나갈 권능과 책임을 지닌 '만물의 왕자'인 것이다.

이쯤에서 저자는 결론을 내릴까 한다. 경영 현장에서 자각, 즉 인간 자신에 의한 인간관(人間觀)의 확립을 바탕으로 각기 조직의 경영자는 인간에 대한 올바른 자각을 갖는 데서 확고한 신념의 힘찬 경영이 가능하다는 것이다.

# 2. 경영에서의 올바른 인재개발

저자는 산업체교육 및 경영진단차 자주 현장을 찾게 되는데 기업마다 경영이념이나 사훈을 보면 '경천애인', '인화단결', '인간존중', '인재제일주의' 등이 대부분이다. 그러면서 경영자들은 이구동성으로 '경영은 사람이다'라고 말한다. 그것은 틀림없는 진리다. 어떠한 경영도 적절한 사람을 얻어야 비로소 발전할 수 있기 때문이다. 아무리 훌륭한 역사와 전통을 가진 기업이라 할지라도 그 전통을 똑바르게 계승해 갈 사람을 얻지 못한다면 점차적으로 쇠퇴해 버릴 것이다.

경영의 조직이나 방법도 중요하지만 그 조직이나 방법을 살리는 것은 역시 사람이다. 아무리 완비된 조직을 만들고 새로운 기법을 도입한다고 해도 그것을 활용할 사람이 똑바르지 못하면 성과도 오르지 않고 따라서 기업의 사명을 다할 수 없게 된다. 기업이 사회에 공헌하면서 스스로 융성, 발전할 수 있느냐의 여부가 뭐니 뭐니 해도 사람에게 달려 있다.

그러므로 사업 경영에 있어서도 먼저 무엇보다도 사람을 구하고 사람을 길러야만 한다. 그렇다면 어떻게 하면 훌륭한 사람을 육성할 수 있을 것인가인데 여기에는 구체적으로 여러 가지 방법이 있을 것이다.

가장 중요한 것은 '이 기업은 무엇 때문에 존재하는가? 또 어떻게 경영해 나갈 것인가?'라고 하는 기본사고, 다시 말한다면 앞서 강조한 바와 같이 올바른 경영이념이나 사명감이란 것을 그 기업이 확고하게 갖는다는 것이다. 이렇게 회사로서 기본 방침이 뚜렷하다면 경영자나 관리 감독자들도 그 방침에 따라 박력 있는 지도가 가능하고 또 시비의 판단도 할 수 있기 때문에 인재육성도 어렵지 않다.

그런데 확고한 방침이 없으면 부하 통솔에도 일관성이 없어지고 그때마다 정세(情勢)나 자기감정에 흐르기 쉬우므로 인재를 길러낼 수가 없다. 즉 경영자로서 인재를 얻고 싶다면 먼저 스스로 뚜렷한 사명감이나 경영이념을 가져야 한다는 것이 선결 문제라는 것이다. 더욱이 종업원들에 대해서는 항상 그 취지를 호소하고 그것을 마음속 깊숙이 침투시켜야 된다.

경영이념이란 단순히 종이에 쓰인 문장에 불과한 것이라면 아무런 쓸모가 없고 그것이 임직원 한 사람 한 사람에 체화(體化)가 되어야만 비로소 살려 나갈 수 있는 것이다. 그러므로 모든 기회에 거듭 되풀이해서 호소해야 하고 공감을 얻어야 한다. 또 그것은 단순히 이념만을 설득시킬 것이 아니라 실제로 일상 업무에 있어서 경영자는 할 말을 다 하고 고쳐야 할 점은 올바르게 잡아 줘야 한다.

개인적인 인정으로서는 사람에게 주의를 주거나 꾸짖는 것을 가급적이면 기피하려고 하는 것이 인지상정(人之常情)이다. 그러나 기업은 사회에 공헌해야 한다는 사명을 가진 공기(公器)이고 그 활동도 공사(公事)인 것이다. 자기 자신의 독점물이 아니다. 그러므로 공적인 입장으로 봐서 그대로 넘길 수 없다든가 용서할 수 없는 일에 대해서는 지적할 것은 지적하고 힐책(詰責)할 것은 분명하게 힐책하여야 한다. 여기에는 결코 사사로운 감정이 개입되어서는 안 되며 어디까지나 사명감에 입각한 주의나 힐책을 전제로 해야 한다. 이런 엄격한 규범에 따라야만 주의(注意)받은 사람도 비로소 자각하고 성장할 기회가 마련된다.

아무것도 지적받지 않고 꾸지람도 듣지 않는다면 아랫사람들은 편안하고 경영자나 상사들도 인심을 잃지 않아 좋겠지만 이런 적당주의 분위기에서는 훌륭한 인재가 절대로 육성될 수 없다.

이와 함께 중요한 것은 과감하게 일을 맡기고 자기의 책임과 권한 테두리 안에서 자주성을 갖고 업무를 추진할 수 있는 분위기가 마련되어야 한다.

사람을 길러 낸다는 것은 결국 경영을 아는 사람, 아무리 작은 일이라 할지라도 경영적인 감각을 가질 수 있는 사람을 만들어 낸다는 뜻이다. 그렇게 하기 위해서는 아무나 이것저것 명령으로 다스리면 안 된다. 명령만으로 다스린다면 그 사람은 명령받은 일밖에 모르는 수동 인간이 되어 버린다. 역시 일은 과감하게 신뢰한 가운데 맡겨야만 한다.

이럴 경우 그 사람은 스스로 생각하고 연구하게 되며 지니고 있는 잠재력을 충분히 발휘시켜 그만큼 성장하기 마련이다. 물론 아랫사람에게 일을 맡긴다고 해도 기본 방침이란 것을 투철하게 터득한 사람에게 가능하다.

기본 방침의 터득 없이 일을 맡긴다면 제멋대로 일이 엇갈려 전체가 사분오열(四分五裂)이 되어 버린다. 어디까지나 일정한 방침에 바탕을 두고 권한을 주어야 한다.

따라서 여기에서도 역시 그 회사의 나름대로의 기본사고, 경영이념이란 것이 대단히 소중하다고 말할 수 있다. 그 경영 이념에 맞추어 각자가 자주적으로 업무를 해 나간다는 뜻이고 그런 의식이 있어야만 비로소 성립될 수 있을 것이다.

사람을 길러 내는 데 있어서 특별하게 유념해야 할 일은 단순히 업무 추진력이 있고 기술이 숙달되면 좋다는 것이 아니라는 점(点)이다. 수완이나 기능이라는 것(Hightech부문)도 지극히 중요하고 또 그래야만 된다는 것은 당연하지만 그와 동시에 인간으로서 사회인으로서 훌륭한 사람(Hightouch부문)이어야 된다.

업무에 능통하지만 사회인으로서 결함이 있다면 역시 온전한 산업인(産業人)이 될 수 없다. 특히 국제화 시대에 있어서 기업이나 국가 간의 교류가 날로 확대되어 가고 있다는 현실을 고려할 때 인간적이고 사회적인 인재의 육성은 더욱 절실한 것이다. 물론 이와 같은 인간으로서 사회인으로서의 자질이나 교육은 본래 가정이나 학교에서 배워야 할 일이지만 현실 문제로서 기업의 사명과 역할이 막중하기 때문에 기업에서 인재개발(Person Development)은 더욱 중요한 것이다.

그러므로 경영자는 경영현장에서 사원 한 사람 한 사람을 소홀함 없이 멘토 의식(**Mentorship**)을 가지고 개발한다면 앞으로 훌륭한 직장인, 훌륭한 국민, 훌륭한 인간으로 성장한다는 것이 멘토링에서의 올바른 인재개발인 것이다.

 # 3. 멘토링에서 인재개발 영역

모든 조직은 경영의 목적을 달성하기 위하여 여러 자원을 활용해야 할 필요가 있다. 시대에 따라 차이는 있으나 그 내재적(內在的)인 개념은 변함이 없다. 물적 자원(Physical Resource), 재정적 자원(Financial Resource), 사람 자원(Human Resource)이 그 예다. 이 중에서 사람 자원은 기업의 인사관리와 인적자원 활용의 측면에서 두 가지 개념으로 다루어 왔다.

멘토링 인재개발 전략에서는 기업의 정규업무인 인사관리 이외(以外) 부문에서 멘토와 멘제의 1 : 1관계인 특수업무(Projects)로 3가지 영역인 개인개발 영역, 생애개발 영역, 조직개발 영역으로 아래와 같이 소개한다.

1) 개인개발(Individual Development)

개인개발은 멘토와 멘제가 자신의 개성과 재능 개발을 위하여 마음(High Touch), 지식(High Tech), 건강(High Care), 자기관리(High Control), 인간관계(High Relation) 등에 관하여 멘토링 활동 기간 동안 상호가치를 업그레이드함으로 각 개인의 인간개발지수(Person Development Index =PDI)를 높이는 것으로 인재개발지수(PDI) 측정은 자기가치찾기 게임(Star Game Workshop)으로 다루고 있다.

2) 생애개발(Life Plan Development)

생애개발은 개인의 흥미나 가치는 물론 미래의 삶을 준비하기 위해서는 어떤 멘토(역할모델)를 선정하느냐가 중요한 이슈라고 볼 수 있다. 멘토링 학자인 레빈슨 교수(Levinson 美 1978 예일대)는 성인의 생애설계에서 "제도권 정규 교육을 넘어서 성년시대에 이른 사람이 멘토가 없는 것은 부모가 없는 고아와 같다"라고 그의 저서

'사람의 7가지 계절'에서 멘토의 중요성을 강조했다.

멘토링의 생애설계 프로그램은 저자의 저서 '멘토링 게임모음집'에서 다루고 있는데 유년 시절에서 부모 멘토의 자격 점검표, 청소년 시절에서 5가지 게임(성격찾기, 정체성찾기, 자기가치찾기, EQ찾기, 적성검사하기), 직장인 시절에서 인생설계 매뉴얼(Life Plan Manual) 작성, 장년 시절에서는 성격찾기, 가치찾기, 창의력개발 등으로 각 시대마다 멘제를 위하여 멘토가 협력할 수 있는 프로그램이 있다.

3) 조직개발(Organization Development)

인적자원의 영역 내에서 조직의 구조, 문화, 과정, 전략의 측면에서의 일치도를 높임으로 동시성(同時性)과 통합성(統合性)을 안고 조직의 경영성과를 극대화하기 위한 노력을 조직개발이라고 한다.

다시 말해 조직을 수평적, 수직적 구조를 연계하고 하나로 묶어 줌으로써 개인의 목표와 조직의 목표를 보완적인 차원에서 달성코자 하는 노력을 말한다.

저자는 이 조직개발 영역에 비중을 두고 멘토링 활동 기간에 멘토와 멘제가 생산성(Productivity)에 소홀함이 없도록 프로그램개발에 각별한 노력을 기울였다. 그래서 멘토링으로 다룰 수 있는 목표를 우선 12가지로 선별하여 하나하나 프로젝트(Projects)화(化)하여 추진할 수 있도록 했다. 다음에 기업의 목적인 생산성을 분명히 짚고 넘어갈 수 있는 제도적인 뒷받침이 '멘토링 7가지 종합평가제'다.

이는 멘토링을 추진하는 과정에서 사전평가, 과정평가, 사후평가 등에 적용해야 할 평가기준으로 정량평가, 정성평가, 투자회수율평가 등으로 세분돼 있다. 이는 멘토링 목표별로 평가하는 데 필수적이다. 이러한 제도들을 통해 멘토링 활동에 관계되는 사람들에게 책임감과 자부심과 생산성에 관한 성과의식을 분명히 심어 주기 위한 것이 저자의 바람이다.

 4. 경영에서의 인재개발 목적

기업 경영에서 인재개발의 목적을 어디에 두어야 할 것인가? 이는 무엇 때문에 과학적으로 인재개발을 해야 하며 그 기준을 어디에 두고 행하여야 하는가와 직결된다.

우리는 인재개발의 목적을 쉽게 인적자원(Human Resource)의 가치화에 있다고 본다. 그러나 인적자원의 가치화는 경영의 성과와는 다른 한편인 다른 구성원의 만족성을 동시에 기할 수 있도록 해야 한다.

기업의 인적자원은 다른 자원과 달리 그의 관리에 있어서 경제적인 측면의 효율성(생산성＝Productivity)과 인간적인 측면(인간성＝Humanity) 만족성의 두 가지 목적이 동시에 달성되도록 특히 유의하여야 한다.

즉 경영의 성과를 도출시킬 수 있는 합리성과 구성원의 욕구를 충족시킬 수 있는 만족성이 동시에 추구되지 않으면 안 된다. 현실적으로 조직 합리성의 추구는 구성원의 만족성을 저해하는 경우가 자주 발생하고 그 반대로 구성원의 만족성 추구는 조직의 합리성 추구를 무시하는 경우를 종종 볼 수 있다.

저자는 이러한 문제점을 충족하기 위해서 인간개발의 목표를 '노사(勞使) 공존공영을 위한 합리성의 목표와 인간성의 목표'가 동시에 추구될 수 있도록 하여야 한다는 것이 지론이다.

1. 링컨 대통령은?

그는 31세에 사업에 실패했고, 32세에 입법위원이 되는 데 실패했고, 34세에 국회위원으로 당선되었다. 그의 애인이 35세에 죽었고, 36세에는 신경쇠약에 걸렸었고, 38세에는 대변인이 되는 데 실패, 40세에는 선거위원이 되는 데 실패, 43세에는 하원위원에 다시 낙선, 50세에 상원위원에 낙방, 56세에는 부통령이 되는 데 실패했고, 58세에는 상원위원이 되는 데 실패했다. 그가 링컨(Abraham Lincoln)이다.

어디에서 그는 그러한 끈기와 실패에 좌절하지 않는 능력을 배운 것일까? 대부분은 물론 내부로부터 왔을 것이다. 샌드버그(Sandburg)는 그를 벨벳과 강철의 결합이라고 불렀다. 그러나 그도 역시 몇 명의 멘토들이 그를 믿어 주었고 낙방했을 때는 격려해 주고 실패는 일시적이라는 것을 가르치고 그를 밀어주었기 때문에 견뎌낼 수 있었던 것이다. 아마도 그 시대에 미국의 서부에는 다른 링컨 같은 사람들도 있었을 것이다. 단지 그러한 교사나 친구 같은 멘토가 없었기 때문에 그들은 지금 알려지지 않은 채로 무덤에 누워 있는 것이다.

2. 멘토인 그레엄과 이야기

1831년에 링컨과 그레이엄은 공식적인 입장에서 만나게 되었다. 그해 8월에 선거가 있었다. 하지만 그 지역에는 교육을 받거나 그러한 행사를 진행할 능력이 있는 사람이 매우 드물었다. 링컨은 자신이 그럴 자격이 없다고 거부했음에도 불구하고 선거를 주관하는 사무원으로 임명되었다. 이리저리 떠돌던 방랑자 링컨을 뉴 살렘에 머물도록 잡아끄는 힘이 있었다. 그 힘은 곧 앤 루틀지(Ann Rutledge)와의 인연으로 발전하였다. 그녀는 제분업자이던 선술집 주인의 딸이었고, 아름다운 금갈색의 머리를 가지고 있었다. 그녀는 대학에 들어가기 위해 그레이엄에게서 배우고 있었다. 링컨 역시 1833년 2월에 공부를 하고 있었고 그때부터 6개월 동안 그레이엄의 집에 머물렀다. 그곳에서 두 젊은 남녀는 함께 만나서 공부하였다. 그해 7월에 링컨과 앤 루틀지의 약혼 사실이 알려졌다. 나중에 위대한 인물이 된 링컨의 사랑은 그레이엄의 집에서 이루어졌다.

한때 링컨은 계속 공부하는 것을 포기하려 했으나, 그레이엄이 그를 설득했다. 만일 공직 생활을 하려면, 완벽한 문법 지식을 지니고 있어야 한다고 하였고, 그곳에 머물러 있으면 커크랜드의 문법을 배울 수 있을 것이라 말했다. 그때부터 링컨은 그레이엄의 지도 아래 문법을 배웠다. 링컨은 울타리 한쪽 구석이든 다른 장소이든 학생과 선생으로 만나는 장소에서는 자신이 학습한 내용을 암송했다. 그레이엄은 언어를 정확하게 사용하고 말을 하고 글을 쓸 때에는 간결하게 하라고 강조하였다. 링컨이 사용하는 간결하면서도 효과적인 문체는 그레이엄의 가르침에서 비롯되었음은 의심할 여지가 없다. 링컨이 행한 게티스버그 연설은 가장 훌륭한 예가 된다.

그레이엄은 측량기사로서 링컨에게 기술을 가르쳤다. 링컨은 뉴 살렘에 있는 동안 제분공, 사무원, 우체국장 등을 거쳐 처음 도전한 선거에서 패배한 후 결국 1874년에 일리노이의 주의원이 되었다. 2년 후 링컨은 일리노이 주의 변호사 자격을 얻었다. 1845년은 링컨이 변호사로서 가장 힘든 시간을 보낸 해였다. 그레이엄이 100달러의 빚 때문에 고소를 당하였기 때문이었다. 하지만 링컨은 그에게 빚을 갚기 위해 돈을 조달하는 법을 가르쳐 주었다. 그레이엄은 절대 게으른 사람이 아니었다. 그는 학기가 끝나고 다음 학기가 시작할 때까지 농장에서 일을 하고 측량을 하였다. 그는 언제나 공공업무에 큰 관심을 가지고 있었다.

링컨이 대통령 후보로 지명되었을 때 뉴 살렘에 있는 이웃들, 특히 사라는 자신들의 귀를 의심했다. 그가 대통령으로 취임하는 날, 그레이엄은 무슨 일이 있어도 참석하려 했다. 당시 61세였던 그는 점점 귀가 어두워지고 있었으므로, 앞에서 말을 해야 알아들을 수 있었다. 링컨은 그가 어디 있는지 수소문하여 그를 데려오게 하였고 연단 위의 자기 옆에 앉게 하였다. 그때가 그레이엄의 삶에서 가장 행복한 날이었다. 아마 가장 슬픈 날은 링컨이 죽었다는 소식이 들려왔을 때였을 것이다.

Mentor인 그래이엄 (초등학교 선생님)	멘 토 링	Menger인 아브라함 링컨
• 6개월 침식 제공하고 가능성을 발견 • 처녀를 소개하여 성혼시키고 • 토목기술(경험)을 가르치고		• 불우한 환경에서 용기를 얻고 • 초등학교 졸업의 핸디캡을 딛고 • 변호사가 되고 대통령이 되어서 • 취임식에 그의 멘토인 그래함을 제일 가까이에 앉혔다.

평생토록 10여 명의 멘제를 멘토링하는 일은 당신의 의무다. 그것은 당신의 역사를 변화시킬 수 있는 방법이다. 멘토링은 당신이 이 세상에 상당한 변화를 일으킬

수 있는 길이다. 당신이 도와주지 않으면 인생의 성공을 거두지 못할 젊은이를 멘토링하는 것은 당신이 오늘날 이 땅에 거하고 있는 이유일지 모른다. 지금부터 50년 후 사람들은, 우리가 지금 그레이엄을 바라보듯이, 당신을 회고하게 될 것이다. 세상 모든 사람들에게 알려지지는 않을지라도, 멘제가 작성하는 특별하객 목록의 맨 앞에 당신의 이름이 오르게 된다.

멘토링 인간존중지수(HRI) 측정표

5장

 ## 1. HRI의 명칭어원

인간존중지수의 어원은 조직에서 CEO의 인간존중 경영 환경을 체크하는 차원에서 인간존중지수(**Human Respect Index＝HRI**)를 진단도구로 점검하는 데서 유래한 것이다.

조직의 인간존중지수를 5가지 주제로 측정하고 별(Star)의 5가지 각(角)에 표시할 수 있도록 시각화(視覺化)한 차트표를 말한다.

 # 2. HRI의 목적

- 조직에서 인간존중의 환경 조성 여부를 인간존중지수(HRI)로 파악하고
- 강점과 약점을 파악하여 멘토링 목표 Projects를 설정하는 데 참고하며
- 조직의 **3Win** 성공전략으로 '21세기 인적 경쟁력'을 갖추는 자료로 활용한다.

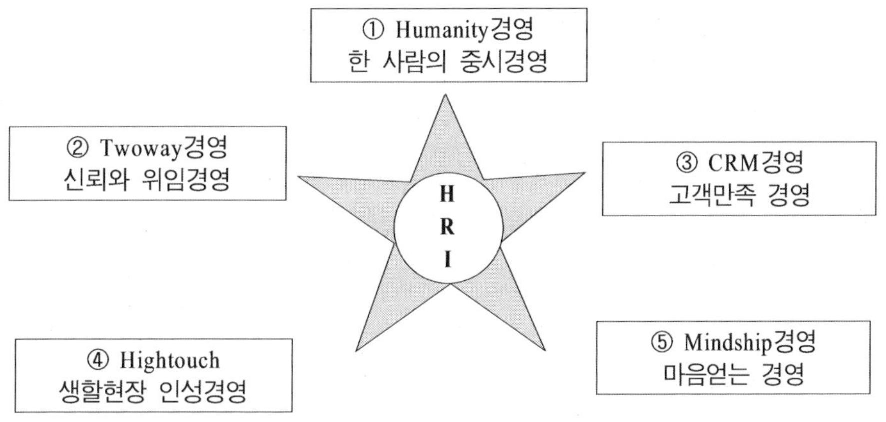

 # 3. HRI 요약

　멘토링에서 조직개발은 두 가지 측면에서 검토할 수 있다. 먼저 구성원의 개인개발로 이는 멘토와 멘제의 1 : 1관계에서 그 목표를 달성할 수 있다.

　다음은 멘토링 시스템 도입으로 인한 12 목표별 프로젝트를 수행하여 기업의 생산성에 기여하는 것이다. 이러한 상황 전개에서 기업은 나름대로 개인개발을 ― 멘노

멘제 활동촉진―위한 인간적인 우대 분위기를 조성해 주어야 한다는 것과 멘토링 프로젝트 수행으로 조직목표 달성을 전제로 한 사원들의 사기앙양과 동기부여 등 경영현장에서 환경조성도 중요시되어야 한다.

이러한 관점에서 mko(엠코＝멘토링코리아)에서는 인간존중에 바람직한 환경 조성 대안으로 다음의 5가지 부분에 착안점을 가지고 경영 현장을 측정할 수 있도록 개발한 기법(Tool)이 '인간존중지수 측정표'다. 그 5가지 측정 부분은 '한 사람의 가치를 중시하는 부분(Humanity)', '신뢰와 위임 부분(Twoway)', '고객과 사원을 만족시키는 부분(C.R.M)', '생활 현장에서 인성부분(Hightouch)', '사원의 마음을 얻는 부분(Mindship)'으로, 각 부분마다 10가지 설문(10설문 x 2점 만점＝20점)을 선정하여 측정 방식으로 개발한 것이다.

여기에서 조직의 인간존중지수(HRI)는 5가지 부분마다 만점 20점을 고정지수로 하여 실제 측정지수를 기록도록 했다.

조직의 인간존중지수의 측정 목적은 인재우대 경영환경 조성을 유도코자 함이며 측정한 자료를 강점과 약점을 분명히 알 수 있으므로 멘토링 목표 Projects설정에 기초 자료로도 활용할 수 있다. 결국은 이 지수를 업그레이드함으로 개인은 능력 개발과 조직에서는 인간 중시의 공동체가 구축될 수 있는 것이다.

HRI 5가지 분야별 인간존중지수 목표

경영전략 분야 ＼ 지수 목표	측정 분야별 착안점	인재개발지수 점수표		
① **Humanity** 전략	한 사원 가치중시 경영인가?	만점 20점		
② **Twoway** 전략	신뢰와 위임쌍방 경영인가?	만점 20점		
③ **C.R.M** 전략	고객과 사원만족 경영인가?	만점 20점 합계 100점 중(　　)		
④ **Hightouch**전략	생활의 현장인성 경영인가?	만점 20점		
⑤ **Mindship** 전략	사원의 마음얻는 경영인가?	만점 20점		
수 81－100	우 61－80	미 41－60	양 21－40	가 0－20

 # 4. HRI의 측정표

　□ 조직의 인간존중지수란? '한 사원이 조직 내에서 경쟁력 있는 인재로 성장할 수 있는 환경 조성이 얼마만큼 되었는가'를 5가지로 측정하는 것이다.

　□ 이는 자사 절대평가이기 때문에 설문에는 어느 것이 맞고, 틀리다고 할 필요는 없다. 측정자가 자사의 지금까지 인재 경영의 흐름을 사실대로 측정하면 된다.

　□ 이 측정표 작성자는 조직의 전체를 알 수 있는 관리, 인사, 교육, 기획 등의 부서 관리자급 이상이면 더욱 좋고 특히 선배직원 멘토가 작성할 수도 있다.

　□ 다음의 각 설문을 읽고 2점 만점에 실 점수를 아래 공란에 기록하라.

수	우	미	양	가
2	1.5	1	0.5	0

번호	한 사원을 중시하는＝Humanity 경영 환경인가?	점수
1	신입사원 선발 시 수많은 지원자가 몰려오는 회사다.	
2	신입사원 정착률이 높은 회사다.	
3	협력 업체와 관계가 돈독하다.	
4	본사의 경영 노하우도 협력 업체에 전해 준다.	
5	우리 회사 상위직들은 사원을 위한 포용력이 넓은 편이다.	
6	기술보다도 한 사람의 가치를 중시하는 회사다.	
7	업무에 적성이 맞는 사람을 선발하고 배치한다.	
8	학연, 혈연, 지연을 초월하여 개인의 능력을 우선한다.	
9	한 사원의 작은 목소리에도 귀를 기울이는 회사다.	
10	사원들이 회사의 비전이나 목표를 뚜렷이 알고 있다.	
	소　계	

번호	신뢰하고 위임하는 쌍방=Twoway 경영 환경인가?	점수
1	OJT 활동에 회사의 관심과 지원이 커서 효과가 높다.	
2	OJT에서 항상 사수와 조수의 관계가 신뢰감이 깊다.	
3	핵심지도자를 잘 양성하는 회사다.	
4	우수 지도자가 많이 배출되는 회사다.	
5	첨단지식, 기술의 노하우 가진 자가 많다.	
6	경영층에서 사원들을 신뢰하여 위임이 확대된 회사다.	
7	부서 간 서로 신뢰하여 정보교환과 제안이 활발하게 이뤄진다.	
8	경영자와 관리자의 언행일치로 사원들에게 신뢰도가 높다.	
9	새 방침이 시행 전에 사원들에게 내용을 알려 공감대가 이뤄진다.	
10	사원들 한 사람 한 사람 인격적인 대우로 경영층이 신뢰를 얻고 있다.	
	소 계	

번호	고객과 사원을 만족게 하는=C.R.M 경영 환경인가?	점수
1	영업사원들의 정착률이 높은 회사다.	
2	영업사원들의 Sales Skill이 잘 축적되었다.	
3	우리 사의 제품 품질은 우수하다.	
4	품질관리에 회사의 관심이 큰 편이다.	
5	우리 사의 임직원은 정신, 신체 모두 건강한 편이다.	
6	사원들의 전문성을 위하여 회사가 적극 지원한다.	
7	사원들 한 사람의 자료화된 파일(Data Base)로 인사관리가 이뤄진다.	

번호	고객과 사원을 만족게 하는=C.R.M 경영 환경인가?	점수
8	무뚝뚝한 표정보다 웃는 얼굴로 일하는 사람이 많다.	
9	경영자가 사원들에게 약속한 내용은 틀림없이 지킨다.	
10	부서의 이기주의보다 회사 전체를 위하여 힘을 모은다.	
	소 계	

번호	생활의 현장에서 인성=Hightouch 경영 환경인가?	점수
1	우리 사는 연구 개발 예산이 많은 편이다.	
2	연구 개발 실적이 타사보다 많은 회사다.	
3	우리 사의 임직원은 특별히 독서를 많이 하는 편이다.	
4	사원들이 읽어야 할 전문서적이나 책 리스트가 비치되어 있다.	
5	임직원들은 자기 절제력이 좋고 매너가 모범적이다.	
6	사원들의 성격유형과 특기가 개발되어 있는 회사다.	
7	가족적인 분위기와 팀워크가 중요시되는 회사다.	
8	생산성을 중요시하지만 안전도도 중요시하는 회사다.	
9	인재 육성하는 시스템이 어느 회사보다 잘되어 있다.	
10	업무 이외의 개인 생활도 잘 배려해 주는 회사다.	
	소 계	

번호	회사원의 마음을 얻는=Mindship 경영 환경인가?	점수
1	첨단기술이나 지식을 노하우로 가진 사원이 많다.	
2	임직원끼리 첨단기술이나 지식의 공유가 활발하게 이뤄진다.	
3	우리 회사는 슬럼프에 빠진 사원을 바로 챙겨 준다.	
4	우리 회사는 사원들의 고충처리에 모범적인 회사다.	
5	우리 사의 임직원들은 수평 간, 수직 간에 담이 없다.	
6	공로상과 모범상 등 표창을 받은 사원이 많다.	
7	상급자가 하급자에게 먼저 대화를 나누는 회사다.	
8	사원들이 일한 만큼 대우를 받아 만족도가 높은 회사다.	
9	남녀 차별 없이 여성에게도 기회가 주어지는 회사다.	
10	우리 사 분위기는 책망보다 칭찬을 훨씬 많이 하는 회사다.	
	소 계	

 5. HRI Chart－조직의 인간존중 지수표

▢ 인간존중지수별 모양 시각화(視覺化) 작성 요령

　HRI 측정표에서 5가지 주제별로 각 지수(점수)를 먼저 확인하고서 다음 단계로 들어간다. 아래 별을 보면 각 꼭지별로 10칸씩 나눠 있음을 발견할 것이다. 그러면 각 지수별의 만점은 한 꼭지당 20점임으로 한 칸에 2점씩 배점하여 실득점수를 가지고 큰 별 속에서 작은 별(실제 득점 지수)을 그리면 소속 기업의 별(Star)이 시각화(視覺化)된다.

▢ 작 성 자 A:
▢ 작 성 자 B:
▢ 작성일자

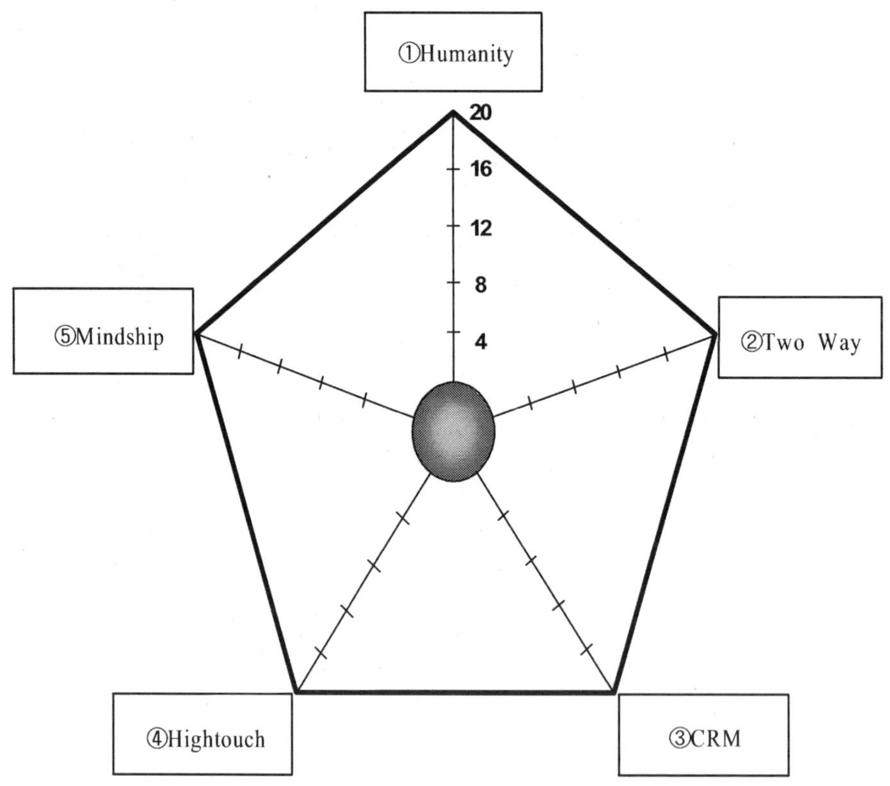

세계 2위 부자인 워런 버핏 회장은 세계 1위 갑부인 빌 게이츠 마이크로 소프트(MS) 회장과 15년간 멘토링 관계를 맺어 오고 있다.

두 사람은 25년이라는 나이 차이에도 불구하고 사업상 고민도 털어놓고 여행도 같이 다니는 매우 절친한 관계다. 금번 버핏은 35조 기부를 결정한 데 대해 "게이츠 부부가 자선 사업에 정열과 전문적인 지식을 갖고 있음을 신뢰하기 때문"이라고 밝혔다.

버핏과 게이츠 간 멘토링은 91년 1월 1일 버핏이 캐나다 빅토리아 섬으로 게이츠를 초대하면서 시작됐다. 월스트리트저널(WSJ)은 버핏이 게이츠와 첫 만남을 회고하면서 "주변에 모든 사람이 돈을 원할 때 우정을 쌓기는 힘들지만 빌은 나에게 컴퓨터를 판매하려 하지 않았고 나는 그에게 사탕을 팔 생각을 하지 않았다"고 말했다고 전했다.

그 후 게이츠는 94년 멜린다와 결혼할 때 버핏을 초대했으며 버핏이 집에 방문할 것을 감안해 화장실에 네브래스카 주립대 로고가 새겨진 휴지를 준비하는 등 버핏에 대한 각별한 우정을 드러냈다.

게이츠는 또 버핏이 체리 코카콜라를 즐겨 마신다는 점을 감안해 중국으로 휴가 갔을 당시 만리장성 위에 체리 코카콜라와 샴페인을 준비하도록 조치를 취하기도 했다.

이들은 온라인에서 몇 시간씩 1달러 내기 카드게임을 하는 것으로 유명한데 게이츠는 버핏에게 컴퓨터 사용법을 가르쳐 줬으며 버핏은 수년 동안 브리지 게임을 멀리해 온 게이츠에게 카드 게임을 다시 가르쳐 줬다고 한다.

버핏과 게이츠는 10대에 자신들이 하고 싶은 일을 찾았다는 점과 자수성가했다는 공통점을 가지고 있다. 게이츠는 12세에 컴퓨터에 대한 관심을 키워 왔다고 한다. 버핏 역시 11세에 주식투자를 시작했으며 지금까지 투자를 하며 살고 있다. 이들은 부자 부모가 있었던 것도 아니었지만 자신이 하고 싶은 일을 꾸준히 해 왔으며 그 결과 각각 버크셔 해서웨이와 마이크로 소프트를 세계적인 기업으로 일궈낼 수 있었다.

두 사람의 또 다른 공통점은 수백억 달러를 소유한 세계 최고 부자지만 검소하고, 꾸밈이 없으며 소탈한 것으로 유명하다. 실제로 그들은 평범한 옷차림으로 출근하는 것으로 알려져 있다. 또 둘 다 아침을 먹지 않으며 점심과 저녁을 화려한 레스토랑에서 먹기보다는 패스트푸드점에서 햄버거를 먹는 것을 좋아한다.

버핏은 게이츠에 대해 '유머감각을 좋아한다.'고 밝힌 바 있다. WSJ는 2000년 한 기사에서 버핏이 게이츠 유머감각에 대해 언급했다고 보도했다.

당시 버핏은 게이츠와 중국 베이징에 위치한 쯔진성(紫禁城)을 방문한 사례를 소개하면서 당시 중국여성들이 고대 두루마리를 조심스럽게 펼쳐 관광객들에게 보여주었는데 게이츠는 버핏 귀에 대고 "두루마리를 제대로 말지 않고 넣으면 벌금 2달러 있다고 하지요"라며 농담했다고 소개했다.

빌 게이츠	워런 버핏
멘토링 기간: 15년간(1991.1.1일부터 현재까지) 멘토링 목적: 상호 간 관계 촉진 멘토링 멘토링 특징: 빌은 컴퓨터를 팔려 하지 않고 가르쳤고 　　　　　　　버핏은 사탕을 팔려 하지 않고 카드놀이를 가르쳤고 멘토링 활동: 상호 사업고민상담, 가정방문, 여행 함께하고 　　　　　　　1달러 카드게임하고, 상대방 취향 맞게 대우	

빌 게이츠	워런 버핏
빌 게이츠　　　　　　　　： 1955년생(51세) MS−CEO 컴퓨터황제(12세 입문) 세계부자 1위 최근: 2년 후 은퇴하고 그간 26조 기부한 자선재단에 전념하겠다.	워런 버핏 1930년생(76세) 해서웨이−CEO 투자의 귀재(11세 주식투자입문) 세계부자 2위 최근 35조 자선재단 기부하겠다. 그와 점심 한 끼 5억 원이면 7명까지 투자자문

6장

 1. 기업 CEO 멘토링 경영전략

전략 1. 한 사람 중시 Humanity 멘토링

◀ 도움 주는 예화 - 한 사람의 귀한 가치 '찰리 채플린'

의사는 환자에게 권했다. "산길을 걸어 보세요." 며칠 후 환자는 시무룩한 모습으로 돌아왔다. "전혀 울적한 마음이 가시지 않는다. 의사 선생님", "그럼 요새 베스트셀러인 이 책을 읽어 보게." 다시 온 환자는 우울증이 더 심해졌음을 고백했다. 그 후 의사는 분위기 좋은 카페를 권했으나 별로 효과를 거두지 못하고 환자는 더 심한 우울증에서 헤어나지 못했다.

다시 의사는 그 환자에게 "요즘 찰리 채플린의 영화가 많은 사람을 웃긴다는데 한 번 보지 않으려나" 그 소리를 들은 환자는 귀가 번쩍했고 홀린 듯 뛰어나가서 다시는 돌아오지 않았다. 이것은 찰리 채플린이 데뷔 시절 슬럼프에 빠졌을 때 이야기다.

누구나 인생살이 과정에서 슬럼프에 빠진 경험을 말하곤 한다. 그때 과연 어떤 경로로 헤어 나올 수가 있었던가? 아니면 영영 역사의 뒷길로 사라진 사람은 얼마나 많은 것일까?

이야기 중에서 환자와 의사는 처음 대면한 사람들이었으나 그 의사는 한 사람에 대하여 계속 관심을 갖고 마지막까지 희망을 버리지 않았다. 그 결과, 절망 속에서 새 힘을 얻고 자기의 존재가치를 재확인한 채플린은 훗날 톱스타로, 주어진 웃기는 재능을 최대한 발휘함으로 그에게 새 희망을 안겨 준 이 사회에 가장 아름답게 보답한 사례로 우리에게 오래오래 기억될 것이다.

Humanity(인간성)이란 무엇을 의미하는가?

먼저 이에 대면하는 단어로 Productivity(생산성)를 들 수 있다. 이 말은 지금까지 우리의 산업현장에서 생산성을 위주로 한 경영방침에서 조직의 구성원들이 생산수단의 역할을 해 왔다는 의미다.

그러나 21세기 오늘의 상황에서 이러한 물적 위주의 경영은 경영 내외적(內外的) 환경에서 심한 도전을 받게 됨으로 부득이 방향전환을 하지 않을 수 없는 상황에 직면했다.

이러한 시점에서 가장 비중 있게 애용할 수 있는 단어로 저자는 Humanity(인간성) 경영을 멘토링 인재개발전략의 방향으로 선정한 것이다.

그러면 Humanity 경영전략의 핵심은 무엇인가?

먼저 한 사람 한 사람이 인간성이라는 분모(分母)에 ― 경영자도, 기술자도, 정치가도, 교육자도, 군인도, 목회자도 ― 기능적인 부문을 분자(分子)로 올려놓자는 것이다. 좀 더 구체적으로 거론하자면 멘토링의 인재개발 프로그램은 각 조직에서 Humanity (인간성) 70%, Productivity(생산성) 30%로 적용할 수 있도록 멘토링 프로그램을 체계화했다는 것을 의미한다. 독자의 이해를 돕기 위하여 현재 경영현장에서 다루고 있는 인사관리 업무는 그대로 진행을 원칙으로 한 것이며 위의 수치는 멘토링 시스템이 적용되는 목표 분야에서만 국한하고 있음을 밝혀 둔다.

전략 2. 사원과 함께 Twoway 멘토링

◀ 도움 주는 예화 – 상호협력 쌍방 Synergy 효과

어느 고을 임금님이 과수원 지기를 내보냈다. 과일이 익을 무렵이면 임금님 몰래 과일을 먼저 따 먹었기 때문이다. 그 후에 임금은 후임 지기를 선발하는 데 한참이나 고심하고 나서 최적의 인물을 선발했다. 누가 보기에도 시각장애자와 하반신 장애자들이어서 과일 따 먹는 걱정은 염려를 놓을 수 있었다.

철이 바뀌어 과일이 먹음직스럽게 주렁주렁 매달렸다. 임금은 침이 넘어가는 것도 꾹 참고 더욱 잘 익기를 기다렸다. 임금님의 시종이 어느 날 혼비백산 달려와 과일이 없어졌다고 말하자 임금님은 너무나 기가 막혀서 철저히 과수원을 수색하고 나서야 어처구니없게도 범인은 두 장애자임을 밝혀냈다. 시각장애자의 어깨를 타고 하반신 장애자가 일을 치렀던 것이다.

멘토링의 장점은 두 사람이 만나서 서로의 장점을 개발하여 시너지 효과를 창출해 내는 것이다. 우리의 조직에서도 한 사람 한 사람의 장점을 개발하는 것이 지도자의 덕목이다. 그렇지 않고 오로지 지도자 본인 외에는 사원들을 믿지 못하고 혼자 일방적으로 일을 처리하는 것은 그만큼 본인도 고달프고 주위 사람들도 안타깝게 하는 것이다. 사람은 장점과 단점을 동시에 갖고 있기 때문에 현명한 경영자일수록 사원들의 장점과 능력을 살펴 적절하게 경영권을 위임(Delegation)하는 것이 애사심을 길러 주고 경영자가 존경받는 지름길이다.

멘토링에서도 경영자는 멘토(Mentor)를 작은 사장(Little Boss)으로 100% 신임하여 한 사람의 멘제를 온전하게 보살피고 지도자로 세우는데 멘토에게 권한을 위임하고 자생력을 발휘할 수 있도록 지원을 돈독히 해 주어야 한다.

Twoway(투웨이: 쌍방) 경영이란 무엇을 의미하는가?

Oneway(일방) 경영과 대조되는 단어다. 일방경영은 사장이나 일부 지도자들이 경영의 업무를 독점하여 일방적으로 처리하는 것을 의미한다. 이는 사원들을 신뢰하지 못하는 데서 오는 점도 있고 경영자 자신이 만능 박사라는 자기도취에서 오는 수도 있다. 아무래도 고도성장에서는 단시간 내에 다량의 물량을 생산하여야 하기 때문에 시간에 쫓기다 보면 그럴 수도 있음 직하다.

그러나 어떤 경우에서든지 경영자의 일방처리는 전 사원의 중지를 모아 시너지 효과를 거둬야 할 때에 결과적으로 많은 두뇌를 잃는 우(愚)를 범하는 것이다.

반면 Twoway 경영은 일정 업무를 적절히 사원에게 위임함으로 사원들로부터 경영의 신뢰를 얻을 수 있고 사원으로서 자부심과 애사심을 쉽게 얻을 수 있다.

멘토링은 사장의 정규업무에서 다루기 어려운 특수업무(개인일, 가정일, 취미, 특기생활, 동호회 활동 등)를 멘토에게 위임하는 것으로 회사에서 동기부여 등 관심을 갖고 후원하면 사장과 멘토와의 큰 시너지 효과를 얻을 수 있는 것이다.

전략 3. 멘제에 만족 C.R.M 리더십

◀ 도움 주는 예화-1 : 1멘토링과 마케팅으로 고객감동

"우리 사장님은 짱이야~"

무역업을 경영하는 문 사장은 회사 내에서 인기가 최고다. 특히 여사원으로부터 대단한 인기를 누리고 있다. 그 이유는 간단하다. 신입사원으로부터 임원들에 이르기까지 누구를 막론하고 문 사장은 상대방에게 존댓말을 쓴다는 것과 인격적으로 사람을 대해 준다는 것이다. 그래서 모든 사원들은 사장과 가까이서 대화를 나누기를 원하고 틈이 있으면 스스로 사장에게 찾아가서 이런저런 이야기를 나누면서 전혀 부담없이 대면한다.

"문 사장님은 짱이야"

무역을 하다 보면 많은 바이어(Buyer)를 접대해야 한다. 특별하게도 문 사장은 근처 요정을 단골로 정하고 줄곧 거래처 손님을 접대해 왔다. 그 요정에서도 문 사장은 마담을 비롯한 접대 아가씨들에게 인기를 독차지하고 있었다.

어느 날 문 사장의 매너에 감동한 아가씨의 질문이다. "문 사장님! 어째서 저희들에게까지 그렇게 깍듯이 존댓말을 쓰시나요?", "그래 부담이 되나부지? 걱정할 필요 없어요. 우리 회사 여직원이나 이곳 아가씨들이나 똑같은 직장인들이에요. 나는 직장인에게 최소한의 예의를 지켰을 뿐이에요"

IMF가 찾아왔다. 쇼킹한 뉴스가 요정에 전해 왔다. 문 사장의 회사가 부도나서 사장이 피해 있다는 것이다. 얼마의 시간이 지난 후에 마담은 요정 종업원들을 불러 모아 의논을 하고 결정을 하였다. 수소문해서 마담은 문 사장을 만났고 모금한 2억 원을 건네주었다. 문 사장은 회사 직원들이 모금해 준 1억과 합하여 무난히 부도를 수습하게 되었고 그 회사의 경영은 전보다 더욱 활발해졌다.

외부 고객에게나, 내부 사원에게나 가장 최고의 만족을 주는 것은 잠시 얼굴에 웃음을 띠어 주는 것이 아니라 경영자의 겸손한 자세와 상대방의 인격을 존중해 주는 따뜻한 마음인 것이다.

C.R.M(시알엠)은 무엇을 의미하는 것인가?

영어로는 Customer Relation Management의 약자로 '고객관계관리'기법이다. 이는 회사(Company)의 생산 중심의 경영체계를 마케팅, 즉 고객 중심의 체계로 전환하고자 하는 최근 기법으로 고객과의 관계를, 먼저 고객의 인적사항이나 그간 거래사항을 자료(Data Base)화한 후에 그 자료에 의하여 고객의 취향에 맞게 1 : 1로 마케팅을 하자는 것이다. 이 CRM은 한 회사가 한 고객이 원하는 한 상품을 서비스해 줌으로 고객의 만족을 얻어냄으로 재구매의 효과를 얻을 수 있는 것이다.

결국 한 고객을 챙기는 1 : 1 마케팅을 말한다.

멘토링에서는 바로 이 고객관리기법인 CRM을 그대로 내부 사원고객에게 적용해 보도록 하겠다는 것이다. 왜냐하면 1 : 1 기법은 그 원조가 멘토링이기 때문에 너무나도 자연스럽게 도입이 가능한 것이다. 결국 한 사원을 챙기는 1:1 멘토링인 것이다. 사원들도 개개인의 인적사항, 개인성격, 재능, 특기, 취미, 노하우, 기술, 자격, 학위 등의 자료들을 멘토링 활동에 적용하고 멘토(Mentor)와 멘제(Menger)를 연결하여 그 활동을 지원해 주면 만족을 얻어내는 데는 어렵지 않을 것이다.

전략 4. 따뜻한 인성 Hightouch 멘토링

◀ 도움 주는 예화 – 지식보다 더 우선한 인성

잭 웰치(Jack Welch: GE회장)는 "최고의 인재를 뽑을 수 있고, 최고의 인재로 키울 수 있다면 기업은 성공할 것이다."라고 인재중시의 경영을 외치면서 업무의 70% 이상을 사람 다루는 데 집중해 왔다. 그는 특별한 인사관리기법으로 개발한 활력곡선(Vitality Curve)을 이용하여 A급 사원으로 20%, B급 사원으로 70%, C급 사원으로 10%를 선정하여 A급 사원은 파격적인 대우를, B급 사원은 보통의 대우를, C급

사원은 퇴출대상으로 몰아붙였다.

또한 그는 자서전에서 "멘토링(Mentoring)프로그램을 진급 대상자에게 적용하여 진급자 중 80%가 멘토의 도움을 받았다"고 기록하고 있다. 특별히 멘토링 과정에서 그가 우수사원을 위해 인간적인 배려를 한 내용을 보면 "회사에서 그의 가치를 칭찬해 주어라", "그를 사랑해 주어라", "자주 포옹해 주어라", "키스해 주어라", "보통사원보다 3-5배 대우해 주어라", "우수사원이 한 사람이라도 이직한 부서장은 죄인으로 생각하라"고 따뜻한 애정을 가지고 사람관리에 매달렸음을 알 수 있다.

멘토링 프로그램은 북미 쪽 기업에서 다양한 방법으로 활성화되고 있다. 그러나 국내기업에서는 일부 선견(先見)기업에서 부분적으로 거론되고 있는 실정이다.

인간사회에서 너무나 당연한 일 같지만 현실과 이상의 괴리라고 할까? 그러나 사람이 사람을 사랑한다는 것은 기본이기 때문에 선진화(先進化)를 지향하는 우리 사회에서 머지않아 기술이나 지식에 앞서 사람의 참모습을 찾는 때를 기대해 본다.

그러면 Hightouch(하이터치)라는 용어는 무엇을 의미하는 것일까?

이는 Hightech라는 첨단지식(High Technology)에 대비되는 단어로 오늘날 과학문명의 발달로 인하여 사람의 기술이나 지식은 너무 앞서 가는데 그에 비례해서 사람끼리 관계, 즉 상호 인성(Touch)도 고도로 깊어져야(High) 균형 있는 사회를 이룬다는 뜻이다.

특히 사람의 속성상 지적(知的) 부문, 즉 좌측 뇌에 교육을 집중하면 **의식화**(意識化)되어서 우리가 원치 않는 문제가 발생되는데 타인을 비판하고, 정죄하고, 자기중심적이 되어서 조직의 분위기를 깨는 데 일조(一助)한다는 것이다.

오늘날 우리의 정규교육 현실과 기업의 교육프로그램은 이러한 현상(現狀)을 급속도로 확산하는 주역(主役)을 담당하고 있다고 해도 과언은 아니다.

반면 멘토링 시스템은 이러한 이념이나 논리로 의식화되어 있는 상황에서 새로운 틀(New Paradigm)로서 경영의 현장에서 인간적인 배려로 업무촉진을 해 보도록 하겠다는 것이다. 다수를 관리하고 집단 교육하는 데서 오는 문제점을 멘토링에서는 1:1로 관계를 맺어 **생활현장**에서 개인적인 교제로 감정, 희로애락, 상담, 고백, 나눔 등으로 Hightech를 보완할 수 있는 최적의 Hightouch 기법으로 소개한다.

전략 5. 마음을 여는 Mindship 멘토링

◀ 도움 주는 예화 – 열린 마음관계

명강사 초청 세미나에 참석한 박 사장(朴 社長)은 너무나 큰 감동을 받고 허겁지겁 회사로 돌아왔다. 한 가지 할 일이 있기 때문이다. 마침 시간에 맞게 비서가 아침 죽을 준비 중이었다. "김 비서 이리 좀 앉게" 비서는 가슴이 뜨끔했다. '오늘은 뭘 트집을 잡아 책망할까?' 속으로 방어 태세를 취하면서…… 우리 사장은 사원들을 기(氣) 죽이는 데는 도(道)가 튼 사람으로 정평이 나 있다. 사장의 눈치를 살피면서 조심스럽게 앉아 있는 비서에게 전혀 예측할 수 없는 일이 벌어졌다. "이제부터는 자네에게 책망하는 일이 없을 걸세" 어안이 벙벙한 비서는 한참 동안 사장의 모습만 바라보고 있었다. 예전과 다른 사장의 진지한 모습을 확인한 후에야 김 비서도 예측할 수 없는 한마디의 말을 던졌다.

"사장님 감사합니다. 이제 저도 사장님이 드시는 아침 죽에 침을 뱉지 않겠습니다."

사랑은 내리사랑이라고 했다. 가정이나 학교나 기업체나 공통점은 아랫사람이 윗사람을 사랑한다는 것보다는 부모가 자녀를, 선생님이 제자를, 경영자가 사원을 사랑한다는 것으로 이는 너무나도 자연스러운 이치이며 당연지사(當然之事)인 것이다.

우리가 유의할 점은 아랫사람들은 너나없이 센스가 예민하다는 것이다. 윗사람의 거동(擧動)에 대해 본능적으로 주관적인 판단이 서 있다. 위의 사례에서도 박 사장이 마음의 문을 열기 전에는 절대로 비서가 먼저 열 수는 없었다.

멘토링은 바로 멘토와 멘제가 박 사장과 김 비서 사이에 가로놓인 인간의 가식(假飾)적인 담을 헐듯이 상대방의 마음을 얻는 것이다. 이것으로 인하여 상호 유익은 경영현장에서 사랑의 공동체가 이뤄질 수 있고 바로 생산성과 직결된다는 것을 경영자는 유념하여야 한다.

Mindship(마인드십)이란 무엇을 의미하는 용어인가?
한마디로 사람의 마음(Mind)을 얻어내는 리더십(Leadership)을 의미한다. 그러면 반대되는 용어는 무엇이 있을까? 저자는 궁리 끝에 Bodyship을 선택했다.
좀 더 설명을 더 붙인다면 직장에 취업할 때 누구나 제일 먼저 작성하는 서류가

'근로계약서'다. 여기에는 중요한 사항으로 근로 시간이 있는데 일반적으로 하루에 8시간의 근로 조건을 제시하고 있다. 이 8시간의 개념은 하루에 노동력, 즉 보이는 몸(Body) 신체를 그 시간만큼 제공한다는 의미가 담겨 있다. 극단적으로 말한다면 몸으로 8시간만 채우면 되는 것이다.

바로 여기에 경영자의 지혜로운 리더십이 발휘되어야 한다. 몸만 얻는 Bodyship의 경영자와 마음까지 얻는 Mindship의 경영자의 경영 성과는 어떠할까?

바로 멘토링은 Mindship을 원하는 경영자에게 멘토(Mentor)로 하여금 그 사명을 자연스럽게 이룰 수 있는 계기가 될 것이다.

*** 개성상인이란?**

개성상인의 유래는 6백여 년 전 조선왕조 창건시기까지 거슬러 올라간다. 이성계의 쿠데타에 찬성하지 않은 개성의 고려유신들이 당시 사농공사의 신분 질서 중 최하위였던 상인으로 전신한 것이 개성상인의 시초였다. 이런 까닭으로 개성상인들은 조선왕조에 대해 뿌리 깊은 반감을 가지고 있어 상대적으로 자신들끼리는 단결력과 배타성이 대단하다고 한다.

개성상인들은 이렇게 기존 권력과 비우호적인 상황에서 사업을 하다 보니 가능한 빚을 쓰지 않고 신용을 중시하게 됐다. 현대의 ‘개성상인 기업’들이 무차입 경영과 신용을 강조하는 것은 이런 역사적 배경일 것이라고 세종대 오성 교수(한국사)는 말했다. 이런 전통은 식민지시대까지 이어졌다. 이 시기 개성상인들을 자신들이 상업자본으로 근대식 회사를 잇달아 설립해 일제와 맞섰으며, 개성시민들도 일본제품은 거들떠보지도 않는 식으로 상인들을 측면 지원했다고 한다. 이 덕분에 일본기업은 개성에서만 발붙이지 못했다.

개성상인들은 개성부기법, 차인(差人)제도, 시변(時邊)제도 등 근대적인 경영기법을 창안했다. 개성부기법은 일종의 복식부기법이고, 차인제도는 주인이 돈을 대고 실제 사업은 요즘의 전문경영인 격인 차인이 맡아 하는 것이었다. 수익금은 주인과 차인이 일정비율로 나누어 가졌다고 한다. 소유와 경영을 분리했던 셈이다. 시변은 보증인만 내세우면 연리 13~15%로 돈을 꾸어 주는 일종의 신용대출 제도였다. 금리는 통화 공급량과 수요량, 대출자의 신용에 따라 달랐다고 한다. 최근 국내 은행들이 고객의 신용도에 따라 대출 한도와 금리를 차등 적용하기 시작한 것과 유사한 제도다. 또 개성상인들은 자신의 자식을 다른 상인의 상점에 취직시켜 일을 배우게 하는 전통도 있었다고 한다.

일본 식민지시대 개성의 대형 도매상은 10대 청소년들을 점원으로 고용해 도제식으로 가르쳤다. 처음 2~3년간은 월급을 주지 않고, 3년 뒤 그간의 근무태도 등을 평가해 장래성이 있다고 판단되면 3년간의 급료로 1백 원을 주었다고 한다. 그 이후에는 매달 10원씩 월급을 받으면서 다시 10년 정도 일을 배워야 한다. 이런 수련과정이 끝나면 주인들이 재평가를 해 경영 능력을 인정받은 점원에게 가게를 차려 주었다고 한다.

광복 이후의 개성 출신 기업들도 대부분 어렸을 때 이렇게 경영 수업을 받았다. 이정림 대한유화 회장과 이회림 동영화학 명예회장은 포목 도매상인 강형근 상점 점원으로 출발했고, 서성환 태평양 명예회장과 임광정 한국 화장품 명예회장은 개성

김재현 백화점 점원으로 함께 일하면서 화장품 사업에 눈을 떴다. 이회림 동양화학 명예회장은 한 인터뷰에서 "개성의 상도덕은 매우 엄격해 새로 독립한 상인에 옛 주인과 같은 품목으로 경쟁하는 일은 없었다"고 말했다.   주간조선 **98.10.1** –

Mentor	Menger
개성포목 도매상 강형근	이정림 회장 이회림 회장
개성백화점 김재현	서성환 회장 임광정 회장

전수 내용

경영이념 1. 근검절약, 협동의식
       2. 무차입 경영
       3. 신용중시

경영기법 1. 개 서 부 기 – 재무제표
       2. 차인(差人)제도 – 전문경영
       3. 시변(時邊)제도 – 신용차등제

사업성공방법

1. 부모 밑에 10여 년 가업전수
2. 부친의 친구 밑에서 5년간 수업
3. 그 후 능력 인정받으면 가게 차려 줌

- 자수성가 – 자금 / 노하우
- 백발백중 성공

 2. 교회 CEO 멘토링 목회전략

전략 1. 한 사람 중시 Humanity 멘토링

◀ 모르드개 양육 멘토링

모르드개는 베냐민 사람으로 에스더서의 주인공(에2: 5, 7, 10 기타). 기스의 증손, 시므이의 손자, 야일의 아들, 에스더의 사촌 오라비. 그는 삼촌의 딸 하닷사(후에 에스더)를, 그 부모가 죽은 후, 자기의 양녀(養女)로서 키웠다. 에스더는 삼촌 모르드개의 지도에 따라 행동하여 바사(페르샤)왕 아하수에로의 왕비로 간택되었다(에2: 7-20). 이 왕은 BC 486-465 / 6년 페르샤 왕위에 있었던 크세르크세스 1세로 알려져 있다. 당시 이 왕에 대하여 은밀히 진행되고 있던 왕 암살 계획을 사전에 발견, 에스더를 통해 왕께 고하여, 왕의 목숨을 구하고 두 범인(내시인 빅단과 베레스)을 처형하게 했다(에2: 21-23). 그 후 하만이 재상이 되어, 이방신에 대한 경배 및 자기에게 부복하기를 거부하는 모르드개를 비롯하여, 모든 유대인을 학살하려 계획할 때, 그는 왕후 에스더를 움직여 전 유대인을 구하는 데 성공했다.(에 3: 3, 6: 1-11)

누구나 인생살이 과정에서 만남의 중요성을 강조한다. 특히 에스더는 조실부모(早失父母)하고 고아의 신세로 큰 시련을 맞이하게 되었다. 그러한 역경 속에서 삼촌 모르드개의 보살핌은 역사의 뒤안길로 사라질 뻔한 에스더의 삶에 한 가닥 빛이라 볼 수 있다. 그뿐 아니라 학식과 지혜를 갖춘 모르드개는 에스더가 왕비로 간택되는 과정에서도 그의 지혜로운 조언으로 결정적인 계기를 만들었다.

사람의 길이란 평탄할 수만은 없듯이 그 당시 모르드개의 개인에 닥친 불운의 그림자는 그대로 유대민족의 대학살로 이어질 뻔한 찰나에 다시 한번 에스더를 설득하는 모르드개의 논리는, 임재하신 하나님의 섭리와 직결되어 있어 에스더로부터 '죽으면 죽으리라'는 비장한 결심을 받아내었던 것이다.

한 어린 조카를 끝까지 돌보며 정성을 바쳐 왕비 자리까지 키워내 마침내 세상적으로나, 신앙적으로나 성공적인 멘토링을 발휘한 모르드개는 오늘날 한 인간 사랑을 중시하고자 하는 목회자들에게 벤치마킹대상으로 소개드리는 바다.

Humanity(휴매니티: 인간성)란 무엇을 의미하는가?

먼저 이에 대치되는 단어로 Productivity(생산성)를 들 수 있다. 이 말은 지금까지 우리의 목회현장에서 경쟁적으로 생산성을 위주로 한 목회 방침에서 생산성 목회에 너무 집착하고 있다는 면을 지적하고 싶은 차원에서 인간성을 다루고자 한다.

그러나 21세기 오늘의 상황에서 이러한 물적 위주의 목회는 교회 내외적(內外的) 환경에서 심한 도전을 받게 됨으로 부득이 방향전환을 하지 않을 수 없는 상황에 직면했다.

이러한 시점에서 가장 비중 있게 애용할 수 있는 단어로 저자는 Humanity(인간성) 목회를 '멘토링 인재개발전략'의 방향으로 선정한 것이다.

그러면 Humanity 목회전략의 핵심은 무엇인가?

먼저 한 사람 한 사람이 인간성이라는 분모(分母)에-목회자도, 기술자도, 정치가도, 교육자도, 군인도, 경영자도-기능적인 부문을 분자(分子)로 올려놓자는 것이다. 좀 더 구체적으로 거론하자면 멘토링의 인재개발 프로그램은 각 조직에서 Humanity(인간성) 70%, Productivity(생산성) 30%로 적용할 수 있도록 멘토링 프로그램을 체계화했다는 것을 의미한다. 독자의 이해를 돕기 위하여 현재 목회현장에서 다루고 있는 물량 위주의 교회크기, 교인 수, 헌금액수, 목회자의 보수 수준 등은 목회의 본질에서 한참 순위가 뒤져야 한다는 것과 예수님의 한 마리 어린양 사랑이(마18: 12-14) 목회의 우선가치가 되어야 오늘날 바른 목회의 대열에서 정도를 걷는 길이라고 볼 수 있다.

전략 2. 교인과 함께 Twoway 멘토링

◀ 모세의 위임 멘토링

"모세의 장인이 그에게 이르되 그대의 하는 것이 선하지 못하도다. 그대와 그대와 함께한 이 백성이 필연 기력이 쇠하리니 이 일이 그대에게 너무 중함이라. 그대가 혼자 할 수 없으리라."(출18: 17-18)

출애굽기18: 13-27절에 보면 모세에게 세 가지 문제가 발생한다. 첫째는 육체적 탈진이고, 둘째는 지도자들의 불만이며, 셋째는 백성들이 약한 모세에게 의존한다는 것이다. 이때 모세의 장인 이드로는 모세에게 멘토링으로 접근하여 "그대의 하는 것이 선하지 못하도다."(출18: 17)라고 말했다.

모세 장인의 영성과 모세의 영성을 한번 비교해 보는 시간을 갖도록 하겠다. 모세는 하나님을 대면하여 안 자이자 하나님의 말씀을 직접 전달하는 지도자였다. 오히려 모세는 멘토인 그의 장인으로부터 조언을 받고 있는 멘제의 실정이었다.

모든 지도자가 이러한 부분을 인정하는 용기를 가져야 한다. 아무리 훌륭한 지도자라도 편견을 가질 수 있으며, 다른 사람을 통해 하나님의 뜻을 전달받을 수 있음을 인정해야 한다.

모세에게 세 가지의 문제점이 발생하자 이드로는 평신도 중에서 자격을 갖춘 사역자(10부장, 50,100,1000)를 임명하여 일을 분담시키라고 건의하게 된다. 평신도 사역자는 바로 이런 '이드로의 사역분담 법칙'에 근거를 두고 있다.

목회자가 평신도와 일을 나눠 함으로써 하나님이 교회에 맡겨 주신 사명을 효과적으로 수행하는 개념인 것이다. 한마디로 정리하면 자격 있는 평신도 멘토들에게 분권적 위임(Delegation)을 함으로써 목회 사역의 효과성을 높이는 제도다.

멘토링의 장점은 두 사람이 만나서 서로의 장점을 개발하여 시너지 효과를 창출해 내는 것이다. 교회에서도 한 사람 한 사람의 장점을 개발하는 것이 목회자의 덕목이다. 그렇지 않고 오로지 목회자 본인 외에는 교인들을 믿지 못하고 혼자 일방적으로 일을 처리하는 것은 그만큼 본인도 고달프고 주위 사람들도 안타깝게 하는 것이 된다. 사람은 장점과 단점을 동시에 갖고 있기 때문에 현명한 목회자일수록 교인들의 장점과 능력을 살펴 적절하게 목회사역을 위임(Delegation)하는 것이 애교심을 길러 주고 목회자가 존경받는 지름길이다.

멘토링에서도 목회자는 멘토(Mentor)를 자신을 대신한 작은 목사(Little Boss)로 100% 신임하여 한 사람의 멘제를 온전하게 보살피고 교회 리더로 세우는데 멘토에게 권한을 위임하고 자생력을 발휘할 수 있도록 지원을 돈독히 해 주어야 한다.

Twoway(투웨이: 쌍방) 목회란 무엇을 의미하는가?

Oneway(일방) 목회와 대조되는 단어다. 일방목회는 목사나 일부 지도자들이 목회사역을 독점하여 일방적으로 처리하는 것을 의미한다. 이는 평신도들을 신뢰하지 못하는 데서 오는 점도 있고 목회자 자신이 만능 박사라는 자기도취에서 오는 수도 있다.

아무래도 고도성장에서는 단시간 내에 다량의 교인을 다루어야 하기 때문에 시간에 쫓기다 보면 그럴 수도 있음 직하다. 그러나 어떤 경우에서든지 목회자의 일방처리는 평신도의 중지를 모아 시너지 효과를 거둬야 할 때에 결과적으로 많은 두뇌를 잃는 우(愚)를 범하는 것이다. 반면 Twoway 목회는 일정 업무를 적절히 평신도 멘토에게 위임함으로 교인들로부터 목회의 신뢰를 얻을 수 있고 교인으로서 자부심과 애교심을 쉽게 얻을 수 있다.

멘토링은 목사의 정규목회에서 다루기 어려운 특수목회(개인일, 가정일, 취미, 특기생활, 동호회활동 등)를 멘토에게 위임하는 것으로 교회에서 동기부여 등 관심을 갖고 후원하면 목사와 멘토와의 큰 시너지 효과를 얻을 수 있는 것이다.

전략 3. 멘제에 만족 C.R.M 리더십

◀ 엘리야의 영적 멘토링

성경에서 강력하고 긍정적인 멘토링 관계 중 한 예로 '엘리야'와 '엘리사'를 들 수 있다. 엘리사는 북이스라엘 왕국의 선지자요, 엘리야의 후계자였다. 엘리야는 하나님의 명령대로 밭에서 쟁기질을 하고 있던 엘리사를 발견하여 겉옷을 그에게 던짐으로 선지자로 임명하였다. 그 후에 엘리사는 엘리야를 그의 멘토로 따라다니며 배웠고, 엘리야가 하늘로 불려 올리울 때까지 지속적인 멘토링을 받았다. 멘토 엘리야는 멘제(Menger) 엘리사에게 겉옷을 넘겨줌으로써 차기 선지자로 권위를 물려주었다. 더구나 엘리사는 엘리야와 길갈, 벧엘, 여리고 등 끝까지 동행하여 멘토의 능력을 갑절이나 얻기를 소원하였고 멘토링의 결과 멘토 능력의 전수까지 이루어졌다.

바로 우리가 이 대목에서 염두에 둘 일은 많은 신학생 중에서 엘리사 한 사람에게 집중했다는 사실이다. 예수님께서도 소수인 12제자를 선발하셨고 한 사람 한 사람 1 : 1로 관계를 통하여 '사람변화'의 핵심전략으로 활용한 것을 알 수 있다.

다수 관리보다는 한 사람 엘리사를 선택한 엘리야의 1 : 1 리더십은 성경 중에서 모범적인 멘토링으로 충분하다고 볼 수 있다.

C.R.M(시알엠)은 무엇을 의미하는 것인가?

영어로는 Customer Relation Management의 약자로 '고객관계관리' 기법이다. 이는 회사(Company)의 생산 중심의 경영체계를 마케팅, 즉 고객 중심의 체계로 전환하고

자 하는 최근 기법으로 고객과의 관계를, 먼저 고객의 인적사항이나 그간 거래사항을 자료(Data Base)화한 후에 그 자료에 의하여 고객의 취향에 맞게 1 : 1로 마케팅을 하자는 것이다. 이 C.R.M은 한 회사가 한 고객이 원하는 한 상품을 서비스해 줌으로 고객의 만족을 얻어냄으로 재구매의 효과를 얻을 수 있는 것으로 결국 한 고객을 챙기는1 : 1 마케팅이다.

교회 멘토링에서는 바로 이 고객관리기법인 C.R.M을 그대로 교인에게 적용해 보도록 하겠다는 것이다. 왜냐하면 1 : 1 기법은 그 원조가 멘토링이기 때문에 너무나도 자연스럽게 도입이 가능한 것이다. 결국 한 교인을 챙기는1 : 1 멘토링인 것이다.

교인들도 개개인의 인적사항, 개인성격, 재능, 특기, 취미, 노하우, 기술, 자격, 학위 등의 자료들을 멘토링 활동에 적용하고 멘토(Mentor)와 멘제(Menger)를 연결하여 교회에서 그 활동을 지원해 주면 교인 만족을 얻어내는 데는 어렵지 않을 것이다.

일반적으로 목회를 하면서 보편적으로 범하기 쉬운 오류는 기존 교인 관리보다는 새신자 전도에만 열중하여 양적성장을 이루어 눈에 보이는 성과를 높이려는 데에 있다. 새신자를 전도하기 위하여 교회는 적극적인 전도활동을 수행하지만, 그것이 그리 쉽지 않다는 사실을 곧 인식하게 된다. 왜냐하면 새신자를 전도하기 위해서는 상당한 예산과 노력이 들 뿐 아니라 최악의 경우에는 총동원 이벤트를 한 후에도 별로 정착하지 못하는 경우가 허다하기 때문이다.

반면 기존의 교인(평신도)을 관리 유지하는 것은 상대적으로 비용이 적게 들 뿐만 아니라 기존의 교인들에게 좋은 인상을 심어 줌으로써 새신자를 자연스럽게 전도할 수 있는 장점도 있다. 결국 새신자를 힘들여 전도하는 것도 중요하겠지만 그 이전에 허술하게 짜인 기존 교인관리 프로그램을 보강하는 것이 우선되어야 한다는 것이다. 이렇게 기존 교인 관계를 유지, 강화하는 기법으로 북미 선진 교회에서 활용되고 있는 '1 : 1 멘토링을 교회 뒷문 닫는 전략'으로 소개한다.

1. 왜! 교인이 떠나는가?
2. 문제는 무엇인가?
3. 어떻게 그 문제를 해결할 수 있는가?

멘토와 멘제의 멘토링 활동에서는 이러한 점들이 1 : 1관계에서 문제로 도출됨으로 교회 목회 전략으로 충분한 대응이 가능하다.

전략 4. 따뜻한 인정 Hightouch 멘토링

◀ 요나단의 동료 멘토링

사울왕의 맏아들 요나단은 사울왕의 후계자였다. 이런 그가 오히려 놀랍게도 사울을 계승한 다윗에게 헌신적인 우정을 보였다.(삼상20: 31)

다윗에 대한 그의 우정은 다윗이 골리앗을 죽인 뒤 두 사람이 처음으로 만났던 그날부터 싹텄다.(삼상18: 1-4) 그리고 장차 다윗이 왕이 되리라는 사울의 말을 믿고도 그 우정은 변치 않았다.(삼상20: 31) 요나단은 자기 아버지가 다윗을 증오한다는 것을 알게 되었을 때 친구를 두둔하였다.(심상19: 1-7) 나중에 요나단이 다윗을 위하여 자기 생명을 건 모험을 한 것이 한 번만이 아니었다. 한번은 자기 자식답지 않은 요나단의 행동에 화가 난 사울이 요나단에 창을 던졌다. 이렇게 사울은 다윗에게도 여러 번 창을 던진 적이 있었다. 두 친구의 마지막 만남은 십 광야에서 이루어졌는데, 그때 요나단은 다윗으로 하여금 하나님을 의지하게 하였다.(삼상23: 16).

요나단과 다윗의 우정은 내적으로 대등한 관계다. 이렇듯 요나단과 다윗의 우정은 성경에서 가장 훌륭한 동료 멘토링(Peer Mentoring)관계로 꼽히고 있다.

그러면 Hightouch(하이터치)라는 용어는 무엇을 의미하는 것일까?

이는 Hightech라는 첨단지식(High Technology)에 대비되는 단어로 오늘날 과학문명의 발달로 인하여 사람의 기술이나 지식은 너무 앞서 가는데 그에 비례해서 사람끼리 관계, 즉 상호 인성(Touch)도 고도(High)로 깊어져야 균형 있는 사회를 이룬다는 뜻이다. 특히 사람의 속성상 지적(知的) 부문, 즉 좌측 뇌에 교육을 집중하면 의식화(意識化)되어서 우리가 원치 않는 문제가 발생되는데 타인을 비판하고, 정죄하고, 자기중심적이 되어서 조직의 분위기를 깨는 데 일조(一助)한다는 것이다.

오늘날 우리 교회의 집단 및 지적 교육(성경 및 제자훈련 등) 프로그램은 이러한 현상(現狀)을 급속도로 확산하는 주역(主役)을 담당하고 있다고 해도 과언은 아니다.

반면 멘토링 시스템은 이러한 이념이나 논리로 의식화되어 있는 상황에서 새로운 인재개발의 틀(New Paradigm)로서 목회의 현장에서 멘토를 세워 멘제와 전인적인 삶의 관계를 누려보도록 하겠다는 것이다.

다수를 관리하고 다수를 교육하는 데서 오는 현행 목회의 문제점을 멘토링에서는 1:1로 교제를 이루는 인성 활성화로 **생활현장**에서 멘토와 멘제 간 개인적으로 감정,

희로애락, 상담, 고백, 나눔 등을 통하여 성도 간 Hightech를 보완할 수 있는 Hightouch 대안으로 제시한다.

전략 5. 마음을 여는 Mindship 멘토링

◀ 나오미의 포용 멘토링

룻기에 나오미는 룻의 시어머니, 엘리멜렉의 아내, 말론과 기론의 어머니(룻1: 2-)다. 예루살렘의 남쪽 8km의 고향 베들레헴의 기근으로, 남편 및 두 아들과 함께 모압에 이주하여, 그곳에 살았다.(룻1: 1-5) 두 아들을 모압 여인과 결혼까지 시켰으나, 남편과 두 아들을 잃고, 상심한 나오미는 두 자부에게 귀향할 것을 권했는데, 룻은 최후까지 함께할 결의를 보여(룻1: 6-18), 나오미는 룻과 함께 고향 베들레헴으로 돌아왔다.(1: 19-22) 나오미는 상심 끝에 [마-라: 뜻은 괴로움]라는 자칭명을 썼다.(룻1: 20) 자부 룻은 연로한 시어머니 나오미와 그 빈곤을 구하기 위해, 허락을 얻어 이삭줍기를 하게 된 것이 계기가 되어 부유하고, 동정심이 깊은 보아스와 결혼하게 되었고, 나오미는 보아스를 유대의 율법에 따라 양자로 삼았다. 보아스와 룻 사이에 오벳을 낳게 되어, 나오미는 손자까지 볼 수 있게 되었을뿐더러, 엘리멜렉의 믿음의 계보는 계속되었다.

사면초가의 신세가 된 멘토 나오미는 역시 함께 어려움을 당하고 있는 며느리 룻을 친딸처럼 포용할 때 두 몸이 한마음으로 결합되어 주위를 감동시키고 땅에 축복과 하늘에 축복을 받는 주인공으로 성경은 우리에게 교훈을 주고 있다.

사랑은 내리사랑이라고 했다. 가정이나 교회나 학교나 기업체나 공통점은 아랫사람이 윗사람을 사랑한다는 것보다는 부모가 자녀를, 선생님이 제자를, 경영자가 사원을 사랑한다는 것으로 이는 너무나도 자연스러운 이치이며 당연지사(當然之事)인 것이다. 우리가 유의할 점은 아랫사람들은 너 나 할 것 없이 센스가 예민하다는 것이다. 윗사람의 거동(擧動)에 대해 본능적으로 주관적인 판단이 서 있다.

Mindship(마인드십)이란 무엇을 의미하는 용어인가?

한마디로 사람의 마음(Mind)을 얻어내는 리더십(Leadership)을 의미한다. 그러면 반대되는 용어는 무엇이 있을까? 저자는 궁리 끝에 Bodyship을 선택했다. 좀 더 설명을 더 붙인다면 직장에 취업할 때 누구나 제일 먼저 작성하는 서류가 '근로계약서'다. 여기에는 중요한 사항으로 근로 시간이 있는데 일반적으로 하루에 8시간의 근로 조건을 제시하고 있다. 이 8시간의 개념은 하루에 노동력, 즉 보이는 몸(Body) 신체를 그 시간만큼 제공한다는 의미가 담겨 있다. 극단적으로 말한다면 몸으로 8시간만 채우면 되는 것이다. 바로 여기에 경영자의 지혜로운 리더십이 발휘되어야 한다.

같은 원리로 교회에서도 몸만 얻는 Bodyship의 목회자와 마음까지 얻는 Mindship의 목회자와 목회성과는 어떠할까? 바로 멘토링은 Mindship을 원하는 목회자에게 멘토(Mentor)로 하여금 멘제에게 그 사명을 자연스럽게 이루어 줌으로 결국 Mindship 목회를 실천하는 계기가 되도록 하자는 것이다.

*사례10-빌 하이벨스 목사 멘토링 이야기

　　세계의 많은 교회들에게 새로운 교회상을 제시하고 있는 시카고 윌로우 크릭교회의 빌하이벨스 목사의 은사인 길버트 빌지키언(Gilbert Bilezikian) 교수의 이야기는 들을 때마다 우리에게 깊은 감동을 준다.

　　1970년대 초반 당시 시카고 트리니티 신학교의 교수였던 빌지키언 교수는 강의 전에 사도행전 2장 40-47절을 읽어 주면서 도전했다고 한다.

　　"2000년 전 예루살렘에는 성도들이 살아 있는 하나님의 말씀을 전하고, 서로 물건을 팔아 힘든 사람을 도와줄 정도로 서로를 사랑했고, 늘 함께 밥을 먹으며, 기뻐하며, 하나님을 찬양했고, 기쁨과 평화가 넘치는 삶을 살았던 그런 교회가 있었다. 그 교회로는 끊임없이 사람들이 몰려들어 절망에서 소망을 찾았다. 2000년 전 예루살렘에 그런 교회가 있을 수 있다면 왜 1970년대 시카고에는 그런 교회가 생길 수 없는 것일까? 그때의 하나님과 지금의 하나님은 달라지셨는가? 그분의 능력이 줄어들어서 그런가? 절대 그렇지 않다. 만약 여러분들이 하나님의 능력을 믿고 순종한다면 우리도 그런 교회를 이 땅에 세울 수 있다. 젊은이들이여, 여러분의 모든 것을 바쳐 그 비전을 위해 헌신할 사람은 없는가?"

멘토인 빌지키언 교수	멘제인 빌 하이벨스 목사

당시 신학교 초년생이었던 20대 초반의 빌 하이벨스는 매번 그 메시지를 듣는 순간 가슴에 불이 일어나는 것 같은 감동을 받았다고 한다. 차 속에서 엎드려 흥분을 가라앉히곤 하던 그는, 마침내 그런 살아 있는 교회야말로 자신의 인생 전체를 걸어도 아깝지 않은 비전이라고 결심하게 된다. 그래서 다짜고짜로 빌지키언 교수를 찾아간 그는 "선생님 하나님이 허락하신다면 제가 바로 그런 살아 있는 교회를 시카고에 세워 보고 싶습니다. 도와주시겠습니까?" 그러자 빌지키언 교수도 너무 감격하여 "내가 할 수 있는 모든 것을 다 바쳐서 너를 돕겠다."고 약속했다고 한다.

그때부터 오늘에 이르기까지 25년이 지나도록 빌지키언 교수는 빌 하이벨스의 멘토(Mentor)가 되어서 끊임없이 그 초대교회의 비전을 상기시켜 주고, 힘을 주고, 조언을 주었다고 한다. 지난번 윌로크릭교회에서 빌지키언 교수가 설교한 적이 있는데, 그는 그 당시 빌 하이벨스가 자신을 처음 찾아와 비전에 헌신하던 때를 이렇게 회고했다.

"10년이 넘게 그 비전을 강의할 때마다 나누었는데 관심을 가져 주는 학생은 한 명도 없었다. 그래서 나는 속으로 아무도 여기에 관심이 없구나. 내가 괜한 것을 자꾸 하는 게 아닌가 하면서 낙심하기도 했었다. 그런데 빌 하이벨스라는 학생이 처음으로 그 비전에 자신의 인생을 걸겠다고 헌신한 것이다. 정말 감격스러웠다."

멘토링! 다음 세대 멘제에게 더 큰 선물을 주는 것보다 더 귀한 선물은 없다.

3. 학교 CEO 멘토링 교육전략

전략 1. 한 사람 중시 Humanity 멘토링

◀ 도움 주는 예화 – 한 사람의 미래지도자

"아니! 교장선생님이 웬일이야." 어느 날 초등학생인 루터(후에 종교개혁자)는 깜짝 놀랐다. 그리고 그는 용감하게 교장선생님께 물었다.

"교장선생님, 왜 저희들에게 큰절을 하세요?" 교장선생님은 묵묵히 학생들을 쳐다보시곤 "그래, 답을 해 줄까?" 하시면서 "너희들은 장래에 나보다 더 훌륭한 지도자가 될 것이니까." 그 후로도 교장선생님이 들어오실 때마다 큰절은 계속되었다.

누구나 인생살이 과정에서 만남의 중요성을 강조한다. '당신이 만난 사람 중에서 존경할 만한 사람은 누구입니까?'라는 질문을 우리는 가끔 받기도 한다.

오늘날도 많은 지도자 가운데는 "내가 오늘이 있기까지는 그분의 뒷받침이 있었기 때문이야."라고 고백한다. 바로 그분이 루터에게는 교장선생님이었고 어떤 사람에게는 담임선생님, 학교선배님, 담당교수님, 집안아저씨, 직장상급자, 교회목사님이었다.

이와 같이 우리 주변에 나의 미래 가치를 인정해 주고 안내나 조언을 해 준 사람, 즉 멘토에게 존경과 감사를 표시할 수 있다는 것은 메마른 삶의 현장에서 한 줄기 소나기와 같다고 할 수 있다.

Humanity(휴매니티: 인간성)란 무엇을 의미하는가?

먼저 이에 대면하는 단어로 Productivity(생산성)를 들 수 있다. 이 말은 지금까지 우리의 교육현장에서 학력을 위주로 한 교육방침에서 학생들이 점수를 생산하는 역할을 해 왔다는 의미다.

그러나 21세기 오늘의 상황에서 이러한 생산성 위주의 교육은 학교 내외적(內外的) 환경에서 심한 도전을 받게 됨으로 부득이하게 방향전환을 하지 않을 수 없는 상황에 직면했다.

이러한 시점에서 가장 비중 있게 애용할 수 있는 단어로 저자는 Humanity(인간성) 교육 대안으로 멘토링 인재개발 기법을 선정한 것이다.

그러면 Humanity 멘토링 기법의 핵심은 무엇인가?

먼저 한 사람 한 사람이 인간성이라는 분모(分母)에 ─ 경영자도, 기술자도, 정치가도, 교육자도, 군인도, 목회자도 ─ 기능적인 부문을 분자(分子)로 올려놓자는 것이다. 좀 더 구체적으로 거론하자면 멘토링의 인재개발 프로그램은 각 조직에서 Humanity(인간성) 70%, Productivity(생산성) 30%로 적용할 수 있도록 멘토링 프로그램을 체계화했다는 것을 의미한다. 독자의 이해를 돕기 위하여 현재 교육현장에서 다루고 있는 평준화 교육은 그대로 진행을 원칙으로 한 것이며 위의 수치는 멘토링 시스템이 적용되는 특수 분야에서만 시행하도록 한 것이다.

전략 2. 구성원과 함께 Twoway 멘토링

◀ 도움 주는 예화─상호협력 Synergy 효과

미국 동북부에 겨울이면 폭설이 자주 쏟아진다. 그때마다 때를 기다렸다는 듯이 마을 사람들은 썰매용 경주마 놀이를 하면서 한 겨울을 지내곤 한다. 유달리도 그날은 마을 사람 모두가 흥분 상태로 시간 가는 줄 몰랐다. 왜냐하면 경주마 놀이 결과가 전혀 예측할 수 없는 사건으로 벌어졌기 때문이다. 경주마 중 1등은 2톤을 싣고 달린 마차였고, 2등은 1.9톤을 싣고 달린 마차였다. 이때까지는 여느 때와 별다른 상황은 아니었다. 그때 마침 한 사람이 재미있는 제안을 했다. "그렇다면 두 마리 경주마가 한 썰매를 끌면 몇 톤이나 끌까?"라는 것이었다. 많은 사람이 내기에 참여하여 '4톤', '4.5톤', '5톤' 하면서 의견이 분분했다. 실제 시도해 보니 두 마리가 한 썰매에 5.5톤이나 싣고서 달렸다.

멘토링의 장점은 두 사람이 만나서 서로의 장점을 개발하여 시너지 효과를 창출해 내는 것이다. 우리의 조직에서도 한 사람 한 사람의 장점을 개발하는 것이 지도자의 덕목이다. 그렇지 않고 오로지 선생님 본인 외에는 학생들을 믿지 못하고 혼자 일방적으로 일을 처리하는 것은 그만큼 본인도 고달프고 주위 사람들도 안타깝게 하는 것이다.

사람은 장점과 단점을 동시에 갖고 있기 때문에 현명한 선생님일수록 학생들의 개성과 특기를 살려 자율적으로 역할을 수행할 수 있도록 위임(Delegation)하는 것이 애교심을 길러 주고 교육자가 존경받는 지름길이다.

멘토링에서도 선생님은 학생 멘토(Mentor)를 작은 선생님(Little Boss)으로 100% 신임하여 한 사람의 멘제를 온전하게 보살필 수 있도록 멘토에게 권한을 위임하고 자생력을 발휘하도록 지원을 돈독히 해 주어야 한다.

Twoway(투웨이: 쌍방)교육이란 무엇을 의미하는가?

Oneway(일방)교육과 대조되는 단어다. 일방적인 교육은 선생님이 교육을 독점하여 일방적으로 처리하는 것, 즉 주입식 교육을 의미한다. 이는 학생들의 질문이나 반응을 고려하지 않고, 선생님 자신이 만능 박사라는 자기도취에서 오는 수도 있다. 아무래도 집단교육 현장에서 단시간 내에 많은 학생을 생산현장에 배출해야 하기 때문에 시간에 쫓기다 보면 그럴 수도 있음 직하다.

그러나 오늘날 교육현장은 예전과 달리 학생들의 특기와 재능개발이라는 원칙하에서 선생님들이 과거 일방적인 주입식 교육의 문제를 해결해야 할 큰 과제를 안고 있다고 볼 수 있다.

반면 Twoway 교육은 학습의 일정부문을 학생에게 위임함으로 학생들로부터 교육자로서 신뢰를 얻을 수 있고 학생 자신으로서도 자부심과 애교심을 발휘할 수 있는 것이다. 여기서 권하고 싶은 것이 최근 조직현장에서 각광받고 있는 '행동학습(Action Learning)방법'이다.

이 방법은 현장경험을 통하여 업무성과를 이루는 기법으로 **렉. 레번스(英 교육학자) 교수의 행동학습 공식을 소개하면 AL =PK +Q 이다.**

이 공식의 내용을 요약하면 **행동학습(Action Learning =AL)**이란 잘 준비된 교안(Planned Knowledge =PK)에 수강자들의 반응(Question =Q)이 실려 있는 교육 방법이다.

지금까지 강의자의 주입식교육(Oneway)에서 이제는 수강자의 필요욕구(Needs)나 가치관을 파악하여 수강자에게 만족을 줄 수 있는 교육방식, 즉 강의자와 수강자의 협력(Twoway) 교육을 제시하고 있는 것이다.

멘토링은 학교 집단교육과 평준화 교육에서 다루기 어려운 특수부문 교육(왕따와 문제학생 선도, 우수 및 부진학생, 특기 및 재능개발, 취미개발, 특기생활 등)을 멘토에게 위임하는 것으로 학교에서 동기부여 등 관심을 갖고 후원하면 선생님과 멘토와의 쌍방 간(Twoway)에 큰 시너지 효과를 얻을 수 있는 것이다.

전략 3. 멘제에 만족 C.R.M 리더십

◀ 도움 주는 예화 – 지식보다 더 우선한 인성

하바드 의대 수석합격자는 의기양양하게 최종 면접 시험장에 도착했다. 그는 그를 알아보는 주위의 시선을 느끼면서 우쭐하는 마음으로 콧노래를 부르면서 차례를 기다리고 있었다. '괜히 시간만 낭비하는군' 하고 속으로 되뇌었다.

이윽고 차례가 와서 가벼운 마음으로 담당교수에게 목례를 하고 정 위치에서 질문에 대한 마음의 준비를 하고 있었다. 하얀 머리칼이 인상적인 노교수는 무엇인가 서류를 계속 주시하고 있었다. 이윽고 간단한 몇 가지 문답을 나눈 후에 교수의 색다른 질문을 받고 그 학생은 한참이나 말문을 열지 못했다. 재차 노교수는 "학생 헌혈해 본 경험 있나" 하고 답을 재촉했다. 그제야 "예? 예……해본 적이 없다."라고 대답했다. "의사가 되려면 지식도 중요하지만 인간을 사랑하는 마음이 앞서야 하네" 그 후 최종 합격자 명단에는 아쉽게도 그 학생의 이름은 없었다.

C.R.M(시알엠)은 무엇을 의미하는 것인가?

영어로는 Customer Relation Management의 약자로 '고객관계관리' 기법이다.

이는 회사(Company)의 생산 중심의 경영체계를 마케팅, 즉 고객 중심의 체계로 전환하고자 하는 최근기법으로 고객과의 관계를, 먼저 고객의 인적사항이나 그간 거래사항을 자료(Data Base)화한 후에 그 자료에 의하여 고객의 취향에 맞게 1:1로 마케팅을 하자는 것이다. 이 C.R.M은 한 회사가 한 고객이 원하는 한 상품을 서비스해 줌으로 고객의 만족을 얻어 냄으로 재구매의 효과를 얻을 수 있는 것이다.

결국 한 고객을 챙기는 1:1 마케팅인 것이다.

멘토링에서는 바로 이 고객관리기법인 C.R.M을 그대로 학교교육에 적용해 보도록 하겠다는 것이다. 왜냐하면 1:1 기법은 그 원조가 멘토링이기 때문에 너무나도 자연스럽게 도입이 가능한 것이다. 결국 한 학생을 챙기는 1:1 멘토링인 것이다.

학교에서는 학생들 개개인의 인적사항, 개인성격, 재능, 특기, 취미, 노하우, 기술, 자격, 학위 등의 자료들을 멘토링 활동에 적용하고 멘토(Mentor)인 교수나 선생과 멘제(Menger) 학생을 연결하여 그 활동을 지원해 주면 만족을 얻어내는 데는 어렵지 않을 것이다. 바로 튜터제도는 학생의 경쟁력이자 학교의 경쟁력이기도 하다.

전략 4. 따뜻한 인정 Hightouch 멘토링

◀ 도움 주는 예화 – 학생만족과 **Tutorial System**

세계적인 명문 옥스퍼드대학(英)의 차별화 교육은 1:1멘토링 프로그램을 활용한 튜터제도(Tutor System)다.

튜터제도를 간단하게 설명하면 담당교수를 멘토로 하고, 학생을 멘제로 하여 1:1로 대면하는 학습 방법이다. 일주일에 한 번씩 특정 요일에 교수와 학생이 1:1로 4시간씩 주제 리포트 작성제출, 학습토론, 질의응답 등으로 진행되는 수업은 자연히 교수와 학생 간에 내외적(內外的)인 접촉이 이뤄지게 됨으로 학생 입장에서는 준비기간인 일주일 내내 한국의 고3 학생과 같은 학습준비에 몰입하게 된다. 담당교수 입장에서는 일주일에 한 번씩 4시간 동안 독대함으로 학생의 '니즈(Needs)와 핵심가치'를 정확히 파악하게 됨으로 학생의 실정에 맞는 교육을 진행할 수 있는 것이다. 그러므로 학생은 대학 4년 동안 시간을 허비하지 않고 담당교수로부터 1:1 고품질의 교육서비스를 받게 됨으로 그렇지 못한 타 대학 학생들과의 경쟁력을 월등히 확보할 수 있게 된다. 그러한 튜터제도는 국내뿐만 아니라 전 세계적으로 옥스퍼드대학의 경쟁력을 높이는 데 큰 몫을 담당하고 있으며 우수한 학생들을 선발하는 데도 결정적인 요인으로 작용하고 있다.

이러한 상황이 국내에서 일어날 수 있을까? 일어났다면 어떻게 전개될까?

당분간은 일어날 염려는 없을 것이다. 왜냐하면 학생들의 가치평가의 척도는 인성이 아니라 성적이기 때문이다. 일어난다 하더라도 얼마 못 가서 극성스러운 부모에 의해 '불합격 가처분 소송'으로 담당교수는 난처하게 될 것이기 때문이다.

멘토링은 그래서 북미 쪽 학교에서 다양한 방법으로 활성화되고 있지만 국내에서는 이제 일부 특수학교에서 부분적으로 거론되고 있는 실정이다.

인간사회에서 너무나 당연한 일 같지만 현실과 이상의 괴리라고 할까? 그러나 사람이 사람을 사랑한다는 것은 기본이기 때문에 선진화(先進化)를 지향하는 우리 교육계에서 머지않아 기술이나 지식에 앞서 사람의 참모습을 갖추는 때를 기대해 본다.

그러면 Hightouch(하이터치)라는 용어는 무엇을 의미하는 것일까?

이는 Hightech라는 첨단지식(High Technology)에 대비되는 단어로 오늘날 과학문명의 발달로 인하여 사람의 기술이나 지식은 너무 앞서 가는데 그에 비례해서 사람끼리 관계, 즉 상호 인성(Touch)도 고도로 깊어져야(High) 균형 있는 사회를 이룬다는 뜻이다.

특히 사람의 속성상 지적(知的) 부문, 즉 좌측 뇌에 교육을 집중하면 **의식화**(意識化)가 되어서 우리가 원치 않는 문제가 발생되는데 타인을 비판하고, 정죄하고, 자기중심적이 되어서 조직의 분위기를 깨는 데 일조(一助)한다는 것이다.

오늘날 우리의 학력 중심의 정규교육 현실은 이러한 현상(現狀)을 급속도로 확산하는 주역(主役)을 담당하고 있다고 해도 과언은 아니다.

반면 멘토링 시스템은 이러한 이념이나 논리로 의식화되어 있는 상황에서 새로운 틀(New Paradigm)로서 교육의 현장에서 전인적 삶으로 관계를 누려보도록 하겠다는 것이다. 멘토링 기법은 다수를 관리하고 교육하는 데서 오는 문제점을 보완하는 차원에서 멘토링에서는 1 : 1로 교제를 이루어 인성을 활성화하는 데 있다. 멘토와 멘제 간에 **생활현장**에서 삶을 나누면서 정서, 상담, 조언, 후원 등을 충분히 나눔으로써 Hightech를 보완할 수 있는 Hightouch 기법인 것이다.

전략 5. 마음을 여는 Mindship 멘토링

◀ 도움 주는 예화 – 마음을 얻는 학교 멘토모델

유대인의 지혜문서인 탈무드에서 한 대목을 인용한다. 내용은 학교와 도서관이 다른 점은 무엇인가가 주제다.

"어째서 학생은 이 학교에 입학하려 하는가?" 하고 면접담당 랍비가 학생에게 질문을 했다. "이 학교는 전통과 공부하기 좋은 분위기라서 열심히 공부하고 싶습니다." 하고 입시학생은 답변했다. 그러자 랍비는 "만약 학생이 공부하고 싶다면 도서관으로 가는 편이 나을 것이다. 학교는 공부하는 곳이 아니다."라고 도저히 이해할 수 없는 말을 했다. 그러자 학생은 반대로 랍비에게 물었다.

"그렇다면 저는 이 학교에 입학할 필요가 없다는 말씀입니까?" 그러자 랍비는 "학교라는 곳은 위대한 선생님 앞에 앉는 것이다. 바로 그들이라는 살아 있는 교본에서 모든 삶을 배우는 것이다. 학생은 위대한 랍비나 선생을 지켜봄으로써 배워 가는 것이다."라는 시험관 랍비의 최종 답변이었다.

우리는 여기서 학교라는 곳은 학생이 선생을 모델로 삼아 전인적인 삶을 배우는 곳임을 쉽게 알 수 있다. 그러나 우리 교육은 '전인교육'이라는 원리와 '입시교육'이라는 현실에서의 문제점을 안고 교육 당사자들의 불만 속에서 어느 누가 올바로 방향 제시를 하지 못하는 안타까운 현실에 직면하고 있는 것이다.

멘토링은 멘토라는 중간 지도자를 세워 멘제의 마음을 얻고 존경과 신뢰관계를 유지하면서 정규교육을 보완해 주는 프로그램이다.

멘제에게 인간적인 배려를 우선하여 개성과 특성을 개발하고 미래의 리더의식을 고취함으로 선생님을 존경하고 동료들과 함께 어울릴 수 있는 공동체생활에 기여할 수 있다.

마인드십(Mindship)이란 무엇을 의미하는 용어인가?

한마디로 사람의 마음(Mind)을 얻어내는 리더십(Leadership)을 의미한다. 그러면 반대되는 용어는 무엇이 있을까? 저자는 궁리에 끝에 Bodyship을 선택했다.

좀 더 설명을 더 붙인다면 직장에 취업할 때 누구나 제일 먼저 작성하는 서류가 '근로계약서'다. 여기에는 중요한 사항으로 근로 시간이 있는데 일반적으로 하루에 8시간의 근로 조건을 제시하고 있다. 이 8시간의 개념은 하루에 노동력, 즉 보이는 몸(Body), 신체를 그 시간만큼 제공한다는 의미가 담겨 있다. 극단적으로 말한다면 몸으로 8시간만 채우면 된다는 것이다.

바로 여기에 교육자의 지혜로운 리더십이 발휘되어야 한다. 몸만 얻는 바디십(Bodyship)의 교육자와 마음까지 얻는 마인드십(Mindship)의 교육자와 업무성과는 어떠할까? 바로 멘토링은 마인드십(Mindship)을 원하는 교육자에게, 학교에서 멘토(Mentor)를 세워 그 사명을 감당할 수 있는 계기를 만들자는 것이다.

-The Big Winner

　가난으로 한이 맺힌 김종훈 소년은 초등학교 시절 신문배달로 학비를 보냈고 70년대 중반에는 라면 살 돈이 없을 정도로 가난한 가정생활에서 76년 미국이민의 길에 올랐다.

　이민 첫 정착지는 볼티모어의 빈민 지역이었다. 50센트가 없어 중학생 때는 점심을 거르는 비참한 이민생활이었다. 겨우 고등학교에 진학했으나 더 이상 가난에 견딜 수 없어 눈물을 머금고 자퇴서를 냈다. 담임 댄 브리돈은 깜짝 놀랐다. 이미 김종훈의 신상을 파악한 선생님은 앞으로 가능성을 발견하고 학비를 보태고 물적 도움을 주어 자퇴를 막았다. 가난의 소용돌이 속에서 한 가닥 희망의 빛을 예고하는 계기가 되었다. 육상 반에서 활동할 수 있도록 배려도 해 주었다. 마침내 전교 2등의 석차로 **Old Mill** 고등학교를 졸업했다.

　그 후 승승장구하여 존스 홉킨스 대학 컴퓨터 공학을 거쳐 미 해군 핵 잠수함 장교로 군복무를 마쳤다. 경영학 석사에 이어 공학박사 학위를 취득했다. 첨단 통신장비 기술로 **Yurie System** 사를 40달러에 설립해서 5년 후에 10억 달러에 매각했고, 오늘날 현재 1,200명의 종업원을 거느린 루슨트 테크놀로지그룹의 기술부문사장이 되었다.

　그는 연구원으로, 노벨물리학상을 수상한 홀스트 스토머를 영입했고 멘토인 고교 담임 댄 브리돈에게도 연구원 자리를 마련해 주었다.

Mentor 댄 브리돈 (고교 담임)	멘 토 링	Menger 김종훈
1. 가능성을 발견한다. 2. 물적 도움으로 자퇴를 막는다. 3. 육상 반에 배려해 주었다. 4. 전교 2등으로 졸업시키다.		1. 존스 홉킨스대와 해군 핵잠수함 장교 복무 2. 정영학 석사, 공학 박사 취득 3. 유리시스템社 설립, 루슨트그룹 사장 4. 담임 댄 브리돈을 연구원으로 영입 5. 99.3 美 성공이민상 수상(미 이민법재단) 6. 2006 벨연구소 소장이 되다

　※ 멘토인 댄 브리돈의 말 "나는 고교 때 그의 선생이자 친구였다. 오늘날 그는 경영에서 나의 스승이다."

Part

03

멘토링 경영 생산성 효과

Mentoring Productivity

최근 기업 환경의 격변은 많은 경영자들을 당혹스럽게 만들고 있다. 예전에는 자신의 체험담을 들려주면서 자신의 경험에 기초하여 이야기하면 직원들도 수긍을 하면서 어느 정도의 성과를 보아온 것이 사실이다. 즉 자신의 경험이 정답이었던 시대였다.

하지만 지금은 이렇게 위에서 아래로 명령하는 톱다운(Top Down) 방식으로는 큰 성과를 얻기는 어렵다. 과거는 기업을 둘러싸고 있는 상황이 완전히 다르므로 직원을 상대하는 방식도 달라야 한다. 왜냐하면 현대는 정답이 없는 시대이기 때문에 경영자 개인의 경험은 절대로 정답이 될 수 없기 때문이다.

고도성장이 가능했고 경쟁의 정도가 지금처럼 심하지 않았던 시기에 통용됐던 '하면 된다', '이렇게 하라'는 식의 티칭(Teaching＝주입식교육)은 더 이상 유효하지 않다. 이 티칭을 대신할 완전한 새로운 기법으로 지금 경영계에서 가장 각광받는 것이 멘토링 기법이다.

그럼 멘토링이란 무엇일까? 한마디로 말하면 한 사람의 적성을 찾아 역량을 개발하여 조직사회에서 자발적인 행동, 즉 리더십을 발휘하기 위한 인간 간(人間 間) 커뮤니케이션이다. 자신의 생각에 따라 스스로의 나아갈 길을 결정하고 그러기 위해서는 무엇을 해야 되는가를 인식하여 주체적으로 행동하는 것이며, 멘토를 세워 그것을 돕는 것이 멘토링인 것이다.

그러면 어려운 경제 환경에서 참된 기업 경쟁력이란 무엇일까? 고도 성장기에는 매출 지상주의 기업이 주류를 이루었으나 지금의 경제 정체기에는 이익률 중시 기업이 늘고 있다. 이익률 향상을 위해서는 기존의 고객을 유지하고, 이탈을 방지하는 것이 최선의 과제다. 이것을 실현하기 위해서는 종래와 같이 제품 품질만으로는 차별화가 어렵다. 최근의 경영의 핵심은 어떻게 경쟁력 있는 인재를 확보하여 서비스의 질을 높이고 고객이탈을 막아 이익률을 높일까 하는 것이다. 멘토링 경영의 효과는 이와 같은 생산성 향상을 실현하는 데 큰 기여를 할 것이다.

멘토링을 조직 차원에서 적극적으로 나서서 해야 하는 이유는 너무도 명백하다. 당신의 자문에 이런 대답이 커다란 반향이 되어 돌아올 것이다. "네가 사회에 처음 발을 디딘 유능한 인재들을 도우면 당연히 그 인재는 더 빨리 그리고 실패의 경험을 줄이며 성공할 수 있고, 조직이나 단체는 비즈니스적으로 좋은 결과를 얻을 수 있으며 무엇보다도 너 또한 무한한 성취감과 함께 젊은 사람과의 지속적인 만남으로 신선한 감각을 계속 유지해 더 성공할 수 있기 때문이다."

한 연구에 따르면 멘토의 지도를 받은 사람은 평균적으로 승진이 빠르며 월급도 더 많이 받고 높은 전문성과 능력을 자랑한다. 또한 일에 대한 만족도도 크고 조직에 더 잘 적응하며 각종 스트레스와 역할 갈등으로부터 자유롭다. 멘토의 도움을 받은 멘제는 후에 다른 사람의 멘토가 될 가능성이 높다.

멘토 자신도 멘토-멘제 관계에서 얻는 것이 많다. 멘토링은 자신의 업무에 시너지 효과를 내는 경우가 많아, 멘토 개인적으로나 업무적으로나 '재충전'의 기회이자 조직 내에서 더욱 튼튼한 지지기반을 마련하는 기회다. 조직 내에서 인재를 발굴하고 후진을 양성한 공로를 인정받기 때문이다.

그리고 멘토-멘제 관계는 조직의 이익에도 크게 기여한다. 관리자나 상관이 멘토를 자청하고 나서면 조직의 생산성이 크게 높아질 뿐 아니라 조직원들의 소속감도 강화되고 이직률이 낮아지며 숨은 인재를 찾아낼 확률이 높아진다. 멘토링을 받은 직원들은 조직에 대한 소속감과 충성심을 갖게 된다.

이처럼 훌륭한 멘토링은 당사자인 멘토와 멘제는 물론 그들이 속한 조직에까지 크게 생산성 효과를 가져다준다.

이 파트(Part)는 이러한 멘토링 경영이 경영자와 멘토 / 멘제에게 필요하게 된 배경과 그 기본자세를 확실히 이해하여 어떻게 이 조직의 목적인 생산성을 효과적으로 달성할 수 있을까를 알기 쉽게 해설한 것이다.

21세기 멘토링 경영의 필요성

1장

 **1. 21세기 조직별 멘토링의 필요성**

20세기의 대량생산과 분업화를 주축으로 해오던 경제체제가 21세기에는 다품종 소량생산과 특성화라는 새로운 패러다임의 경제체제로 급속히 전환되고 있다. 대량생산의 필수요소인 규격화와 표준화는 집단주의 사회 풍토에서 한때 사회적인 미덕으로까지 치부되어 왔다. 기업, 학교, 교회 등 각 조직의 교육현장 역시 이 같은 사회적인 패러다임 속에서 예외는 아니었다.

19세기까지만 해도 가정교육이나 서당교육 등 교육 현장에서는 인간의 관계와 관계 사이에서 이어져 내려오는 인격적 감화와 영향력이 사회적으로 일반화되어 있었다. 그러나 20세기 이후 학교라는 제도적인 교육은 공장에서 대량 생산되는 물품처럼 인격적인 영향력이 배제된 채 규격화되고 경쟁적인 모습으로 생산에 소요인력을 공급하는 데 앞장서 왔다.

산업화가 진전될수록 개인주의는 병세가 악화되었고 공동체가 해체되면서 개인과 개인 사이에 단절된 틈을 타고 죄(罪)는 밀물처럼 밀려들어 왔다. 범죄는 갈수록 흉포화·지능화되었다. 학원 폭력과 가정 파괴도 전 세계적으로 심각성을 더해 왔다.

개인주의가 극에 달해 있는 미국 사회에서 이 같은 병폐는 더욱 짙게 나타났고 드디어 인간관계 중심의 리더십 유형인 멘토링(Mentoring)이 그 사회적 대안으로 등장하여 유행병처럼 번지고 있다.

오늘날 21세기는 미래학자들이 예견한 것처럼 각 조직에서 인재전쟁(The War for Person)을 치를 만큼 인간관계가 갈급한 시대(Mentoring Age)라고 부르게 되었다.

그로 인하여 지금까지 각 조직에서 대량집단 교육체계로 이어오던 인재육성 전략도 이제는 새로운 틀(New Paradigm)을 강력히 요구받게 되었던 것이다.

1) 오늘날 기업은?

20세기의 대량생산과 분업화를 주축으로 해오던 경제체제가 21세기에는 다품종 소량생산과 특성화라는 새로운 패러다임의 경제체제로 급속히 전환되고 있다. 대량생산의 필수요소인 규격화와 표준화는 집단주의 사회 풍토에서 한때 사회적인 미덕으로까지 치부되었다. 기업의 집단교육 역시 이 같은 사회적인 패러다임 속에서 예외는 아니었다. 그러면 멘토링 기법에서 기업의 인재개발 대안은 무엇인가?

기업경영에서 멘토링을 성공적으로 활용한 사람은 GE의 잭 웰치를 들 수 있다. 그는 우수인재개발 멘토링에서 진급자의 80%가 멘토의 도움을 받았다고 자서전에 기록하였고 자신을 비롯한 임원 600명이 부하들을 멘토 삼아 IT 분야를 배우는 쌍방향 멘토링 그리고 핵심인재인 후계자 이멜트 CEO를 1년간 1:1로 집중적으로 멘토링을 하였다. 그는 인사관리업무에 70% 시간을 투자하면서 멘토링 기법을 조직의 각 부문에 활용하여 오늘날 기업경쟁력과 직결시키고 있음을 알 수 있다.

조직에서 1:1 멘토링은 통상 개인의 능력을 이끌어 내면서 조기 육성을 도모하는 기본적인 방법으로 활용되고 있다. 또한 도움받는 멘제뿐만 아니라 도움 주는 멘토도 동시에 육성할 수 있다는 점이 멘토링 제도의 가치를 높여 주고 있는 것이다. 아직 미숙하더라도 장래성 있는 멘제에 대히여서는 1:1 멘토링부터 시작하는 것이 원칙인데, 이는 장래성을 꿰뚫어보기가 쉽기 때문이기도 하다. 가능성 있는 인재에게는

계속적으로 성장해 가는 모습을 지켜보면서 별도의 개발계획을 생각해 두는 것이 좋
다. 그동안 국내외 멘토링 필요성에 대한 자료를 정리하여 아래와 같이 요약해서 소
개하고자 한다.

(1) 현행 집단교육은 갈수록 그 피해가 속출하고 있으며 특히나 고비용 저효율이
    라는 차원에서 문제가 심각하다.

멘토링은 그에 최적의 대안으로 중간 지도자인 멘토를 세워 1 : 1 인재개발 체제로
저비용 고효율뿐만 아니라 집단교육의 피해를 충분히 보완할 수 있는 프로그램이다.

(2) 생산성(Productivity) 위주의 현행 일방(One Way) 경영체제는 노사관계뿐만 아
    니라 오늘날 구성원의 다양한 능력을 모으는 데 걸림돌이 되고 있다.

인간성(Humanity) 위주의 멘토십 제도는 사원이 함께 참여하는 쌍방(Two Way)경
영의 새로운 노사화합 문화를 구축할 수 있는 대안으로 평가받고 있다.

(3) IT산업 발전과 첨단기술(Hightech)은 살벌한 경쟁심을 유도함으로 모래알 같은
    차가운 조직 분위기가 되어 특출한 인재들의 이직이 속출하고 있다.

멘토링은 이러한 냉랭한 분위기에서 멘토와 멘제 간에 따뜻한 인정(Hightouch)이 베
풀어짐으로 고품질의 인재(High Quality Person)를 확보할 수 있어 21세기 인재전쟁
(The War for Talent)시대에서 인적경쟁력의 우위를 선점하는 HRD의 New Paradigm
이라 할 수 있다.

2) 오늘날 학교는?

18세기 중엽 영국에서 일어난 산업혁명으로 인해 산업화, 도시화가 이루어짐으로
써 교육도 대중화 시대를 맞이하게 되었다. 시민대중의 의무교육은 점차 각국의 국
가적 시책으로 등장했고 과거와 달리 교육기회의 균등한 분배가 민주사회를 앞당기

는 공헌을 했어도 학교교육 적용곤란 학생의 양산이라는 또 다른 문제점을 야기하고 말았다. 게다가 18세기 말 프랑스에서 발발한 정치 혁명은 방금 전의 산업혁명과 더불어 서양인들의 사고와 생활에 가히 '혁명적' 지각변동을 가져왔다.

그 뒤로 19세기에 넘어와서 마르크스 공산주의 운동, 다윈의 진화론 및 프로이드의 의식형 심리학 등에다 20세기 포스트모더니즘까지 뒤범벅이 돼 지식인들조차 확정된 객관적 가치의 부인을 공공연히 들먹였다. 이러한 결과로 인간 간 유대 단절, 공동체의 와해, 자연의 침탈현상이 갈수록 두드러지게 되었고, 사회의 일원인 학교 역시 그 충격으로 무너져 갔다.

특히 미국에서는 멀리는 장자끄 루소, 가까이는 존듀이의 자연주의—본성주의—교육사상에 입각한 진보교육이념이 교육의 지적 측면을 소홀히 하고 재능개발만 강조하다 보니 하향 평준화로 가 버렸고 끝내 공교육의 붕괴로 이어지고 말았다.

이에 교육적 실재를 회복하고, 각종 형태의 부적응학생을 도와주기 위해 열린교육, 영재교육, 인성교육, 대안교육 등이 출현한 것이다. 그러므로 이러한 대안교육은 기존교육의 반성에서 출발한다. 지적기능 발휘 위주, 개인주의적 입시경쟁 위주의 교육, 개성을 무시한 천편일류의 교과과정, 이신론적 신념 위에서 개발을 빙자해 자연을 마구 만용, 훼손하려는 이기주의 및 섬김보다 출세를 미덕으로 삼는 입신양명주의에 물든 기존학교교육의 한계를 극복하려는 의지의 일단이 인간성 회복의 대안으로 멘토링 교육 형태를 강하게 요구받고 있다.

1) 현행 평준화교육은 갈수록 그 피해가 속출하고 있으며 과대한 사교육비와 교육이민이라는 차원에서 사회적으로 문제가 심각하다.

멘토링은 그에 최적의 대안으로 중간 지도자인 멘토를 세워 1:1 인재개발 체제로 우수그룹 학생과 열등그룹 학생을 수준별 교육함으로 평준화 교육의 피해를 보완할 수 있는 프로그램이다.

2) 양(Quantity) 위주의 현행 교육체제는 학생들의 다양한 재능을 개발하는 데 걸림돌이 되고 있다.

인간성(Humanity) 위주의 멘토십 제도는 학생 개개인의 재능과 특성을 개발하여 질(Quality)적 성장을 유도하는 대안으로 평가받고 있다.

3) 학력 위주(Hightech)의 학습풍토는 살벌한 경쟁심을 유도함으로 사제 간, 학생 간 모래알 같은 분위기가 되어 전인교육을 지향하는 학교 교육에 치명타를 안겨 주고 있다.

멘토링은 멘토와 멘제 간에 1 : 1 관계로 교사 간, 교사와 학생 간, 학생 간 따뜻한 인정(Hightouch)이 우선적으로 베풀어짐으로 자연스럽게 인성교육의 장(場)이 마련되게 된다.

미국대학에서 MBA 출신 86%가 멘토링 제도가 있는 기업을 선택하겠다는 통계를 발표한 적이 있다. 이는 대부분의 대학에서 재학생들에게 멘토링 활동을 적극 권장하면서 개인개발과 조직 활성화에 큰 효과를 거두고 있기 때문이다.

국내에서도 대부분 대학마다 나름대로 멘토링을 도입하고 있다. 멘토링을 경험해 봤는지를 묻는 질문에 대해 대학생 443명 가운데 43.1%가 경험했다고 응답했다(자료: 2002.11월 직업능력개발원). 반면에 대학에서 성공률은 극히 미미한데 이는 제도화된 멘토링 프로그램을 갖추지 못한 유사 멘토링(Side Mentoring)에 머물고 있는 실정 때문이다.

대학에서 멘토링의 필요성은 대학을 지나가는 관문으로 인식하는 학생들에게 형제와 자매와 같은 부드러운 분위기를 유도할 뿐 아니라 지적(知的) 면에도 살벌한 경쟁의식에서 남을 챙겨 주는 포용력을 발휘함으로 조직 분위기를 인간성 바탕 위에 자발적으로 고차원의 학업성취를 달성하는 데 필요한 제도다.

양(Quantity) 위주의 현행 교육체제는 학생들의 다양한 재능을 개발하는 데 걸림돌이 되고 있다. 인간성(Humanity) 위주의 멘토십 제도는 학생개개인의 재능과 특성을 개발하여 질(Quality)적 성장을 유도하는 대안으로 평가받고 있다.

학력 위주(Hightech)의 학습풍토는 살벌한 경쟁심을 유도함으로 사제 간, 학생 간 모래알 같은 분위기가 되어 전인교육을 지향하는 학교교육에 치명타를 안겨주고 있다. 멘토링은 멘토와 멘제 간에 1 : 1 관계로 교수 간, 교수와 학생 간, 학생 간 따뜻한 인정(Hightouch)이 우선적으로 베풀어짐으로 자연스럽게 인성교육의 장(場)이 마련된다.

1) 교수와 교수 간의 멘토링 활동은 지식경영이 이뤄진다.
2) 교수와 학생 간에 멘토링 관계에서 존경과 신뢰회복 계기가 된다.

3) 특정 학생에게 교수멘토제도는 질적 수준별 교육이 가능하다.

4) 학생끼리 동료 멘토링(Peer to Peer)으로 학습조직이 활성화된다.

5) 특히 신입생에 적용하는 멘토제도는 정착률을 획기적으로 높인다.

6) 동문, 사회지도자와 졸업생과 연결은 개방적이고 취업률을 높이는 계기가 된다.

3) 오늘날 교회는?

교회론의 가장 큰 이슈는 '교회가 왜 존재하는가?'라는 물음이다. 이 질문은 '교회의 사명이 무엇인가?' 하는 질문과 동일한 것이다. 한국 교회는 이 질문을 답하는 과정에서 역사적으로 두 유형의 모델을 세워 나갔다. 하나는 전도를 통한 '교회 양적 성장'이며 다른 하나는 '교회 질적 성숙'이다. 이와 같이 양적인 성장과 질적인 성숙이라는 두 바퀴가 서로 같이 구를 때만이 교회가 건강하다고 볼 수 있다.

그러나 오늘날 목회의 현실은 어떠한가? 아래와 같이 몇 가지 문제점을 지적하고 멘토링 전략 차원에서 대안을 제시하고자 한다.

(1) 먼저 목회자의 일방적인 목회(Oneway 목회)가 문제다.

과중한 목회로 인하여 건강은 물론이고 고유한 기도와 말씀 연구에 전념하지 못하므로 교인의 질적 성숙에 문제가 드러나고 있다.

멘토링에서는 모세가 평신도를 개발하여 중간지도자에 업무를 위임한 사례와 같이 오늘날 목회 현장에 평신도 멘토제를 도입하여 의사소통이 원활한 목회(Twoway 목회)를 지향해야 한다.

(2) 두 번째는 교육 중심의 지적목회(Hightech 목회)가 문제다.

평신도에 과분한 성경교육은 결과적으로 이기주의적인 제자는 양산될지 모르나 진정한 사역자는 얻기 힘들다. 목적보다도 수단이 앞서 가는 것은 스스로 부메랑 피해를 목회자 자신이 안게 되는 것이다. 멘토링에서는 예수님의 소수 중심으로 따뜻한 인정을 베푸는 목회(Hightouch 목회)로 전향할 때가 되었다고 본다.

(3) 셋째는 앞문도 활짝 열리고(Produtivity 목회) 뒷문도 활짝 열려 있는 목회가
　　문제다.

　　활발한 전도 활동을 통하여 새신자들이 교회에 들어오게 하는 데는 목회자마다 제
실력을 충분히 발휘하고 있다고 본다. 그러나 문제는 기존 성도들에 대한 관리기술은
어쩐지 허술해서 뒷문으로 줄줄 새고 있는 현실이다. 멘토링에서는 멘토제도를 활용해
서 교인 한 사람 한 사람에 만족 기법을 발휘(Humanity 목회)하여 뒷문을 막아야 한다.

　　그러므로 미래의 모든 교회는 아무리 대형 교회가 나타난다 할지라도 성도 한 사
람 한 사람을 돌볼 멘토십 제도(Mentorship System)를 구축해야 한다. 이는 큰 교회
속에 작은 1 : 1 교회를 만드는 것과 같다. 이 1 : 1 팀은 다만 지리적인 공통점을 가
지고 기계적으로 나눠진 하부 조직이 아니고 멘토로 하여금 교인의 욕구를 정확히
진단하고 충족시킬 대안을 가지고 탄생되는 살아 있는 유기체 조직이 되는 것이다.
　　오늘날 조직에 적용하는 멘토십(Mentorship)은 1 : 1(소수) 인간관계를 통하여 먼저
조직체 구성원을 Hightouch와 Hightech를 겸비한 고품질의 인재로 개발하는 제도다.
또한 조직개발 전략으로서 멘토링은 학교의 인성교육·특기개발교육, 기업의 핵심인
재개발·신입사원정착, 교회의 평신도 개발·1 : 1 제자훈련 등 각기 조직의 목표를
달성하고자 하는 조직개발 활성화 대안이다.

 ## 2. 미국의 각 기관 효과성 평가

1) 맥킨지 컨설팅의 21세기 멘토링! 그 놀라운 힘

먼저 맥킨지 컨설팅 21세기 인재전략 리포트를 소개하면서 말문을 연다. 최근 저

서 "인재전쟁"(세종서적 번역간)에서 "멘토링이 인재개발에서 놀라운 힘을 발휘하고 있다"고 극찬하고 있다. 어떤 이유에서일까? 다음과 같이 요약해서 소개한다.

이 책은 맥킨지 컨설턴트들이 5년에 걸쳐 77개 기업과 6,000명 이상의 관리자들을 대상으로 실증적 연구를 해 정성들여 쓴 **"인재전쟁(The War for Talent)"**이 21세기 인재전략 리포트로서 HRD 분야에서 각광을 받고 있다고 말하고 있으며 오늘날 기업마다 유능한 인재확보를 위해서 치열한 전쟁에 돌입했다는 것과 '인재'라는 이슈의 전략적 중요성과 최고경영자들의 태도변화가 중요하다는 점을 강조하고 있다.

특히 멘토링을 다룬 5장(43p분량) '조직에 인재개발을 정착시켜라'에서 멘토링 시스템을 조직에 제도화해야 한다는 점을 강조하면서 멘토링을 경험한 설문응답자의 말을 빌려 **"멘토링이 인재개발에 놀라운 힘을 발휘하고 있다"**고 말한다.

<table>
<tr><td>자료 1. 엘리자(Eliza) 이야기와 피그말리온 효과</td></tr>
</table>

'피그말리온 효과'란 기대감을 갖고 사람을 대하게 되면 상대방의 말과 행동에 변화가 생긴다는 불가사의한 마음의 작용이다. 그리스 신화에 나오는 '피그말리온'이라는 조각을 잘하는 왕(王)은 상아에 여성상을 조각한 다음, 이 여성상을 살아 있는 현실의 여인으로 변하게 하고 싶다고 강렬하게 원했는데 이왕의 진지하고 강렬한 믿음에 감동을 받은 여신 '아프로디테'가 그 조각에 생명을 불어넣어 왕의 소원을 들어 주었다는 내용이다.

멘토링 활동에서도 멘토(Mentor)가 '피그말리온'처럼 마음속에 강렬하게 기대하고 있으면 멘제(Menger), 즉 상대방이 그 기대에 부응해 주는 현상을 '피그말리온 효과'라고 부른다.

오늘날 산업계의 가장 큰 도전은 가장 가치 있는 자원인 구성원들을 충분히 개발하지 못하고 충분히 이용하지 못하고 또한 효과적으로 관리하지 못하는 상황을 바로잡는 것이다. 그것뿐만이 아니다. 히긴스 교수는 **"인재들이 완전히 개발된 상태로 조직에 합류하는 일은 거의 없다"**라고 말했다. 사람들은 상당한 잠재력을 가지고 있다. 제대로 영양분을 공급받고 적절한 훈련을 받아야 잠재력을 충분히 발휘할 수 있는 것이다. 이런 점에서 히긴스 교수는 넝마주이 엘리자를 귀부인으로 개발하는 데 '멘토링의 놀라운 힘'을 시범으로 보여주었다.

자료 2. 에밀리(Emily) 이야기와 피그말리온 효과

죠지 버나드쇼의 희곡 **"피그말리온(Pygmalion)"**에서 넝마를 걸친 런던 토박이 소녀 엘리자는 음성학자인 히긴스 교수의 관심을 끌게 된다. 히긴스는 자신이 돌볼 경우, 엘리자가 영국귀족영어를 완벽하게 구사하는 숙녀로 변할 수 있음을 증명해 보이려고 그를 맞게 된다. 멘토로서 히긴스는 결국 그의 꿈을 넘어서 성공을 거두고, 그 과정에서 멘제인 엘리자와 자기 자신마저 변화시키게 된다. 바로 우리가 잘 알고 있는 영화 "마이 페어 레디(My Fair Lady)"가 그것이다.

엘리자와는 반대로 에밀리는 영어와 종교학을 복수전공하여 대학을 우등으로 졸업하였다. 그러나 졸업 후 거친 세계에 들어갈 준비가 전혀 되어 있지 않다는 점에서는 엘리자와 마찬가지였다. 졸업 후 그는 기술 컨설팅 회사에 입사했으나 아무도 그녀의 잠재력을 확장할 수 있는 기회를 주지 아니했다. 에밀리는 현재의 직무에서 더 이상 개인적인 도전이나 발전의 기회를 찾을 수 없다는 것을 알고 핫잡닷컴(Hotjobs.com)으로 자리를 옮겼다.

그녀는 나중에 회사의 대변인이 되었으며 컴텍스 컴퓨터 회사로부터 소프트웨어부문의 영예로운 상을 수상하기도 했다. 다음에 그녀는 제품관리부문의 부사장이 되었다. 개인적 재능과 노력에 의해 에밀리는 성공할 수 있었다. 그러나 성공에는 또 다른 요소의 도움이 있었다. 그녀는 전(前) 최고경영자인 리처드 존슨(Richard Johnson)으로부터 받은 개인적인 격려와 가르침이 없었다면 그렇게 빨리 성공할 수 없었을 것이라고 인정했다.

멘제인 에밀리는 말했다. "내가 처한 상황에서 나는 20년의 경력을 쌓은 멘토인 리차드 존슨처럼 행동할 수 있을 것으로 많은 사람이 기대했다. 『*나는 마치 멘토의 20년 경력을 단 2년에 농축하여 경험한 것 같은 느낌이 든다.*』

그렇다. 멘제인 에밀리가 멘토인 존슨으로부터 10배의 놀라운 속도로 경력업무를 숙달한 것은 바로 멘토링의 놀라운 힘을 그대로 보여준 것이다.

맥킨지 저서 **"인재전쟁"**에서 멘토링 경험자들은 아래와 같이 설문에 놀라운 답을 하고 있다.

자료 3. 맥킨지의 멘토링 경험자의 놀라운 효과 설문 측정	
1. 멘토링 활동에 자신이 최선을 다했다	95%
2. 멘토링 후에 타사로 이직하지 않았다	88%
3. 멘토링이 회사의 성공에 도움이 되었다	97%
4. 멘토링 활동이 그들의 삶을 바꾸었다	50%

자료 4. 맥킨지의 멘토링 프로그램의 성공요건
1. 한 사람을 소중히 여기고 깊은 애정을 전달한다.
2. 멘토링 시스템을 제도화해야 한다.
3. 신중하게 멘토를 선정해야 한다.
4. 각각 사업단위로 멘토링 프로그램을 갖고 있어야 한다.

2) ASTD의 평은?

－멘토링은 기업에서 두 마리 토끼―지식경영, 학습조직―를 잡는 데 성공한 프로그램이라고 2003 보고서에서 평을 하고 있다.

(1) Mentoring System－ASTD 2003 결과 보고서

HRD 분야에서 세계 최고의 권위를 인정받고 있는 미국 산업 훈련 협회(ASTD)는 2년을 주기로 HRD에 관한 세부적인 결과보고서를 내고 있다. Mentoring System 분야에 대한 금년 보고서를 아래 내용으로 소개한다. 다양한 인재개발 기법 중에서 타에 추종을 불허하는 Mentoring System은 북미 지역에서 21세기 최적의 인재개발 전략으로 자리매김을 하고 있다는 사실이다.

(2) 결과 보고서 내용

1) Knowledge Management(지식경영)에서 성공을 거둠

2) Organizational Learning(학습조직)에서 성공을 거둠
3) 회사가 구성원에게 배려해 준다는 의식이 들게 해 주어서 회사에 대한 효과로
   (1) 회사에 대한 충성도가 배가 되었으며
   (2) 이직률 감소 효과가 현저히 나타났고
   (3) 전사적인 안목으로 의식 전환이 성장했으며
   (4) 사내 Networking이 활성화가 되었음
   (5) 전략적 사고로 업무를 다루는 의식이 신장했음

3) 포츈지 설문 평은?

－포츈지 500대 기업 임원 설문결과
   96% '멘토링은 중요한 development tool이다'
   75% '자신의 직업적 성공에 핵심적 역할을 했다'
   71%의 포츈 500대 기업 및 비상장기업이 멘토링을 활용하고 있다.
   77%가 '멘토링이 직원 이직방지 및 성과향상에 도움이 되었다'
   60%의 대학 / 대학원 졸업생이 취업회사 선택에 고려 요소가 되었다.

4) C L C(Corporate Leadership Council 美)

－포츈지 500대 기업 중 60개 기업 이직률 설문조사
－멘토링 미실시 기업 35%－실시 기업 16%

# 2. 국내 각 조직별 효과성 사례

국내 멘토링 활성화는 2003년으로 3년 전부터 대기업을 중심으로 활성화되었다고 볼 수 있다. 특히 신입사원 멘토링은 정착률 향상과 업무 조기숙달 차원에서 필수적으로 다루고 있다. 이제는 기업뿐 아니라 공공기관, 대학, 교회, 학교 심지어 군대에서까지 도입에 앞장서고 있다.

2003년 5월에 한경 비즈니스에서 멘토링에 관한 내용을 기획 특집으로 다룬 적이 있고 금번 매일경제 06.11 / 4일자에 기획특집(기획취재 팀 김성회 차장, 최은수, 전지현, 이한나 기자)으로 다루어 멘토링의 효과적인 사례를 현장 실무자와 면담을 통해 상세하고 실감 있게 다루었다.

그러나 멘토링을 기자 입장에서 다루었기 때문에, 전문가 입장에서 몇 군데 첨삭(添削)하여 참고자료로 올렸다.

1) 멘토의 효과성

연합철강 대표를 지낸 김성덕 씨(61)는 한 달에 두 번씩 '지식봉사'를 하는 기쁨에 빠진다. 그는 20여 년 동안 대기업에서 배우고 익힌 경험과 지식을 중소기업에 전해 주는 멘토(Mentor)다. 올 4월부터 최광석 우진페인트 회장의 멘토로서 기업경영 동반자인 셈이다. 김 씨는 최 회장에게 재무 분야 멘토가 필요하다는 판단에 따라 금융전문가인 심만섭 전 한국GM 대표를 2일 또 다른 멘토로 소개했다. 그는 "중소기업은 최고경영자(CEO)가 모든 일을 결정하기 때문에 모두 현명한 결정을 내릴 수 없다"며 "경영에 대해 허심탄회하게 이야기하는 가운데 가장 좋은 해결책을 찾아낼 수 있다"고 말한다. 실제 최 회장은 대기업을 경영했던 외부인 시각을 통해 페인트 공장 업무시스템을 획기적으로 개선할 수 있었다. 멘토는 자신이 갖고 있는 업무 노하우는 물론 경험과 지식을 멘제(Menger, 도움을 받는 사람)에게 전수해 줌으로써 멘제에게 잠재된 능력을 개발해 목표를 달성할 수 있도록 돕는 정신적 후견인, 즉 지혜와 신뢰로 타인 인생을 이끌어 주는 아름다운 동행의 주인공이다.

김 씨처럼 대기업 CEO와 임원 출신 70여 명이 전경련에서 주관하는 '중소기업 멘토'로 활동하고 있다. 대중소협력재단에서 운영하는 중기경영자문단에도 전문가 200여 명이 멘토로서 '지식봉사활동'에 참여하고 있다. 기업은행 퇴직 지점장 40명 도 중소기업 애로사항을 청취하고 조언해 주는 '기업주치의 멘토'로 뛰고 있다. 이들 은 금융 베테랑일 뿐만 아니라 경영지도사 공인중개사 신용분석사 대출심사역 등 자 격을 소지한 전문가들이다.

이제 멘토는 일반 기업에서 정부기관 공기업 지방자치단체 대학으로 확산되고 있 다. 행정자치부, 보건복지부, 건설교통부 등은 선배 서기관들이 멘토가 돼서 신규 임 용 공무원들에게 직무를 교육한다. 멘토가 또 다른 사회공헌 활동으로 자리잡아 가 고 있는 것이다.

멘토링 자체 범위도 커지고 있다. 신입직원들이 회사에 잘 적응하도록 돕는 '선후 배 간 직무 멘토링'을 비롯해 부장과 팀장이 후배 직원 경력을 관리해 주는 '경력개 발 멘토링', 중역들이 회사 부장급 중견간부를 키워내는 '핵심인재 멘토링', 기업 후 계자를 교육하는 '후계자 멘토링'까지 다양하다.

유승삼 전 한국마이크로소프트 대표는 97년부터 안철수 안철수연구소 이사회 의 장의 멘토로 경륜을 공유하고 있다. 그는 안 의장이 의사와 사업가로서 길을 고민할 때 "둘 다 하면 아무것도 못 한다. 가슴 뛰는 일 하나만 하는 게 좋겠다"고 조언했 다. 유 씨는 "경영에 자신이 없는 CEO는 멘토에게 도움을 받을 수 없다"며 "멘토란 CEO가 할 수 있는 일을 더 잘할 수 있도록 돕는 사람"이라고 강조했다. 유순신 유 앤파트너스 대표도 CEO와 주요 인재들을 대상으로 경력관리 멘토링 서비스를 하고 있다.

멘토들은 말이나 글로 설명하기 어려운 암묵지(暗默知)를 전수한다. 경험과 노하 우 등 글로 전달할 수 없는 창의적인 지식 정보를 멘토가 멘제와 공유해 이를 창의 적으로 활용할 수 있도록 돕는다. 자신이 부족한 부분을 보충하는 데는 직위와 나이 도 문제가 되지 않는다. 높은 직급에 있는 경영진이 후배 사원에게 배우는 "리버스 멘토링(Reverse Mentoring)도 급부상하고 있다. 최병권 LG경제연구원 책임연구원은 급변하는 환경에 뒤처지지 않기 위해서는 항상 배우겠다는 자세가 필요하다"며 "냉 정한 자기 인식과 새로운 것을 배우겠다는 열린 자세로 멘토를 받아들여야 한다"고 밝혔다.

2) 내 인생의 등대 멘토

한미 간 자유무역협정(FTA) 협상이 본격화하면서 '벤처농업'이 주목받고 있다. 시장 개방으로 위기에 처한 전통농업과 차별화하고 농업의 미래를 찾고 싶다는 이유에서다. 벤처농업은 벤처기업 분류에는 없는 조어다. 농업기업인들이 민승규 삼성경제연구소 수석연구원(농업경제학 박사)의 멘토링을 받으면서 스스로를 벤처농업인이라고 불렀다. 민 박사는 97년부터 벤처농업대학을 만들고 10년째 무보수로 교육과 함께 멘토링 활동을 하고 있다. 그동안 그의 멘토링을 받은 멘제만도 500곳이 넘는다. 벤처농업인들은 사업 기획단계에서 생산/판매에 이르기까지 전문가 도움이 필요하면 민 박사를 찾는다. 이처럼 스승이나 선배의 조언 한마디가 사업 미래를 설계해 주고 인생을 바꿔 놓는다.

3) 멘토링제 활용기업 효율도 쑥쑥

* 승진하려면=가구업체 한샘의 신입사원 공은주 씨는 입사 직후 선배 김지영 대리에게 멘토 교육을 받은 덕분에 회사에 빨리 적응할 수 있었다고 한다. 키친바흐 개발 팀에 배치된 공 씨는 "멘토 선배에게 조직 특성과 업무방식, 가구업계 트렌드 등 많은 것을 배웠다"며 "잘 챙겨 주는 친한 선배가 생기니 회사에 대한 애착이 생겼다"고 말했다. 김 대리는 "처음에 후배 멘제가 생겨 많이 부담됐지만 다양한 활동을 함께하면서 스스로 회사생활을 돌아보는 계기가 됐다"고 밝혔다.

한샘은 지난해 하반기 채용한 신입사원 24명을 포함해 선후배 사원을 일대일로 맞는 멘토교육을 하고 있다. 회사 측은 양 방향 인재육성 방법인 멘토링 제도를 조직 융화와 업무효율성 제고, 애사심을 높이는 데 활용하고 있다. 김해진 인력개발팀장은 "멘토링 프로그램은 멘제들의 전문지식과 업무 적응력을 높일 뿐만 아니라 멘토가 리더십을 키우는 계기도 된다"며 "인간적인 유대감을 쌓을 수 있어 바람직한 기업문화 형성에도 효과가 있다"고 설명했다.

GE코리아도 멘토링 프로그램이 체화된 대표적 기업이다. 최근 글로벌 기업에서 다양성을 중요시하는 경향이 강해지면서 소수민족이나 여성을 리더로 키우기 위해 멘토링 제도를 활용하고 있다. GE우먼스테트워크는 우수한 여성 인력들의 회사 적응 속도를 높이는 글로벌 조직. 선후배가 일대일로 연결돼 고민을 털어놓으면서 경험을 공유하고 있다.

한국 GSK도 멘토/멘제 제도를 운영하고 있다. 멘토와 멘제는 서로 다른 부서여야 하며 멘토는 정기적으로 멘제를 관리해야 한다. 멘토는 멘제가 맡고 있는 역할이 자신의 재능과 맞지 않는다고 판단하면 멘제 재능에 맞는 부서로 이동시킬 수도 있다.

4) 훌륭한 멘토 찾은 당신 절반은 성공

* 리더가 되려면＝직장생활 11년차인 박미정 KTF 차장은 이제 관리자로서 능력을 키워야 할 시점이다. 하지만 남자 후배들을 이끌면서 업무를 주도하는 일이 쉽지만은 않다. 주변에 여성 팀장도 없던 터라 마땅히 벤치마킹할 역할모델도 없다. 고심 끝에 올해 초 이화여대 리더십개발원에 입학한 그는 송영희 LG생활건강 상무를 만나 멘토 관계를 맺게 된다. 박 차장은 여성 리더로 활약하고 있는 송 상무의 다양한 직장생활 경험을 듣고 난 후 많은 것을 배우게 됐다. 특히 동료를 설득하는 방법과 효율적인 업무처리 등에 관해 많은 조언을 받았다. 박 차장은 "여자들은 빠른 결과를 원하기 때문에 회의시간에 다소 공격적이고 삭막한 분위기를 연출한다는 송 상무 지적이 마음에 와 닿았다"며 "회의에서 의견이 관철되지 않아도 꾸준한 유대관계를 만들면서 의견을 관철시켜야 한다고 충고해줬다"고 설명했다. 두 사람은 자주 만나지는 못해도 이메일을 주고받으며 멘토 인연을 이어가고 있다.

최은경 이화여대 리더십개발원 팀장은 "여성 리더가 되려면 본보기가 될 수 있는 멘토를 찾아야 한다"며 "훌륭한 멘토를 찾는다면 절반은 성공한 것이나 다름없다"고 강조했다.

5) 창업고비마다 든든한 버팀목

* **사업에 성공하려면**＝송혜자 우암닷컴 사장은 에너지 관련 소프트웨어를 개발할 때 서사현 중소기업유통센터 사장에게 자문을 하고 있다. 한전정보네트워크 사장을 역임한 서 사장은 자타가 공인하는 에너지 전문가. 그는 송 사장에게 조언을 해 주며 8년간 멘토 역을 하고 있다.

우암탓컴이 개발한 전력수요예측 시스템(ENFOS)도 서 사장에게 기술자문을 한 덕분에 훨씬 수월하게 개발할 수 있었다. 송 사장은 "8년 전 지인 소개로 만나 한 달에 2-3번 통화하며 조언을 얻고 있다"며 "서 사장님 도움이 없었더라면 에너지 분야에 쉽게 뛰어들지 못했을 것"이라고 말했다. 이경호 영림목재 대표는 최병훈 홍익대 목조형가구학과 교수와 15년간 멘토 인연을 맺고 있다. 최 교수는 이 대표의 원목서재가구 'e-라이브러리' 사업과 관련해 디자인 조언을 아끼지 않았다.

특히 그가 제안한 스칸티나비아산 자작나무와 북미 단풍나무를 활용해 제작한 테이블과 의자는 히트상품이 됐다. 이 대표는 "독특한 흰색 재질 나무로 만들어 소비자들 반응이 좋았다"며 "다양한 가구의 기본 구조에서 기술 정보, 수종과 철물 선택까지 최 교수에게 자문을 하고 있다"고 설명했다.

6) 한 달에 한 번씩 만나 취업 정보교류

* **취직하려면**＝이화여대 화학과 출신인 김미정 안소영국제특허법률사무소 변리사는 모교 후배 유세라 씨(화학과 2학년)를 매달 한 번씩 만나 취업상담을 해 준다. 변리사 시험을 준비하는 유 씨는 김 씨의 조언으로 영어와 일본어 공부에 비중을 놓고 있다. 특허관련 기술자료 대부분이 영어와 일본어로 작성돼 있기 때문이다. 김 씨는 "힘들게 시험공부를 하던 때를 생각해 같은 길을 걷고 있는 후배에게 조금이나마 도움을 주고 싶어 멘토를 자청했다"고 말했다. 두 사람은 과학기술 분야의 여성 선후배를 이어주는 가교 역할을 하고 있는 이화여대 와이즈 멘토링을 통해 만나게 되었다. 2001년도 도입된 와이즈는 이공학을 전공하는 여대생들의 사회 진출을 돕기 위해 전문가나 선배(멘토)를 소개하고 계속 교류

할 수 있도록 온라인 커뮤니티를 운영하고 있다.

연세대도 사회 진출을 앞둔 여학생들에게 역할모델을 심어 주는 데 멘토링이 제격이라고 판단해 지난해부터 프로그램을 가동하고 있다. 올해는 국제기구, 금융, 과학기술, 문화 기획, 법률, 정치, 언론 등 총 7개 분야 멘토 21명을 구성해 63명 멘제에게 도움을 주고 있다.

7) 소외계층 학생들에겐 방과 후 학습지도

* 공부를 잘하려면＝서울대 소비자학과에 재학 중인 장정윤 씨는 기초생활 수급자 자녀에게 공부를 가르치는 멘토 활동을 하고 있다. 그는 "처음보다 조금씩 나아지는 멘제 모습을 발견할 때마다 보람을 느낀다"며 "공부를 가르치고 고민도 상담하면서 친동생처럼 가까워졌다"고 말했다.

서울대는 교육부 시범사업으로 지난 4월부터 소외계층 학생 학습을 지도 / 상담해 주는 대학생 멘토링 제도를 운영하고 있다. 재학생 300명이 참가해 관악구와 동작구에 거주하는 기초생활수급자 및 특수교육대상자 초중고교생 1000명에게 기초학습 지도, 보호 / 상담, 인성지도, 체험활동 지원 등 교육봉사 활동을 해 오고 있다. 멘토로 활동하는 서울대생들은 교육실습이나 사회봉사 과목 학점을 인정받게 되며 교통비, 식비, 영화 / 연극 관람비 등 경비도 지원받을 수 있다. 교육부는 2학기 들어 교육복지 투자 우선 지역으로 지정된 230개 지역으로 대학생 멘토링 제도 시범사업 범위를 늘리고 내년부터는 전국으로 확대할 방침이다.

대졸 신입사원의 조기적응을 위한 멘토제도 개선
통신연구소 윤남이 주임 월간 HRD 기고문(05년 1월)

정보통신 사업의 확장에 따른 신규인력의 대거 채용은 얼마나 빨리 조기 전력화 하느냐가 중요한 이슈였다. 이에 기존에 실시되고 있던 멘토 제도 개선운영에 대해 신입사원 지도 선배 부서장의 VoC 조사를 통해 실제 업무 수행에 도움이 되는 교육 매체를 부서에서 실시되는 1 : 1 or 1 : n 형태의 OJT(응답률 58%)라고 답변했다.

이에 대졸 신입사원의 조기적응을 위해 개선된 멘토 제도는 '05년 상반기에 입사한 75명의 통신연구소 신입사원을 대상으로 실시됐다. 약 5개월간(2004년 11월~2005년 4월) 미국 오크랜드에서 개최된 IMA(국제멘토링 협회) 컨퍼런스 참가를 통한 국외 멘토링 현황 파악과 삼성테크윈, 한국GE, 삼양사 등 국내외 멘토링 도입현황을 검토하여 R&D 연구원에게 맞게 멘토링 프로그램을 도입하여 적용했다. 당시 지도 선배라는 의미로 '멘토'라는 말이 삼성 내에서는 범용적으로 사용되고 있었고, 인간관계에 초점을 맞춘 국외의 멘토의 의미보다는, 기술적 역량의 향상이 주된 목적인 OJM(OJT+Mentoring)형태로 진행됐다.

75명의 신입사원에 대한 멘토는 소속 팀의 부서장이 멘토의 자격조건(근속 3년 이상의 대리급이며, 업무 능력이 탁월하고, 대인관계가 원만하고 타의 모범이 되는 자)을 만족하는 대상을 통보하면 인사부서에서 검토 후 멘토, 멘제를 매칭했는데, 이때 검토 기준은 신입사원과의 업무 연관성, 근속, 인물평, 학연 및 지연의 배제 등이 있다.

매칭된 멘토는 4월에 2차례에 걸쳐 멘토링 전반에 대한 이해와 멘토 스킬을 소개하는 멘토링 특강에 참석했고, 당시 특강 시간에는 한국 멘토링 코칭 센터에서 발행하는 CPW(Career Planning Workbook)을 작성하면서 멘토링이 다만 신입사원에게만 도움이 되는 과정이 아닌 윈-윈 과정이라는 점을 강조했다.

멘토링 특강은 연구소장과 인사그룹장의 강력한 의지로 전원 수료했으며, 과정 수료 후 멘토들은 멘제와 함께 멘토링 활동의 목적, 기간(공식 멘토링 기간: 6개월), 멘토, 멘제로서 지켜야 할 사항을 멘토링 약속서에 작성했고, 멘토링의 세부적인 활동사항은 멘토링 활동 계획서에 작성했다.

멘토링의 자발적인 공감대 형성을 위해 인사부서에 제출하는 사항을 최대한 줄이고, 양식들을 간소화했다. 바쁜 업무를 고려하여 열린 상담센터 주관으로 진행하던 사이버 멘토링 사이트를 이용하였고, 이 사이버 장을 통해 멘토, 멘제만의 공간을 활용하여 미처 대면으로 전달하지 못하는 말과 국내외 출장으로 떨어져 있을 경우 지속적인 접촉이 될 수 있도록 했다. 멘토링을 위한 활동비는 지원하지 않았고, 멘토링 특강 때 멘토들에게 총 9권의 멘토링 활동에 도움이 될 만한 책들을 미리 선택하도록 하고 배포하여 활동에 활용할 수 있도록 했다.

또한 멘토 도시락 또는 중식 간담회를 통해 2005년 연말, 수원사업장 주관으로 실시된 멘토링 활동의 베스트 우수 멘토 시상 시 통신연구소 소속의 베스트 멘토 2명, 우수 멘토 4명을 배출하는 결과를 얻었고, 2005년 12월 멘토링에 참여한 신입사원 중 퇴직한 신입사원은 단 한 명도 없었다. 당시 실시된 멘토, 멘제 설문조사에서 특히 주목할 점은 멘제에게 가르치는 것과 멘제에게서 얻는 정보가 유익했다는 것이 19%로 동일하게 나왔다는 점이다. 이때부터 멘토링은 신입사원의 조기적응도를 향상시켜 경영 성과에 기여하는 것 이외도 멘토에게는 멘토링 활동을 통해 리더십 발휘를 할 수 있는 기회를 주고 멘제에게는 새로운 기술 습득에 도움이 되는 프로그램임을 알게 되었다.

06년 5월: 전 임직원 대상으로 역량 향상과 조직 활성화를 위한 멘토링 확대 적응

2010년 삼성그룹의 Mission은 사업 초일류화를 통한 '가장 존경받는 기업'이 되는 것이다. 이는 초일류 제품을 많이 만들어 내는 것도 중요하지만 그것을 만드는 것은 바로 사람이니만큼 존경받는 기업이 되기 위해서는 조직 내외적으로 존경받는 사람이 많아진다면 그룹의 장대한 목표에 한 걸음 다가갈 수 있을 것이라고 생각한다.

특히 통신연구소의 경우, 석·박사 비율이 높고 차세대 기술을 연구하고 준비하다 보니, 같은 기술에 연관되어 있는 연구원들의 수가 적어 집합교육을 개설하기가 힘든 상황이다. 이에 2004년부터 Study Group 제도를 신설하여 현재 27개 정도의 Study Group이 활동하고 있다. 하지만 이런 Study Group 활동으로 포함하지 못하는 개인의 Needs들을 다 수용한 맞춤형 자기개발을 위한 도구로서 멘토링만큼 효과가 있는 Tool은 없다는 점이 작년 운영 결과로나 국내외 트렌드다. 이에 2006년에는 멘토링을 전 연구원을 대상으로 실시하고자 시스템과 운영에 대한 준비 중이다. 정보통신 기술의 빠른 변화에 맞추기 위해서는 조직환경의 변화에 발 빠르게 개인 역할을 변화시켜야 하며, 새로운 역량을 요구하게 됐고, 멘토링을 통해 기술적 역량 향상뿐만 아니라 임직원들 간의 원활한 커뮤니케이션과 조직력 강화를 위해 멘토링을 확대하여 운영하게 됐다.

이번 멘토링의 주제는 전 임직원들이 '나만의 멘토를 찾기 위한 멘토링 항해'이며, 앞으로 정보통신 분야와 글로벌 리더가 되기 위한 성장의 기회가 되도록 운영할 예정이다. 본인과 관련 있는 기술 분야의 멘토를 찾아 본인의 멘토가 되어 줄 것을 요청하고 멘토의 1:1 또는 1:n 선호 유형에 따라 멘토, 멘제 매칭을 하여 매칭 단계부터 멘제의 적극적 참여 의지를 담아내도록 고안했다. 최근 3년간 삼성경제연구소와 함께 실시한 리더십 진단 실시 결과, 통신연구소에서 요구하는 존경하는 리더들의 Skill이 멘토링 Skill의 동기부여, 적극적 경청, 긍정적 피드백, 부하육성 등 부합하는 부분들이 많다는 것을 알게 되었다. 이런 만큼 향후 멘토링을 통해 멘토, 멘제 모두가 성장하는 윈-윈 활동으로 정착되는 가슴 설레는 한 해가 될 거라 생각한다.

신입사원 조기전략화를 위한 멘토링 시스템 도입
(인력개발원 엄기준 차장 월간 HRD기고문)

1983년 개원하여 한화그룹 인재양성의 중심이 되어 온 한화인력개발원은 '신용과 의리의 한화인 육성'이라는 대명제 아래 그룹의 경영 향상과 기업문화 전파에 기여하고자 최선의 노력을 해 왔으며, 경영의 전략적 파트너로서 그룹을 이끌어 갈 인재를 키우기 위한 각종 방안을 제안하고 이를 실행에 옮기는 역할을 수행하고 있다.

1. 한화그룹 신입사원 육성 시스템

한화인력개발원에서는 그동안 그룹 임직원들의 역량강화를 위한 다양한 교육프로그램을 운영하였으며, 그중에서도 특히 한화그룹에 첫발을 내딛는 신입사원들을 한화그룹이 요구하는 인재, 한화 그룹의 문화와 정신을 이어받을 수 있는 인재로 육성하기 위한 신입사원 과정에 가장 많은 준비와 노력을 기울이고 있다.

약 1년간 6단계에 걸쳐 진행되는 신입사원 육성체계는 첫 단계로 입사 확정 후 2주간 사이버 교육의 형태로 실시되는 사전 학습과 4주간의 그룹 입문과정 그리고 각 사로 배치된 후 소속사별 입문과정, 멘토링 시스템을 활용한 부서 OJT를 거치게 된다.

새로운 직장생활에 대한 적응에 가장 많은 혼란을 느끼는 시기인 입사 8~9개월 시점에는 감성훈련을 활용한 Follow Up교육을 실시하고, 마지막으로 대리 승격 전까지 그룹 및 각 사에서 선정한 필수, 선택 교육과정을 이수하여 중간 관리자가 되기 위한 기본 역량을 강화시킨다.

한화그룹의 신입사원은 이와 같은 총 6번의 담금질을 통해 강철같이 강인한 미래 한화그룹의 주역으로 성장하게 된다.

(표) 한화그룹 신입사원 육성체계

교육과정	입사 전 과정	그룹입문 과정	계열사 입문과정	부서OJT (멘토제)	Follow Up 과정	2를 승격 이수제도
교육내용	- 사이버 한화탐구 - 리포트작성 - OA 교육 (액셀 외)	- 한화탐구교육 - 직장인기본교육 - 팀워크 공동체 교육	- 기업조직제도 - 비전 및 전략 - 핵심Process - 현장학습	- 담당선배 사원에 의한 부서별OJT - 업무개선 세미나	- 공동체의식 강화 - 팀워크훈련	- 그룹필수과정 - 각 사 선택과정
교육기관	입사 전 2주	학습교육3주+야외 훈련	1~6주	14~16주	입사 후 8~9개월 시점 (2박3일)	대리승격 이전
주관	인력개발원	인력개발원	계열사	계열사	인력개발원	인력개발원 계열사
비고	- 사이버 학습 - 시스템 활용	- 그룹 내 사내 - 강사육성, 활용	- 현장학습 강화	- 현장업무개선 활동실시 - 멘토제실시		

2. 멘토링 시스템을 활용한 신입사원 조직 적응력 강화

최근 채용전문 업체에서 조사한 자료에서 보면 신입사원 10명 중 3명이 1년도 못 채우고 회사를 그만두는 것으로 조사되었는데 평균 퇴사율, 중소기업(30.8%) > 대기업(22.9%) 많은 비용과 시간을 투자하며 채용한 신입사원이 회사에 적응하지 못하고 1년도 안 되어 20~30%씩 회사를 떠남으로 해서 각 기업들은 엄청난 경제적, 시간적 손실을 보고 있다.

아는 사람 하나 없는 직장이라는 새로운 환경 속에서 상사의 기대수준과 자신의 목표를 조화시켜 조직에 적응해 나가기 위해서는 일반적으로 많은 시간이 필요하며, 주위로부터의 따뜻한 관심과 격려는 신입사원에게 있어서는 절대적인 필요조건이다.

때로는 동문선배처럼, 때로는 스승처럼 직장생활의 든든한 버팀목이 되어 주는 사람이 바로 이러한 직장 내 부적응을 해결해 줄 수 있는 도우미, 즉 멘토이며, 업무를 떠나 개인적인 고민과 의문점까지도 터놓고 이야기할 수 있는 자신의 후원자 역할까지 겸하고 있어 아무리 직장생활이 힘들어도 서로 의지하면서 지혜롭게 이겨나갈 수 있는 큰 힘이 되어 주고 있다.

이러한 '멘토링 시스템'을 통하여 회사나 업무에 대한 풍부한 경험과 전문지식을 갖고 있는 선배(Mentor: 멘토)가 일대일 전담으로 신입사원(Menger: 멘제)을 코치하면서, 실력과 잠재력을 성장시키는 것은 물론 조직문화를 강화하고 유지하는 역할까지 병행하고 있어 신입사원 개인이나 회사에게 있어서 양쪽 모두에게 매우 효과적인 도움을 주고 있다.

* 신입사원 멘토 / 멘제 양성과정

1. 도입&관계 형성 -멘토링 제도 도입목적 -멘토/멘제의 역할과 스킬 -상호행동유형 분석 및 이해	2. 진단 -멘토/멘제 역량 진단 -역량, 활동목표 설정 -업무 수행방식 진단
4. 멘토링 도구 -멘토링 계획서 -멘제 경력개발 계획 지침서 -멘토링 협약서 등	3. 멘토링 스킬 -코팅, 피드백, 상담 스킬 -커뮤니케이션 스킬 -상담 스킬

3. 한화그룹의 멘토링 시스템

그동안 각 사별로 자율적으로 시행해 오던 멘토링 시스템을 2005년부터는 그룹에서 적극적으로 권장하여 매년 신입사원 채용 시즌에 맞추어 정기적으로 한 학급당 30명 내외의 인원으로 멘토 양성과정을 실시하고 있다.

2006년부터는 멘토와 멘제가 같이 교육에 입과하여 1박 2일간 함께 학습하고 생활하며, 기본적인 멘토링 스킬 이외에 상호 간의 행동 유형분석과 개인역량. 성장 비즈니스 분석, 멘제 경력개발 목표설정 등의 공동작업 수행을 통해 신속한 조직생활 정착과 상호 간의 친밀감 강화를 높이도록 적극 지원하고 있다.

특히 각 사별로 엄정한 선발기준에 의해 회사에 대한 로열티와 업무 능력, 대인관계 등이 뛰어난 멘토를 선발토록 하여 사회생활의 첫걸음을 내딛는 신입사원들에게 직접 행동으로 프로 직장인의 모습을 보여주고 있으며, 멘토로 선발된 사람에 대해서는 다양한 복리후생 및 인사상의 혜택을 부여하여 스스로 멘토로서의 자긍심을 느낄 수 있도록 정책적으로 배려하고 있다.

　이러한 체계적인 단계별 신입사원 관리 시스템과 감성적 접근방법으로 인하여 한화그룹의 최근 5년간 신입사원 평균 이직률은 타사 평균 이직률보다 현저히 낮은 약 7% 정도에 머물고 있다.

　현재 한화그룹 계열사 중 약 80%가 멘토링 시스템을 도입하여 운영하고 있으며, 멘토, 멘제가 함께하는 정기적인 봉사활동, 산행 등의 모임을 통해 신입사원들로 하여금 새로운 환경에 대한 빠른 적응을 유도하고 조직문화 이해 및 대인관계를 넓히도록 기여하고 있다.

CEO를 위한 멘토링
프로그램

2장

경영자원 중 가장 중요한 것이 인적자원이라면, 각 조직에서 CEO는 인력개발에 상당한 시간과 에너지를 투자할 필요가 있다. CEO는 자신의 인격과 능력을 개발하며 동시에 다른 사람들이 잠재력을 최대한으로 개발하는 데 주력해야 한다. CEO가 인력개발을 중요시하는 리더십을 발휘할 때 그는 리더십의 연장선인 멘토(Mentor)의 역할도 감당할 수가 있어야 한다. 멘토란 다른 사람의 인생을 이끌어 주는 지혜롭고 충성스러운 조언자다. 사실 모든 경영자는 리더인 동시에 멘토가 되어야 한다. 아울러 CEO도 자신을 재충전할 수 있는 우수한 멘토 찾는 일에 힘을 써야 한다. 이 과정은 CEO에게 멘토의 필요성을 다룬다.

 1. 21세기 CEO 멘토링 필요성

1) CEO와 비행기는?

회사생활은 마치 비행기를 타고 여행하는 것과 흡사하다. 비행기에 대해서 전문적인 지식이 전혀 없어도 승객들은 조종사를 믿고 비행기에 오른다. 그러면 조종사는 과감하게 이륙비행을 하고, 궤도에 올라서 안정비행을 하고, 기상변화에 대응비행을 하면서, 도착하면 착륙비행으로 승객들에게 최적의 서비스를 제공한다.

사원들도 승객처럼 CEO를 신뢰하고 회사에 몸을 맡긴다. 그러면 CEO도 전문 경영자로서 솜씨를 발휘하여 안정 경영을 이루기 위해 온갖 힘을 다 쏟는다. CEO도 자신 손에는 비행기의 조종키와 같은 회사의 경영키가 주어져 전 사원의 이목이 집중되고 있는 점을 잘 알고 있다.

우리는 이 비행과정에서 기장과 부기장과의 멘토링 관계를 간과해서는 안 된다. 현명한 조언자 멘토 역할을 기장이 제대로 잘 수행함으로 부기장이 대를 이어 훌륭한 기장으로 역할을 제대로 감당할 수 있는 것이다.

막중한 힘을 쏟아야 하는 CEO 당신! 절대 고독한 당신에게…… "현명한 조언자가 있습니까?"라고 한마디 묻고 싶다.

2) 현명한 조언자는?

◀ 정몽헌 회장은?
- 파이낸셜 서울지사장 [제임스 루니]는 대북사업의 기수, 고 정몽헌 회장 특집 KBS TV 기자와 대담에서(03.8.10일 20 : 00∼21 : 00) "정몽헌 회장은 **현명한** 조언자를 갖지 못한 채 혼자서 너무 많은 일을 해내려 했다"고 애석해하였다. 어찌 현명한 조언자 멘토를 갖지 못한 게 정 회장 한 분뿐이겠는가?

◀ 김우중 회장은?

－Fortune지 기자는 세계경영의 기수, 전 대우 김우중 회장에 관한 평에서 "그의 가장 큰 죄는 너무 큰 야망―Too Big Ambitious―을 가진 것"이라고 하면서 "단기간에 너무 큰일을 성취하고자 하는 과욕"이라고 했다. 모든 것을 다 만들고 싶고(자동차, 중기, 호텔, 금융, 포도주 등) 그러나 이익 없는 경영―No Profit―이라고 지적했다. 역시 김우중 회장도 **현명한 조언자** 없기는 마찬가지였다.

◀ 삼성의 이재용 전무는?

－우리는 먼저 경영후계자 멘토링에 대한 몇 가지 고려할 점을 짚고 넘어가 보기로 하자. 첫째는 후계자라는 개념이다.

멘토링에서 제일 먼저 후계자는 이타카 왕국의 오디세우스의 왕자인 텔레마코스다. 당시 최고의 스승인 멘토(Mentor)가 20년 동안 정성을 다하여 지혜롭고 현명한 왕으로 세웠다는 사실이다. 우리의 역대 왕세자들도 당대의 손꼽을 만한 사부님들을 각기 전문 분야별로 맡아 지도했음을 알 수 있다.

특히 삼성그룹은 한국의 대표 기업이라고 볼 수 있다. 이재용 전무의 후계자 멘토링에는 훌륭한 멘토들이 주위에 포진해 있다고 볼 수 있다. 윤종용 부회장을 비롯해 이윤우, 황창규, 이기태, 김순택, 이수창 등 전문 분야별로 현명한 CEO 조언자 멘토 입장에서 업무와 인간관계 등을 혼합한 명실 공히 국내에서 드물게 성공적인 멘토링 시스템이 가동되고 있다고 볼 수 있다. 이러한 관점에서 국내에서 후계자 양성 멘토링의 성공 모델을 기대해 본다.

◀ 잭 웰치 회장은?

GE: 현명한 조언자로서 멘토인 잭 웰치는 후계자 3명 중에서 최종적으로 제프리 이멜트를 선정하고 일 년 넘게 후계자 양성 멘토링으로 업무를 비롯한 성공담, 실패담 등 최고경영자로서 가다듬어야 할 리더십을 제대로 갖출 수 있도록 최선을 다한 것으로 평가받고 있다.

우리는 외국사례에서 후계자 멘토링을 주의 깊게 살피지 않으므로 잃는 것이 너무 많다. 전임 CEO(현명한 조언자 멘토 역할)와 후임 CEO 사이에 오래전부터 공식, 비공식적으로 끈끈한 멘토링 관계가 지속되어 왔음을 기록을 통해 알 수 있다. 끈끈한 멘토링 관계란 단순한 업무(Task)에만 국한된 것이 아니고 인간관계, 리더십, 성공과 실패사례, 의사소통, 경험담 등 삶 전체로 두 사람의 관계가 일 년 넘게 1:1로 멘토링이 이루어졌다. 그러니까 성공확률이 높은 것이다.

CEO인 당신은?

(1) 멘제로서 현명한 조언자로부터 도움을 받고 있는가?
(2) 멘토로서 현명한 조언자로서 도움을 주고 있는가?
(3) 회사의 최고 리더로서 인재개발 대안이 무엇인가?

3) CEO 인재개발 멘토십은?

CEO 인재개발 멘토십은 한 사원을 소중히 여기면서 CEO 자신도 리더로서 멘토 역할을 겸하는 인재중시 전략이다. 바로 멘토를 선정하여 한 사람의 멘제를 최선의 역량을 발휘하여 차세대 리더로 세우는 일이다. 그리고 자기 조직에서 인재경쟁력을 확보하는 것이다.

 # 2. CEO의 인재개발 멘토링

일류기업이 되기 위한 요건으로 많은 사람들이 지목하는 것 중의 하나가 바로 경영자의 탁월한 리더십이다. 기업이 나아갈 방향을 설정하고 조직과 사람을 관리·리드함에 있어서 핵심이 되는 요소가 바로 '경영자'이기 때문이다. 그러나 오늘날처럼 핵심인재 확보를 위한 경쟁이 치열할 경우 뛰어난 리더십을 갖춘 경쟁력 있는 경영

자를 확보한다는 것이 그리 쉽지 않다.

각종 연구기관의 의견을 종합해 보면 이러한 인재확보 경쟁은 앞으로 더욱 치열해질 것이라고 한다. 실제로 글로벌 경영 컨설팅업체인 AT커니에서 인재확보 실태와 관련하여 실시한 조사결과에 의하면 현재 외부인재를 획득하는 것이 매우 어렵다는 응답이 80%로 나타났으며 앞으로 더욱 어려워질 것이라는 응답 역시 46%로 나타났다. 반면 앞으로 인재확보가 쉬워질 것이라는 응답은 21% 수준에 불과했다.

그런데 이러한 결과보다 더욱 비관적인 현실은 이처럼 우수한 경영자의 확보가 어려워지고 있음에도 불구하고 기업 자체적으로 인재육성을 위한 노력을 게을리 하고 있다는 것이다.

국내기업으로 눈을 돌려 보면 상황이 더욱 심각한다는 사실을 알 수 있다. 작년 대한상공회의소가 200여 개 제조기업을 대상으로 실시한 설문조사 결과에 의하면 조사대상 기업 중 약 70% 이상이 핵심인재를 확보하지 못하고 있는 것으로 드러났다.

이처럼 어려운 현실을 감안할 때 향후 기업을 성공적으로 이끌기 위해서는 반드시 핵심 경영자 육성에 대한 지속적인 노력을 기울여야 한다. 즉 외부인재 확보에는 분명한 한계가 있기 때문에 반드시 조직 내부에서 이러한 인재를 양성할 수 있도록 체계적인 노력을 가속화해야 한다는 것이다. 이러한 경영자 육성수단으로서 현재 선진 기업들을 중심으로 활발히 운영되고 있는 것이 바로 '경영진 멘토링'제도다.

 # 3. CEO를 멘토링하는 프로그램

경영진 멘토링이란 경영진들에게 1 : 1 전담 멘토를 배정하여 그들이 직면하고 있는 여러 문제들을 상담, 조언, 해결해 주도록 하는 제도를 말한다. 이러한 점에서 결국 경영진 멘토링도 멘토링의 한 유형이라고 볼 수 있다.

사실 조직에서 경영진만큼 힘들고 외로운 사람도 드물 것이다. 자신의 고민을 털어놓을 만한 사람도 없고, 중요한 의사결정을 할 때 조언을 구할 곳도 마땅치 않기 때문이다. 이러한 경영진에게 심리적 안정감을 제공하고 전문성과 역량을 키울 수 있도록 조언하고 도와주는 것이 바로 경영진 멘토링의 핵심기능이다.

해외 선진기업에서는 이러한 중요성을 인식하여 현재 점차 경영진 멘토링에 대한 활용도를 증가시키고 있는 추세다.

멘토링 서비스를 전문적으로 제공하는 국제멘토링연합의 사장인 미쉬는 "아직까지 경영진 멘토링은 우리 회사 전체 교육 프로그램의 10% 정도에 불과하지만 앞으로는 매우 큰 폭으로 증가할 것이다"라고 말하며, 향후 경영진 멘토링의 수요가 크게 증가할 것이라고 예측했다.

이를 증명하듯 해외 선진기업들의 인사 관리자 중 90% 이상이 향후 경영진 멘토링의 활용이 크게 활성화될 것이라고 예측하고 있다.

HR 컨설팅 회사인 맨체스터의 조사결과에 의하면 조사 대상 기업의 59%가 현재 경영진을 대상으로 한 멘토링과 카운슬링 제도를 실시하고 있다고 응답했으며 미국의 컨설팅업체인 하이그룹(Hay Group)에서 실시한 조사결과에서도 포춘지 선정 500대 기업 중 25~40%(IBM, Motorola, HP 등)가 경영진 멘토링을 활용하고 있다고 응답했다. 이러한 추세에 비추어 볼 때, 향후 경영자 육성 수단으로서의 '멘토링'의 비중은 점차 증가할 것으로 전망된다.

아직까지 대부분의 회사들은 임원급 이상의 인재를 육성하는 수단으로 각종 교육기관에 보내거나 단발적인 교육 프로그램에 참여하게 하는 방법을 선호하고 있다. 그러나 경영진 멘토링을 활용할 경우 이러한 전통적인 교육·훈련에 비해 상당히 많은 이점을 얻을 수 있다.

첫째, 1명의 경영진을 1명의 멘토가 전담하여 조언하고 지도해 줌으로써 교육의 깊이와 강도를 높일 수 있다.

둘째, 단기적인 교육이 아니라, 몇 달에서 1년 정도로 장기간에 걸쳐 교육이 진행되므로 경영자가 바람직한 역량을 갖출 때까지 지속적인 멘토가 가능하다. 특히, 경영진들의 경우에는 대부분 전문지식이나 기술은 풍부하기 때문에 경영진 멘토링의 개발 역점은 주로 그들의 '행동'에 맞추고 있다. 이처럼 장기간 교육을 시행할 경우 경영진의 행동을 변화시키는 데 큰 효과를 볼 수 있다.

셋째, 실제 업무현장에서 멘토가 경영진과 동참하며 교육을 진행하기 때문에, 경영진 입장에서는 자신의 업무현장을 떠나지 않고 발생하는 사안별로 조언과 지도를 받을 수 있다는 장점이 있다. 사실, 회사업무로 바쁜 경영진이 외부에서 1~2주 동안 진행되는 교육에 참석하는 것은 상당한 부담일 수밖에 없으며 그만큼 교육의 효과도 떨어지게 마련이다. 그러나 경영진 멘토링은 일선 업무현장에서 실시간으로 진행되기 때문에 바쁜 업무 때문에 자리를 비우기 힘든 경영진에게 시간적으로 많은 이점을 제공해 줄 수 있다.

넷째, 경영진 개개인의 교육 니즈를 충분히 고려하기 힘든 교육·훈련과는 달리, 경영진 멘토링은 개개인별로 도움이 필요한 분야나 역량을 중점적으로 개발할 수 있다는 이점이 있다. 극히 대중적인 주제를 중심으로 진행되는 일방적인 강의방식의 교육은 학습한 지식과 기술을 실제 작업현장에 적용하는 데 한계가 있다. 예를 들어 미국의 기업들은 연간 총 1,000억 달러를 교육·훈련비용으로 투자하고 있으나, 실제 기업 실무에 활용되는 가치는 투자금액의 10%도 채 안 된다고 한다. 그런데 경영진 멘토링의 경우 멘토가 경영진들에게 실제 업무수행 과정에서 필요로 하는 기술과 노하우를 직접 전수해 주기 때문에 학습한 내용을 현업에 바로 적용할 수가 있는 것이다.

*** 경영진 멘토링의 이점**

- 직속상사와의 업무 개선
- 동료와의 업무관계 개선
- 대인·부문 간 팀워크 촉진
- 직무 만족 증가
- 대인 관계에 의한 갈등 해소
- 다양한 경험을 가지고 있는 멘토가 풍부한 직관과 통찰력을 제공함으로써 의사결정의 질 향상
- 자신의 강·약점에 대한 정확한 파악을 통해 자기 이해도 증가
- 회사가 필요로 하는 리더십 역량·역할을 확보하는 데 기여

# 4. 회사의 발전, CEO의 발전

경영진 멘토링은 다음 도표와 같이 회사의 성과 향상은 물론 경영진 자신의 역량

개발에 있어서도 탁월한 개선효과가 있다.

미국의 컨설팅업체인 퍼스널 디시전이 1999년에 실시한 조사결과에 의하면 멘토링을 받은 경영진의 50% 이상이 업무성과 및 생산성 향상 효과를 보았으며 60% 이상은 상사·동료와의 관계가 개선되고 직무 만족도가 높아졌다고 응답했다. 또 다른 연구결과에 의하면 경영진 멘토링의 투자수익률은 일반적인 교육·훈련보다 5.7배 높게 나타났다고 한다.

IBM에서 임원 육성을 담당하는 탄야 클레몬스 부사장은 다음과 같은 이야기를 통해 경영진 멘토링의 우수성을 주장했다.

"300여 명의 경영진에게 경영진 멘토링을 제공한 후 경영진의 조직 몰입도가 크게 증가했으며, 이러한 결과들은 IBM의 경쟁우위를 창출하는 원천이 되고 있다."

☆경영진 멘토링의 효과

(복수응답비율)

회사 차원의 효과	비 율(%)
생산성 향상	53
품질 향상	48
조직 역량 강화	48
고객서비스 강화	39
고객불만감소	34
핵심경영진유지	32
비용절감	23
하부 사업단위 수익성 개선	22

경영진 개인 차원의 효과	비 율(%)
직속상사와의 관계 개선	77
동료와의 관계 개선	71
팀워크 강화	67
직무 만족	61
갈등 해결	52
조직 몰입도 향상	44
고객관계 개선	37

# 5. 멘토링이 꼭 필요한 CEO

경영진 멘토링의 일차적 대상은 회사가 요구하는 수준의 성과를 내지 못하는 사람이다. 그러나 이 외에도 멘토가 필요한 경영진이 있다.

첫째, 경영진으로 갓 승진한 사람이 우선 대상이 된다. 일반적으로 관리자들은 자신이 많은 업무를 중심으로 일하는 과정에서 전문적 지식을 발휘하여 높은 성과를 창출함으로써 경영진으로 승진하게 된다. 그런데 막상 경영진에 편입하게 되면 관리의 폭도 넓어지고 전략적 사안의 결정이나 조직 및 인력관리 등 이전에 경험하지 못했던 과제로 인해 많은 어려움에 직면하게 된다.

이러한 신임 경영진에게 선임 경영진이나 외부 전문가에 의한 멘토링을 시행함으로써 새롭게 바뀐 역할과 직무를 성공적으로 수행하고 빠른 기간 내에 경영진으로서의 실력과 자세를 확보할 수 있도록 하는 것이다.

둘째, 높은 성과를 내고 있는 소위 스타급 경영진도 멘토의 대상이 될 수 있다. 현재 조직에서 인정받고 있는 경영진이라고 해서 자기개발을 소홀히 할 경우 자신의 강·약점에 대한 파악이 불가능해져서 현실에 안주해 버릴 위험이 높기 때문이다.

셋째, 심리적으로 안정이 필요한 사람에게도 멘토링이 필요하다. 오늘날 경영자들은 대외적으로는 복잡하고 급변하는 환경에서 경쟁력을 확보할 수 있는 비전·전략을 수립해야 하고 또한 내부적으로는 조직관리, 구성원 동기부여 등에도 신경 써야 하기 때문에 항상 극심한 스트레스에 시달릴 수밖에 없다. 이러한 경영진들에게 멘토링을 통해 안정감을 줌으로써 이들의 업무 생산성을 높일 수 있는 것이다.

6. CEO 멘토의 선택 기준

경영진 멘토링을 시행할 경우 우선 다음 도표에 나타낸 결정요인을 통해 멘토를 외부에서 선발할 것인지 내부에서 활용할 것인지를 결정해야 한다. 이러한 과정을 통해 멘토와 경영진을 적절히 연결하지 못할 경우, 경영진 멘토링에 의한 성과를 충분히 얻을 수 없다.

☆ 내 · 외부 멘토 선택의 기준과 장 · 단점

결정 요인

- 경영진 육성 목적
- 회사문화
- 가용자원(예산 등)
- 멘토 확보의 용이성
- 경영진의 선호도

외부멘토 활용	내부멘토 활용
• 익명성, 비밀 유지 • 다양한 사업에 대한 경험 보유 • 조직 내부의 정치적 문제에 휘말릴 가능성이 적음 • 풍부한 아이디어 • 객관성 · 공정성 확보 가능 • 신뢰를 형성하기가 쉽지 않음	• 회사의 내부상황(문화, 전략 등)에 익숙함 • 회사 내부의 정치적 문제를 잘 알고 있음 • 멘토 확보가 상대적으로 용이 • 신뢰관계 형성이 용이

먼저 외부 멘토를 활용할 경우, 폭넓은 멘토링 경험과 해박한 지식을 바탕으로 경영진을 멘토할 수 있으며, 또한 비밀보장이 가능하다는 장점이 있다. 한편, 내부멘토에 의한 멘토링이란 현 조직의 시스템과 조직문화 내에서 동료나 직속상사에 의해 경영진 멘토링이 진행되는 것을 의미한다. 이러한 방법들에는 앞의 도표와 같이 각각의 장 · 단점이 있기 때문에 회사의 분위기나 경영진의 선호도를 충분히 고려하여 신중하게 결정해야 한다.

이때 무엇보다 중요한 사항은 외부인사든 내부인력이든 상관없이 적절한 멘토링 능력을 보유한 사람을 선발해야 한다는 것이다. 경영진을 멘토링한다는 것은 생각만큼 쉽지 않기 때문에 이론과 실무에 밝아야 하며 멘토링 기술 면에서도 탁월한 능력을 겸비하고 있어야 한다. 이러한 자질이 부족한 멘토링의 유형을 살펴보면 다음과 같다.

첫째, 해당 회사의 산업에 대한 지식이나 경험이 없는 사람이다. 이런 멘토는 이론적으로는 완벽한 지식을 가지고 있지만 현실적인 대안을 제시하는 데에는 한계가 있을 수밖에 없다.

둘째, 자기가 선호하는 방식만을 고집하는 사람이다. 사람을 리드하고 조언하는 방법에는 여러 가지가 있을 수 있다. 예를 들어 묵묵히 옆에서 지켜보기만 하는 사람이 있는가 하면, 직접 진두지휘하며 세세한 부분까지 지시하는 사람도 있다. 그러나 오로지 자신의 방식만을 고집하는 사람은 결코 바람직한 멘토라고 할 수 없다. 따라서 경영진의 업무방식이나 선호도를 적절히 고려하여 유연하게 멘토링 기법을 활용할 수 있는 멘토를 선임해야 한다.

경영진 멘토링에 있어서 멘토는 지시자가 아니라, 다양한 정보를 제공하고 조언해 주는 파트너로서의 역할을 수행해야 한다는 점을 잊어서는 안 된다. 계층 관계상 결코 멘토는 경영진보다 상위에 있는 사람이 아니기 때문에, 이들에게 일방적으로 문제점을 질책하고 개선하도록 지시해서는 곤란하다. 멘토는 경영진 주변에 있는 다양한 사람(상사, 동료, 부하 등)들로부터 최대한 많은 정보를 얻어 현재 경영진이 직면하고 있는 문제점이나 개선방향에 대해 조언 또는 자문하는 역할을 해야 한다.

경영진 멘토링에 있어서 멘토의 궁극적인 역할은 문제의 해답을 알려 주는 것이 아니라 경영진에게 끊임없이 질문하고 지원해 줌으로써, 경영진 스스로 자신에게 불안감을 제공하는 문제의 원인이 어디에 있는지를 스스로 찾을 수 있도록 도와주는 데 있다.

* CEO 멘토가 갖추어야 할 10가지 요점

- 경영진 멘토링 분야에서 명성을 확보한 자
- 인적자본의 중요성에 대한 확고한 가치를 보유한 자
- 리더의 역할을 명확히 파악한 자
- 리더십 개발 관련 분야에 대한 해박한 지식을 가진 자
- 조직 내 복잡한 제도 및 시스템에 관한 이해력을 갖춘 자
- 커뮤니케이션 능력이 있는 자
- 멘토링 기술의 역량을 갖춘 자
- 창의성과 혁신성을 확보한 자
- 전략적 질문과 핵심 과제를 이끌어 낼 수 있는 능력이 있는 자
- 높은 수준의 개인적 · 직업적 윤리 의식을 갖춘 자

 7. 멘토와 CEO의 신뢰 형성이 핵심

멘토는 해당 경영진에게 신뢰감을 심어 주어야 한다. 경영진과 멘토 간에 신뢰는 상호 솔직한 대화를 촉진할 수 있는 기본 토양이 되기 때문이다. 이를 위해서는 경영자가 담당하는 사업 및 업무를 충분히 이해하고 있는 사람을 멘토로 선발해야 한다. 그래야만 경영자가 자신의 문제나 고민거리를 멘토에게 솔직히 얘기할 수 있으며, 멘토도 문제해결 및 실력개발에 대한 대안을 구체적으로 제시해 줄 수 있기 때문이다. 즉 멘토는 경영진의 심리상태를 정확히 간파하고, 그와 동일한 시각에서 현상을 바라볼 수 있어야 한다.

대부분의 경영진들은 외부의 멘토를 신뢰하지 않는 경향이 있다. '저 사람이 정말 내가 하는 일을 이해할 수 있을까?' 또는 '해 보지도 않았으면서 어떻게 나의 고민을 이해한다는 말이야?' 등의 의구심을 갖기 때문이다. 경영진들이 이러한 의구심을 갖고 있을 경우, 멘토에게 자신의 마음 깊숙이 내재해 있는 문제를 털어놓기보다는 단순히 현상적인 스트레스에 대해서만 이야기할 가능성이 많다. 이로 인해 멘토가 경영진의 근본적인 문제를 알지 못할 경우, '수박 겉핥기'식의 멘토링이 진행될 수밖에 없다.

미국계 은행인 뱅크보스턴은 외부 멘토를 활용한 경영진 멘토링을 효과적으로 시행하고 있는 대표적인 회사다. 이 회사에서는 상당히 엄격한 심사과정을 거쳐 외부 멘토를 기용한다고 한다. 또한 기용한 멘토에 대해서는 회사에 대해 소개하는 시간을 마련함으로써, 이들이 회사 내부상황에 대해 정확히 알고 멘토링 활동을 시작할 수 있도록 유도하고 있다. 이 회사에서 시행하고 있는 멘토에 대한 사전 교육의 주요 내용은 다음과 같다.

- 회사의 철학, 역사, 미션, 비전에 대한 소개(1일)
- 기술 및 경험에 대한 설문조사를 통해 멘토의 자질 평가
- 교육약정지침을 통해 회사의 사업에 대한 이해도 제고
- 멘토링 윤리 및 실행조약을 통해 멘토의 비밀유지에 대한 약속 확보
- 멘토링 수행 점검사항을 통한 멘토링 프로세스의 숙지

뱅크보스턴은 이처럼 엄격한 선발기준 및 교육을 통해 멘토를 선언함으로써, 외부 멘토에 대한 경영진의 신뢰도를 크게 높일 수 있었다고 한다.

# 8. CEO 멘토링 프로세스

경영진 멘토링은 다음 도표와 같이 크게 5단계 과정으로 이루어진다.

첫째, 멘토와 경영진이 처음 만나는 '접촉단계'다. 이 단계에서는 서로 서먹할 수 있는 관계를 부드럽게 만들고, 경영진이 멘토와 허심탄회하게 대화할 수 있도록 신뢰관계를 형성하는 것이 매우 중요하다.

둘째, 경영진이 갖고 있는 문제점이나 핵심 개발과제를 찾아내는 '평가단계'다. 이 단계에서 멘토는 다면평가나 인터뷰 등을 통해 심층적으로 경영진이 가지고 있는 문제의 원인을 찾아내고, 실천 가능한 해결방안을 모색해야 한다. 이때 경영진 개개인의 성격이나 성향을 판단하는 것도 좋은 방법이다. 개인의 성격은 대인관계나 행동방식을 결정하는 주요 요인인 만큼, 이를 정확히 판단할 경우 문제의 원인을 찾아내는 데 큰 도움이 되기 때문이다.

셋째, 진단결과 나타난 경영진의 문제점을 구체적으로 설명하고 경영진을 이해시키는 '피드백 단계'다. 이때 피드백의 대상이 되는 주요 내용은 다음과 같다.

- 전략적 의사결정에 대한 조언
- 리더십 역할을 수행함에 있어서 반드시 필요한 역량과 지식
- 창의적인 문제해결 방법
- 외부 제3자의 입장에서 보는 경영진의 역할 수행 정도
- 경영진의 강·약점에 대한 정보

넷째, 해결방안을 실제 업무에 적용하면서 부족한 점을 개선해 나가는 '실행단계'다.

다섯째, 멘토링이 끝난 후 일정 시점에 실제로 경영진의 실력이나 마인드 및 태도가 성공적으로 개선되었는지를 점검하는 '사후 관리단계'다.

☆ 경영진 멘토링의 5단계 프로세스

접촉단계
- 솔직한 대화를 통해 경영진의 내적 문제를 이끌어 낼 수 있는 신뢰 관계 형성
- 멘토링에 거는 경영진의 기대를 명확히 제시
- 멘토링의 목적에 대한 소개
- 현재 경영진의 강·약점 파악
- 멘토링 과정에서 멘토, 인사부서, 경영진의 역할과 책임을 명확히 설정

↓

평가단계
- 현 임원의 능력, 스타일, 장·단점을 실제 평가하는 단계(360° 평가, 1:1 인터뷰 등)
- 구체적인 문제점 파악, 양적·질적 피드백 제공

↓

피드백 단계
- 임원이 피드백 결과를 듣고 스스로 이해하고 개선할 수 있도록 구체적이고 풍부한 피드백 자료 제공. 이때 워크숍 등 회사를 벗어나 편안한 분위기 속에서 피드백 하는 것도 좋은 방법임
- 향후 개발할 부분에 대한 세부 계획을 수립한 후, 주요 이해 관계자들과 공유하면서 실행

↓

실행단계
- CEO 멘토는 경영진 육성을 위해 지도하는 역할을 수행 (액션 러닝, 롤 플레이, 사례 연구, 비디오 시청 등)
- 월별·분기별 미팅을 통해 사후 활동 실시
- 지속적으로 대화를 하면서 조직과 임원의 발전 중요성을 부각

↓

사후관리 · 모니터링
- 멘토링 활동이 종결된 후, 일정 시간이 경과하면서 성과를 재확인
- 최종성과를 보고서로 작성하여 경영진, 인사부서 등과 공유

 9. 국내기업 CEO 멘토링

지금까지 살펴본 것처럼 경영진 멘토링에는 많은 이점이 있음에도 불구하고 아직까지 국내기업에서 이를 도입할 가능성은 그리 크지 않아 보인다. 여기에는 물론 여러 가지 이유가 있겠지만 가장 큰 이유는 무엇보다 경영진의 의식에 있다. 즉 경영진의 위치에 있는 사람들은 일반적으로 산업이나 사업에 대해 어느 정도 완벽하다고 자부하고 있기 때문에, 다른 사람이 자신을 멘토링하려는 것에 대해 강한 거부감을 표시한다.

또 아직 국내에는 경영진을 전문적으로 멘토할 만한 인재나 기관이 부족하다는 점을 들 수 있다. 이러한 이유로 국내기업에서 근무하는 경영진들은 대부분 자신에게 필요한 지식이나 정보를 저명한 외부 인사들과의 개인적 교류 등을 통해 얻고 있다.

이러한 여러 가지 여건을 고려해 볼 때, 국내기업에서의 경영진 멘토링 제도의 활성화는 좀 더 시간이 걸릴 것으로 전망된다.

경영진 멘토링은 단지 눈앞에 놓인 문제 해결에만 급급해하는 경영진의 심리적 부담감을 덜어 주기 위해 실행하는 것이 아니다. 즉 경영진 멘토링의 궁극적인 목적은 경영진의 실력을 강화하고 기업이 필요로 하는 마인드와 행동양식을 주입시키는데 있다.

따라서 경영진 멘토링에 활용할 멘토는 경영자 육성이라는 큰 맥락에서 기용해야 하며, 멘토링의 활용을 가시적 사업성과로 연결하기 위해서는 제반 인재육성 제도와 전략적으로 연계해야 함으로 명심해야 한다.

또한 멘토링의 목적을 약점 및 부족한 점의 개선에만 두어서는 안 되며, 향후 잘만 활용하면 더욱 빛을 볼 수 있는 잠재적 역량을 개발하는데도 관심을 기울여야 한다.

[CEO와 멘토링 리더십 접근]

멘토링 리더십(Mentorship)이란? 현명한 조언자로서 남을 1 : 1로 도와주는 자, 즉 멘토(Mentor)의 역할을 의미한다. 여기에서 CEO 멘토십이란? 1 : 1 전담 멘토를 통해 경영진들이 직면하고 있는 여러 고민과 문제를 해결하고 실력을 개발하는 활동이다. 그러므로 CEO는 경영리더인 동시에 한 사람의 멘토가 되는 것이 바람직하다.

일류 기업이 되기 위한 요건으로 많은 사람들이 지목하는 것 중의 하나가 경영자의 탁월한 리더십이다. 의사결정의 최고책임자로서 기업의 나아갈 방향을 설정하고 조직과 사람을 관리, 리드함에 있어서 그 핵심 축이 바로 경영자이기 때문이다. 이처럼, 리더십이 기업 경쟁력을 결정하는 중요한 원천으로 부각되면서, 경영자 및 핵심인재 육성 수단으로 선진 기업들을 중심으로 활발히 운영되고 있는 제도가 CEO 멘토링 리더십(CEO Mentorship)이다.

CEO 멘토십이란 경영진들이 직면하고 있는 여러 문제들을 해결하기 위해 1 : 1 전담 멘토를 두고 문제를 상담, 조언, 해결하는 제도다. 사실, 조직에서 경영진만큼 힘들고 외로운 사람도 드물 것이다. 자신의 고민을 누구에게 애기할 수도 없고, 중요한 의사결정을 할 때 조언을 구할 곳도 마땅치 않기 때문이다. 이러한 경영진에게 심리적 안정감을 제공하고 전문성과 역량을 키울 수 있도록 조언하고 도와주는 것이 경영진 멘토십의 핵심 기능이다. 즉 경영자에게 현명한 조언자를 연결해 주는 제도다. 경영진 멘토십은 몇 주, 또는 몇 월의 일시적 교육 차원이 아닌, 몇 년 이상에 걸쳐 장기간에 걸쳐 이루어지기 때문에, 경영진들이 바람직한 태도나 행동을 습득하는 데 효과적이다. 특히, 멘토는 일선 업무 현장에서 실시간으로 지도해 주기 때문에, 바쁜 업무 때문에 자리를 비우기 힘든 경영진에게 시간적으로도 많은 이점을 제공해 줄 수 있다.

그러면 회사에서 누가 현명한 멘토를 필요로 하는가? 경영진 멘토십의 일차적 대상은 회사가 요구하는 수준의 성과를 내지 못하는 사람이다. 그러나 이 외에도 멘토가 필요한 경영진이 있다. 바로 회사에서 말하는 핵심인재다.

첫째, 경영진 위치로 막 승진한 사람이다. 경영진 대열에 들어선 사람은 이전에 경험하지 못했던 전략적 사안이나 조직 및 인력 관리 등 많은 복잡한 과제에 직면하게 되면서, 업무적으로나 심적으로 불안감을 느낄 가능성이 높다. 이들 신임 경영진이 새로운 직무에 빨리 적응하고, 성공적으로 업무를 수행할 수 있는 실력을 확보하기 위해서는 멘토가 반드시 필요하다.

둘째, 높은 성과를 내고 있는 소위 스타(Star)급 경영진도 멘토의 대상이 될 수 있다. 현재 조직에서 인정받고 있다고 해서 자기 계발을 소홀히 할 경우, 자신의 강·약점을 제대로 파악하지 못하여 현실에 안주해 버릴 수 있는 가능성이 높기 때문이다. 전문성과 신뢰성을 갖춘 멘토 확보를 위한 경영진 멘토십에 있어서 적절한 멘토의 선발은 특히 중요하다. 일반적으로 멘토는 외부의 전문가(예를 들어, 산업 전문가, 전략 전문가, 심리 전문가 등)나 내부의 성공한 선임경영진 등이 될 수 있다. 이때 멘토는 경영진이 담당하고 있는 사업 및 업무에 대한 전문성을 갖추어 신뢰감을 줄 수 있어야 한다. 그래야 경영진도 자신의 고민거리를 멘토에게 솔직히 얘기할 수 있으며, 멘토도 문제 해결 대안을 구체적으로 제시해 줄 수 있기 때문이다.

파트너로서의 멘토는 먼저 인간적인 배려를 통하여 업무촉진이라는 기본적인 기능을 간과해서는 안 된다. 그러므로 다양한 정보를 제공하고 조언해 주는 파트너로서의 역할을 수행해야 한다. 멘토는 말 그대로 조언하고 도와주는 사람이기 때문에, 경영진에게 일방적으로 문제점을 제시하고 개선하도록 강요해서는 곤란하다. 멘토는 경영진 주변에 있는 다양한 사람(상사, 동료, 부하 등)들로부터 여러 정보를 얻어 경영진이 안고 있는 문제점을 심층 파악하고, 개선 방향에 대해 조언·자문하는 역할을 해야 한다. 이러한 멘토십을 통해, 경영진이 자신의 문제점을 자각(自覺)하고 적극적으로 개선해 가는 자세를 갖도록 유도해야 한다.

또한 경영진 멘토십은 단지 코앞에 놓인 문제에 답답해하는 경영진의 심리적 고통을 덜어주기 위한 것만이 목적은 아니다. 궁극적으로 경영진의 경영 능력과 리더십을 강화하는 것이 진정한 멘토십의 목적이다. 따라서 기업은 경영진 멘토십을 CEO경영자 및 핵심인재 육성 차원이라는 큰 맥락에서 바라보고, 제반 인재육성 제도와 전략적으로 연계하여 활용해야 할 것이다. 다음은 선구적인 인재개발 기법으로 핵심인재개발 멘토링을 여러 분야에 적용하여 성공한 GE의 사례 중 3가지를 간추려 소개하고자 한다.

[GE는 어떤 회사인가?]

2001년 9월 GE 前 잭 웰치 회장은 천 3백억 불의 미국의 최고기업으로 이끌었던 CEO 자리에서 물러났다.

그가 CEO 자리를 맡았던 1981년 시절, GE는 25억 불의 회사였다. 같은 기간 동안 자본시장도 13억 불에서 4천억 불로 성장하였다. 웰치 회장 시절의 GE는 셀 수 없을 정도의 많은 합병과 인수 등 사업을 늘리고 경영리더의 역량을 키워 나가는 일에 혼신을 다했다.

어떤 경우에서든, 성공적인 비즈니스는 임직원들에게는 희망이자 꿈을 실어 준다. 따라서 조직의 리더들은 매혹의 대상이 되곤 한다. 하지만 잭 웰치처럼 언론의 조명을 받은 리더는 드물다. 물론 잭 웰치의 골프친구들인 빌 게이츠와 워런 버핏도 많은 언론의 관심 대상이었지만 그들은 잭 웰치처럼 타고난 경영자는 아니다. 빌 게이츠는 기술자이며 사업가이고 워런 버핏은 주식 등 증권 투자가다.

하지만 잭 웰치는 미국 경영의 최고의 경쟁력과 결과에 집착을 하며 사업을 번창시키는 것에 피곤을 느끼지 못하는 그렇기 때문에 남들의 두려운 대상이 되기도 하는 세계적으로 유명세를 타고 있는 경영자다.

현재 전 세계의 서점에는 잭 웰치에 관한 도서들로 북새통을 이루고 있을 정도로 그는 리더십, 경영방식, 6시그마 그리고 자서전에 이르기까지 많은 메시지를 남겼다. 미국의 Financial Time이라는 신문사에서는 그를 세계에서 가장 존경받는 인물로 4년 연속 커버스토리로 싣고 있다.

[GE 멘토링 현장 사례 3가지]

1. 우수사원개발 멘토링 – 우수사원 후보를 멘제로 선발하여 우수사원 멘토와 연결하여 멘토링함으로 진급자의 80%가 멘토링을 받는 자 중에서 나왔다.

2. 자신을 멘제로서 IT멘토링 사례 – 간부사원 600여 명을 멘제로 하고, 젊은 사원을 멘토로 IT 분야 기술을 전수받았다. 잭 웰치 자신도 멘제가 되어 37세 프라스틱 부서장한테 멘토링을 통하여 IT기술을 전수받았다.

3. 이멜트와 멘토링 – 후계자인 멘제 이멜트를 위해 1년여간 잭 웰치는 멘토로서 자신의 모든 노하우를 전이(轉移)하는 데 최선을 다하는 멘토링 관계를 유지했다.

사례1 – 우수인재 양성 멘토링

북미 지역에서 멘토링은 20여 년 전부터 체계 있는 프로그램으로 서서히 채택되면서 오늘날은 기업, 학교, 교회, 군대, 공공기관 등 모든 조직에서 일상적인 일로 받아들이고 있다. 최근에 국내에서 베스트셀러가 되고 있는 GE의 전 CEO 잭 웰치의 자서전에서도 그의 인사관리기법으로 멘토링이 활용되고 있는데 그 내용을 저자가 요약해서 소개하고자 한다.

GE의 CEO였던 잭 웰치(Jack Welch)는 "최고의 인재를 뽑을 수 있고, 최고의 인재로 키울 수 있다면 기업은 성공할 것이다"라고 인재중시의 경영을 외치면서 업무의 70% 이상을 인사관리에 집중해 왔다. 그는 특별한 인사관리기법으로 개발한 활력곡선 (Vitality Curve)을 이용하여 A급 사원으로 20%, B급 사원으로 70%, C급 사원으로 10%를 선정하여 A급 사원은 파격적인 대우를, B급 사원은 보통으로 대우를, C급 사원은 퇴출대상으로 몰아붙였다.

특히 그는 멘토링(Mentoring) 프로그램을 B급 사원을 A급 사원으로 승급시키는 데 적용하였고 A급이나 B급 사원을 진급시키는데도 필수적으로 적용시켰다. 아래 글은 그의 자서전에서 일부 발췌한 내용이다.

|잭 웰치의 멘토링 — 자서전에서 발췌|

{지난 몇 년 동안 우리는 같이 점심 식사를 하면서 엄청난 잠재력을 가진 직원들을 많이 만나게 되었다. 그들은 최고 경영진으로부터 각자 한 사람씩 멘토(Mentor)를 배정받았다. 나는 이러한 멘토링(Mentoring) 프로그램이 실질적인 혜택과는 전혀 무관한 것임을 강조해 왔다.

인재개발 방법에 관해 논의하던 중에 제품을 개발할 때 사용하는 것과 똑같은 방법을 적용하기로 결론을 내렸다. 이 경우 엄청난 잠재력을 가진 멘제(Mengrer)들은 제품에 해당했다. 그들의 지도자들인 최고 경영진의 스태프들은 이러한 제품을 개발하는 책임을 지고 있었다. 그것은 그들의 지도대상자들을 A등급 수준으로 끌어올리든지 아니면 새로운 멘제(Menger)를 찾아야 한다는 것을 의미했다.

점심을 먹으며 이러한 멘토링(Mentoring) 프로그램의 진행 과정에 대해서 자발적인 토의를 했다. 멘토(Mentor)와 멘제(Menger) 모두 엄격한 게임의 법칙을 지켜야 했다. 성과를 최우선으로 하는 GE의 문화에서는 각자가 더 높은 수준의 결과물을 도출해야 하며, 그에 의해 자신의 평가를 받을 것이라는 사실을 멘토(Mentor)와 멘제(Menger)들 양쪽 모두 잘 알고 있었다.

상급자는 그를 통해 자신의 리더십을 평가받았던 것이다. 이 멘토링(Mentoring)프로그램은 제대로 효과를 나타냈다. 1999년 진급자 중 80% 이상이 멘토의 도움을 받은 것이다.}

|멘토링 기술 5가지|

인재개발의 성공 여부는 바로 지도자의 리더십에 달려 있다. 과연 지도자급에 있는 사람들이 현장에서 소속사원을 위하여 얼마나 애정을 가지고 접근하고 있느냐가

승패를 좌우하는 것이다. 10% 퇴출사원에게는 그렇게 냉혹한 잭 웰치가 20% 우수
사원을 위해서는

"가치를 인정해 주어라.
칭찬해 주어라.
포옹해 주어라.
키스해 주어라.
보통사원의 3-5배 더 대우해 주어라. 우수사원이 퇴출한 부서장은 죄인이다"

라고 따뜻한 애정을 갖고 업무의 70%를 사람관리에 매달렸다는 것이다.

사례2 - 부하들로부터 도움 받은 잭 웰치 및 CEO들의 쌍방향 멘토링
1999년 Jack Welch 회장이 최고위간부 600명이 도움받는 멘제(연령: 30-60대)가
되고 젊은 부하직원(연령: 20-30대)이 도움 주는 멘토가 되어 인터넷, 전자상거래
등에 관하여 멘토링을 실시했다. 64세의 Welch 회장도 37세의 Pam Wickham 부장
(G.E.의 플라스틱 사업부서에서 웹 사이트 담당)을 멘토로 하여 인터넷에 관하여 배
웠다.

사례3 - 후계자 핵심 인재개발 멘토링
GE: 현명한 조언자 멘토 CEO 잭 웰치 - 후계자 CEO 제프리 이멜트
잭 웰치 CEO와 후임자 CEO 제프리 이멜트와의 관계에서 우리는 후계자 멘토링
을 주의 깊게 살피지 않으므로 잃는 것이 너무 많다. 위의 전임 CEO(현명한 조언자
멘토 역할)와 후임 CEO 사이에 오래전부터 공식, 비공식적으로 끈끈한 멘토링 관계
가 지속되어 왔음을 기록을 통해 알 수 있다. 끈끈한 멘토링 관계란 단순한 업무
(Task)에만 국한한 것이 아니고 인간관계, 리더십, 의사소통, 경험담 등 삶 전체로
두 사람의 관계가 1년 넘게 1:1로 멘토링이 이루어졌다는 것을 알 수 있다. 그러니
까 성공확률이 높은 것이다.

[GE 멘토링 현장] - 이채욱 기자: 서울경제신문 2003.07.06.
GE 의료기기 아시아 태평양 사장으로 재직할 때 도쿄에 근무하는 직원의 '멘토'
를 맡았었다. 그 일본인 사원은 각종 프레젠테이션 준비는 물론, 경력관리나 자기

상사와 의논할 수 없는 다른 회사의 스카우트 제의와 개인적인 고민까지도 내 의견을 묻곤 했다. 지금은 물류담당 중견 매니저로 일하고 있는데 장차 훌륭한 간부로 크게 성장할 재목임에 틀림없다.

멘토는 그리스의 선지자 멘토르(오디세우스가 자기 아들이 지혜롭고 현명한 왕자가 되도록 교육을 부탁했던 인물)에서 유래된 것으로 지혜와 신뢰, 존경으로 한 사람의 인생을 이끌어주는 지도자라는 의미를 갖는다.

GE의 멘토링 제도(Mentoring System)도 업무 연관성이 없는 선후배끼리 일대일 관계를 맺고 후배가 차세대 리더가 되도록 선배가 앞장서 도와주는 활동이다. 멘토는 멘제의 성장 발전, 경력개발 계획 등에 대한 지원이나 조언을 해 주고, 멘제는 비즈니스에 대한 이해, 문화나 조직의 운용 등에 대해 배울 수 있다.

멘토링 제도는 멘토와 멘제 모두에게 도움이 될 뿐만 아니라 우수 인력의 양성·유지 등 회사에도 큰 도움이 될 수 있다. 그러나 이 제도가 성공적으로 정착되려면 몇 가지 요건이 필요하다.

첫째, 멘토와 멘제 모두의 적극적인 태도, 상호 간 신뢰와 존경, 서로에 대한 철저한 비밀유지가 이뤄져야 한다. 둘째, 상호 간 합의에 의해 기대치와 책임감 등을 잘 관리해야 한다. 셋째, 멘토, 멘제 관계가 끝났을 때 서로 어떤 비방도 하지 말아야 한다.

쉬운 일이 아니지만 내 경우 멘토 역할의 장점은 상상 이상이었다. 첫째는 젊은 세대의 진솔한 이야기를 들으면서 생각을 공유할 수 있는 기회가 됐다. 둘째로 질문에 대한 답변을 하는 동안 많은 생각을 할 수 있었다. 업무상 관계에서 벗어나 있는 새 분야에 대한 정신적인 자극을 꾸준히 받을 수 있는 계기가 됐던 것이다. 셋째로 상호 토론하면서 새로운 방법을 발견했을 뿐만 아니라 내가 이해하지 못하던 부분도 알 수 있었다.

GE 코리아에서는 최근 여직원을 위한 멘토링 제도를 도입했다. 멘토링 제도는 상호 솔직한 대화로 건강한 조직을 구성하고 조직 내 젊은 세대와 기성세대와의 간극을 좁혀 줄 수 있다. 어디서든 한 번쯤 과감하게 도입해 보면 좋을 성 싶다.

멘토링 도입 및 운영 사례
(인재개발 팀 조지현 대리 HRD 기고문)

㈜태평양(대표이사 서경배)은 1945년 창립 이래 국내 화장품 산업에서 부동의 1위 자리를 지켜오고 있다. 그리고 2015년까지 화장품업계 글로벌 Top10 진입을 목표로 하고(현재 24위) 해외사업 확장 중이며(중국, 동남아, 프랑스, 미국), 이와 연계하여 인재개발 팀에서는 글로벌 인재육성을 추진하고 있다.

1. 교육과정명

태평양에서는 신입사원을 대상으로 '신입사원 멘토링 과정'을 2003년 12월 처음 도입하여 실시해 오고 있다.

2. 신입사원 멘토링 교육실시 목적

가. 신입사원(멘제)의 직무에 대한 자신감 및 회사에 대한 자긍심 함양
나. 현업의 신입사원 OJT 운영 효과성 향상
다. 지도사원(멘토)의 리더십 역량 향상을 통한 조직의 구조적인 기반강화

3. 대 상

멘제: 신입사원(수습사원 필수, 경력사원은 해당 팀장이 판단)
멘토: 해당 팀 내에서 팀장이 추천, 인재개발 팀에서 최종 승인멘토선정 기준표를
      별도 제공하여 팀장의 판단 기준에 일관성을 부여하고 있다.

4. 실시 일정 및 기간

멘토링은 기본적으로 월 단위로 실시되며, 기간은 3개월이다.

수시채용과 상·하반기 공채가 병행되고 있어서 월별 채용 규모에 따라 멘토 과정의 세부적인 운영은 탄력적으로 다져가고 있다. 그러나 채용 멘토선발 오리엔테이션 조별활동 평가로 진행되는 큰 흐름은 변함이 없다.

5. 세부진행 내용

1) 멘토 선정

신입사원이 채용되면, 해당 팀장이 멘토링 참여 여부를 결정하고(단, 수습사원은 필수 참여) 팀 내에서 멘토 자격 평가기준에 의거하여 적합한 멘토를 추천한다. 평가기준은 업무성과, 부서이해, 직무 능력, 대인관계, 조직이해, 리더십, 역할모델, 사회경험으로 세분화되어 있고 각각 5단계 척도로 평가하여 평균 3.5 이상인 사원을 멘토로 추천하도록 권장한다.

2) 오리엔테이션

멘토링 오리엔테이션은 멘토, 멘제 공통 교과목과 분반 교과목으로 나누어지는데, 신입사원 채용인원에 따라 탄력적으로 운영된다. 일반적인 오리엔테이션은 공통 분과 교과목으로 구성된 2일 과정에 멘토와 멘제가 모두 참여한다. 공통 교과목은 '멘토링의 이해', '상호 이해진단', '계획수립', '결연식'이 있다. 별도 교과목으로는 코칭 및 피드백스킬(멘토)과 상사 멘토와의 커뮤니케이션(멘제)이 있다.

해당 월에 채용인원이 너무 적어서 별도 오리엔테이션 실시가 어려운 경우는 멘토링 코디네이터의 개별 컨설팅(전화 방문)과 개인학습(도서 이러닝)이 지원된다.

연 2회 대규모 공채 시기에는 오리엔테이션이 신입사원 입문과정에 적절히 연계되어 멘토링과, 신입사원 교육과정이 통합적으로 운영되고 있다.

3) 멘토링 활동

태평양 멘토링 활동은 신입사원 업무적응을 1차적인 목표로 한다. 하지만 각 멘토링 조별 목표 수립은 팀장, 멘토, 멘제의 대화를 통하여 이루어진다.

멘토는 신입사원이 향후 담당하게 될 업무를 팀장으로부터 파악한 후, 해당 업무 수행에 필요한 요소들을 정리한다. 멘제는 자기 자신의 강점과 약점을 분석하여 개발하고자 하는 요소들을 정리한다.

멘토와 멘제는 각각 정리한 자료를 공유하고 함께 목표 우선순위를 선정하고, 세부 실행계획을 작성하게 된다. 목표와 실행계획은 팀장의 승인을 거쳐 인재개발 팀으로 보고된다. 인재개발 팀 멘토링 코디네이터는 각 조별로 활동들을 지원하고 평가한다.

4) 평　가

준비, 활동과정, 결과의 세 부분을 종합적으로 평가한다.

준비단계에서는 목표수준과 계획서의 구체성을, 활동과정에서는 계획대비 실행도와 팀장의 참여도를, 마지막으로 결과단계에서는 목표 달성도와 참여자 만족도를 평가한다. 평가 주체는 참여자 자신과, 해당 팀장 그리고 인재개발 팀의 멘토링 평가위원들 모두가 해당된다. 우열을 가리기가 무척 난해하긴 하지만, 모범사례를 보여준 조에 대해서 별도의 시상식과 함께 사례를 공유하고 축하하는 자리를 마련한다.

6. 향후 개선 과제

올해로 ㈜태평양은 멘토링을 도입한 지 3년째로 접어들고 있다. 자발적인 참여와 전 사원들의 공감대를 얻기 위하여 각종 홍보활동과 크고 작은 개선 작업들을 해 왔다. 2006년부터는 사보에 '멘토와 멘제'라는 고정섹션이 설치되어 멘토링 참여자들에 대한 인터뷰 기사를 꾸준히 게재하여 직원들의 많은 관심을 불러오고 있다.

멘토링 활동이 실질적으로 잘 이루어지고 있는지를 관찰하고 적절하게 피드백을 제공하는 부분이 여전히 미흡하다. 이를 위하여 멘토링 온라인 커뮤니티를 활발히 운영하여 입체적인 관찰과 피드백이 가능하도록 시스템화하여 운영할 예정이다. 또한 아직까지도 멘토링에 대한 팀장의 관심과 참여도가 부족한 만큼 멘토링 활동 요소요소마다 팀장이 자연스럽게 관여하도록 프로세스를 개선해 나가고 있다.

효과적인 멘토링 제도 정착을 위한 조건으로 다음 세 가지를 제시하면서 맺고자 한다. 첫째, 멘토와 멘제의 적절한 매칭 둘째, 스폰서(팀장)의 충분한 지원, 끝으로 체계적인 운영 및 평가.

내부고객만족을 위한
멘토링

3장

 ## 1. 인재개발에 우수한 멘토링

교육·인재개발·퍼포먼스(Performance)에 관한 세계 최대의 회원제 조직인 미국훈련개발협회(ASTD: American Society Of Training and Development 약 65,000명의 회원)의 2003년 멘토링 결과보고에 의하면 멘토링은 '지식경영과', '학습조직'의 두 마리 토끼를 잡는 실적을 거두었다고 발표했다. 그리고 우수한 멘토링(Superior Mentoring)에는 다음의 3단계가 있다고 말한다.

① 제1단계: 업무의 계속적 개선을 촉구하는 활동
② 제2단계: 성과 제일주의에 의거한 활동
③ 제3단계: 결과에 대해 일부를 책임지는 활동

말하자면 멘토링의 최대 목표는 일상 업무 과제에서 인간적인 배려를 통하여 최대한의 성과를 계속 유지하는 데 있으며, 이 성과를 올리지 못하는 것은 멘토링이라고 부를 수 없다는 것이다.

우수한 멘토링이란 멘토의 자생력에 의한 멘토 / 멘제의 자발적인 행동을 촉구하는 커뮤니케이션 스킬을 말한다.

멘제의 이야기를 잘 듣고 상황을 정확하게 파악하여 서로 이해할 수 있는 환경을 구축하면서 필요한 상담을 이끌어 내고, 스스로 판단하여 의사결정을 하도록 지원하여 자립과 자율과 사원의 활성화를 촉구함으로써 책임감을 심어 준다.

이와 동시에 적당한 권한을 부여(Empowering)하여 커미트먼트에 의거한 목표 관리를 함으로써 고성과의 달성(Highperfomance)과 조직의 활성화를 도모한다. 또한 우수한 멘토링을 실현하기 위한 불가결한 요소로서 기업이념, 경영환경, 전략구축, 계속적 성과의 개선과 경영자의 인재개발 전략이 중시가 된다.

■ 3단계의 활동

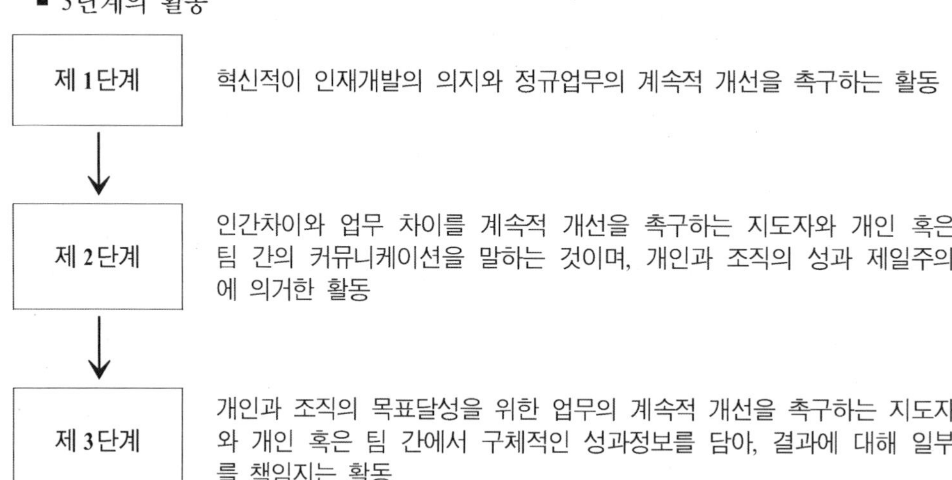

■ 우수한 멘토링의 기본개념

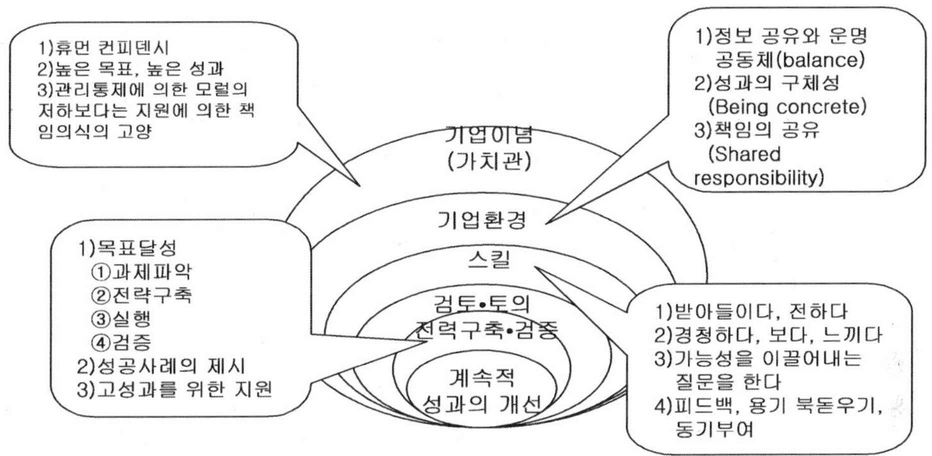

1) 일반적인 멘토링 사이클

멘토링이란 위에서 일방적으로 지시하는 형태가 아니라 당사자 의식과 자주성을 높이고 스스로 생각하면서 과제를 달성하는 길을 여는 것이다. 따라서 멘토에게는 이 프로세스를 관리하는 역할이 있다. 그 일반적인 이치는 다음과 같다.

맨 처음에는 멘제와 신뢰 관계의 구축이다. 이 첫걸음이 잘 되느냐, 안 되느냐 하는 것이 그 후의 관계를 크게 좌우한다. 다음의 목표는 SMART의 원칙에 의거하여 설정한다. 이때 개인 목표와 조직의 목표 달성의 의미를 명확하게 하고 본인의 결의와 당사자 의식을 이끌어 내어 그 우선순위를 서로 이야기한다.

다른 한편으로는 자사의 현황과 경합 상태를 잘 파악하면서 가능한 선택의 길을 도출해 낸다. 각 선택의 장단점을 충분히 검토한 다음, 가장 현실적이고 실현 가능한 소재를 선택한다.

남은 문제는 언제 실행할 것인가 하는 점이다. 이 시기를 명확히 함으로써 최종적인 결단과 합의를 이끌어 낸다. 실행 중에는 멘토링 현장의 의견과 문제점을 충분히 듣고 전후 대책을 검토한다. 성공과 실패의 원인에서 무엇을 배우고 앞으로 무엇이 참고가 되는지 확인한다.

설사 실패하더라도 앞으로의 사기에 영향이 없는지 확인하여 격려하는 것도 중요하다. 성공했을 때는 그것을 사내적으로 인지시켜 공적으로 평가한다.

그리고 다음 목표와 과제에 관해서도 서로 이야기한다. 기회 있을 때마다 다음의 도전을 촉구하는 기회를 만든다. 또 좋은 일을 할 수 있는 입장과 지위의 제공도 검토한다.

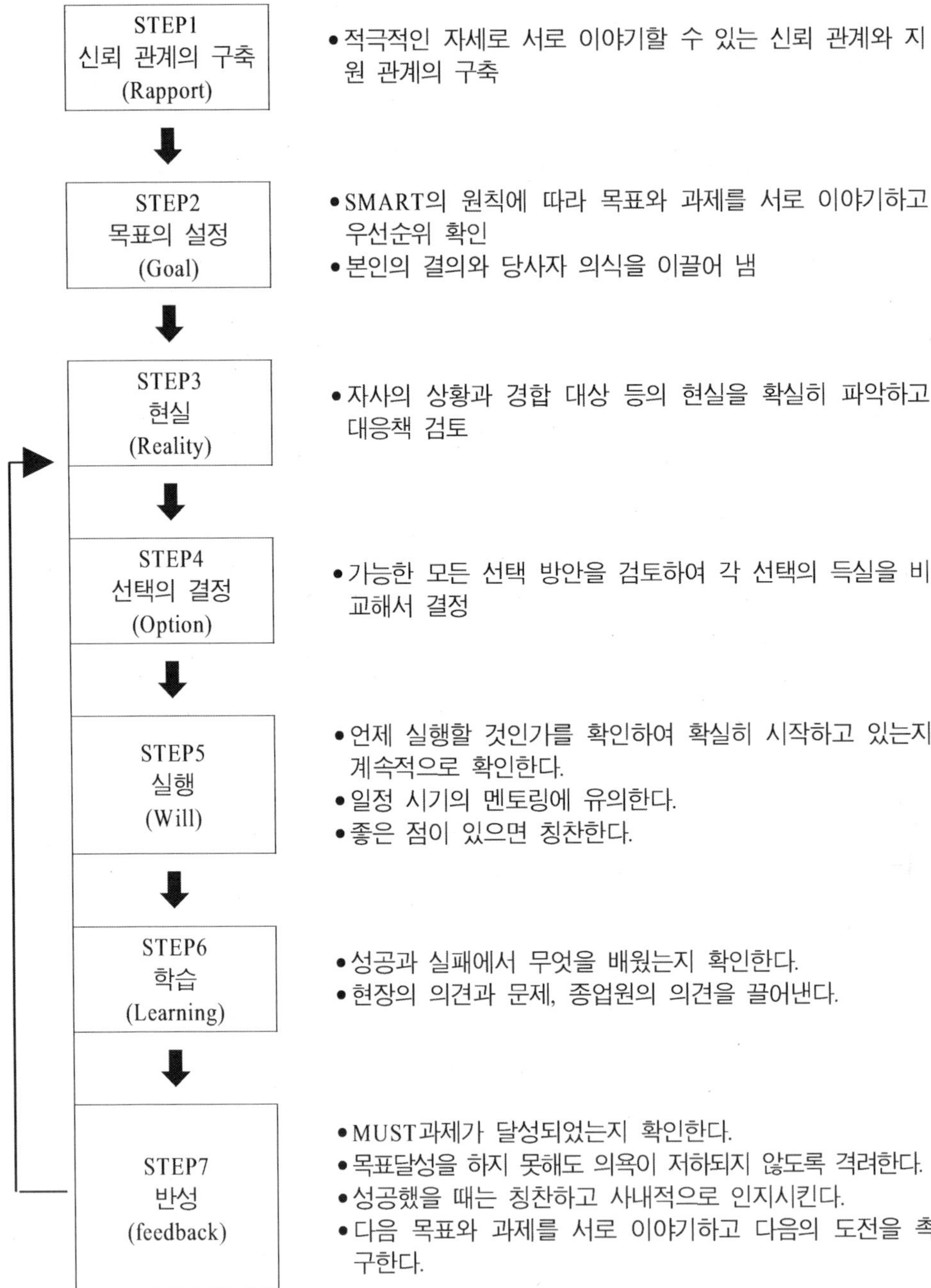

2) 경영자 멘토링 사이클

경영자 멘토링 사이클(executive mentor cycle)의 중요한 관점으로서 다음 항목에 유의할 필요가 있다.

① 목표의 설정, 가치관, 장래의 전망, 사명이 명확하고 수정할 필요가 없는가?

② 모티베이션(motivation)이 충분히 부여되어 있는가?

③ 커미트먼트(commitment)로서 해야 한다는 위기의식이 높아지고 있는가?

④ 나날이 변하는 상황 변화에 대해서 충분히 대응하고 있는가?

⑤ 각자의 능력을 충분히 개발하여 효과적으로 발휘하고 있는가?

⑥ 다른 부문에서의 활동 방향이 정해져 있는가?

이런 점을 중시하면서 진행시키는 것이 경영자 멘토링이다. 실제로 멘토링을 진행시킬 때는 회사 전체의 흐름이나 장래의 비전을 염두에 두고 효율적이고 효과적인 어프로치(approach)를 하도록 유의할 필요가 있다.

구체적으로는 "상급과 중간 관리직의 위기의식이 확고히 높아지고 있는가?", "적절한 목표 설정이 되어 있는가?", "충분한 동기부여가 이루어지고 있는가?", "커미트먼트를 할 의지가 있는가?", "충분한 노하우의 이전이 되어 있는가?", "결과에 대한 평가를 적절히 하고 있는가?" 등이다.

또한 "시장의 변화에 대해서 적절한 조치가 신속히 취해지고 있는가?", "자기중심적이고 보신(保身)적인 발상이 아니라 회사에 이익이 되는 방법으로 진행되고 있는가?" 등 기업 가치관을 명시하면서 확인하는 것도 중요하다.

| STEP1
신뢰 관계의 구축
(Rapport) |  적극적인 자세로 서로 이야기할 수 있는 신뢰 관계와
지원 관계의 구축 |

| STEP2
목표의 설정
(Goal) |  SMART의 원칙에 따라 목표와 과제를 서로 이야기하고 우선순위 확인
• 본인의 결의와 당사자 의식을 이끌어 냄
• 도전의식의 고양(高揚) |

| STEP3
동기부여 · 능력 개발
(Motivation) | 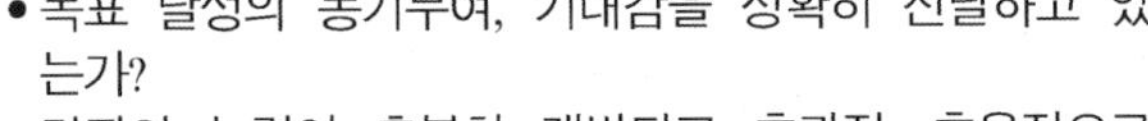 목표 달성의 동기부여, 기대감을 정확히 전달하고 있는가?
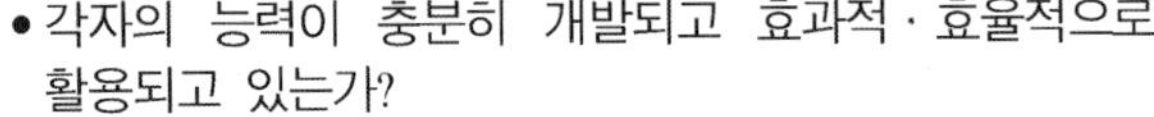 각자의 능력이 충분히 개발되고 효과적 · 효율적으로 활용되고 있는가? |

| STEP4
결의 표명
(Commitment) |  가능한 모든 선택 방안을 검토하여 각 선택의 득실을 비교해서 결정
• 실행자가 스스로 이것을 실행할 결의를 표명했는지 여부 |

| STEP5
조정 · 평가
(Evaluation) |  실행의 과정과 결과를 수시로 확인하고 조정하여 결과를 적정하게 평가한다. |

| STEP6
성공의 확인 · 이전
(Transfer) |  성공과 실패에서 무엇을 배웠는지 확인하고, 그 성과를 타 부서나 타 부문에서도 활용
• 현장의 의견과 문제, 직원의 의견을 끌어낸다. |

| STEP7
반성과 도전
(Feedback) |  목표를 달성하지 못해도 의욕이 떨어지지 않게 격려한다.
• 다음 목표와 과제를 서로 이야기하고 다음의 도전을 촉구한다.
• 최적 조직의 재구축 |

 # 2. Lynchpin과 멘토 자생력 개발법

1) Lynchin 행동유형

멘토링에 의해 어떻게 개별로 대응할 것인가를 생각할 때는, 개별대응을 하기 위한 분석 기법을 잘 이용한다. 분석 기법을 이용할 경우 자기 분석과 더불어 타인분석을 용이하게 할 수 있느냐, 없느냐가 중요한 포인트다. 어디까지나 타인을 분류, 분석할 수 있는 것이 개별 대응이기 때문이다.

분석 기법을 선택할 경우 본인은 물론이고 상대방에게 분석표를 제시하여 상세한 분석을 의뢰하지 않고는 판단이 어렵다고 하면 불편하기도 하고 사용 방법이 한정되기 때문에 주의를 요한다.

또한 멘토링에 대한 자세한 정보는 한국 쪽보다는 구미 쪽에 사례나 문헌이 많기 때문에 그곳에서 주로 사용되고 실적이 많으면 그 내용도 확실성이 높다고 하겠다.

이런 점을 고려하면 세계적으로 유명하고 사용자가 많은 다음의 두 가지 기법을 사용하는 것이 상책이다.

하나는 동기와 욕구를 중심으로 분석하는 페르조나 기법인 Lynchpin 행동 스타일이고 또 하나는 능력과 의욕을 중심으로 인재 대응 리더십의 진단 분석을 하는 SLII 리더십이다.

현재는 이 두 가지 기법을 모두 이용하여 상호 간의 특징을 살리면서 멘토링의 효과를 더욱 높이는 기법으로서 Lynchpin 등의 응용 기법도 보급되고 있다.

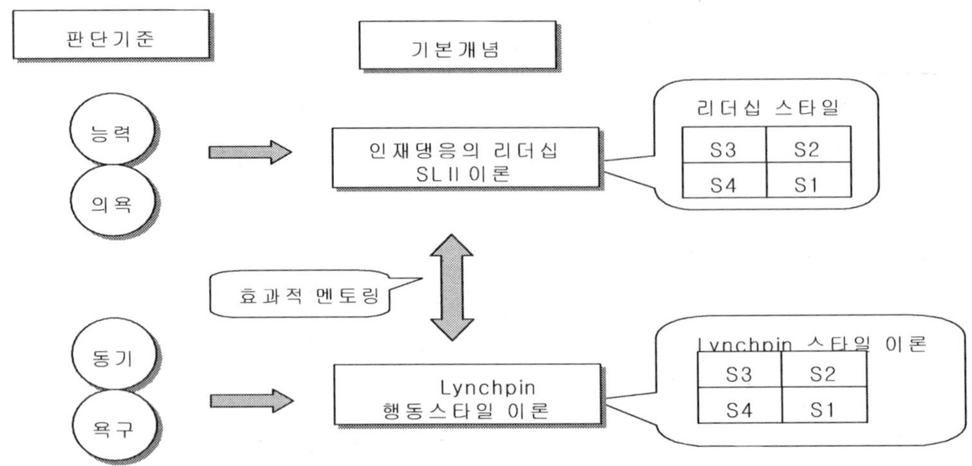

<본문주기>
※ 1: Lynchpin 행동유형 분석기법은 멘토링코리아에서 페르조나 성격유형 분석법을 참고로
    하여 개발한 것이다.

2) Lynchpin 행동 스타일별 멘토링법

이 세상에는 각양각색의 사람들이 있어 각각 다른 행동 스타일이나 <동기>, <의욕>을 가지고 있다. 그렇기 때문에 자기들의 행동 스타일을 판단하고 상대방의 행동 스타일을 판단하면 좀 더 상대방에게 적합한 멘토링이 가능해진다.

상대방의 행동을 판단하는 기법으로는 멘토링코리아에서는 Lynchpin Game을 사용하고 있다. 북미에서는 페르조나 기법이 개별 대응이 잘 소개되어 있다. 페르조나는 세계 각국에서 실험한 바 있고 많은 실증 실험이 이루어졌기 때문에 현재는 이 분석 기법이 세계적으로 활발히 이용되고 있다.

페르조나 기법을 참고로 하여 개발한 Lynchpin Game은 인간의 행동 스타일을 다음의 4가지로 분류하고 있다.

① 주도형(Dominance)　　② 우호형(Facilitating)

③ 관리형(Controling)　　④ 분석형(Analitical)

[Lynchpin행동스타일]

	속도가 빠르다 경쟁, 외향적, 자발적, 위험부담		
업무지향형 이론적 지시적 대비한다 냉정한다	**D 주도형** * 반대를 무릅쓰고 성과를 　올린다 －고집이 세다 －두려운 것: 이용당하는 것, 　자제력을 잃는 것 －원하는 것: 성과 －지향: 주도	**F 우호형** * 성과를 올리기 위해 다른 　사람을 끌어들인다 －감수성이 강한다, 낙천적 －두려워하는 것: 거절, 동의를 　얻는 일 －원하는 것: 사회적 승인 －지향: 감화	사람지향형 지원적, 개방, 따뜻함 사람지향, 감정적,
	C 관리형 * 현황을 유지하면서 업무의 　질적 향상을 도모한다. －기준이 높다 －두려워하는 것: 일에 대한 비판 －원하는 것: 정확성 －지향－신중	**A 분석형** * 임무수행을 위해서는 타인과 　협력하는 데 중점을 둔다 －인내심이 강하다 －두려워하는 것: 급한 변화 －원하는 것: 안정, 안전한 환경 －지향－안정	
	속도가 늦다 협력적, 내향적, 대응적, 위험을 피한다		

위쪽 도표와 같이 횡축에는 업무지향과 사람지향을 표시했고 종축에는 스피드, 사교성, 경쟁심, 위험부담에 대한 사고방식을 표시하고 있다. 이것은 행동스타일을 보는 데 중요한 관점이 된다.

여러분이 멘제나 가족이나 거래선 담당자의 스타일 분석도 일상시의 행동 스타일의 신중한 관찰과 응용기법의 이용으로 판정이 가능하다. 또한 이 이용에 익숙해지면 각자의 행동특성이나 말투에서 용이하게 추찰(推察)할 수 있기 때문에 실무 경험이 적은 사람도 높은 효과를 기대할 수 있다.

3) Lynchpin 행동 스타일의 판별법

Lynchpin 판별법에는 발상 방법과 입버릇에 의해 스타일을 추정하는 방법이 있다.
① D타입(Dominance＝주도형): "성과를 올리기 위해서는 무엇을 해야 하나? 그러기 위해서는 어떤 회사를 참고로 해야 하나?"가 관심사가 된다. D타입의 욕구는 현재로부터의 변화, 미지(未知)에의 도전과 그로 인한 성과의 달성, 권위나

영향력을 키우는 것이며, 이용당하는 것을 싫어하는 경향이 있다.

② F타입(Facilitating＝우호형): "저 사람이 그 회사의 사장이니까 업적이 좋은 것일까?"라는 식으로 말하는 것을 자주 볼 수 있다. 또한 마음이 통하는 따뜻한 인간관계, 사회적 인지가 높은 것을 기대하고, 남에게 거절당하는 것을 싫어하는 경향이 있다.

③ C타입(Controling＝관리형): "S사의 성공비결은 무엇인지 구체적으로 알고 싶다"고 생각한다. C타입의 사람은 확실하고 안전한 업무환경에서 성실하게 남과 협조하면서 일하는 것을 기대하며 남과 다투는 것을 싫어한다.

④ A타입(Analitical＝분석형): "S사는 왜 저런 경쟁이 치열한 분야에 진출했을까?"라고 발상하고 분석하는 경향이 있다. A타입은 룰과 규칙에 따라 관리된 업무환경을 기대하며 급격한 변화나 리스크(risk), 타인의 비판을 싫어한다.

각 타입이 어떤 욕구와 두려움을 강하게 가지고 있는지, 그 스타일을 염두에 두고 멘토를 하면 적절한 대응법, 동기부여, 업무를 맡기는 방법, 육성방법 등을 생각할 때의 귀중 힌트가 되며 효과를 높일 수가 있다.

■ 발상법과 입버릇에 따른 행동 스타일 판별법

D(주도형) What!(뭐?) What is No.1?(누가 제일이야?)	F(우호형) How?(어떻게 그런?) Who?(누가?)
C(관리형) Why?(왜?)	A(분석형) How to?(방법은?)

■ 스타일별: 욕구와 두려움의 특징

	D	F	C	A
욕구	● 도전 ● 변화 ● 선택 ● 직접적인 답	● 즐거운 활동 ● 남이 인정해주는 것(인지) ● 상세한 것으로부터의 개발	● 현장유지 · 안전보장 ● 변화에 대응하는 시간 ● 격돌이 없는 환경	● 실행을 위한 시간 ● 질이 높은 업무 ● 자신에의 지원 ● 놀라지 않는 것
두려움	● 이용당하는 것	● 거 절	● 안정을 잃는 것	● 리스크 ● 타인의 비판
제공: 멘토링코리아				

4) Lynchpin 행동스타일별 갑작스러운 사고에 대한 대응

행동 스타일에는 급한 사건이 발생했을 때, 그 전형적인 특징이 나타나는 경우가 많다. 각자의 타입의 특징을 갑작스런 사고를 예를 들어 관찰해 보자.

① D타입: 타고난 강한 심지를 발휘하여 처음부터 일방적인 위압감을 표시하면서 교섭을 유리하게 이끌려고 한다. 잘못이 상대방에 있다고 몰아치는 경우도 있다. 쌍방이 서로 닮았을 때는 일이 잘못되는 경우도 있다.

② F타입: 성격이 낙천적이라 이런 상황은 다루기 어려우므로 상대방에게 끌리는 경향이 있다.

③ C타입: 무심결에 자신의 잘못을 인정하여 발언하는 경향이 있으며 상대방에게 협력적인 태도를 보이기 때문에 사태는 비교적 빨리 수습되지만 자신의 보험으로 처리하게 될 가능성이 높다.

④ A타입: 능숙한 솜씨로 사무 처리를 하며 업무 처리 능력도 가지고 있다. 실제로 일을 하는 데 있어서 A타입의 사람이 한 사람 있으면 효율적으로 사무 처리가 진행되기 때문에 팀 형성에 있어 고려해야 할 점으로서 참고사항이 많다.

이와 같은 사고에 대한 반응 하나라도 익숙해지면 상대방의 대응을 분석함으로써 행동 스타일을 판단하기 쉬워지고 다른 발생 가능한 행동 스타일도 용이하게 유추할 수 있게 된다. 이 판단을 멘토링에 활용하면 멘토링 효과를 올릴 수가 있다.

[갑작스러운 사고에 대응자세]

대 응 사 례

D	• 재빠르게 상대방보다 먼저 차에서 뛰어나와 큰소리로 "망할 자식아 어딜 보고 운전하는 거야. 이 수리비는 어떻게 할 거야?"라고 박력 있게 말한 후 다음의 교섭을 대개 유리하게 정해 버린다.
F	• 낙천적이어서 이런 거북한 상황은 피하고 싶다. 할 수만 있다면 도망가고 싶어 하고 당황하여 갈팡질팡할 뿐, 상대방이 이마에서 피라도 나면 큰일 났다고 생각하여 "어쩌지, 어쩌지"하고 떠들 뿐 아무런 대처도 못한다.
C	• 차에서 내려 해서는 안 될 한마디를 말해 버린다. "죄송합니다!" 이 한마디로 상대방은 떳떳한 피해자가 되이 수리비는 물론 보는 것을 부담하게 된다.
A	• 서로의 과실 비율을 듣고 60 : 40이라든가 70 : 30으로 자기 쪽의 과실이 크다고 알았을 때 처음으로 사과한다.

5) Lychpin 행동스타일별 멘제에 대한 효과적 멘토링

멘제의 스타일별로 멘토링(지원 법)하는 예를 들어 봅시다.

① D타입의 멘제

무의미하거나 쓸데없는 화제는 삼가고 단도직입적으로 용건을 말한다. 최초에 기본 방침을 확인하면서 그에 맞는 선택을 하여 이것이 얼마나 성과를 올릴 수 있는지 확인하면서 검토를 촉구한다. 또 성공했을 때 상대방의 평가가 얼마나 높아지는지 분명하게 전한다.

② F타입의 멘제

풍부한 화제로 친근감과 신뢰감을 더하면서 충분한 시간을 두고 대화를 나눈다. 좋은 점은 면전에서 철저하게 칭찬하고 인지를 촉구한다. 또한 업무 이외의 공통 화제를 갖도록 노력한다.

③ C타입의 멘제

갑작스러운 변경은 피하면서 팀에 끼친 공헌은 극구 칭찬한다. 바람직한 결과를 달성하기 위해 타인과 협력의 기회를 제공한다. 변경 사항이 있을 때는 정확히 조직적으로 하나하나 순서를 변경해야 하며, 상세한 지시와 그 보증을 약속하면서 문제점과 걱정을 없애 준다.

④ A타입의 멘제

상세한 정보를 제공하고 자신들의 경험을 말할 기회를 준다. 업무 취지의 체계적 이해를 촉구하고 기대하는 책임 범위를 명확히 하여 적절한 업무수행의 순서를 지도한다. 일의 내용에 대해 비판하는 말은 되도록 피하는 것이 좋다. 또한 신중파니까 화합의 준비에는 충분한 시간을 주도록 하자.

# 3. 내부사원 만족주는 의욕적 멘토링

멘토링을 진행시킬 경우 신입사원, 신인, 중견사원, 베테랑 사원은 전혀 다른 지도법과 지원법이 필요하게 된다. 그렇기 때문에 상대방의 능력과 의욕에 맞춘 적절한 리더십 이론으로 확립된 SLⅡ를 이용하면 능력과 의욕에 맞는 보다 적절한 지도와 지원을 어떻게 진행시켜야 하는지 명확해진다.

여기서 구미에서 보급되고 있는 켄·블랜차드의 SLⅡ를 멘토링에 활용하는 기법을 소개한다. SLⅡ를 활용하면 자립과 자율에 대한 과정을 명확히 파악하면서 적절한 지도와 지원이 가능하게 된다(또한 이 책에서는 SLⅡ 용어를 멘토링의 순조로운 활용을 목적으로 일부 달리 부르고 있는 것이 있다).

인재 대응 SLⅡ 리더십 모델에는 4가지 타입의 리더십 스타일이 있다. 이 모델에서는 멘제에 대한 지시적 행동(업무 지시와 그 관리)과 지원적 행동(멘토링을 중심으로 한 지원활동)의 두 가지로 나누어, 이들을 적당히 혼합하면서 진행시킨다.

SLⅡ에서는 횡축에 지시 활동을 종축에 지원 활동을 표시한다. 또한 개발 수준을 나타내는 D1(신입사원), D2(신인), D3(중견사원), D4(베테랑 사원)까지의 4단계 과정을 통하여 자립을 향한다고 생각하고 개발 수준을 D1부터 D4까지 서서히 끌어올릴 것을 목적으로 하고 있다.

각 수준으로 끌어올리기 위한 리더십 스타일은 각각 S1부터 S4라 부르고 있다.

[4가지 리더십 스타일]

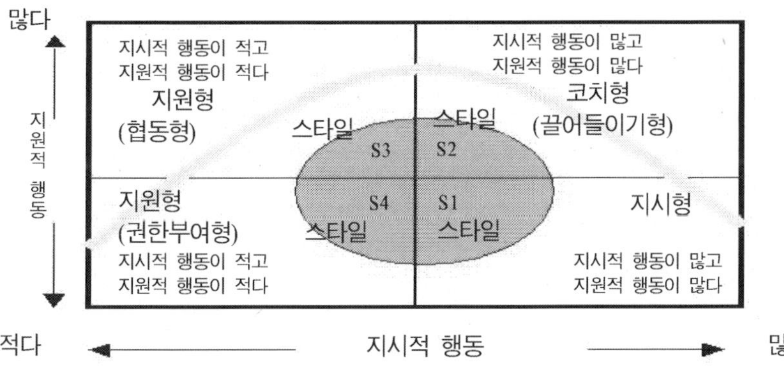

개발수준	D4 베테랑 사원 자립해서 성과를 올리는 사람	D3 중견사원 유능하나 조심스럽게 성과를 올리는 사람	D2 신입사원 의기소침한 학습자	D1 신입사원 열심히 하는 초심자
능력 · 만족곡선				능력곡선 만족곡선
권한의 정의 최적의 지도법	S4 위임형 (권한부여형) 모든 것은 스스로 결정	S3 위임형 (협동형) 서로 상의하여 협동하여 결정	S2 멘토형 (끌어들이기형) 서로 상의하여 리더가 결정	S1 지시형 모든 것을 리더가 결정

〈본문 및 도표주기〉

1) 신입사원 육성의 목표

① 지시를 기다리는 족속(D1)에서 스스로 생각하는 인재(D2)로

신입사원에게는 S1에 의하여 최초에는 지시 중심의 지도로 업무 체험을 쌓게 한다. 그 지도의 주 포인트는 목표(goal)의 명확화이며, 무엇을 하고 있는지 의식시켜 앞으로의 학습의 방향성을 계획으로 수립시키는 것이다. 여기서는 익숙해진 단계에서 빨리 S2로 진행시키는 것이 중요하다. S2의 단계에서 특히 유의할 점은 자신이 담당자라는 사실을 인식시켜 당사자 의식을 높이는 일이다. 기회가 있을 때마다 그 배경과 상황을 설명하면서 문제점을 스스로 해결하는 습관을 붙인다. 당사자 의식을 강화함으로써 종래의 지시를 기다리던 족속으로부터 스스로 생각하는 인재로 전환시킨다. 이것이 순조롭게 진행되면 자기 나름대로 생각하고 행동하려고 한다만, 처음에는 장애나 실패로 자신을 상실하는 일도 있다. 이 과정에서는 실패했을 때의 지원 행동(멘토링)이 중요하기 때문에 피드백에 중점을 두도록 한다.

② 스스로 생각하는 인재(D2)로부터 제안형 인재(D3)로

다음 단계는 스스로 제안이 가능한 인재인 D3의 육성이다. D2 수준에서 D3 수준으로 전환을 진행시키기 위해서는 빨리 S3의 지도법을 도입하는 일이 중요하다.

여기서는 멘제가 중심이 되어 기본 제안을 정리하고 그것을 협동해서 결정한다. 실행자는 어디까지나 담당자다. 실패와 성공을 경험함으로써 실적을 쌓고 자신을 붙여 본격적인 자립이 가능해진다. 이 기간 동안의 지원 행동으로 자립할 수 있을 것인지, 아니면 자신을 상실하여 다른 길로 갈 것인지가 결정된다.

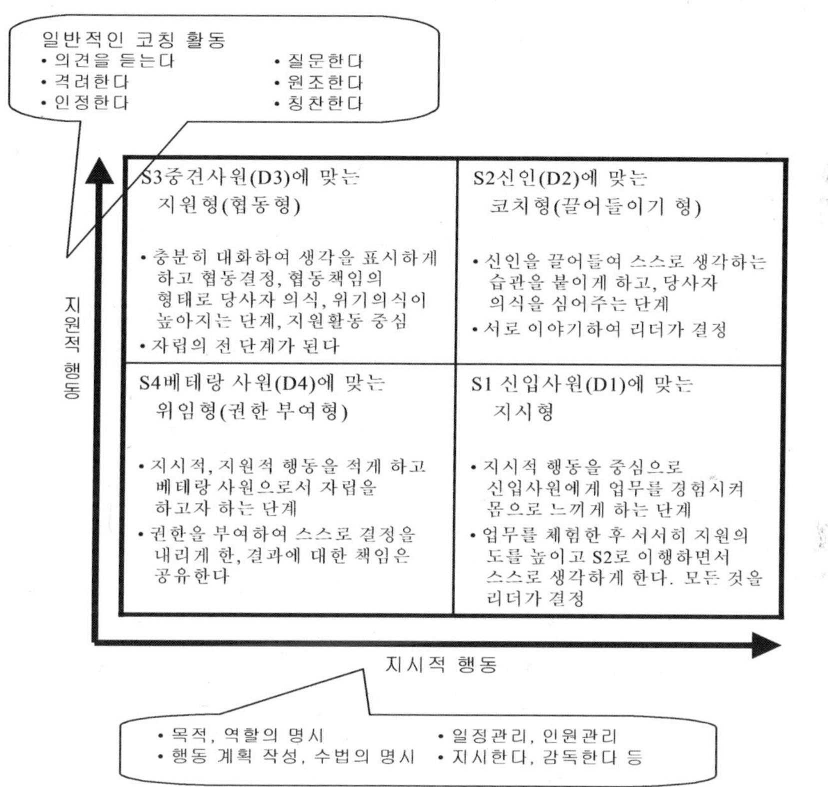

2) 중견사원, 베테랑 사원 육성의 목표

① 제안형 인재(D3)에서 자립형 인재(D4)로

S3의 지도법을 시작한 지 어느 정도 지난 단계에서 그 진행상황을 확인한다. 자기 자신 나름대로 업무를 추진할 수 있고 진보가 보이면 최후의 D4의 베테랑 사원을 목표로 하여 S4의 지도법을 시작한다. 과거의 실적으로부터 자신을 가지고 있는 분야를 중심으

로 하여 S4의 지도법을 시작한다. 과거의 실적으로부터 자신을 가지고 있는 분야를 중심으로 권한의 부여를 진행하여 스스로 처리할 수 있는지의 여부를 시험에 보는 것이다.

이 단계에서 유의해야 할 것은 주위로부터의 인지를 어떻게 높이고 그 성과에 대해 공정하게 평가를 하는 것이다. 적절한 동기가 없으면 애써 육성한 인재도 전진하는 것을 신중하게 생각하게 된다. 또한 끊임없는 도전이 가능한 지위도 생각할 필요가 있다.

기존의 연공서열의 기업풍토에서는 D3에서 D4로 끌어올리면 상사 자신의 갈 곳이 없어지는 것을 우려하여 의식적으로 육성시키지 않는 경우가 종종 있었다. 그러나 성과주의로 전환될 앞으로는 우수한 인재를 육성할 수 있느냐의 여부가 경영자나 리더로서의 중요한 평가포인트가 될 것이다. 또한 앞으로는 상사에 의한 일면평가로부터 동료·멘제까지 포함한 다면평가의 시대가 될 것이므로 동료나 멘제로부터의 평가가 앞으로의 중요한 체크 포인트가 된다.

능력은 업무 내용, 직종, 업종에 따라 달라지므로 모든 것에 있어서 D4(베테랑 사원)인 경우는 드물다. 단 한 가지 분야에서 D1(신입사원)로부터 D4(베테랑 사원)에 도달한 사람은 다른 분야에서도 D4에의 도달이 비교적 쉽다. 따라서 멘제의 능력 진단도 업무 내용별로 실시하는 것이 중요하다.

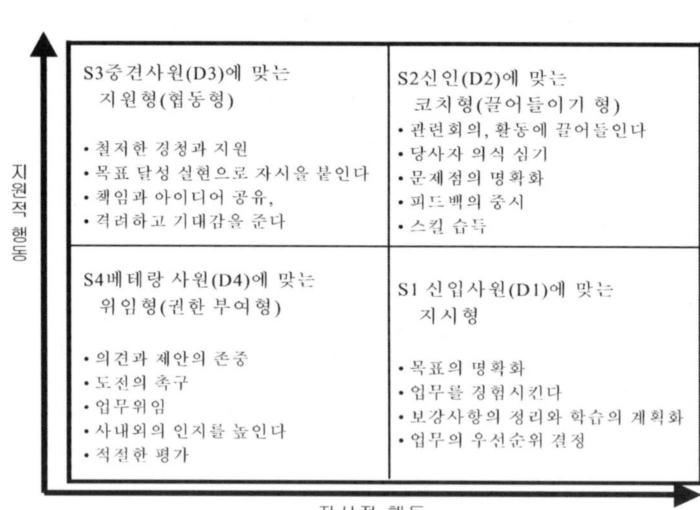

제도적 멘토링 운영으로 '신입사원 빠른 정착' 성과
(인력개발 팀 안해정 과장 월간 HRD기고문)

1924년 설립돼 설탕, 밀가루, 식용유 등의 식품군을 비롯해, 엔지니어링 플라스틱 등 화학소재, 의료용구 등 8개 사업부와 8개의 계열사를 거느리고 있는 삼영그룹은 80년대 중반 이후부터 QC, TQM, TOP, 관리 혁신, ERP, CRM, KM 등 다양한 변화관리 활동을 성공적으로 진행해 왔다.

그러나 이러한 하드웨어적 변화관리만으로는 글로벌 경쟁력을 확보하는 데 어려움이 있다고 판단해 왔다. 이른바 한 명의 인재가 10만 명을 살리는 'war for talent'의 시대를 대비하기 위해서는 신입사원의 조기정착 및 체계적인 육성을 통해 핵심인재로서의 육성이 요구됐고, 이에 삼양은 지난 2002년부터 신입사원을 대상으로 멘토링 제도를 도입, 운영해 오고 있다.

삼양의 신입사원 운영체계는 다섯 단계로 진행 되는데, 마지막 단계가 멘토링이다.

입사 전 교육 (3주)	→	입문과정 (1주)	→	배치 전 OJT (1주)	→	배치 후 OJT (3주)	→	Mentoring (12주)

멘토링 Process

삼양의 멘토링은 '역량향상'과 '안정된 생활 유도'라는 두 가지 목표를 가지고, 지난 2002년 8월부터 전 계열사 신입사원을 대상으로 시행하고 있다. 2002년 신입사원 26명과 선배 사원 26명이 멘토링 커플이 되어 참여한 1기 멘토링을 시작으로 2, 3기를 성공적으로 실시하고, 현재 4기와 5기 멘토링이 진행 중이다.

멘토링 활동은 4~10년차 선배 사원으로 구성된 멘토와 신입사원인 멘제가 1 : 1로 매칭돼 1년 동안 공식 / 비공식 멘토링 활동을 하게 된다.

선발과 커플매칭

멘토는 삼양에 만 3년 이상 근속한 선배사원 중에서 충성심(Loyalty)과 청렴도(integrity)가 높고, 업무 및 역량 수준, 대인 관계와 리더십이 뛰어난 사람들을 위주로 COO(Chief Operation Officer, 최고운영책임자)의 승인을 얻어 선발한다.

선발된 멘토pool은 교육을 통해 멘토링 제도를 이해하게 되며, 발대식에서 커플을 매칭하게 된다.

커플 매칭은 크게 세 가지 원칙을 따르고 있다. 첫째, 대면 멘토링 활동을 원활히 수행할 수 있도록 동일 지역 근무자를 우선으로 하고 있으며(Same Area), 둘째, 다양한 인적 네트워크를 확보하고, 업무 지도를 목적으로 하는 OJT와의 중복을 피하기 위해 동일 팀을 피하고 있으며(Different position), 마지막을 가급적 동성 간의 커플매칭(Same Gender)으로, 이 원칙은 상황에 따라 유연하게 적용하고 있다.

멘토링 활동

멘토링 발대식을 통해 교육을 받은 커플은 1년 동안 공식 / 비공식 멘토링 활동을 하게 된다.

커플이 매칭되면, 커플은 상호 협의하여 멘토링 목표와 활동계획을 수립하며, 수립된 목표와 계획에 따라 공식 / 비공식 활동을 시작한다.

특히, 매월 15일은 'Mentoring Day'로 정해 멘토링 활동을 독려하고 있으며, 커플에게는 매월 10만 원의 멘토링 활동 지원금이 지급되고 있다. 활동 직후에는 멘토가 주관하여 활동 내역을 멘토링 홈페이지를 통해 기록하게 되며, 인력개발 팀은 이러한 활동 기록 내용을 바탕으로 멘토링 활동을 모니터링하고, 매월 활동이 우수한 한 커플을 '이달의 우수 멘토링 Champion 커플'로 선정해 포상하고 있다.

멘토링 활동 모니터링

2005년 7월 종료한 3기 멘토링을 모니터한 결과, 멘토링 커플의 평균 미팅 횟수는 월 2~3회 수준이며, 1회 미팅 시 소요시간은 1~2시간 정도인 것으로 나타났다.

멘토링 목표는 대부분이 멘토와 멘제의 합의에 의해 결정됐고, 과반수 정도가 기초 설정한 목표를 달성한 것으로 조사됐다. 이성(異性) 멘토링 커플 매칭에 대해서는 대다수가 중립 또는 부정적 견해를 나타냈다. 이와 함께 보안해야 할 이슈로 공식적으로 멘토링 활동 이외에 소그룹 규모의 다양한 멘토링 프로그램의 개발과 해당 팀장의 보다 적극적인 관심이 필요하다는 데 의견이 모아졌다.

활동 평가

멘토링 활동은 멘토링 활동과 만족도 수준에 의해 평가된다. 우선 활동 평가는 공식 행사 및 교육의 참여도와 활동일지의 작성 수준을 바탕으로 평가하며, 이달의 우수 멘토링 챔피언 등에게는 일정 수준의 가산점을 부여하고 있다. 만족도 평가는 멘토의 만족도를 가장 크게 반영하고(30%), 멘제의 팀장이 평가하는 멘토링 활동의 효과성(10%), 멘토의 팀장이 평가하는 멘토링 활동의 효과성(10%)을 반영하고 있다(그림 3참조).

활동 평가(50%)	만족도 평가(50%)
공식행사 참여도 이달의 멘토링 챔피언가산점 활동일지 작성도	멘제 만족도 멘제 팀장 만족도 멘제 팀장 만족도

멘토링 종료 후 우수사례 공유

1년간의 멘토링 활동이 종료하면, 종료식을 실시하고 있다. 종료식에서는 평가 결과를 바탕으로 우수 커플을 포상하고, 우수 사례를 공유한다. 또한 활동이 우수한 멘제들은 향후 잠재적인 멘토 풀로써 관리되며, 실제로 지난 2002년 실시한 1기 멘토링에서 우수한 활동을 보여준 멘제들은 현재 5기의 멘토로 활동하고 있다.

멘토링 도입 효과

멘토링을 실시한 이후, 신입사원이직률이 낮아졌으며, 회사에 대한 만족도는 상승했다. 멘토의 도움을 받아 신입사원은 사내에서 일어나는 갈등과 관리와 CDP 계획, 역량개발 계획을 효율적으로 실천해 나아가며, 더불어 인적 네트워크를 키워 나가게 된다. 또한 멘토로 활동한 선배 사원들은 멘제와의 대화를 통해 스스로 리더십을 형성해 나가는 훈련을 하게 된다.

이러한 활동을 통해, 결국 회사는 신입사원의 조기 전략화와 중간관리자의 리더십 향상이라는 두 가지 큰 소득을 얻을 수 있었다.

멘토링 이슈

신입사원 멘토링이 꾸준히 자리를 잡아가고 있지만, 아직 멘토링의 객관적 평가제도의 개발과 효과성의 측정은 지속적으로 해결해야 할 과제다. 또한 이를 확대하여 핵심 인재나 팀장 후보군에 대한 확대가 꾸준히 논의되고 있다.

외부고객만족을 위한 멘토링

4 장

　예전의 고도 성장기는 물건을 만들기만 하면 팔리는 생산자 지향의 시대라고 하여 어느 회사나 매출 지상주의 아래 강매 세일즈도 빈번했던 시대다.

　그러나 1990년대 들어 경기가 장기 불황에 빠져 있는 상황에서는 소비자나 생활자(生活者: 사람다운 생활을 적극적으로 영위하는 사람)를 지향하는 경향이 강해지고 소비자나 생활자의 다양한 욕구를 개별적으로 대응하면서 솔루션(Solution: 고객들의 불만, 욕구 해소) 비즈니스를 전개하는 움직임이 늘어났다.

　특히 미국시장에서는 매출을 중시하는 쪽에서 이익을 중시하는 쪽으로 전환하는 경향이 뚜렷하여 무턱대고 시장 확대나 신규 고객 확보에 대량 투자를 하기보다는 기존의 단골고객을 유지하거나 보호하는 정책을 추진하여 이익률의 개선을 도모하는 고객평등(Customer Equity) 전략을 도입하는 기업이 증가하고 있다.

　이것은 "전체 고객의 20%를 차지하는 주요 고객이 회사 이익의 80%를 창출한다"는 <80대 20 법칙>이 주목을 받고 기존의 단골고객을 중심으로 한 투자를 우선시하는 고객 유지에 힘을 쓴 결과다.

　게다가 이탈고객을 묶어두는 비용은 신규고객 확보에 필요한 비용의 5분의 1밖에 되지 않는다는 것이 미국에서의 정설로써 고객 이탈을 5% 감소시키면(다시 말해서 20%의 고객 이탈을 15%로 줄이면) 이익을 두 배로 늘릴 수 있다고 한다. 이러한 결과는 업계에 따라 각각 다르지만 한 크레디트 회사에서는 75%에서 125%의 이익이 증가했다는 보고도 있고 은행에서도 약 85% 매출이 증가했으며, 그 밖에 증가율이 낮은 곳에서도 25~30%의 이익이 증가한 것으로 나타나고 있다. 이러한 결과가 주목을 받아 미국에서 고객의 생산 가치에 관한 연구가 진행된 것이다.

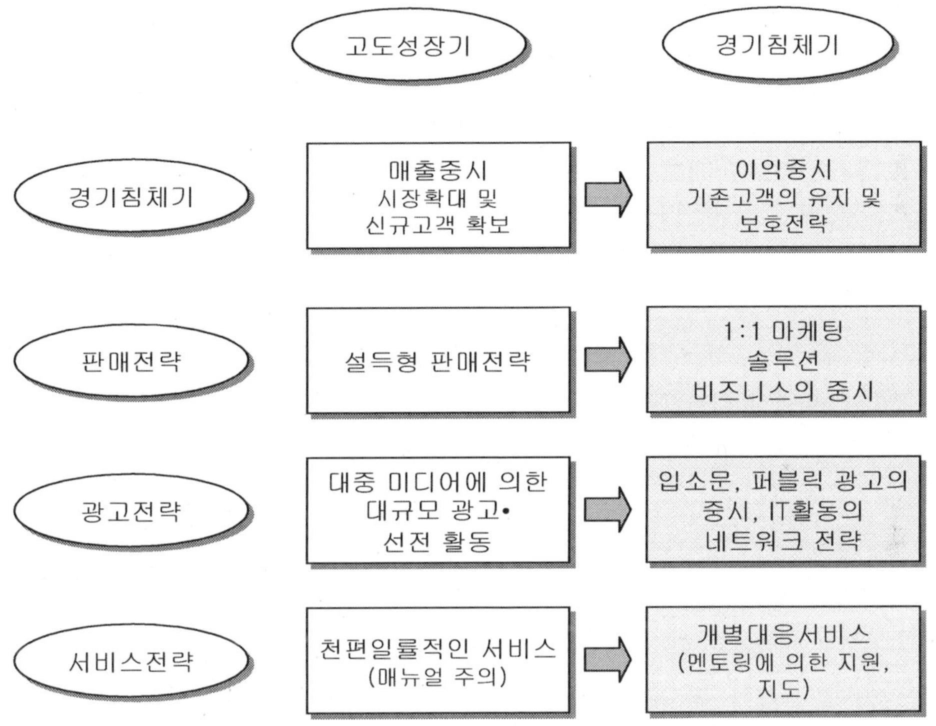

리츠칼튼호텔을 비롯한 우량 호텔의 레스토랑에서 일어날 수 있는 대화를 가정하여 멘토링 사례를 작성했다. 그중에서 주목해야 할 것은 레스토랑에 일단 예약이 들어오면 과거의 내점(來店) 데이터를 참고하여 지난번의 주문 내용과 취향, 음료수의 종류를 파악하며, TPO(Time, Place, Occasion): 시간, 장소, 상황에 따라 복장이나 행동, 말을 구별할 필요가 있다는 사고방식에 맞추어 고객에게 추천을 하는 것이다.

고객의 취향과 레스토랑의 추천 요리가 맞아떨어지도록 어느 정도 세심한 배려를 할 수 있느냐가 중요하다. 이러한 것을 당연하다는 듯이 행하는 긍지를 각 웨이터들에게 어떻게 심어줄 것인지가 기본 과제다. 따라서 멘토링의 마음은 어떻게 하면 고객에게 기분 좋은 배려를 해 줌으로써 고객 자신이 훌륭한 서비스를 받고 있다는 느낌이 들 수 있도록 대화를 나눌 수 있을까 하는 데 있다.

웨이터: 김 사장님 내외분, 어서 오십시오.
김 사장: 오늘은 결혼 20주년 기념일이어서 아내와 함께 들렀네.
웨이터: 정말 축하드립니다. 그러면 오늘은 특별 메뉴를 서비스 요금으로 모시고
　　　　싶은데, 늘 드시던 양식으로 괜찮으시겠습니까?
김 사장: 그러지 뭐, 이 집 스테이크는 일품이니까. 당신은 무엇으로 할 거지?
웨이터: 특산품 마쯔자까 소고기에는 이 보르도 레드와인이 어떠신지요? 이 와인
　　　　은 약간 쌉쌀한 맛이 있어 요즘 인기가 대단하지요.
김 사장: 라벨 좀 보여주게나. 음, 꽤 괜찮은 것 같군.

의견-

중요한 점은 동일한 시선으로 친근감 있고 신뢰가 가는 대화를 할 수 있는가 하는 것이다. 따라서 과거의 데이터를 충분히 활용함으로써 오늘의 내점 목적에 맞춰 고객의 입장에서 선택하고 제안하는 것이 기본이다. 이처럼 신뢰가 가는 대화와 TPO를 명심하자.

■ 서비스의 개요
① 고객의 이름을 불러 친밀감을 보여주며 1 대 1 대응으로 맞이한다.
② 전화는 반드시 벨이 3번 울리기 전에 받고 자기 이름을 밝힌다.
③ 객실이나 레스토랑도 고객의 취향을 잘 기억하고 있다가 그 손님이 다시 찾았
　　을 때는 그 데이터를 활용하여 수준 높은 서비스를 제공한다.
④ 고객을 기다리지 않는 합리적인 체크인과 체크아웃, 예를 들어 입구에 설치되
　　어 있는 모니터를 보면서 미리 준비를 하기 때문에 각 객실에서는 전자 체크
　　아웃을 가능하게 해 준다.

■ 다시 찾는 고객에게 달라진 점을 느끼게 해주는 리츠칼튼호텔의 서비스
리츠칼튼호텔 서비스의 기본 방침은 단골고객이 이 호텔을 다시 찾고 싶은 마음이 들도록 하는 서비스이기 때문에 이용횟수가 적은 손님들에게는 그 내용의 진실감이 별로 느껴지지 않을 것이다.
또 개성 있고 까다로운 고객을 중심으로 최선책을 구축하고 있기 때문에 특히 말

이 통하지 않아 별 불만을 얘기하지 않는 일본인 여행자들에게는 그 차이점을 느끼기 어려울지도 모르겠다.

 1. 고객 유지도를 높여주는 멘토링

앞에서와 같이 고객 감소율을 조금만 줄여도 기업 전체의 이익을 크게 높여준다고 하는 사고방식이 화제를 불러일으켜 그 구조를 분석한 연구 결과가 <Customer Equity>라는 제목을 발표되었다.

그 내용 중에는 고객 가치를 최대화하는 3대 요소로서 가치평등(Value Equity)과 상표평등(Brand Equity), 고객유지평등(Retention Equity)의 3가지를 들고 있다. 그중 고객유지평등(Retention Equity)은 제품이나 서비스 내용의 객관적, 주관적 평가와는 상관없이 고집하는 경향을 보이며 이러한 추세에 크게 영향을 미치는 것이 고객과의 관계성으로 고객 밀착도라고 할 수 있다.

이 고객 유지도를 높여주는 데는 다음과 같은 5가지 프로그램이 있다.
① 포인트 제도로 대표되는 고객 충성도 프로그램
② 백화점의 VIP 카드로 대표되는 특별 할인 서비스
③ 친근감 있는 이벤트나 프로그램과 연계한 화합(Affinity) 프로그램
④ 할리데이비슨으로 대표되는 소비자그룹을 형성하는 공동체 프로그램
⑤ 아마존닷컴에서 볼 수 있는 고객의 기호 특성을 반영한 서비스를 제공하는 지식 축적(knowledge Building) 프로그램

그러나 이러한 각종 특별 할인이나 세일보다 더 효과적인 것이 비금전적 이익으로 다음과 같은 것들이 있다.
① 고객으로서 자기 이름이 불려지는 것

② 판매원에게 정중하게 대접받는 것
③ 고객 불만에 대해 신속하게 대응해 주는 것

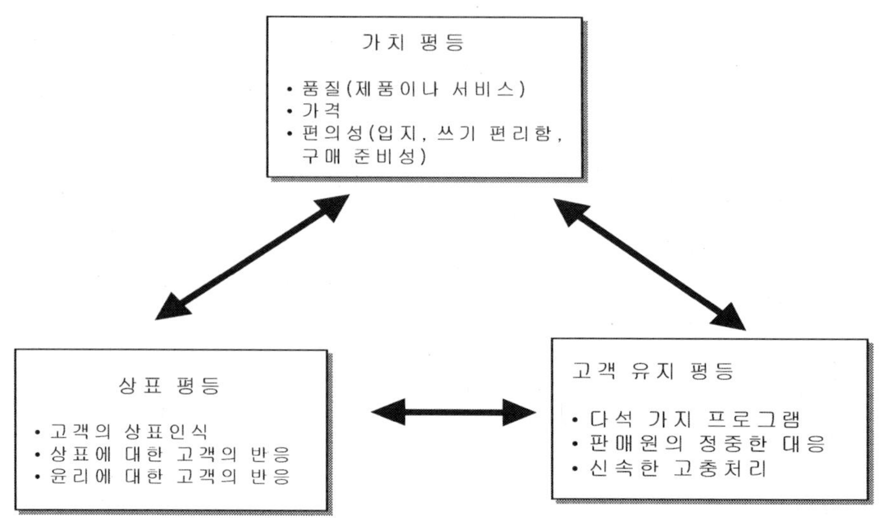

　고객만족으로 이익률 증대를 이룬 전형적인 성공 사례가 사우스웨스트항공이다. 그런데 사우스웨스트항공이 성공할 수 있었던 최대의 요인은 사람에 대한 투자였다. 신뢰할 수 있는 서비스를 창조해 내기 위해 현장의 관리직이 직원들을 격려하고 지도하면서 철저하게 이야기를 해주며 회사가 직원들의 성장을 도와준 것이다.

　수많은 항공회사가 관리직 수를 줄이고 있는 데 반해 사우스웨스트항공에서는 관리직 전원이 플레잉 매니저(Playing Manager)로서 다른 직원들과 함께 일을 하면서 지원 활동을 하고 있다.

　이 회사는 인재의 채용과 훈련에 다른 어느 항공회사보다 많은 투자를 하고 있다. 말하자면 사람을 중시하는 기업 풍토가 고객에 대한 우정어린 서비스를 가능하게 한다는 것이다. 따라서 멘토링은 사람을 중시하는 기업 풍토의 조성에 크게 공헌한다. 사우스웨스트항공을 비롯하여 성공한 기업들의 기업 발전 사이클을 나타내보면 다음과 같다.

① 채용과 선택
② 직원 만족
③ 고객만족과 고객 충성도 향상

④ 이익 증대와 매출 증대
⑤ 주가상승과 주주만족
⑥ 증자와 기업의 성장

　기업풍토상 관리직이 직원에게 경의를 표하는 습관이 있으면 직원은 자연히 고객에게나 후배에게도 이와 같은 태도로 대하게 된다.
　하루 비행시간이 업계 평균인 8.6시간을 훨씬 초과한 11.5시간이고 사원 일인당 대응 고객 수가 업계 최고인 2,400명(2위가 1,200명)이나 되는데도 불구하고 이직률은 연간 7%에 지나지 않는다. 노동 조건이 가혹한데도 안정성이 업계 1위이며 이익률 또한 단연 톱을 자랑하고 있다.

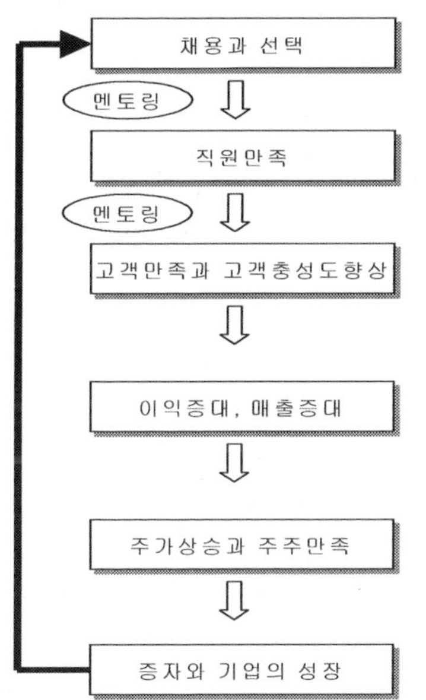

- 동일한 가치관의 인재를 채용하여 철저한 교육 실시
- 적극적인 멘토링으로 멘토링 풍토화가 진행되고 동기부여가 강화되어 정착률과 생산성, 윤리가 향상됨
- 사람을 중시하는 기업풍토에 의해 고객에 대한 서비스 품질의 향상과 고객만족의 개선, 고객 충성도의 향상을 꾀함
- 고객만족의 개선과 함께 고객 충성도가 향상됨에 따라 이익과 매출이 증대됨
- 주가상승에 따른 주주만족 증대
- 기업가치 상승　　　　　　　　　　・자금조달 용이
- 시장으로부터의 자금조달로 증자를 하고 직원을 늘리며 사업을 확대함

2. 효과적인 세일즈 멘토링

한때 강매형태의 판매 경쟁이 과열됐던 적도 있지만 소비자들의 판단 능력 향상과 정보의 범람으로 인해 이러한 판매에 대해 취사선택을 할 수 있는 능력이 향상된 요즘은 고객의 욕구를 정확히 파악한 다음 솔루션 비즈니스에 착수해야 한다.

따라서 고객만족을 실현시키기 위해서는 자사 표준상품을 떠안기거나 재고품을 강매하는 것에서 탈피하여 고객의 다양한 욕구를 이해한 다음 문제해결에 대한 대응을 시험해 볼 필요가 있다.

또 매출 증대를 목표로 하기 위해서는 고객만족을 추구하는 동시에 고객에 대한 세일즈 멘토링이 기본인데, 이러한 세일즈 멘토링의 기본 과정은 다음과 같다.

① 신뢰 관계 수립
② 방향성 명확화
③ 선택 방법 제시
④ 불안감 해소
⑤ 상담 정리
⑥ 단골고객 유지

세일즈 멘토링은 경청하는 자세로 고객의 욕구를 이끌어 내는 것으로부터 시작한다. 아울러 세일즈 멘토링은 경영 기술이 아니라 세일즈가 잘 진행되도록 하기 위한 지원 활동이며 지속적인 고객만족을 약속받는 시스템 구축이라고 할 수 있다. 무조건 강매할 것이 아니라 구입 후의 성과에 대한 이미지를 충분히 부여함으로써 현실과의 갭(Gap)을 줄여나가는 것이다.

중요한 점은 단 한 번의 주문이 아니라 지속적인 단골고객으로 삼는 것으로 그렇게 하기 위해서는 고객의 불안감을 해소해 주면서 어떻게 하면 고객의 신뢰감을 얻을 수 있을까에 대해 최우선 과제로 연구해 나갈 필요가 있다.

상황 1 효과가 낮은 멘토링 사례: 한 가전제품 매장에서

점원: 손님 뭘 찾으십니까?

손님: 지금 있는 비디오 상태가 좋지 않아서 바꿔 볼까 해서요.

점원: 메이커는 지정하고 계십니까?

손님: 특별히 그런 건 없어요.

점원: 싼 걸 찾으신다면 이 비디오는 세일 중이라서 싸게 살 수 있습니다.

손님: 가격은 상당히 싼데 물건은 괜찮나요? S사의 것은 고장이 많아서 전에 고생
　　　을 했거든요.

점원: 요즘은 전부 잘 만드니까 걱정하실 필요 없어요.

손님: 집에 디지털 캠코더가 있는데 편집을 할 수 있었으면 좋겠는데.

점원: 이 더블비디오는 어떻습니까? 두 대가 한 대로 만들어져 간단히 편집할 수
　　　있죠.

손님: 하지만 이 비디오로 편집하면 화질이 떨어지지 않아요?

점원: 원래 디지털 캠코더로 찍은 거라 상관없어요, 손님.

손님: 이 더블비디오 얼마나 하죠?

점원: 이건 세일 제품이 아니라서 120만 원입니다.

손님: 그냥 비디오는 5～60만 원 정도인데 120만 원이나 해요?

점원: 제품이 몇 대 나오지 않아서 어쩔 수 없네요.

손님: 그럼, 다음에 살게요.

세일즈 대화는 고객에게 어떻게 신뢰감을 심어줄 것인가가 중요하다. 위의 대화에서 점원의 태도에 신뢰감을 느끼셨습니까? 위와 같이 될 대로 되라는 식의 인상을 주는 고객 대응으로는 고객에게 신뢰감을 주기가 어렵겠지요. 중요한 점은 점원이 과연 고객의 입장에서 질문을 하고 대답을 하는가 하는 것이다.

이 선택이 잘 되었는지에 대해 고객의 입장에서 생각해 주는 것이 필요하다. 그럼 다음 사례를 참고하시기 바란다.

이와 같이 점포의 형편을 주장하기만 하느냐, 고객의 입장에 서서 대화를 하느냐에 따라 세일즈의 결과는 크게 달라진다.

상황 2 효과적인 멘토링 사례

점원: 손님, 뭘 찾으십니까?

손님: 지금 있는 비디오 상태가 좋지 않아서 바꿔 볼까 해서요.

점원: 주로 어느 용도로 쓰시죠?

손님: 집을 비울 때 녹화를 하거나 편집을 하기도 하고 그 밖에도 여러 가지로 쓰죠.

점원: 손님께서는 캠코더를 가지고 계시나요?

손님: 디지털 캠코더가 있는데요.

점원: 그러시면 여기 더블비디오가 있습니다. 이걸로 간단하게 편집할 수 있지요.

손님: 그거 좋은데요. 장소도 차지하지 않고. 하지만 원래 디지털로 찍은 건데, 비디오로 만들기는 아까운데.

점원: 가지고 계신 디지털 캠코더 편집도 가능하니까, 디지털 그대로 화면을 유지할 수 있어요. 그리고 손님께서는 장기 출장이 많지는 않으세요? 최대 26시간 녹화가 가능한 제품이 최근 나왔는데 하드디스크를 증설하면 53시간까지 녹화가 가능하죠.

손님: 대단하네요. 53시간이라니! 하긴 난 해외 출장이 잦아서 테이프 하나로는 불편하더라고요.

점원: 그럼 딱 좋은 제품이 있는데, 바로 최근에 발매된 하드 디스크 레코더입니다. 이 한 대로 디지털로 녹화한 영상에서 필요한 부분만 발췌하여 테이프에 편집할 수도 있고요, 게다가 되감기를 할 필요가 없어 편리하죠.

손님: 되감기를 할 필요가 없다는 게 마음에 드네요. 그러면 테이프 마모도 없겠죠. 하드 디스크니까요.

점원: 과연, 말씀대로입니다. 손님.

손님: 그럼, 얼마까지 해주실 수 있죠?

점원: 오늘은 특별 서비스로 100만 원에 드리겠습니다. 어떠세요?

손님: 그럼 이걸로 살게요.

 3. 세일즈 멘토링은 개별 대응이 원칙

세일즈 멘토링의 원칙은 고객의 업계나 사용 예정자, 사용 목적, 구매 결정자 그리고 그 행동 스타일에 따라 개별 대응을 함으로써 효과적인 수주 활동으로 이어진다. 세일즈 멘토링의 개별 대응 포인트를 정리해 보면 다음과 같다.

① 업계별 대응
고객의 업계와 서비스 내용마다 요구사항도 달라지므로 그러한 특수사항을 가능한 검토 항목에 넣어 대응을 한다.

② 사용 예정자
상품이나 서비스의 사용 예정자를 명확히 해서 그 사용 목적을 검토 항목에 넣는다.

③ 사용 목적
특히 업무용으로 사용될 경우에는 내구성과 정밀도, 서비스 방법을 감안한다.

④ 발주 결정자
발주 시점에서의 결정자는 누구이며 어느 부문에 관해 권한이 있는지 고려한다.

⑤ 상대방의 행동 스타일
교섭자 창구의 행동 스타일을 고려하면서 효과적으로 대응해 가는 것도 유효한 방법이다. 이 경우에는 성격 대응 기법인 린치핀(Lynchpin)을 활용하면 효과적이다.

참고로 세일즈 시점에서 행동 스타일별 개별 대응사례를 소개한다.

D 타입 고객(주도형)	F 타입 고객(우호형)	C 타입고객(관리형)	A 타입 고객(분석형)
사교적인 인사는 짧게 줄이고 바로 용건으로 들어가 현재 안고 있는 문제점과 개선 희망사항을 물어보고, 이번에 관심 있는 상품과 서비스의 도입목적과 사용 예정자를 확인하면서 그 욕구에 적합한 상품이나 서비스의 예를 문제 해결책으로 제시하여 그 상품이나 서비스를 사용함으로써 생기는 성과나 효과를 중심으로 요령 있게 설명한다. 또 업계에서의 높은 평가를 덧붙여 주면 설득력이 높아지며, 선택안을 반드시 제시해 주면서 상대방에게 고르도록 해주는 것이 효과적이다. 그 판단이 적절하다는 코멘트를 덧붙여 주면 더욱 자신감을 갖게 되어 주문에 한 발짝 더 다가서게 될 것이다.	가능한 친밀한 어조로 현재 일어난 문제의 해결책으로 어느 상품이나 서비스가 적합한지를 설명한다. 특히 제품이 어느 부문에서 필요로 하며 다른 부문에서는 어떤지를 얘기해 줄 필요가 있다. 이 상품과 서비스를 구입함으로써 어떤 사회적, 사내적 영향이 생기며 그 영향력이 얼마나 높아질까에 대해 설명한다. 그 상품과 서비스는 다른 부문이나 유력 회사에서도 사용하고 있으며 만족해 한다는 점을 강조한다. 또한 상대방의 기분을 이해한다는 듯한 표현을 많이 사용하면서 번거롭지 않으면서 보기에도 좋고 좋은 평가를 받을 게 틀림없다고 안심시켜 준다. 아울러 빠른 말투로 도움을 주고 싶다는 뜻을 전하면서 계속적으로 연락을 취하겠다고 약속한다.	여망 사항을 사전에 확인하며 그 해결책으로 적당한 품질의 서비스를 제공할 수 있다는 걸 나타내주고 그 납입 실적을 자료로 제출한다. 또 상대방이 자료를 잘 살펴보면 감탄할 만큼 세심한 대응에 힘쓴다. 합리적이고 논리적인 대화에 힘쓰며 업계에서의 신뢰성과 높은 생산성을 강조한다. 한편 서비스 상의 주고받는 내용은 문서로 남겨서 신뢰성을 보여주고 한번 약속한 것은 반드시 이행하여 실적을 만든다. 또한 앞으로 계속해서 기대할 수 있다는 느낌을 주면서 각종 정보제공에 협력하고 지속적인 거래가 유리하다는 인상을 준다.	성실한 이미지를 강하게 내비치며 온화한 분위기로 대한다. 현재 난처해하는 점을 물어 그 어려운 상황에 공감하면서 대응책으로 적절한 해결책을 제시한다. 일은 항상 착실하게 처리하여 많은 고객에게 신뢰받고 있다는 점을 강조함으로써 상대방에게 안도감을 준다. 또한 상대방의 개인적인 배려에도 귀를 기울여 적극 협조하는 자세를 보여준다. 발주를 할 경우에는 성의를 가지고 협력하겠다는 점을 얘기해 준다.

 4. 고객 유지를 실현시키는 멘토링

이미 소개한 대로 재구입률을 높이기 위해서는 고객불만 발생 시 신속한 대응이 중요하다. 고객의 불만에 신속하고 정확하게 대응한다면 82% 이상 재구입이 기대된다. 다시 말해 이렇게 함으로써 비약적인 이익률 향상이 기대되는 것이다.

예를 들어 홈 데포에서는 각 그룹이 자기 성장의 적극적인 이유로 다음과 같은 것을 예로 든다.

① 채용 기준은 종래의 교육이나 지성, 경험보다는 자세가 전향적이고 성격이 밝거나 기업이 지향하는 가치관과 일치함.
② 애사정신(愛社精神)을 중시하고 사업가 정신과 당사자 의식을 배양함.
③ 실적 향상을 최우선시하고 철저한 권한을 부여함.
④ 실적이 오른 직원에게는 부문에 관계없이 항상 새로운 도전을 요구함.
⑤ 경영자 스스로 멘토로서 직원을 지원하고 지도하는 것을 사명으로 생각하며 충실한 훈련 교육을 실시함.

앞서 소개한 사우스웨스트항공이나 리츠칼튼호텔, FedEx, UPS에서도 이와 마찬가지의 대응을 이행하여 우수한 서비스의 실현과 함께 직원들의 의식을 높여주고 우수한 인재를 유지하는 데 효과를 발휘하고 있다.

우수한 서비스를 계속 진행하기 위해서는 이러한 기업의 사례를 연구하면 많은 힌트를 얻을 수 있다.

사우스웨스트항공이나 홈 데포와 같이 이익률과 성장률에서 뛰어난 성적을 거두고 있는 미국 서비스산업에서 공통된 특징을 분석해 보면 다음 도표의 5가지를 들 수 있다.

판단의 관점	영향을 미치는 환경 요인과 그 대책	실시 기업
① 사 명 기업 가치관 긍지 부여	멘토링 지적 풍토(知的風土)	• 리츠칼튼호텔 • 사우스웨스트항공 • 홈 데포 • 노드스터럼
② 성과와 평가	인센티브 계획	• 노드스터럼
③ 사업가 정신	스톡옵션	• 홈 데포 • 사우스웨스트항공 • UPS
④ 경력 확대	멘토링 지적풍토	• 홈 데포
⑤ 인지와 긍지 부여	멘토링 지적풍토	• 리츠칼튼호텔 • 사우스웨스트항공 • 노드스터럼

"거듭된 변화와 혁신, 창의적, 역동적 신기업문화 창출"
(인력개발 팀 조명근 팀장 월간 HRD 기고문)

하나로 텔레콤은 2010년에 최고의 유무선 종합 멀티미디어 사업자로 발돋움하기 위한 '도전과 전진'을 모토로 삼고 있다. 하나로가 중점을 두고 있는 부분은 음성과 데이터 통합, 유·무선 통합, 통신·방송 융합 등 컨버전스 사업이다.

하나로의 인재육성 철학은 자신이 맡은 부분에 대한 전문가이면서 동시에 회사 경영이 가능한 리더로 육성하는 것이다. 이를 위해 고객지향 전문인, 주인정신 주체인, 변화주도 창조인, 공동성취 조직인 등 4가지 인재상을 설정하고 교육을 강화시키고 있으며, 그 일환으로 지난 2004년부터 임직원당 연간 교육시간을 100시간으로 의무화하는 등 교육에 대한 회사의 지원과 개인의 참여를 대폭 강화하고 있다.

하나로는 다른 어떤 사업환경보다 하루가 다르게 변화와 혁신을 거듭하고 있는 통신 서비스 경쟁에서 차별화된 기업으로 자리매김하기 위해서 21세기 정보통신 환경을 이끌어 나아갈 핵심인재를 조기에 육성하여 조직의 창의적이고, 역동적인 신기업문화를 창출할 수 있도록 2005년부터 신입사원 멘토링 제도를 도입, 성공적으로 시행하고 있다. 하나로의 신입사원 육성체계는 세 단계로 진행되며, 멘토링으로 마지막 단계를 마무리한다.

입문과정(2주)		OJT(2개월)		멘토링(6개월)
합숙+집합		실 / 팀 OJT		멘토 – 멘제 활동

〈그림 1. 하나로 텔레콤 신입사원 육성체계〉

멘토링 추진 경과

하나로 멘토링의 목표는 '신입사원의 조기 역량 향상 및 조직 적응력 제고'이며, 2005년 4월부터 선배사원(멘토) 20명과 신입사원(멘제) 20명을 대상으로 1기 멘토링을 시작했으며, 같은 해 7월부터 2기 멘토링(멘토 14명, 멘제 14명)을 시작해 2005년 총 2기의 멘토링을 성공적으로 마무리한 상태다.

사전준비		멘토링 활동		평가 / 포상
● 멘토선발 ● 멘토링 W / S		● 멘토링데이(월 2회) ● 단체멘토링(분기 1회)		● 활동보고서 평가 ● 우수커플선정 / 포상

〈그림2 하나로 텔레콤 멘토링 운영프로세스〉

멘토의 역할 및 선발

멘토는 상담자, 옹호자, 관계 형성자, 학습 촉진자 등 멘제의 조기 역량 함양 및 조직 적응에 매우 중요한 역할을 수행해야 한다. 따라서 최적의 멘토를 선발하여 멘제와 매칭시키는 것이 성공적인 멘토링의 시작이라 할 수 있다. 이를 위해 멘토 선발 시 대리~과장급 이상 입사 4년차 이상이며, 리더십과 애사심을 갖추고, 무엇보다 뛰어난 커뮤니케이션 능력을 갖추고 있는 후보자 중 해당 총괄 임원의 최종 승인을 얻어 선발한다. 또한 다양한 인적 네트워크 확보 및 OJT와의 중복을 탈피하기 위해 멘토와 멘제 매칭 시 팀 내 선배 사원 및 이성 간 매칭은 배제하며, 가급적 동일 실조직 중 업무가 다른 팀의 선배를 멘토로 선발하는 것을 원칙으로 한다.

멘토링 워크숍

1박 2일간 진행되는 멘토링 워크숍은 멘토와 멘제가 처음으로 얼굴을 대면하게 되며, 서로에 대한 기대감과 동시에 긴장감이 맴돌지만 짧은 시간 내 서로를 알 수 있는 귀중한 시간이다.

성격유형 검사, 팀워크 게임, 체육활동, 대화의 시간을 통해 커플 간 상호이해 및 팀워크를 제고하며, 이를 토대로 멘토와 멘제 간 6개월간의 멘토링 세부활동 계획을 세우게 된다. 무엇보다 CEO의 격려사와 멘토 / 멘제 파트너십 인증서 수여를 통해 멘토 / 멘제 결연식의 의미를 되새기면서 6개월간의 멘토링 활동을 시작하게 된다.

멘토링 활동

워크숍 기간 중 수립한 실행목표를 토대로 진행되는 멘토링 활동은 효율적인 활동 진행을 위해, 월 2회 멘토링데이(매주 1, 3주 목요일)를 지정, 커플 간 공식적인 활동이 자율적으로 진행되며, 분기별 단체 멘토링은 인력개발 팀의 주관으로 주로 봉사활동, 신행 등의 특별 프로그램을 지정하여 진행된다. 특히, 단체 멘토링의 경우 멘토링 1기와 2기와 공동으로 서울 SOS 어린이 마을 대상 봉사활동을 통해 아이들과 놀아주고, 마을 / 방 청소, 빨래 등 봉사활동도 하고 1기 / 2기 간 상호 인적 교류를 넓히는 1석 2조의 효과를 거두기도 했다.

또한 3~4개 이상의 커플끼리 문화활동(영화/연극/스포츠관람 등) 및 학습조직(사내 직무관련)을 적극 구축하여 멘토링의 효과와 의미를 배가시키며, 인력개발 팀에서도 이런 멘토링 활동에 주기적으로 참석하여 멘토링의 실제 현장을 경험하며, 필요시 활동관련 다양한 조언도 제공해 주고 있다.

활동 평가

멘토링 활동의 결과는 커플단위로 매일 1회 월별 활동보고서 및 분기 1회 분기별 활동보고서의 형태로 보고하되, 상호 사례 공유 및 피드백 제공을 위해 온라인 커뮤니티에서 진행된다. 멘토링 평가는 커플별 멘토링 활동 평가와 인력개발 팀의 제도 운영에 대한 평가로 나누어진다. 커플별 멘토링 활동 평가는 월별/분기별 보고서 등 보고서 충실도(50%)와 커뮤니티/단체활동 및 계획대비 실천율 등 활동 충실도(50%)로 이뤄진다. 또한 인력개발 팀 자체 평가는 멘토링 만족도(50%)와 신입사원 정착률(50%)로 이루어진다. 또한 마지막 멘토링 종료식에는 모두가 모여 각자의 멘토링 활동내역을 공유하고 격려하며, 특별히 평가기준에 의거 최종 선발된 최우수 커플(1쌍) 및 우수커플(1쌍)에게는 인사고과 가점반영 및 포상금을 지급하고 있다.

멘토링 도입 효과

멘토링 1기의 경우 멘토링 만족도 90% 및 신입사원 정착률 100%로서 처음 도입한 멘토링 제도의 효과성을 검증할 수 있었다. 멘토링을 통해 신입사원은 직장생활에서 조기에 적응하고, 회사에 대한 로열티가 향상되며, 향후 회사 생활 시 언제든지 흉금을 털어놓을 수 있는 서포터를 확보하는 기회가 되고, 멘토는 6개월간의 짧은 멘토링을 통해 자신의 커뮤니케이션 및 리더십 역량을 점검하고 업그레이드할 수 있는 학습기회가 되며, 마지막으로 회사는 새내기의 회사 정착률을 높이는 동시에 실전 리더십 경험을 갖춘 중간관리자를 양성할 수 있는 최적의 효과를 경험할 수 있게 된다.

향후 과제

이런 멘토링 효과를 유지/보안하기 위해 자체 멘토링 성공사례를 지속적으로 발굴하고 멘토링 활동의 정확한 평가를 위해 중장기가 아닌 단기(1년 내) 멘토링 목표의 설정을 독려하며, 당사에 맞는 선진 평가지표의 개발이 필요하다.

  아울러 멘토의 역량을 단기간에 재고할 수 있는 다양한 멘토 스킬 함양 프로그램을 보안하고, 멘토링이 현업의 성과향상이 더욱 기여할 수 있도록 멘토링 최종 과제물을 현업의 실제 문제와 어떻게 더욱 연계할 것인지가 향후 풀어야 할 과제로 남아 있다.

제도적 멘토링의 생산성 효과

5장

　전체 조직이 클수록 표준적인 기술을 가지고도 유통, 재무 절차, 인적자원 면에서 규모의 경제가 가능해진다. 따라서 멘토링 프로세스의 도입 목표는 핵심사업의 성공을 유지하기 위해 부서 내 유능한 관리자들을 신속히 육성하는 것이었다.

　학교 등 비영리 조직에서도 빠른 직원 육성과 유지를 위해 멘토링 프로세스를 활용하고 있다. 인재 풀이 작을 경우, 재단 및 비영리단체들은 민간기업에서 제공하는 급료와 경쟁할 수가 없다. 소규모 NGO들은 새로운 직원과 자원 봉사자들을 유능하고 생산적인 기금 조달자로 만드는 학습 기간을 단축시키는 것이 멘토링 프로세스를 운영하는 이유 중 하나다.

　국내 여성경영자 협회에서뿐만 아니라 미국 중소기업청 여성 사업자 사무국에서 실시한, 경험 많은 여성 CEO와 창업 1년 이내의 여성 사업자를 엮어주는 시범 프로젝트에서 멘제의 사업이 성장을 나타냈다는 결과가 나왔다. 이 사실은 매출 증가, 잠재 고객 수, 종업원 수 그리고 거래 고객 수 등에 반영되었다.

　호주에서 실시된 한 연구에서는 멘토링을 중요한 경영 도구로 볼 수 있다며 다음과 같은 견해를 밝혔다. "공식적 또는 제도화된 멘토링 관계는 멘토링을 조직의 기본 정책으로, 그리고 경영 관행의 표준 도구로 만듦으로써 한 단계 발전할 수 있다."

　이 책에서는 기업, 정부, 보건, 비영리단체, 교육기관 등 모든 분야에서 멘토링의 성공 사례와 문제점들을 인용한 것이다. 이 사례들은 대기업이든 작은 자원봉사단체든 제도적 멘토링의 긍정적 측면과 부정적 측면을 동시에 견지해야 함을 말해 준다.

각 조직은 멘토링의 장단점을 비교하고 위험 요소를 기꺼이 감수할 수 있어야 한다. 한편 멘토링 활동을 통해 생산성 효과 측면에서 평가 작업이 뒤따라야 한다. 그렇지 않으면, 설사 도입하더라도 좋은 성과를 거두기에는 어렵다고 볼 수 있다.

# 1. 멘토링을 통해 얻는 생산성 효과들

조직에서 제도적 멘토링을 도입함으로써 생산성 효과가 되는 측면으로서 다음과 같은 장점들을 살펴보기로 하자.

1) 생산성 증가

계층 구조와 인원 규모의 구조조정을 겪은 조직에서는 사원들의 멀티 스킬과 유연성이 더욱 가치를 발휘한다. 대개 열심히 일한 만큼 생산성이 증가하기 마련이다. 제도적 멘토링에 의해 멘제가 멘토로부터 이러한 근무 자세를 배운다면, 이 제도에 찬성하지 않을 수 없다.

멘토-멘제 관계는 또한 성과달성 계획과 팀워크 향상을 통해 생산성을 높여줄 수도 있다. 텍사스 인스트루먼츠의 테그원 풀리는 멘토링이 생산성에 영향을 준다고 보고했다.

"큰 장점은, 멘토링 때문에 직원들의 업무 진행 속도가 더 빨라졌다는 것이다. 조직의 시스템 안에서 일을 어떻게 수행해야 하는지를 빨리 이해하기 때문이다." 이상적인 제도적 멘토링 프로세스에서는 멘토, 멘제 그리고 멘제의 상관이나 부서장이 프로젝트를 계획하고 멘제의 성과 기준을 정하게 된다. 이러한 팀워크식 접근은 멘제의 성과에 대한 명확하고 측정 가능한 목표 설정이 가능하고, 멘제의 동기 유발을 높여 더 놓은 성과달성과 생산성 향상으로 이끈다.

2) 비용대비 효과성

제도적 멘토링 프로세스의 주요 장점 중 하나는 이것이 비용대비 효과적이라는 점이다. 대부분의 과정에서 멘토는 자신의 정규업무 외에 멘제에 대한 멘토링을 수행하게 된다. 멘토링은 직무의 일부가 되는 경우가 자주 있기는 하지만 멘토에게 경제적 또는 다른 형태의 보상을 해줘야 한다. 멘제 역시 자신의 개별 직무를 수행하면서 동시에 멘토링 프로세스에 참가하는 것이다. 물론 대부분의 조직은 멘제가 멘토와 만나 관련 프로젝트를 마칠 수 있도록 스케줄과 업무량을 배려해 준다. 좋은 프로세스에서는 멘제의 능력개발 활동이 그 사람의 특정 니즈에 맞춰진다. 따라서 멘제는 집단 훈련에 비용을 지출하지 않고도 필요한 스킬을 업무와 연관되어 연습할 수 있다. 제도적 멘토링에서는 따로 강의실을 빌리거나, 외부 강사를 고용하거나, 너무 많은 업무 시간을 빼앗을 필요가 없다. 하지만 불행하게도 많은 조직이 교육 훈련에 드는 비용에 대한 자료가 많지 않아서 비용 비교가 불가능하다.

우리는 어떤 은행의 신용카드 서비스 담당자들을 위한 프로세스를 설계한 적이 있는데, 전체 신입행원의 교육 기간을 20일에서 평균 14일로 단축시키는 결과를 가져왔다. 이 같은 25퍼센트의 절감은 개인별 학습을 위한 모듈, 그리고 멘토와의 잦은 멘토링과 피드백이 포함된 학습 프로세스 덕분이었다.

분당에 소재한 포스데이타는 멘토링 프로그램을 도입함으로써 신입사원이직률을 16%에서 2.4%로 감소하는 데 성공했다. 이 프로그램에서 '꼭 필요한 것을, 꼭 필요한 때에'라고 부르는 학습법이 효과를 보았는데, 관계자들에 따르면 "3개월 만에 신입사원 멘제를 기존 사원 멘토와 신뢰관계를 적정 수준으로 끌어올려 놓았다."는 것이다.

3) 채용 성과 향상

GE의 발전사업 부문에서는 멘토링이 특별한 장점을 지닌 좋은 훈련 도구라는 것을 발견했다. 기술 훈련 담당 매니저인 루이스 오레일리에 의하면, "우리는 멘토링이 직원 채용에 있어서도 매우 효과적이라는 사실을 발견했다. 우리는 회사의 미래 리더라는 인식하에 가장 뛰어난 학생들을 찾으려 노력하고, 기술 면에서 더 육성시킨 다음에도 계속해서 투자를 한다. 대학 캠퍼스 면접관들은 지원자들에게 우리 회사는 신입사원들한테 그저 어려운 일을 던져주고 잘해보라고 말만 하지 않는다는 점을 인식시킨다."

이러한 장점은 교육기관에서도 예외가 아니다. 워싱턴 D. C.의 트리니티 대학은 성공한 동문 멘토를 학생 '멘제'와 연결해 주는 멘토링 프로그램을 시행하는데, 멘토는 학생들이 선택한 스킬과 경험을 멘토링해 주어 각자 선택한 직업에 대한 준비를 시켜준다. 교수와 총동문회 집행이사로 구성된 멘토프로그램 위원회의 위원장인 메리 헤이즈는 "프로그램을 지속해도 좋을 만큼 잠재적 멘토와 학생 모두가 정말 큰 관심을 보이고 있다"며 이 프로그램이 큰 성공을 거두었음을 밝혔다.

더 최근의 사례로는 미국 정부가 주도한 고등하교 졸업생 취업 촉진을 위해 '스쿨 투 워크 School to Work' 프로그램이었는데, 이것은 제너럴 모터스의 판매 대리점들이 고등학생들을 자동차 정비 기술자로 끌어들이도록 지원하는 것이었다. 부모나 교사들은 학생들에게 이 직업을 추천하고 싶어 하지 않았는데, 그 이유는 정비공들이 사회에서 별로 좋은 대접을 받지 못하는 데다 더럽다는 편견 때문이었다. 제너럴 모터스의 GMYES 프로그램은 학생과 최고 기술자를 짝 지워줬는데, 학생과 부모 모두에게 자동차의 복잡성 때문에 이 직업에서는 기술보다 머리가 더 필요하다는 점을 알게 해주었다.

제도적 멘토링 프로세스는 이렇듯 조직을 잠재적 직원이나 학생 또는 관련 회사들에게 더 매력적으로 보이게 만들어 줄 수 있다. 국내 삼성 SDI 미국의 SC 존슨왁슨사가 '일하기 가장 좋은 회사' 중 하나로 선정된 데는 제도적 멘토링 프로그램이 한몫을 했다. 이 제도화된 프로그램은 신입사원들을 회사 안에서 인정받는 위치에 오른 직원과 짝 지워준다.

기업, 학교, 프로페셔널 그룹 또는 자원봉사단체 등 어떤 조직이든 처음 며칠은 스트레스가 많을 수 있다. 만약 멘제에게 낯선 미로를 헤쳐 나가도록 안내해 주는 멘토가 있다면 이 스트레스는 줄어들 수 있다.

불안한 신입사원은 멘토링 프로세스가 시사하는, 구성원을 잘 챙기는 든든한 조직이라는 이미지에 안심할 수 있다. 여기에 더해 생산성에도 영향을 미칠 수 있다. 신입사원들은 회사에 더 빨리 적응할 수 있으며 멘토링 프로세스는 학습 기간을 감축시켜 신입사원이 더 빨리 성과를 내게끔 해 줌으로써 목표에 도달하도록 도와주기 때문이다.

4) 조직 내 커뮤니케이션과 이해증진

미국의 뉴욕 주 재정부는 1980년부터 멘제들에게 타 부서 간 멘토링을 제공해 왔다. 매칭이 만족스럽다면, 멘제는 지리상 멀리 떨어진 곳이나 자신과 다른 부서에서 일하는 멘토를 가질 수 있다. 직원 교육. 훈련 국장인 메리 헬렌 로젠스타인은 제도적 멘토링의 진정한 가치는 지역 사무소에서 일하는 사람이 올버니에 있는 본부가 어떻게 돌아가는지를 알 수 있는 시야를 갖게 해 준다는 점이라고 말한다. "본부에서 어떤 결정을 내렸을 때 지역 사무소의 직원들이 반발하는 경우가 종종 있다. 지역 사무소의 직원들은 '이봐, 본부에서는 여기서 무슨 일이 일어나는지 모른다구' 하고 불평할 수 있다. 하지만 본부에 멘토가 있는 지역 사무소 직원인 경우 본부에서는 많은 요소들을 감안하여 결정 내려야 한다는 사실을 깨닫기 시작한다. 의회 결정, 주지사로부터의 요구 사항, 재정부 내 다른 부서에서의 니즈(Needs) 등 여러 가지 사정을 잘 아는 멘제는 그러한 정보를 지역 사무소에 전달한다. 따라서 이 프로그램은 매우 훌륭한 커뮤니케이션 도구가 되어 왔다."

5) 지적 자본 유지와 동기 관리

장기근속 직원들은, 아무리 헌신적이고 충성스럽더라도, 종종 일에 대한 열정을 잃을 때가 있다. 해마다 같은 일을 반복하는 것은 그 일을 얼마나 잘 하는지와 관계없이 별로 의욕적일 것 같지 않다. 멘토로 참여하는 고참 직원들은 멘제에게 자신의 스킬을 전수하기 위해 그동안 지켜온 원칙이나 방법을 재점검해 보고, 또 멘제로부터 참신한 아이디어를 얻으며, 조직 내에서 자신의 업무 스타일을 따라 하는 사람이 생기는 것에 자극을 받는다.

듀폰이 설계한 멘토링 프로그램은 '조직의 지적 자본을 보존'하는 데 효과적으로 활용되고 있다. 임원진과 부서장들은 적어도 한 달에 한 번 업무 외적으로 만나서 업무에 관련한 문제를 토론한다. 이것은 경험 있는 부서장들이 자신의 축적된 지식을 다른 사람들에게 전수할 수 있도록 해 준다.

6) 서비스의 향상

미국을 비롯한 많은 나라에서 인적 서비스 기관의 도움을 필요로 하는 사람들이 날로 늘어나고 있다. 제도적 멘토링은 인적 서비스 기관을 강화하는 방법으로 채택되고 있다. 텍사스 주 샌안토니오 시, 미주리 주 마샬 시 그리고 코네티컷 주 스탬퍼드 시의 파일럿 멘토링 프로그램에서는 사회복지 수혜 대상자인 여성들을 지역 사회의 멘토와 엮어 일자리를 갖도록 도와주고 있다. YMCA의 '프로젝트 리디렉션 Project Redirection'(십대 여성 임신 방지 프로그램)은 부모로서의 스킬과 정서적 지원을 필요로 하는 십대 소녀들을 지역 사회 여성들과 짝 지워준다. 이 경우, 제도적 멘토링으로 인해 모두가 윈-윈 하는 상황이 된다. 즉 조직의 목표가 달성되고, 고객은 일대일로 도움을 받게 되며, 기관의 조사원은 고객을 위해 관리 및 감독 자원을 집중할 수 있고, 멘토는 다른 사람들의 인생에 개인적으로 관여하여 긍정적인 변화를 가져다주는 기회를 갖게 된다.

7) 전략적 후임자 육성 계획

일반적으로 조직의 장기 전략이란, 시장 경제 또는 운영 지역, 물리적 시설, 자금 조달 그리고 이익에 관한 계획이다. 이러한 계획에는 종종 예상 인원 증가 및 자연 감소에 기초한 인력 계획을 포함하고 있다. 그러나 이러한 인력 계획에는, 성장하는 조직에 필수 불가결한 요소임에도 불고하고 채용, 훈련 또는 사원 승진을 위한 분명한 방법이 포함되지 않을 때가 많다. 성장기에는 자격이 충분한 사람들을 채용하거나 승진시킬 수 있다고 믿어 의심치 않는다. 즉 완벽한 직원들이 그냥 나타나서 비어 있는 자리를 채우고 곧바로 제 속도로 일해 나갈 것이라고 생각하는 것이다. 교육 훈련 프로그램, 특히 고위 관리자나 공무원들을 위한 훈련은 쉽게 무시되기 일쑤다. 직원의 업무 성과가 경영진의 기대에 미치지 못할 때가 되어서야, 의사 결정자들은 전략 계획 내에서 인적자원 개발에 진지한 관심을 갖기 시작한다.

반면 효과적인 멘토링 프로세스를 도입한 조직은 직원들이 한 단계 높은 수준의 일을 담당하도록 하는 확실한 방법을 가짐으로써 전략 계획의 질을 더 높일 수 있다.

조직적인 후임자 육성 계획은 매우 중요하다. 어떤 조직에서 인력 계획을 세울 때는 때로 많은 수의 노련한 관리자가 몇 년 안에 은퇴할 때다. 이때 일반적인 미래 리더 육성 사이클을 단축하기 위해 멘토링 프로그램을 종종 고려하게 된다. 이 문제는 페더럴 익스프레스가 멘토링 프로그램을 도입한 발단이 되었다. 관리 및 엔지니어링 부서의 간부 한 명이 부서 내 후임자 육성에 관심을 가지게 되었다. 그는 멘토링이 후임자 육성 계획의 필수 요소라고 여겼고, 곧 멘토링은 페더럴 익스프레스의 리더십 연구소에서 관리자 후보(멘제)들을 위한 커리어 개발 도구로 자리잡았다.

 ## 2. 멘토링의 한계와 위험 요소

제도적 멘토링이 모든 사람들에게 맞는 것은 아니다. 모든 프로그램이 그러하듯, 멘토링에도 한계와 위험 요소가 있다. 조직이 꼭 고려해야 하는, 제도적 멘토링의 부정적인 측면을 알아보자.

1) 좌절감

소규모의 수평 조직 안에서 승진 기회가 매우 적은 상황일 때, 후임자 육성을 위한 제도적 멘토링 프로세스는 별로 현명한 투자가 아닐 수 있다. 승진할 기회가 적다는 것을 이미 아는, 높은 포부를 지닌 사람들은 제도적 멘토링의 다른 장점들을 들으려고도 하지 않을 수 있다. 실제로 멘토링 제도를 도입하는 일은 승진 기회가 많지 않다는 것을 아는, 그리고 이러한 특별한 프로세스에 투자하는 것은 안 그래도 부족한 자원을 오용하는 일이라고 생각하는, 야심만만한 부서장들의 좌절감을 더해 줄 수도 있다.

2) 경영진의 실천 의지 부족

제도적 멘토링의 성공 여부는 직원들을 육성하고 승진시키려는 CEO의 강한 의지에 달려 있다. 이 같은 원칙이 분명하지 않다면 제도적 멘토링 도입을 고려하지 말아야 한다. 어떤 멘제는, 조직 내에서의 상향 이동성이 멘토링이 의미하는 암시적인 약속이라고 본다. 조직은 왜 멘토링 프로세스를 실행하는지를 모든 직원에게 확실히 이해시켜야 한다. 우리는 멘토링 프로세스가 승진이나 다른 보직을 보장하지 않는다는 것을 명시할 것을 권한다. 어느 회사 사장의 말은 우리의 바람과 일치했다. “나는 여러분에게 고용을 보장하지는 못합니다. 그러나 나는 멘토링 제도가 여러분의 고용 가능성을 높여줄 것이라고 확실히 말씀드릴 수 있습니다.” 만약 승진 기회가 적다면, 조직은 공석은 공석을 메우는 데 있어 실수를 할 여유가 없다. 새로 임명되는 사람은 성공할 수 있도록 모든 스킬과 능력 면에서 준비되어 있어야 한다.

인재 육성과 멘토링 제도에 대한 적극적 의지는 다른 방법으로도 시험대에 오른다. 때때로 멘제는 자신의 가치관과 능력개발 니즈를 상세히 검토하고 숙고한 결과 회사를 떠나기로 결정하기도 한다. 이러한 상황은 인재 개발에 대한 조직의 적극적 의지를 시험에 들게 한다. 크로스비(Crosby)는 이에 대해 “정말 유능한 사람이어서 우리 회사에서는 자신이 최대한 도달할 수 있는 데까지 갔다고 판단할 때도 있다”고 설명한다. “그는 인젠가 우리 회사 밖에 작은 기업을 책임져도 될 만큼 육성된 것이다. 그와 그의 멘토는 회사 내부 문제와 직접적인 관련이 없는 광범위한 주제까지 논의한다.” 물론 이 사람은 회사에 있는 동안에는 계속해서 회사에 소중한 공헌을 한다.

재정적 지원과 시간적 배려도 중요한 고려 사항이다. 멘토링 프로세스는 그 효과를 입증하는 데 1년 이상이 걸린다. 사소한 문제들을 해결하고, 다른 인적자원 전략과 통합하고, 그 효과를 평가하기까지는 만만찮은 시간이 걸리는 것이다. 상당한 규모의 인재 육성 프로그램이라면 1년 안에 성과를 보려는 것은 비현실적이라고 할 수 있다. 제도가 자리잡히고 멘토-멘제 관계가 원활하게 진행되기까지는 수개월이 지나야 한다. 여기에 멘토, 멘제 그리고 조직이 거둔 성과에 미치는 영향뿐 아니라 지속적인 질적 향상을 위한 자료까지 인출할 수 있어야 한다. 멘토링 활동으로 인한 개인의 만족도와 성장을 담은 자료는 3~4개월이 지나야 보고된다. 실질적인 스킬 습득은 경우에 따라 평가 결과를 빨리 볼 수도 있지만, 일반 경영 및 리더십 스킬 향상의 경우는 수개월 걸릴 수 있다. 우리의 경험으로는 멘토링 프로세스를 조직 문화와 통합된 구성 요소로 만드는 데에는 1년에서 2년 정도가 소요된다.

인적자원 개발에 대한 진정한 실천 의지가 없이는 어떤 교육·훈련 제도도 성공할 수 없다. CEO들의 강력한 지원 없이는, 멘토링 제도는 예산 심사조차 통과하기 어렵다. 새로운 제도 도입에 따른 비용은 눈에 보이지만, 그것을 도입하지 않음으로써 생기는 손실은 눈에 보이지 않는 법이기 때문이다.

3) 다른 성과 향상 전략과의 조율

멘토링 프로세스는 보통 조직의 다른 인력 개발 프로그램을 지원하거나 보충해 준다. 대규모의 교육·훈련 부서를 가진 회사나 기관은 보통 멘토링이 강의실 학습과 현업 응용 사이에 다리를 놓아줌으로써 종전 프로그램들을 강화시킨다. 그러나 업무량이 늘었다 줄었다 하는 슬림화된 조직은 대개 내부 교육·훈련 부서를 가지고 있지 않다. 그러한 조직은 컨설턴트를 성과 향상 코치로 활용하는 것이 비용대비 효과적일 수 있다.

또 조직에서 제도적 멘토링을 별개의 특별한 프로그램으로 도입하는 것도 주의를 요한다. 인적자원 부서 사람들은 종종 자신들의 책임 영역인 교육·훈련 분야가 침해당한다고 느낄 수 있다. 멘토링에 대해 "여기서는 성공하지 못할 것이다"라며 부정적으로 보는 견해에는 사실 '영역보호' 심리가 작용한 것일 수 있다. 해결의 열쇠는 계획 수립 시 모든 관련 인물들을 참여시키고 멘토링을 다른 모든 인적자원 개발에 활용시키는 것이다.

4) 자료 부족으로 인한 설득의 어려움

멘토링 프로세스에 대한 자료가 부족하기 때문에 많은 의사 결정자들은 공식 멘토링을 인정하지 않으려 한다. 지금까지 제도적 멘토링에 관한 종합적 연구가 거의 없는데, 이는 조직들이 결과를 분석하고 성공담을 보고하는 데 시간을 들여 하지 않기 때문이다. 그리고 멘제의 커리어 성공이 멘토링과 어떤 점에서 상관관계가 있는지를 규명하는 일도 만만찮게 어려운 일이다. 멘제들은 대개 도전 과제를 찾아다니고 야심만만하며 자기 계발에 적극적이기 때문에, 그들은 멘토링이 아니었어도 성공을 거두었을지 모른다. 대부분의 경우, 멘토링의 유효성은 멘토와 멘제의 입을 통해 나오는 칭찬의 말, 즉 멘토링 활동이 조직과 자신들 모두에게 이득을 주었다는 말에 의존한다.

또한 조직의 의사 결정자들에게 멘토링을 설명하기 어려울 수 있다. 멘토와 멘제의 역할 및 활동에 대한 혼동은 멘토링 제도의 잠재적 가치를 의심하게 만든다. 때로는 멘토링에 의한 마술적 또는 오묘한 경험들을 이야기하는 것이 멘토-멘제 관계를 설명하는 것보다 더 쉬울 수도 있다 멘제가 배우는 스킬이 자신의 기능이나 직종에 관한 것일 때는 결과를 설명하는 것이 조직의 투자를 이끄는 데 더 쉬울 것이다. 하지만 그 스킬이 경영 관리에 관한 것이라면 그 결과를 측정하고 멘토-멘제 간의 상호 작용을 설명하기가 어려워진다. 일례로 어떤 임원 멘토는 자신의 멘제에게 "나에게 오는 모든 서류를 읽어보고, 무슨 일이 어떻게 돌아가는지 관찰해 보라"고 했다고 한다.

5) 관리의 복잡성과 운영 비용

부서 간 짝짓기의 경우 추가적인 의견 조정 작업과 양쪽 부서장의 동등한 지지를 이끌어 내야 한다. 지리적 거리도 다른 문제점과 비용을 발생시킬 수 있는데, 이 경우 대부분의 상호관계가 이메일, 전화 또는 팩스로 이루어지거나 출장이 필요하기 때문이다. 업무 시간을 빼앗기게 되면 서로 다른 부서 간 멘토링을 운영하기가 어려워진다. 정보기술과 통신의 발달로 지리적으로 멀리 떨어진 멘토-멘제 간에도 성공적인 커뮤니케이션이 가능해졌다. 부서 간 짝짓기는 관련된 모든 사람들의 시야를 넓혀준다는 점에서 많은 조직에서 분명히 이익이 되었다.

운영 비용을 절약하기 위해서는 두 가지 주요 요소를 고려해야 한다. 한 가지는 능력개발 니즈를 진단하고 적절한 멘토 후보를 찾는 데 있어서 멘제의 책임이 어디까지인가다. 두 번째는 멘토 프로파일, 스킬 진단도구, 능력개발 실천 계획서 등의 정보 데이터베이스 이용의 용이함이다. 이런 주제는 멘토 역할에 대해, 멘제 능력개발 계획에 대해 더 깊이 다룰 것이다.

우리는 여기서 제도적 멘토링을 고려하는 데 있어 조직의 이익 및 위험 요소 몇 가지만 언급했다. 이러한 장단점들을 비교하는 데 있어 조직의 특성, 즉 목표, 규모, 성장, 인적자원 프로그램, CEO의 태도, 재정 상황 등을 고려해야 한다. 별도로 조직의 준비도를 진단하고 조직 내 멘토링 가치를 결정하는 방법을 설명한다.

신입사원 조기 전력화 멘토링

신입사원을 좀 더 빠른 시간 안에 전략화하는 것은 기업의 경쟁력을 높일 수 있는 또 다른 지원요소라 할 수 있다. 세계 최대의 원자력발전소를 운영하고 있는 미국 아리조나 퍼블릭 서비스사는 신입사원 조기 전력화 멘토링 프로그램으로서 국내 조직에도 많은 시사점을 제시해 주는 좋은 사례로 손꼽히고 있다.

국내기업이나 조직의 멘토링 제도 운영은 신입사원을 멘제 대상으로 하는 것이 가장 많다. 신입사원 대상 멘토링 프로그램의 도입 목적을 살펴보면 신규 입사자를 조직에 조기에 정착시키고, 동시에 멘토의 리더십 역량을 키우는 인재 육성의 수단으로 활용하는 것이 대부분이다.

신입사원 멘토링 제도 운영의 목표는 다시 크게 두 가지로 나눌 수 있을 것이다. 하나는 신입사원의 정착 비율을 높이기 위한 것, 즉 이직률 감소를 목표로 하는 것이고, 다른 하나는 신입사원의 조직 정착 속도를 높이기 위한 다시 말하면 소위 '조기 전략화'에 초점을 맞추는 경우다.

세계 최대의 원자력 발전소 아리조나 퍼블릭 서비스

아리조나 퍼블릭 서비스사(Arizona Public Service Company)는 세계 최대의 원자력 발전소인 팔로 베르데 원자력 발전소(PVNGS: Palo Verde Nuclear Generating Station)의 대주주이자 운영 회사다. 팔로 베르데 원자력 발전소는 아리나주 피닉스 시에 있으며, 아리조나, 텍사스, 캘리포니아, 뉴멕시코 등 4개 주에 걸쳐서 400만 고객에게 전력을 공급하고 있다. 1986년 1, 2호기 상업가동을 시작했고, 1988년 3호기를 완공해 설비용량 3,810메가와트를 갖췄다. 2003년도 전력 생산은 3020만 메가와트였다. 종업원은 2076명이었다(2004년 4월 기준).

PVNGS는 1996년 에디슨전기연구소 선정 '최우수산업안전사업장', 1997년에는 전국 전문엔지니어협회 선정 '우수 엔지니어링 성취상', 그리고 원자력발전학회 선정 '엑설런드어워드' 10년 연속 수상 등 업계에서 탁월한 성과를 인정받는 원자력 발전소다.

신규 채용 중단, 종업원 노령화

미국은 전 세계에서 원자력 발전소를 가장 많이 운영하고 있는 나라다. 그러나 미국 정부의 원전 규제 완화 조치로 원전 업계는 구조조정과 다운사이징을 계속해 왔다. 그 결과 원자력 엔지니어의 신규 채용이 중단된 지 오래됐고, 많은 대학에서 원자력공학과가 축소, 폐지됐다.

2000년대에 들어와 미국 원자력 발전업계는 종업원 노령화의 문제를 심각하게 생각하지 않을 수 없었다. 2003년도 조사에 의하면 원자력발전업계 종사자의 정년퇴직자들이 늘어날 것으로 예상돼, 5년 내 교체 대상자가 전체 종업원 5만 4,000명의 46%인 2만 6,000명, 그중 엔지니어는 전체 7,775명의 60%인 4,660명이나 되는 것으로 파악됐다.

PVNGS의 퇴직 예상 엔지니어도, 신임 엔지니어와 섹션 리더급 엔지니어들이 2010년까지 약 30%(100명)에 달하는 것으로 조사됐다. 그렇다면 이와 같은 상황에서 수년 내에 충원해야 할 엔지니어들을 어디에서 확보할 것인가? 안전과 품질, 경제성과 생산성을 유지, 발전시킬 수 있는 인력자원을 어떻게 채용하고 육성할 것인가? 등의 문제가 PVNGS가 당면한 주요 이슈라 할 수 있었다.

신입 엔지니어 조기 육성 방안 검토

이에 따라 PVNGS는 엔지니어 노령화 대책에 대한 해결 방안을 찾기 시작했다.

"업무 프로세스를 재조정한다? 약간의 도움은 될 것이다."

"다른 원전 업체에서 경력 엔지니어를 스카우트한다? 현실적으로 실행 불가능한 아이디어다"

"작업을 아웃소싱한다? 핵심 부분은 불가능한 부분이다."

"지식 경영? 좋은 아이디어다. 도움은 될 것이다."

"신입사원을 채용해 육성 기간을 단축한다? 그렇다, 이 방안이야말로 필수 불가결한 전략이다."

이러한 대안 탐색 끝에 엔지어링 부분 경영진이 내린 결론은 '공과대학 졸업자는 전공을 불문하고 채용해 PVNGS에서 필요한 원자력 엔지니어로 최단 기간에 육성시킨다'였다. 현재의 시스템은 대졸 신입 엔지니어 1급이 2급으로 육성하는 기간이 5년인데 이 기간을 3년으로 단축하는 '레거시 프로그램(Legacy Program)'을 실행하기로 한 것이다.

태스크 포스 발족 핵심 분야별 성공요소 연구

레거시 프로그램의 실행에 앞서 프로젝트 기획 팀은 4개의 태스크포스를 발족하고 4개 핵심 분야별로 성공요소를 연구하기 시작했다.

그 결과 4개 태스크포스 모두 레거시 프로그램의 핵심 성공요소로 멘토링 제도를 추천한다. 다수의 신입 엔지니어를 조기에 전략화하는 데에는 조직의 멘토링 문화가 필수적이라고 생각했던 것이다.

엔지니어링 부서 320명 전원이 멘토가 돼 신입직원들에게 각자의 경험을 전수해주고 신입사원의 학습 기간을 단축하도록 해야 한다는 의견이었다. 전 직원이 모두 엔지니어로서 일하는 것뿐 아니라, 신입사원의 육성과 유지를 자기의 기본 과업으로 인식을 새롭게 해야 한다는 것이었다. 매니저들도 부하 직원들이 멘토링에 사용하는 시간을 존중해야 한다는 의견이었던 것.

프로젝트 기획 팀은 이제 목표는 분명해졌으나, 멘토링의 목표 달성 방법은 알지 못했다. 그것도 한 번만에 성공하지 않으면 안 됐다. 내부 추진 팀은 외부 전문가의 도움을 받아 다음과 같이 실행 방안을 수립하고 실천했다.

PVNGS의 레거시 프로그램

PVNGS의 신입 엔지니어 조기 전력화 '레거시 프로그램'의 주요 내용은 다음과 같다.

- 채용은 공과대학 출신이면 전공을 가리지 않고 과감하게 뽑는다.
- 채용 기준은 특정 직무수행에 적합한 스킬을 이미 갖추었느냐가 아니라 잠재 능력을 기준으로 채용한다. 이에 따른 구체적 내용은 다음과 같다.

△ 오리엔테이션 및 교육 훈련은 신입사원 한 사람 한 사람의 니즈에 맞추어 하고, 엔지니어로서의 장기적 육성을 지원하는 방향으로 설계한다.

△ 모든 신입사원에게 3년 기간의 직무 순환배치 프로그램을 적용시켜 PVNGS의 모든 업무 분야를 경험함으로써 각자 자기의 일이 전체 시스템의 일부로써 행됨을 인식시킨다. 그리하여 직무 순환을 마치면 엔지니어 2급 수준의 스킬을 습득해 원자력 엔지니어로서 독립적으로 업무를 수행할 수 있도록 한다.

△ 신입사원 담당 섹션리더를 임명해 3년 후 부서 배치될 때까지 신입사원 순환 보직과 육성 프로세스 진행을 책임진다.

△ 3중 멘토링: 다음과 같이 1인의 신입사원에 다중의 멘토를 붙여 조기 전력화한다.
  -기술 멘토(Technical Mentor): 순환 부문 내 특정 직무 수행 시 멘제를 지원하고 안내한다.

－커리어 멘토(Career Mentor): 신입사원 지원 및 안내 담당 책임 멘토다. 3년
  간 바뀌지 않는다.
－인증 멘토(Qualification Mentor): 멘제의 스킬과 역량을 진단하고 인증하는
  멘토다.
△ '학습 카드(Learning Card)': 순환 근무 직무 분야별로 배워야 할 주요 학습 내
  용이 적혀 있음. 이 학습 카드는 신입사원이 다음 단계의 순환 직무로 이동해
  도 좋은지를 결정하는 기준으로 사용한다.
△ 멘제 자기 진단: 커리어 멘토가 멘제의 강점을 자기 진단하고, 순환직무 동안
  의 선호 분야, 개인별 경력 목표 설정 등을 도울 수 있도록 한다.
△ 최종 구두 심사: 순환근무 기간이 종료되면 평가단이 최종 구두 심사로 멘제가
  레거시 프로그램 요구사항을 완료했는지 확인하고, 독립적으로 업무 수행이 가
  능하다고 판단되면 엔지니어 2급으로 승진시킨다.
△ 부서 배치: 멘제의 선호도, 강점, 경력 목표 등을 고려해 개인별 근무 부서를
  결정해 발령한다.

부서원 전원 대상 3단계 멘토링 제도 운영

엔지니어링 부서원 320명 전원이 멘토 역할을 하는 3단계 멘토링 제도의 성공적
운영을 위해 멘토 연수 프로그램을 개발해 실행했다. 이를 위해 외부 전문가에게 의
뢰해 커리어 멘토 교육과정과 기술 멘토 교육과정을 개발했다.

우선 커리어 멘토 역할을 할 30명의 선임 엔지니어들은 3일 과정의 커리어 멘토
육성 과정을 두 반으로 나누어 참가했다. 여기에서 훈련받은 일부 커리어 멘토와 사
내 연수 담당자들이 나머지 300명의 직원들을 3개월간에 걸쳐 기술 멘토 과정 연수
를 담당했다.

레거시 프로젝트의 진행 상황

PVNGS의 엔지니어링 부분의 대다수 직원들은 레거시 프로그램에 의한 멘토 교
육을 받으면서 멘토 역할을 할 마음을 다지고 필요한 스킬을 갖추게 됐다. 그러나
대상자 모두 너무 오랫동안 신입사원 연수를 해보지 않은 까닭에 관리자급을 대상으
로 한 연수과정이 필요했다.

채용 팀은 남서부 4개 대학을 순회하며, 공과대학 졸업생들에게 APS와 PVNGS
그리고 레거시 프로그램을 홍보해 46명으로부터 입사 지원을 받았다. 입사하는 신입

엔지니어는 3년간의 멘토링과 직무순환을 거쳐 엔지니어 2급으로 진급할 것이다. 그렇게 되면 이들이 기술 멘토 역할을 하게 될 것이다. 수년 뒤에는 일부 사람들은 커리어 멘토 역할을 하는 사람도 있을 것이다.

멘토링 조작문화로 뿌리 내리기 위해 프로그램과의 통합운영 필요

이렇게 레거시 프로그램에 의한 멘토링이 계속되면 이 세계 최대의 원자력 발전소에는 멘토링이 조직문화의 일부로 뿌리 내리게 될 것이다. 물론 그렇게 되기까지는 현재 진행되고 있거나 계획 중에 있는 지식 경영, 퇴직자 활용계획, 직원 유자방안(Retention intiative) 등의 여러 가지 프로그램과 멘토링이 통합돼 잘 운영돼야 한다.

(참고자료: 아리조나 퍼블릭 서비스사 / 닐 티보도, 멘토링 프로그램 매니저 브래드 엑크런드 / 레가시 프로젝트 매니저베리 스위니 / 베스트 프랙티스 리스소사 대표의 2005 국제멘토링협회 컨퍼런스 발표 자료)

멘토링 경영 조직개발
생산성

6장

조직개발 멘토링은 다이아몬드형 야구 Base와 같이 멘토링 활동이 이루어지면서 생산성 효과를 얻어내는 것을 의미한다. 아래 도표와 같이 홈~1루-신입단계(Getting) 멘토링, 1루~2루-성장단계(Growing) 멘토링, 2루~3루-전문단계(Keeping) 멘도링, 4루~홈-리더단계(Leadering) 멘토링으로 표시한다.

조직개발 멘토링은 먼저 인간관계를 활성화하여 상호 유익을 도모하고 일정 기간 활동하는 동안에 목표 성공률을 높이기 위한 방법으로 각 과정(Process)마다 프로그램을 적용하고 있다.

특히 다이아몬드 조직개발 멘토링은 바로 구성원들의 활동과정에 적용하는 활동촉진 프로그램으로 멘토링 12가지 활동 목표를 향상시킴으로 조직의 생산성을 높이는 프로그램이다.

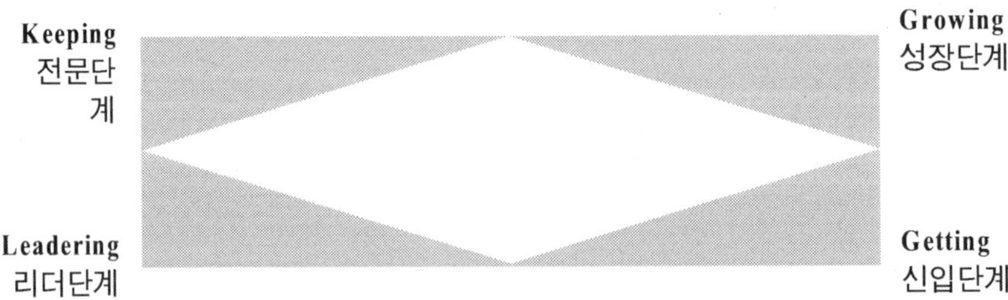

◁ 다이아몬드 조직개발 목적

다이아몬드 조직개발 멘토링의 목적은 한 사람을 다이아몬드 보석처럼 귀하게 여기고 차세데 리더로 세우는 것을 목적으로 한다. 조직개발 멘토링에서 개인의 목표는 인간가치를 높이는 것이고 조직의 목표는 인재경쟁력을 확보하여 생산성 효과를 얻는 것이다.

◁ 다이아몬드 조직개발 적용구분

D다이아몬드 조직개발 멘토링을 적용함에 있어 개인 개발(Typical Mentoring Program)에 적용하는 방법과 조직개발(New Mentoring Program)에 적용하는 방법으로 나눠서 생각할 수 있다.

▲ 개인개발 경우(Typical Mentoring Program)-한 사람의 멘토가 한 사람인 멘제를 장기적으로 멘토링 활동을 한다고 볼 때 처음 만난 시점에서부터 신입단계 멘토링(Getting)~성장단계 멘토링(Growing)~전문단계 멘토링(Keeping)~리더단계 멘토링(Leadering)으로 멘토링 활동하는 전(全) 코스를 개발단계로 삼는 것을 말한다.

▲ 조직개발 경우(New Mentoring Program)-현재의 조직 구성원을 신입단계 멘토링에 적용할 사람, 성장단계 멘토링에 적용할 사람, 전문단계 멘토링에 적용할 사람, 그리고 리더단계 멘토링에 적용할 사람을 멘토와 멘제로 선발하여 종합적인 멘토링 활동을 추진하는 것을 말한다.

아무쪼록 조직개발 멘토링을 통하여 개인 가치개발과 조직의 생산성 효과에 보탬이 될 수 있는 자료로 활용되기를 바란다.

 1. 신입단계(Getting Mentoring)

신입단계 멘토링은 신입사원, 전입사원, 스카우트 사원을 대상으로 회사에 조속히 정착하도록 하여 회사 생활의 기초를 닦는 것을 목적으로 시행하는 단계다.

목표 1. 신입사원 정착 멘토링 프로그램

Ⅰ. 멘토링 프로그램 기본이해

멘토링 프로그램이란? 1 : 1 인재개발 기법으로서 기업의 집단교육, 학교의 평준화 교육, 교회의 양적 성장전략 문제점을 보완할 수 있는 21세기 인재개발 및 조직의 생산성 효과를 얻을 수 있는 최적의 프로그램이다.

조직에서 멘토링 프로그램 도입의 필요성은 사원 간에 인간관계의 폭을 넓혀 신입사원 정착률 향상, 핵심지도자 개발, 전문인력 양성, Slump사원 치유 등 인화단결의 바탕 위에 노사화합과 21세기 인적경쟁력을 확보하여 조직을 이끌 차세대 리더 개발을 목적으로 한다.

특히 금번 멘토링 활동 목표를 "신입사원정착률향상"으로 설정한 이유는 당사의 신입사원의 이직률이 25%로, 우려할 만한 수치에 이르고 있다. 이는 신입사원과 기존사원 간 세대차이, 기업문화 몰이해, 현장적응력부족 등 문제점이 속출함으로 이에 대안으로 멘토링 프로그램을 도입하여 기존의 신입사원 교육의 틀을 벗어나 새로운 방식으로 선배 멘토 사원과 후배 멘제 사원을 1 : 1로 연결하여 관계의 폭을 넓히고 정착률 향상에 좋은 실적을 거두고자 한다.

◀ 신입사원정착 프로그램 도입 5가지 조건
- Program명: 신입사원 정착률 향상
- 활동 기간: 12개월
- 활동始終: 2008.1.1 − 2008.12.30

ㅇ 멘제 기준: 신입사원

ㅇ 멘토 기준: 기존사원

II. 신입사원 정착률 향상 멘토링 프로그램 도입 개요

1. Program 추진배경

현재 우리 조직 사회는 20대 성인 초기에 진정으로 마음을 열고 대화 나눌 상대 찾기에 꽤나 힘겨워하고 있는 실정이다. 학교를 갓 졸업하고 직장 초년병으로서 호기심과 두려움의 연속이라고 볼 수 있다.

특히, 가정과 학교생활은 유달리 한국적인 학력우위 의식에서 수년간을 자유분방한 생활이 지속되고 마침내 준비 없이 사회에 첫발을 딛게 된다. 그러나 직장은 이러한 20대의 특수성을 감안하지 않고 길들이기식의 신입사원교육이 이어져 와 이제는 새로운 틀인 1:1 멘토링 기법으로 고효율 저비용의 생산성 효과를 얻고자 한다.

2. Program 목적

신입사원 멘제에게 멘토를 연결하여 직장생활에서 다양한 정보와 지식을 제공함으로 성장잠재력을 개발하고 나아가 자기개발의 기회를 제공한다.

회사에서 신입사원 멘제들이 겪는 심리적, 사회적, 정서적 문제에 대한 유경험자 멘토들의 조언과 함께 고민(Slump)을 풀 수 있는 자리를 마련해 준다.

신입사원 멘제들이 형님과 같은 멘토들과 교류기회를 확대하여 동료의식을 고취하고 신속한 적응을 유도하여 정착률을 향상시킨다.

 # 2. 성장단계(Growing Mentoring)

성장단계는 신입단계에서 조직 구성원으로써 무장하고 담당업무에 임하기 전에 앞

으로 맡을 업무에 대하여 선배전문가에게 수습받는 단계다.

목표 2 OJT 업무숙달 멘토링 프로그램

Ⅰ. 멘토링 프로그램 기본이해

멘토링 프로그램이란? 1:1 인재개발 기법으로서 기업의 집단교육, 학교의 평준화 교육, 교회의 양적 성장전략 문제점을 보완할 수 있는 21세기 인재개발 및 조직 활성화를 기할 수 있는 최적의 프로그램이다.

조직에서 멘토링 프로그램 도입의 필요성은 사원 간에 인간관계의 폭을 넓혀 신입사원 정착률 향상, OJT 업무숙달, 핵심인재개발, 전문인력 양성, Slump사원 치유 등 인화단결의 바탕 위에 노사화합과 21세기 인재 경쟁력을 확보하여 조직을 이끌 차세대 리더개발을 목적으로 한다.

특히 금번 멘토링 활동 목표(Project)를 "OJT업무숙달"로 설정한 이유는 그간 OJT가 정착되지 못하고 결국 고비용 저효율로 우려할 만한 수치에 이르고 있다. 그 이유는 1)평소의 업무수행이 너무 바빠 OJT에 시간을 할애할 수 없다. 2)부하의 육성, 지도의 중요성을 너무나 잘 알고 있으나 막상 그때가 되면 OJT의 진행방법을 알지 못하여 결국 신입사원의 현장적응력 부족 등 문제점이 속출함으로 이에 대한 대안으로 멘토링 프로그램을 도입하여 기존의 타성에 젖은 OJT의 틀을 벗어나 원투원 멘토 사원 / 멘제 사원 연결로 업무를 조기 숙달하여 좋은 실적을 거두고자 한다.

◀ **OJT 멘토링 Program** 도입 **5**가지 조건
- Program명: OJT 업무숙달 멘토링
- 활동 기간: 12개월
- 활동始終: 2008.1.1 − 2008.12.31
- 멘제 기준: 신입사원
- 멘토 기준: 상급직사원

II. OJT업무숙달 멘토링 프로그램 도입 개요

1. Program 추진배경

지금까지 OJT는 각 직장의 관리 감독자의 몫이었다. 그러나 OJT를 조직적으로
전개해 나가기 위해서는 우선 연수강사 또는 교육담당자가 OJT에 관해 충분히 이해
하고 자기 회사에 합당한 추진 방법을 침투시키는 적극적인 작용이 무엇보다도 중요
하게 요구된다.

특히 각 직장의 관리 감독자는 부하 육성을 위해 OJT의 중요성을 충분히 알고 있
어도 상사나 부하 모두가 평소의 업무수행에 쫓기는 나머지 실제로 어떻게 해야 할
지 구체적인 방법이 떠오르지 않는 것이 현실이다. 이제는 새로운 틀인 1:1 멘토링
기법으로 상급자 멘토와 신입사원과 존경과 신뢰관계를 유지하면서 단기간 내 업무
숙달로 고효율 저비용의 효과를 얻고자 한다.

2. Program 목적

신입사원 멘제에게 상급자 멘토를 연결하여 직장생활에서 다양한 정보와 지식을
제공함으로 성장 잠재력을 개발하고 담당 업무숙달의 기회를 제공한다.

회사에서 신입사원 멘제들이 겪는 심리적, 사회적, 정서적 문제에 대한 유경험 상
급자 멘토들의 조언과 함께 고민(Slump)을 풀 수 있는 자리를 마련해 준다.

신입사원 멘제들이 형님과 같은 멘토들과 교류 기회를 확대하여 동료의식을 고취
하고 신속한 적응을 유도하여 회사의 비전에 공감할 수 있도록 한다.

 # 3. 유지단계(Keeping Mentoring)

전문단계 멘토링은 조직에서 가장 중요한 단계다. 신입단계에서 입사한 사원들에
대한 유지관리 단계인데 각 조직마다 앞문이 열려 있고 뒷문도 열려 있다는, 즉 인

사관리에 취약한 상태를 말한다. 신입단계에서 교육이다 멘토링이다 많은 비용을 투자하는데 막상 제대로 유지관리를 하지 못하기 때문에 좋은 인재를 놓치는 경우가 허다하다. 최근에는 좋은 인재는 놓치고 문제 사원만 남는다는 심각한 상황까지 이르고 있다. 그래서 멘토링에서는 아예 유지 관리라는 소극적인 자세에서 "업무전문가"로 양성하는 멘토링 시스템을 적용하는 단계다. 특히 바람직스러운 것은 이 단계에서 일반전문가와 조직이 원하는 핵심업무 전문가를 구분하여 멘토링 프로그램을 적용한다면 더욱 효과적일 것으로 생각된다.

목표 3 경력개발 멘토링 프로그램

Ⅰ. 멘토링 프로그램 기본 이해

1. 멘토링 프로그램이란?
1:1 인재개발 기법으로서 기업조직의 집체교육을 통해 달성할 수 있는 21세기 인재개발 및 조직 활성화를 위한 최적의 인재개발 프로그램임.

2. 조직에서의 멘토링 프로그램 도입의 필요성
조직 구성원 상호 간에 끈끈한 인간관계와 상호 학습을 통해
1) 폭넓은 시야와 훌륭한 성품 그리고 조직성장에 필요한 역량을 확보하여
2) 향후 조직의 중추적인 인재가 될 수 있도록
3) 선후배 간의 1:1 교류와 인화단결로 Know-How를 전수하여,
4) 조직을 이끌어 갈 21세기 경쟁력 있는 인적자원을 확보하는 데 있음.

3. 경력개발 멘토링 활동 목표
1) 최소의 비용과 시간을 투입하여
2) 새로운 방식의 체계적인 프로그램으로 선배의 지도를 받아
3) 후배의 잠재력과 역량을 개발하여 개인의 성장욕구를 충족하고
4) 조직의 중견간부로 경력개발 및 인적자원 확보를 극대화시켜
5) 개인의 욕구와 조직의 욕구를 동시에 조화 및 충족케 하는 데 있음.

◀경력개발 멘토링 프로그램 도입 5가지 조건

○ Program 명: 경력개발 멘토링

○ 활동 기간: 12개월

○ 활동始終: 2008.1.1 ─ 2008.12.31

○ 멘제 기준: 후배사원(사원~대리)

○ 멘토 기준: 선배사원(과장~부장)

II. 경력개발 멘토링 Program 도입 개요

1. Progrm 추진배경

● 조직성장의 핵심역량과 경쟁력은 물적 자원보다는 인적자원에 더 많은 비중이 실려 있으나, 조직 구성원들은 자신의 업무에 쫓기다 보면 사실상 중요한 자신의 경력개발에 소홀해지기 쉬움.

이때 조직의 경험자이자 선배가 인생의 상담자이자 후견인으로서 믿을 만한 프로그램에 의거하여 자신의 경력개발을 지도해 준다면 자신의 잠재능력 개발은 물론 조직과 인생에 있어서의 성공을 이룰 수 있음.

● 조직에서 인적자원에 대한 잠재능력 개발과 지속적인 성장을 할 수 있는 경력개발을 지원하는 것은 조직의 백년대계를 위한 매우 중요한 사안임.

● 그런데 21세기의 가장 좋은 경력개발 프로그램은

1)조직의 선배가 조직의 인사경영정책에 연계하여

2)후배와 함께 경력개발을 설계하고

3)체계적으로 가장 효과적인 코칭과 지도를 하는 것임

● 바로 본 프로그램이

가장 체계적이며 효과적인 시스템으로 진행하는

경력개발 프로그램임.

2. Program 목적

1) 조직 구성원의 자아실현을 위한 효과적인 인생설계의 지도

2) 선배의 경력개발에서 배우는 자신의 경력개발 추진

3) 조직 내 선후배 간의 끈끈한 우정과 인간관계 구축

4) 선배도 후배를 지도하면서 자신의 경력을 개발하며 상호 학습

5) 상호 아이디어 개발로 조직 업무 추진에 시너지효과를 창출
6) 조직의 목표에 대한 일체감 형성 및 직장생활의 질 향상

목표 4 제품 품질향상 멘토링 프로그램

Ⅰ. 멘토링 프로그램 기본 이해

멘토링 프로그램이란? 1:1인재개발 기법으로서 기업의 집단교육, 학교의 평준화 교육, 교회의 양적 성장전략 문제점을 보완할 수 있는 21세기 인재개발 및 조직의 생산성을 확보할 수 있는 최적의 프로그램이다.

조직에서 멘토링 프로그램 도입의 필요성은 사원 간 인간관계의 폭을 넓혀 신입 사원 정착률 향상, 고질불량으로 인한 품질향상, 핵심지도자 개발, 전문인력 양성, Slump사원 치유 등 인화단결의 바탕 위에 노사화합과 21세기 인적경쟁력을 확보하 여 조직을 이끌 차세대 리더개발을 목적으로 한다.

금번 멘토링 활동 목표(Program)를 "품질향상"으로 설정한 이유는 국내기업들은 품질관리 활동의 필요성은 느끼고 있지만, 정작 품질향상과 관련한 활동에는 소극적 인 것으로 나타났다. 2003년 대한상의 "기업의 품질관리실태 및 개선방안 조사"에 따르면 78.5%가 품질관리 필요성을 인식하고 있었지만 47.9%가 어떠한 품질개선 활 동도 하지 않고 있다고 답했다.

이 같은 결과는 "품질이 기업의 경쟁력을 좌우하는 중요한 요소라는 것은 기업들 이 잘 알고 있지만, 품질관련 전문인력과 예산 확보의 어려움, 최고경영자 및 임직 원의 관심부족 등으로 실제 활동에 있어서는 소극적"이다. 향후 기술력과 고품질을 내세운 선진국과 가격 경쟁을 바탕으로 기술격차를 빠르게 좁혀 오는 중국 사이에서 우리나라 기업의 생존을 위해 품질 향상과 고객만족 경영으로 획기적인 계기로 삼고 자 한다.

1. Program 추진배경
  ○ Program 명: 품질향상 멘토링
  ○ 활동 기간: 12개월

   ◦ 활동始終: 2008.1.1 — 2008.12.31
   ◦ 멘제 기준: 제품 검사 및 품질관리 사원
   ◦ 멘토 기준: 품질관리 관리감독자

- 기업의 생존을 결정짓는 핵심요소인 품질관리에 대해 우리나라 기업들은 그 필요성은 인식하고 있지만 IMF 이후 급격한 구조조정과 구성원의 교육 부족으로 인해 품질관리 실천 방법에 대해 어려움을 겪고 있다.
- 특히, 품질관리를 효과적으로 추진하기 위해서는 조직상의 모든 부문에 있는 기업 내의 모든 사람들이 참여하고, 행동하고, 지혜를 발휘할 필요가 있다. 즉 전사적 품질관리가 행해지지 않으면 안 된다.

2. Program 목적

- 품질관리의 목적은 고객이 요구하는 품질(단순한 품질시방만이 아니라 제품의 기능, 수명, 사용의 경제성 및 안전성, 서비스 등을 포함한 광의의 품질을 말한다.)을 확보할 수 있도록 기업의 품질목표를 정하고 이것을 합리적이고 또한 경제적으로 달성하는 것이다. 좀 더 단적으로 말하면 고객이 필요로 하는 품질의 물건이 적당한 가격으로 안전하게 고객의 수중에 들어가도록 계획하고 제조되고 판매되고 있는가를 살펴 그 목적이 달성되도록 노력해 나가는 것이다.

목표 5 영업사원 스킬 향상 멘토링

I. 멘토링 프로그램 기본 이해

> 『국내기업에도 멘토(**mentor**)제 도입이 확산되고 있다.』
> [연합뉴스 2003.03.24]

> 『본인이 멘토가 되고 싶거나 멘토를 필요로 하는 직원들의 신청을 받아 현재 **25**개 팀이 자율적으로 활동하고 있다. —듀퐁코리아』
> [서울경제 2003.01.29]

> 『인재개발에 대한 오늘날 접근방식 - 높은 잠재력을 가진 모든 구성원에게 멘토가 있음』
> [맥킨지 컨설팅 著 "인재전쟁" p.162]

21c 인재개발 및 조직 활성화를 할 수 있는 최적의 인재개발 도구로 세계적인 경영 컨설팅 업체 맥킨지컨설팅은 '멘토링'을 꼽았다.

시대의 흐름은 멘토링이다. 1 : 1 인재개발 기법으로 기업조직의 조직역량을 한 단계 업그레이드시킬 수 있는 방법이 바로 '멘토링 종합프로그램'이다.

기업조직에서 멘토링 프로그램 도입의 필요성은 사원 간에 인간관계의 폭을 넓혀 신입사원 정착률 향상을 기할 수 있고, 핵심인재를 육성하며, 각 분야 전문인력을 양성하고, Slump사원 치유와 여성인력 개발, 영업능력이 부족한 영업사원의 세일즈 능력 향상 등 인화단결의 바탕 위에 노사화합과 21세기 인적 경쟁력을 확보하여 조직을 이끌 기업의 각 분야 차세대 리더 육성 및 개발을 목적으로 하고 있다.

특히 금번 멘토링 활동 목표(Program)는 "영업사원의 영업스킬(세일즈 기법)향상"으로 설정하였다.

이는 국내 자동차 구매자 패턴의 급격한 변화와 국내시장 개방으로 더욱 치열해지는 자동차 판매경쟁 속에서 제대로 된 영업사원의 부재는 곧 회사의 존망과 직결되는 문제임을 인지하고 전략적 사고에 의한 보다 체계적이고 과학적인 영업활동을 위해 기존 영업사원의 영업능력을 배가시켜 회사의 판매력을 극대화시킬 수 있는 방법으로서 멘토링 종합프로그램 도입을 제안하는 것이다.

영업 분야에서 특출한 실적을 내고 있는 우수한 영업사원의 노하우를 그대로 전달케 할 수 있도록 멘토링을 통해 실현하고자 한다.

- Program명: 영업사원 스킬향상 멘토링
- 활동 기간: 12개월
- 활동始終: 2008.1.1. - 2008.12.31.
- 멘제 기준: 영업부 신입사원

  (또는 영업부 전입 6개월 미만인 자)
- 멘토 기준: 영업부 경력 5년 이상인 자

II. 영업사원 세일즈 스킬 향상 멘토링 Program 도입 개요

1. Program 추진배경

- 점점 치열해지고 있는 자동차 판매시장에서 가장 중요한 위치를 차지하는 영업사원. 영업사원으로서의 기본자세와 임무, 고객과 거래처의 개척에서 관리까지 철저하게 현장에서 그 기법을 생동감 있게 배울 수 있게 하는 것이 멘토링 프로그램 도입의 목적이다.
- 영업사원의 영업활동은 창의적인 활동이다. 그러므로 영업사원은 고객과 거래처를 통해 판매목표를 달성하고 자신의 성장을 추구하는 전문인이어야 한다. 따라서 유능한 우수한 영업사원이 되기 위해서는 적극적인 개척정신, 고객 지향적인 사고 그리고 판매기법을 완전히 숙지하고 효율적인 행동관리기술까지 보유해야 한다. 이러한 실제 영업활동 중에 전개되는 당면한 사례들을 현장에서 5년 이상 경험을 쌓은 최고 경력의 우수한 멘토들이 멘제를 1 : 1로 양육을 한다면 회사의 장래는 밝을 수밖에 없을 것이다.
- 관리부서에서 근무하다가 나름대로의 소신을 갖고 영업부서로 전입해 온 직원. 하지만 그들은 신입사원도 아니고 영업직원도 아닌 상태. 이들에게 젖어 있는 매너리즘과 사고방식을 완전히 뜯어내고 영업활동에 진지하게 임할 수 있도록 하고자 한다면 1 : 1의 멘토링 현장 학습만이 해답이 될 수 있을 것이다.

2. Program 목적

- 신입 영업사원 멘제에게 영업력이 우수한 리더 멘토를 연결하여 효과적인 고객관리와 고객만족 기법, 상담기법 등을 현장에서 체험하게 함으로써 멘제에 맞는 효과적인 스킬 개발이 가능하여 우수한 영업사원으로 거듭날 수 있도록 한다.
- 멘토들은 부하직원을 지도육성함으로써 개인은 물론 팀 매출목표 달성에 기여하게 되고, 멘제들을 영업현장에서 지도해 줄 수 있어 효과적인 영업력 강화가 가능하다.
- 신입 영업사원 멘제들이 형님과 같은 멘토들과의 교류를 통해 동료의식을 고취하고 신속한 적응을 유도하여 정착률을 향상시킨다.
- 멘토들은 부하 영업사원의 영업스킬을 OJT할 수 있는 지도력을 향상시킨다.
- 타 부서에서 전입해온 기존 직원들이 쉽게 적응할 수 있도록 돕는다.

목표 6 서비스사원 스킬향상 멘토링 프로그램

Ⅰ. 프로그램개요

멘토링 프로그램이란? 1:1 인재개발 기법으로서 기업의 집단교육, 학교의 평준화 교육, 교회의 양적 성장전략 문제점을 보완할 수 있는 21세기 인재개발 및 조직 활성화를 기할 수 있는 최적의 프로그램이다.

조직에서 멘토링 프로그램 도입의 필요성은 사원 간에 인간관계의 폭을 넓혀 신입사원 정착률 향상, 핵심지도자 개발, 전문인력 양성, Slump사원 치유, 서비스사원 가치개발 등 인화단결의 바탕 위에 노사화합과 21세기 인적 경쟁력을 확보하여 조직을 이끌 차세대 리더개발을 목적으로 한다.

특히 금번 멘토링 활동 목표(Program)를 "서비스원 가치개발"로 설정한 이유는 해가 갈수록 서비스부문에 비중이 커져가고 있기 때문이며 현재 스킬업(Skill Up)적인 사원 교육이 고비용 저효율이라고 판단되기 때문이다. 멘토링 프로그램을 도입하여 기존의 서비스교육의 틀을 벗어나 새로운 방식으로 선배 멘토 사원과 후배 멘제 사원을 1:1로 연결하여 커뮤니케이션 능력개발과 공통의 가치관 공유에 좋은 실적을 거두고자 한다. 특히 저비용 고효율의 목표를 충분히 거둘 수 있다는 짐도 도이의 이유로 들 수 있다.

또한 서비스사원의 가치개발의 효과는 개인적으로는 업무능률을 향상시키고 기업에서는 사원과 고객에 대한 한 차원 높은 서비스를 제공하여 인적 경쟁력을 통하여 높은 성과(High Performance)를 얻을 수 있기 때문이다.

◀ 서비스사원 스킬향상 프로그램 도입 5가지 조건
Project명: 서비스원 가치개발 멘토링
활동 기간: 12개월
활동始終: 2008.1.1－2008.12.31
멘제 기준: 후배사원(사원~대리)
멘토 기준: 선배사원(과장~부장)

II. 서비스사원 스킬 향상 멘토링 프로그램 도입 개요

1. Program 추진배경

오늘날 기업의 생존경쟁은 정보화, 세계화 등 환경적 요인의 급속한 변화에 대처하는 능력에 좌우되고 있다. 이러한 환경적 요인의 변화는 고객 지향적, 종업원 지향적인 인본중시의 경영으로 기업의 관리기능이나 관리방식, 전략수행의 방향을 변화시키고 있다.

서비스산업에서 서비스의 품질을 향상시킴으로써 기업의 경쟁력을 높이려는 노력을 기울이고 있다. 서비스품질을 통한 품질향상으로 경쟁력을 확보해야만 고객으로부터 외면당하지 않고 시장에서의 우위를 지킬 수 있는 서비스 품질의 경쟁시대를 맞게 되었다. 기업의 경쟁과 관련하여 서비스와 그 품질문제가 중요하게 제기되는 데에는 다음의 몇 가지 이유를 통해 알 수 있다.

첫째, 서비스에 대한 정의가 달라지고 있다. 기업의 수익성을 확대하고 경쟁력을 높이기 위해 서비스는 경제활동의 대상으로서, 그리고 재화로서의 가치를 지니게 되며 아울러 서비스와 품질의 중요성이 강조되고 있다.

둘째, 서비스의 기능과 영역이 확대되고 있다. 서비스 부문의 성장은 기업체 수, 매출액, 종업원 규모 등의 면에서도, 경제적 지표들의 증가추세를 통해서도 알 수 있다.

셋째, 서비스는 기업경쟁력의 원천이 되고 있다. 제품이나 제조기술이 고도로 발달된 오늘날의 기업경쟁력은 누가 먼저, 가장 확실하게 고객을 만족시키는가에 달려 있다. 고객만족을 지향하는 서비스 기업에서 양질의 서비스상품을 확보하는 것은 곧 기업의 성공을 실현하는 것을 의미한다.

지금의 서비스는 기업의 수익성과 더불어 내적인 고객만족과 외적인 고객만족을 동시에 이루어야 발전할 수 있는 다익성을 추구해야 할 상황이다.

2. Program 목적

* 서비스 정보와 서비스 기술 및 지식 습득 능력 향상
* 커뮤니케이션 능력개발
* 공통의 가치관, 경험의 공유(멘토와 멘제가 서로 겪었던 어려움을 자연스런 이야기로 전개 가능)
* 서비스 분야의 전문가로 성장, 현장 리더십 개발

* 서비스 리더십이나 서비스능력 개발 분야뿐 아니라 특정기능 분야(인사, 재무, 마케팅, 고객만족경영서비스 등) 다양한 스킬 개발 가능
* 자기가치 업그레이드, 서비스관리수준 향상 능력 배양

목표 7 독서 인재개발 멘토링 프로그램

I. 멘토링 프로그램 기본 이해

멘토링 프로그램이란? 1:1 인재개발 기법으로서 기업의 집단교육, 학교의 평준화 교육, 교회의 양적 성장전략 문제점을 보완할 수 있는 21세기 인재개발 및 조직 활성화를 기할 수 있는 최적의 프로그램이다.

조직에서 멘토링 프로그램 도입의 필요성은 사원 간에 인간관계의 폭을 넓혀 신입사원 정착률 향상, 핵심지도자 개발, 전문인력 양성, Slump사원 치유 등 인화단결의 바탕 위에 노사화합과 21세기 인적 경쟁력을 확보하여 조직을 이끌 차세대 리더 개발을 목적으로 한다.

특히 금번 멘토링 활동 목표(Program)를 "독서인재개발"로 설정한 이유는 최소의 비용과 시간투입에 의한 지식경영시대 최상의 차세대 지도자 양성 방안이라고 판단되기 때문이다. 멘토링 프로그램을 도입하여 기존의 독서통신교육의 틀을 벗어나 새로운 방식으로 선배 멘토 사원과 후배 멘제 사원을 1:1로 연결하여 커뮤니케이션 능력개발과 공통의 가치관 공유에 좋은 실적을 거두고자 한다.

○ Project명: 독서인재개발 멘토링
○ 활동 기간: 12개월
○ 활동始終: 2008.1.1 - 2008.12.31
○ 멘제 기준: 후배사원(사원~대리)
○ 멘토 기준: 선배사원(과장~부장)

II. 독서 인재개발 멘토링 Program 도입 개요

1. Program 추진배경

- 21세기 사회는 정보와 지식이 대량으로 생산, 유통되는 지식정보화 사회다. 지식 정보화 사회의 지식과 정보의 특징은 (1)정보와 지식의 멀티미디어화 [정보지식 저장매체] (2)정보지식생산자의 "누구나"화 [생산자] (3)생산, 유통의 글로벌화 [생성및전파지역] (4)정보지식수명의 단축[과학기술 발달 속도의 가속화] 등으로, 업종을 막론하고 차세대 기업지도자는 정보와 지식의 홍수시대에 필요한 정보지식을 판별, 선택, 해독하여 본인의 과업 수행에 활용할 줄 아는 능력이 매우 중요하다.
- 독서 능력의 중요성은, 4대 언어 능력(communication skills) 중 읽기(READING)가 다른 세 가지 능력의 기초가 되는 점으로 볼 때, 아무리 강조해도 지나치지 않으며, 유능한 지도자는 의사소통 능력이 뛰어나지 않으면 안 된다.
- 독서에 의한 인재개발 멘토링은 최소한의 비용과 시간에 의하여 새로운 지식정보를 입수, 이해, 습득하는 능력과 1 : 1 토의에 의해 사고력과 창의력을 개발할 수 있는 최상의 방법이다.

2. Program 목적

* 정보와 지식 습득 능력 향상
* 커뮤니케이션 능력개발
* 공통의 가치관, 경험의 공유(멘토와 멘제가 같은 책을 읽고 토의함으로써)
* 리더십이나 인성개발 분야뿐 아니라 특정기능 분야(인사, 재무, 마케팅, 생산관리 등)의 능력개발 독서 멘토링도 가능

목표 8 여성인재개발 멘토링 프로그램

I. 멘토링 프로그램 기본 이해

멘토링 프로그램이란? 1 : 1 인재개발 기법으로서 기업의 집단교육, 학교의 평준화

교육, 교회의 양적 성장전략의 문제점을 보완할 수 있는 21세기 인재개발 및 조직 활성화를 기할 수 있는 최적의 프로그램이다.

조직에서 멘토링 프로그램 도입의 필요성은 사원 간에 인간관계의 폭을 넓혀 신입사원 정착률 향상, 핵심지도자 개발, 전문인력 양성, Slump사원 치유 등 인화단결의 바탕 위에 노사화합과 21세기 인적경쟁력을 확보하여 조직을 이끌 차세대 리더 개발을 목적으로 한다.

특히 금번 멘토링 활동 목표(Project)를 "여성사원개발"로 설정한 이유는 여성이 남자사원에 비해 상대적으로 개발이 뒤지고 있다는 점을 감안하여 1:1 멘토링 프로그램으로 기존의 여성교육의 틀을 벗어나 새로운 의식에서 리더여성이 후배여성에게 힘을 실어줌으로써 여성사원개발의 획기적인 계기를 삼고자 한다.

- Program명: 여성사원개발 멘토링
- 활동 기간: 12개월
- 활동始終: 2008.1.1 – 2008.12.31
- 멘제 기준: 연소 여성
- 멘토 기준: 연장 여성

Ⅱ. 여성개발 멘토링 Program 도입 개요

1. Program 추진배경

- 우리 조직사회에서는 과거에 비해 여성들의 활동이 활발해지고 있기는 하나 아직까지도 기업 및 공직 등에서 여성의 고위직 진출 비율이 매우 낮다.
- 특히, 여성들의 지도대상이 남성에 비해 턱없이 부족하여 새로운 길을 가고자 하는 여성들이 어떻게 그 길을 가야 할지 막막해하는 경우가 많음을 알 수 있다. 이러한 후배 여성들에게 먼저 그 길을 간 선배여성들을 1:1로 연결시켜줌으로써 시행착오를 줄여주고 리더로서 성공할 수 있도록 함에 있다.

2. Program 목적

여성들에게 직업의식을 고취하고 직장생활에서 다양한 정보와 지식을 제공하여 각 분야에 전문직으로 진출할 수 있도록 다양한 분야의 멘토와 연결해 준다.

회사에서 젊은 여성들이 겪는 심리적, 사회적, 정서적 문제에 대한 유경험자 멘토들의 조언과 함께 고민(Slump)을 풀 수 있는 자리를 마련해 준다.

　회사에서 젊은 여성들이 지도자급 여성 멘토들과 교류할 수 있는 기회를 확대하고 다양한 리더십 경험을 공유하도록 하고 리더로 성장하는 데 기회를 제공한다.

목표 9 지식 기술력 향상 멘토링 프로그램

Ⅰ. 멘토링 프로그램 기본 이해

1. 멘토링 프로그램이란?
1:1 핵심 인재개발 기법으로서 기업조직의 집체교육을 보완하고
21c 인재경쟁력을 확보할 수 있는 최적의 조직혁신 프로그램임.

2. 조직에서의 멘토링 프로그램 도입의 필요성
조직 구성원 상호 간에 끈끈한 인간관계와 상호 학습을 통해
1) 폭넓은 시야와 훌륭한 성품, 그리고 조직성장에 필요한 기술 역량을 확보하여
2) 향후 조직의 중추적인 핵심 기술 리더인재가 될 수 있도록
3) 선후배 간의 1:1 교류와 인화단결로 기술력을 전수하여,
4) 조직을 이끌어 갈 21세기 경쟁력 있는 기술 리더를 확보하는 데 있음.

3. 지식 기술력 향상 멘토링 활동 목표
1) 최소의 비용과 시간을 투입하여 기대 효과를 얻을 수 있고
2) 1:1 방식의 체계적인 프로그램으로 기술력 있는 선배의 지도를 받아
3) 후배의 잠재력과 기술력을 개발하여 개인의 성장욕구를 충족하고
4) 조직의 기술력을 향상하여 기술 리더를 확보함으로써
5) 조직에 경쟁력을 확보할 수 있는 기술 리더를 양성하는 데 있음.

o Program명: 지식, 기술력 향상 멘토링
o 활동 기간: 12개월
o 활동始終: 2008.1.1 − 2008.12.31

○ 멘제 기준: 기술이 미숙한 사원

○ 멘토 기준: 기술력 및 전문성을 갖춘 사원

II. 지식 기술력 향상 멘토링 Program 도입 개요

1. Progrm 추진배경

● 조직성장의 핵심역량과 경쟁력은 물적 자원보다는 인적자원에 더 많은 비중이 실려 있으나, 조직 구성원들은 자신의 업무에 쫓기다 보면 사실상 중요한 자신의 조직을 위한 기술력 개발에 소홀해지기 쉬움.

이때 조직의 경험자이자 선배가 인생의 상담자이자 후견인으로서 믿을 만한 프로그램에 의거하여 자신의 기술력 개발을 조언해 준다면 자신의 잠재능력 개발은 물론 조직 기술 경쟁력 확보와 인생에 있어서의 성공을 이룰 수 있음.

● 조직에서 인적자원에 대한 기술력 개발과 중간지도자로 성장을 할 수 있는 리더십개발을 지원하는 것은 조직의 백년대계를 위한 매우 중요한 사안임.

● 그런데 21세기의 가장 좋은 기술인재개발 프로그램은

1)조직의 간부나 임원이 조직의 인사경영정책에 연계하여

2)후배와 함께 기술력개발을 설계하고

3)체계적으로 가장 효과적인 원투원 프로그램으로 지도를 하는 것임.

● 바로 본 프로그램이

가장 체계적이며 효과적인 시스템으로 진행하는

기술인재개발 프로그램임.

2. Program 목적

1) 조직의 리더로 자아실현을 위한 효과적인 인생설계의 지도

2) 선배의 역량발휘에서 배우는 자신의 기술력개발 추진

3) 조직 내 선후배 간의 끈끈한 우정과 인간관계 구축

4) 선배도 후배를 지도하면서 자신의 기술을 개발하며 상호 학습

5) 상호 아이디어 개발로 조직 업무 추진에 시너지효과를 창출

6) 조직의 목표에 대한 일체감 형성 및 기술리더로서 자질 향상

목표 10 노사화합 촉진 멘토링 프로그램

Ⅰ. 멘토링 프로그램 기본 이해

1. 멘토링 프로그램이란?

1:1 인재개발 기법으로서 기업 조직의 공동체 구축을 이룩하고
21c 인재경쟁력을 확보할 수 있는 최적의 조직혁신 프로그램임.

2. 조직에서의 멘토링 프로그램 도입의 필요성

조직 구성원 상호 간에 끈끈한 인간관계와 상호 학습을 통해
1) 폭넓은 시야와 훌륭한 성품 그리고 조직성장에 필요한 역량을 확보하여
2) 향후 조직의 중추적인 중간 리더인재가 될 수 있도록
3) 선후배 간의 1:1 교류와 인화단결로 Know-How를 전수하여,
4) 조직을 이끌어 갈 21세기 경쟁력 있는 인재를 확보하는 데 있음.

3. 노사화합 촉진 멘토링 활동 목표

1) 최소의 비용과 시간을 투입하여 기대 효과를 얻을 수 있고
2) 1:1 방식의 체계적인 프로그램으로 선배의 지도를 받아
3) 후배의 잠재력과 역량을 개발하여 개인의 성장욕구를 충족하고
4) 조직의 중간간부로 인재개발 및 인적자원 확보를 극대화시켜
5) 조직에 단결력을 확보할 수 있는 화목한 리더를 양성하는 데 있음.
○ Program명: 노사화합촉진 멘토링
○ 활동 기간: 12개월
○ 활동始終: 2008.1.1 – 2008.12.31
○ 멘제 기준: Slunp사원
○ 멘토 기준: 우수 및 모범사원

II. 노사화합촉진 멘토링 Program 도입 개요

1. Progrm 추진배경

- 조직성장의 핵심역량과 경쟁력은 물적 자원보다는 인적자원에 더 많은 비중이 실려 있으나, 조직 구성원들은 자신의 업무에 쫓기다 보면 사실상 중요한 자신의 조직을 위한 화목한 분위기조성에 소홀해지기 쉬움.
  이때 조직의 경험자이자 간부가 인생의 상담자이자 후견인으로서 믿을 만한 프로그램에 의거하여 자신의 인생문제를 조언해 준다면 자신의 잠재능력 개발은 물론 조직의 화목한 분위기 조성과 인생에 있어서의 성공을 이룰 수 있음.
- 조직에서 인적자원에 대한 잠재력 개발과 리더인재로 성장을 할 수 있는 분위기 조성을 지원하는 것은 조직의 백년대계를 위한 매우 중요한 사안임.
- 그런데 21세기의 가장 좋은 조직의 화목한 분위기 조성 프로그램은
  1) 조직의 간부나 임원이 조직의 인사경영 정책에 연계하여
  2) 후배와 함께 인생문제를 설계하고
  3) 체계적으로 가장 효과적인 원투원 프로그램으로 지도를 하는 것임.
- 바로 본 프로그램이
  가장 체계적이며 효과적인 시스템으로 진행하는
  노사화합 촉진 프로그램임.

2. Program 목적

1) 조직의 리더로 자아실현을 위한 효과적인 인생설계의 지도
2) 선배의 역량발휘에서 배우는 자신의 리더십개발 추진
3) 조직 내 선후배 간의 끈끈한 우정과 인간관계 구축
4) 선배도 후배를 지도하면서 자신의 리더십을 개발하며 상호 학습
5) 상호 아이디어 개발로 조직 업무 추진에 시너지효과를 창출
6) 조직의 목표에 대한 일체감 형성 및 노사화합 촉진을 향상

 4. 리더단계(Leadering Mentoring)

리더단계 멘토링은 야구의 홈인선수를 생각하면 된다. 첫째는 소수 인원이라는 것과 두 번째는 라운딩할 때 전 시스템이 잘해 주어야 성공할 수 있다는 것이다. 한 사람만 잘해가지고는 성공확률이 극히 낮다는 것이다. 국내 조직의 문제는 바로 리더단계인 핵심인재를 양성하는 시스템이 미약하다는 것이다. 그 이유는 상위직으로 갈수록 오너 경영체제에서 비공개적으로 리더격 인재가 선발되기 때문으로 볼 수 있다. 해외에서는 전문경영인 체제가 제대로 되어 있기 때문에 공정하고 경쟁적인 시스템에 의해서 우수한 인재가 선발되어 조직이 CEO나 주요 임원이 바뀌더라도 큰 문제없이 운영되고 있다. 바로 GE나 월마트 등 핵심인재개발 시스템은 정규교육시스템과 멘토링이라는 특수개발시스템이 조화를 이루어 성공적으로 리더개발을 하고 있는 것이다.

목표 11 핵심인재 개발 멘토링 프로그램

Ⅰ. 멘토링 프로그램 기본 이해

1. 멘토링 프로그램이란?
1:1 핵심 인재개발 기법으로서 기업조직의 집체교육을 보완하고
21c 인재경쟁력을 확보할 수 있는 최적의 조직혁신 프로그램임.

2. 조직에서의 멘토링 프로그램 도입의 필요성
조직 구성원 상호 산에 끈끈한 인간관계와 상호 학습을 통해
1) 폭넓은 시야와 훌륭한 성품 그리고 조직성장에 필요한 역량을 확보하여
2) 향후 조직의 중추적인 핵심 리더인재가 될 수 있도록
3) 선후배 간의 1:1 교류와 인화단결로 Know-How를 전수하여,

4) 조직을 이끌어 갈 21세기 경쟁력 있는 리더를 확보하는 데 있음.

3. 핵심인재개발 멘토링 활동 목표

1) 최소의 비용과 시간을 투입하여 기대 효과를 얻을 수 있고

2) 1 : 1 방식의 체계적인 프로그램으로 선배의 지도를 받아

3) 후배의 잠재력과 역량을 개발하여 개인의 성장욕구를 충족하고

4) 조직의 핵심간부로 인재개발 및 인적자원 확보를 극대화시켜

5) 조직경영에 경쟁력을 확보할 수 있는 핵심리더를 양성하는 데 있음.

○ Program명: 핵심인재개발 멘토링

○ 활동 기간: 12개월

○ 활동始終: 2008.1.1 — 2008.12.31

○ 멘제 기준: 후배사원(과장~신임부장)

○ 멘토 기준: 선배사원(고참부장~임원)

II. 핵심인재개발 멘토링 Program 도입 개요

1. Program 추진배경

- 조직성장의 핵심역량과 경쟁력은 물적 자원보다는 인적자원에 더 많은 비중이 실려 있으나, 조직 구성원들은 자신의 업무에 쫓기다 보면 사실상 중요한 자신의 조직을 위한 리더십개발에 소홀해지기 쉬움.

  이때 조직의 경험자이자 간부가 인생의 상담자이자 후견인으로서 믿을 만한 프로그램에 의거하여 자신의 리더십개발을 조언해 준다면 자신의 잠재능력 개발은 물론 조직 인재경쟁력 확보와 인생에 있어서의 성공을 이룰 수 있음.

- 조직에서 인적자원에 대한 잠재력 개발과 핵심인재로 성장을 할 수 있는 리더십개발을 지원하는 것은 조직의 백년대계를 위한 매우 중요한 사안임.

- 그런데 21세기의 가장 좋은 핵심인재개발 프로그램은

  1) 조직의 간부나 임원이 조직의 인사경영정책에 연계하여

  2) 후배와 함께 리더십개발을 설계하고

  3) 체계적으로 가장 효과적인 원투원 프로그램으로 지도를 하는 것임.

● 바로 본 프로그램이
  가장 체계적이며 효과적인 시스템으로 진행하는
  핵심인재개발 프로그램임.

2. Program 목적

1) 조직의 리더로 자아실현을 위한 효과적인 인생설계의 지도
2) 선배의 역량발휘에서 배우는 자신의 리더십개발 추진
3) 조직 내 선후배 간의 끈끈한 우정과 인간관계 구축
4) 선배도 후배를 지도하면서 자신의 리더십을 개발하며 상호 학습
5) 상호 아이디어 개발로 조직 업무 추진에 시너지효과를 창출
6) 조직의 목표에 대한 일체감 형성 및 핵심리더로서 질 향상

목표 12 협력업체 경영지원 멘토링 프로그램

Ⅰ. 멘토링 프로그램 기본 이해

1. 멘토링 프로그램이란?

1 : 1 인재개발 기법으로서 기업의 집단교육, 학교의 평준화 교육, 교회의 양적 성장 전략 문제점, 경영의 노하우가 부족한 창업 경영자들의 문제점 등을 보완할 수 있는 21세기 인재개발 및 핵심역량의 인간적인 전수, 조직 활성화를 기할 수 있는 최적의 인재재발(조직혁신) 프로그램이다.

2. 경영자 지원 측면에서의 멘토링 프로그램 도입의 필요성

경영인의 선후배 상호 간에 끈끈한 인간관계와 상호 학습을 통해
1) 폭넓은 시야와 훌륭한 성품, 기업운영 및 성장에 필요한 역량을 확보하고
2) 향후 사회의 역량 있는 리더로 성장할 수 있도록
3) 선후배 간의 인간적인 1 : 1 교류로써 경영 제반의 Know-How를 전수하고,
4) 기업을 이끌어 갈 21세기 경쟁력 있는 전문 경영인을 확보하는 데 있음.

3. 경영자 지원 멘토링 활동 목표

1) 최소의 비용과 시간을 투입하여

2) 새로운 방식의 체계적인 프로그램으로 멘토의 지도를 받아

3) 멘제의 잠재력과 역량을 개발하여 기업의 경영기반을 확고히 하는 데 도움을 주고

4) 역량 갖춘 경영인의 비전과 창의력, 인적자원 확보 등을 극대화시켜

5) 기업의 수익과 가치향상, CEO멘토십을 동시에 조화 및 충족케 하는 데 있음.

○ Program명: 협력업체 경영지원 멘토링

○ 활동 기간: 12개월

○ 활동始終: 2008.1.1 − 2008.12.31

○ 멘제 기준: 창업자 or 경영이 미숙한 자

○ 멘토 기준: 경영 노하우가 뛰어난 CEO 및 경영 제 분야 전문가

II. 경영자 지원 멘토링 Program 도입 개요

1. Progrm 추진배경

● 기업의 CEO로서 경영제반의 역량과 경영SKILL 함양은 기업의 직접적인 수익과 기업의 가치를 향상시키는 데 큰 비중을 차지하고 있으나 창업한 지 얼마 되지 않은 CEO나 경영이 미숙한 CEO들은 바쁜 업무 일정에 쫓기다 보면 사실상 기업의 경영 기반을 다지는 데 중요한 역량 개발에 소홀해지기 쉬움.

이때 기업 운영의 경험자이자 선배가 인생의 상담자이자 후견인으로서 믿을 만한 프로그램에 의거하여 자신의 경영노하우를 지도해 준다면 멘토 자신의 사회발전에 기여하는 충만한 인생설계와 멘제의 성공을 동시에 이룰 수 있음.

● 국제 경쟁력을 갖춘 기업 상호 간의 발전을 위한 CEO의 리더십 겸비 및 기업의 재무구조와 경영 제반의 SKILL 함양을 전수, 지원하는 것은 기업 및 국가의 백년대계를 위한 매우 중요한 사안임.

21세기의 가장 좋은 경영자 지원 멘토링 프로그램은

1) 기업 경영 제반의 선배가 중소기업청과 연계하여

2) 후배와 함께 국제경제 환경에 능동적으로 대처하는 경쟁력 갖춘 기업으로 성장

　　할 수 있는 노하우를 함께 설계하고
3) 체계적으로 가장 효과적인 코칭과 지도를 하는 것임.

● 바로 본 프로그램이
　　가장 체계적이며 효과적인 시스템으로 진행하는
　　경영자 지원 프로그램임.

2. Program 목적
1) 역동하는 사회 변화에 탄력적인 대응력을 갖춘 실질적인 수익 구조 다짐
2) 선배의 기업경영 노하우에서 배우는 자사에 맞는 경영노하우 개발 추진
3) 경영인의 선후배 간의 끈끈한 우정과 HUMAN NETWORK 구축
4) 선배도 후배를 지도하면서 자신의 역량을 심층 개발 및 상호 학습 효과
5) 상호 아이디어 개발로 기업경영의 창의력 발휘에 시너지효과를 창출
6) 후배의 역량 있는 차세대 리더로의 성장과 선배의 사회기여라는 자기실현

여성인재 육성을 위한 'Mentor Up'역 멘토링 프로그램

프락터 엔드 갬블(이하 P&G)은 최고경영자를 내부에서 육성하는 <내부 승진제도>를 오래전부터 채택한 전통 있는 세계적 기업이다. 1990년대 초 P&G 미국 본사 광고부문(Procter & Gamble U. S. Advertising) 여성 초급간부 이직률은 남자 직원보다 2배 높은 수준이었다. 여직원 승진과 유지(Retention)를 위한 획기적 방안을 강구하기 위한 테스크포스 AWTF(Advancement for Women Task Force; 여직원 육성을 위한 테스크포스)를 구성하고 전통적 멘토링과 정반대의 멘토링, 즉 여직원 초급관리자가 멘토가 되고 남성 고위관리자가 멘제가 되는 역멘토링 프로그램인 'Mentor-Up' 프로그램을 운영하여, work / Life balance(직장 / 개인(가정)균형), 세대 차이에 따른 동기부여 방안 등을 코칭하여 조직문화의 변화에 크게 기여하는 한편, 이직률 감소, 여성인재 육성 등의 성과를 이루었고, 회사 내 다른 부문과 지역 내 타 회사까지 멘토링을 확산하는 파급 효과를 가져왔다.

1. 배 경

P&G는 최고경영자를 외부에서 영입하지 않고 내부에서 육성하는 오랜 전통이 있으며, 본사 광고 부문은 각급 부사장을 포함하여 회장을 배출하는 회사 내 핵심 부서다. 따라서 현업 중간 관리자들이 항상 적정 수준으로 유지되어야 하는데, 문제는 여성 초급관리자들의 이직이 남성보다 2배나 높았다.

P&G 광고 부문은 1991년 인사부에 여직원 유지 테스크포스(Retention of Women Task Force)를 구성하여 여직원의 이직 방지를 도모했으나, 일관된 성과를 거두지 못했다. 그래서 1994년 모든 현업부서를 참여시켜 AWTF로 확대 개편하고, 2010년까지 모든 계층에 여성 인재를 골고루 육성시키고, 이직률을 1퍼센트로 줄이며 근무 만족도를 높인다는 목표를 설정했다.

과거 5년간 이직한 여직원 면담을 통한 원인 분석 결과, 여직원들이 직장에서 겪고 있는 문제에 대한 인식 부족, 조직 내 역할 모델의 부족, 경력 개발 전망, 기혼 여직원의 육아 및 자녀 관련 문제에 대한 회사의 이해와 관심 부족 등이 이직률을 높이는 이유로 나타났다.

2. 'Mentor Up' 프로그램 운영

(1) AWTF의 핵심전략

가장 중요한 전략은 최고 경영진의 지원을 이끌어 낸 것이다. 프로그램 계획 수립 단계에 회장까지 보고하여 최고경영자의 의지를 확보하고, 집행위원회(The Executive Committee)의 남성 고위 임원을 '챔피언'(후원자)으로 추대하고 챔피언이 직접 멘제로서도 활동하도록 했다.

두 번째 성공 전략은 프로그램의 목적을 여직원 육성·유지뿐 아니라 전반적인 근무 만족도를 높인다는 것으로 확대한 점이다. 참가 대상자의 범위를 넓힘으로써 조직 전체에 긍정적 영향을 미치도록 했다.

광고부문 전체에 실행하기 전에 우선 Health Care & Food Sector에 2년간 테스트 마케팅을 실시하고, 그 결과 이직률 감소(2년간 25%) 및 종합 직장 만족도의 성과를 확인한 다음 광고부문 전체로 확대해 나갔다.

AWTF의 'Mentor-Up' 프로그램 지원 활동

지원활동	목적 및 내용
매 칭	고위관리자(전원)와 하위 여성관리자(지원)를 매칭하기 위한 설문 적절한 결연 필요시 매칭 변경
킥오프	프로그램 오리엔테이션에서 멘토/멘제의 1차 상호 작용 촉진이 가장 중요한 관계형성 위한 기초 작업

지원활동	목적 및 내용
토의 주제	격월로 <토의 주제> 자료 배포(잡지, 신문, 논문 등의 관련기사, 지역사회 행사, 회사정책 등)하여 미팅 촉진 및 지원
추진위원회	부서별 책임자로 구성, 모니터 및 후원자 역할 필요시 프로그램 구성요소 수정
멘 토	런천 6개월마다 멘토 전원 런천(Luncheon) 학습공유, 상호조언, 격려, 추적
모니터링	

(2) 목 적

남성 관리자나 임원에게 여직원 관련 문제를 관리하는 방법을 비공식적으로 피드백 제공하기, 사운딩 보드 역할, 하위 여직원과 고위 경영진과 관계 형성하기 등을 프로그램 목적으로 정했다. 실제 실행은 각 센터별 현업부서 책임자가 프로그램 지도자가 되고, HR 담당자가 함께 전사적 추진 조직을 구성하여 진행했다.

(3) 선　발

남성 임원은 모두 멘토가 되었다. 현재는 여성 임원도 멘제로 참여한다. 멘토는 여성 하위 관리자 중에서 지원하는 사람으로 한다. 멘토 지원자가 모자랄까 염려하였는데 오히려 멘제 인원보다 훨씬 많은 사람이 지원했다. 매칭의 원칙은 지원서에 고향, 취미, 학부 전공 등을 망라한 다양한 항목을 넣어 결연에 참고하도록 했고, 직급 차이는 2단계 이상으로 하되 같은 부서의 상사 부하 관계가 아닌 사람으로 매칭했다.

코디네이터가 수시로 토의 주제(Discussion guide)나 제안을 하면서 심지어 멘토·멘제 매칭을 다시 해주기를 원하는지까지 물어보며 모니터링하기 때문에 다른 멘토링 프로그램이 대개 멘토·멘제 매칭만 해주고, 그다음은 두 사람이 알아서 하라는 식으로 운영하는 경우와 달리 성공적으로 운영되었다고 본다.

멘토 멘제 선발 기준

멘 토
- 지원자라야 한다.
- 계층별로 골고루 선발한다.
- 여직원 직장생활, 개인(가정)과의 균형 문제에 관한 신뢰 받는 조언자, 교사, 자문역할을 한다.
- 개인적인 경험을 이야기한다.
- 새로운 행동을 제안한다.

멘 토
- 특정 직원의 이름이나 사례를 이야기하지 않는다.
- 멘제에게 유일한 피드백 소스가 되지 않는다.
- 모든 사안에 대한 해법이나 의견을 주는 것은 아니다.
- 여성문제에 관한 멘제의 행동이나, 성장에 책임을 지는 것은 아니다.
- 멘제와 약속한 비밀을 준수해야 한다.

■ 멘제의 부하직원이어서는 안 된다.

멘 제

■ 멘토링을 통해 여직원의 직장생활 문제에 관해 인식하고 이해한다.
■ 멘토의 피드백을 주도적으로 구한다.
■ 멘토와의 대화를 통하여 개인적 태도와 행동을 모색한다.
■ 경청하고 질문한다.
■ 기꺼이 학생, 조언 받는 사람, 학습자가 된다.

멘 제

■ 멘토와 대화에 적극적으로 참여하지 않음으로써 멘토를 불편하게 하지 않는다.
■ 다 알고 있는 것처럼 하지 않는다.
■ 학습 의지가 없으면 멘토링 프로그램에 참가하지 않는다.
■ 모든 사안에 대하여 모든 여직원이 '하나의 올바른' 입장이 있다고 가정하지
   않는다.
■ 멘토의 상사가 아니어야 한다.

(4) 역할 바꾸기

멘토링에서는 멘토와 멘제가 일반적으로 상황과 정반대의 역할을 하는 것이므로
실제로 진행하기가 쉽지 않다. P&G의 'Mentor-Up' 프로그램에서는 이 점에 유의하
여 킥오프 오리엔테이션에서 역할 바꾸기 훈련이 있었다.

(5) 킥오프 오리엔테이션

가장 중요한 요소다. 킥오프 오리엔테이션을 실시하는 목적은 참가자의 의지를 확
고히 하고, 멘토와 멘제가 서로의 역할을 확인하기 위한 것이다. 또 효과적 멘토링
활동의 계획을 세우며, 멘토 멘제 간 초기 대화의 장이 된다. 과정 중에는 멘토 멘
제가 분반하여 서로의 기대사항과 걱정되는 점을 토의한 다음 합반하여 공유한다.

(6) 토의 주제(Discussion guide)

P&G 역멘토링 프로그램 성공의 결정적 요소 한 가지는 격월로 토의 주제를 제공하였다는 것이다. 프로그램 참가자의 상호 작용이 구조화되고 초점을 맞출 수 있게 도와준 것이다.

토의 주제를 예시하면 '직장에서 존중받고 있다는 느낌이 들 때'라는 설문항목이나, '기업에서 여성 임원으로 승진하기'라는 컨설팅회사의 사례연구 보고서를 읽고 토의하기, '직장과 가정(개인) 균형 방침과 사례'로서 출산휴가, 육아지원, 유연근무 시간제에 관해 토의하기 등이다.

3. 성과와 교훈

P&G의 'Mentor-Up' 프로그램의 성과는 평소 이야기하기 꺼리는 주제에 관하여 남녀 임직원 간에 대화를 나눔으로써 인식과 이해가 이루어졌다는 점이다. 원래 남자 임원을 대상으로 하였는데, 여성 임원들도 자원 참여하여 세대 차이나 부서 간 관점의 차이에 대한 통찰을 하게 됐다.

P&G에서 관리자가 승진하기 위해서는 업무실적(50%)뿐 아니라 부하 육성을 통한 조직역량개발(50%)을 달성해야 한다. P&G 광고부문에서 실행한 'Mentor-up' 역멘토링 프로그램은 조직의 변화란 추상적 구호를 외친다고 되는 것이 아니라 '누구' 또는 '무엇'과의 관계하에서 이루어지는 것이며, 구성원 간의 인간관계 활동(면대면 만남이든, 국경을 넘는 비쥬얼 상호 작용이든)은 조직의 변화는 물론 획기적 사업 성과향상도 가능하게 한다는 것을 입증했다.

기술역량 강화를 위한 지식 멘토링

오래전부터 직원들 간에 비공식적으로 멘토링이 활용되어 오던 스칸디나비아 오프쇼어 툴(Scandinavian Offshore Tools)사는 멘토링을 공식화하기로 방침을 정했다. 회사가 멘토링을 제도화하기로 결정한 가장 큰 이유는 향후 10년 이내에 정년퇴직하는 직원이 40퍼센트에 이를 정도로 직원들의 고령화가 진행되고 있기 때문이다. 만약 회사가 조직의 전문적 지식을 다음 세대에 전승하지 못하면 회사의 경쟁력과 시장 내 위치가 위협받을 수 있다.

스칸디나비아 오프쇼어 툴사(SOT)는 호주 글로벌 오프쇼어 툴(glonal Offshore Tool)의 자회사다. SOT는 1899년 화력발전 회사로 설립된 회사다. 현재는 노르웨이 대륙붕 지역에서 석유나 가스를 탐사하는 회사와 관련 분야에서 연구 개발(R&D)을 하는 회사에 활발하게 납품하고 있다. 회사의 직원은 1,478명인데, 연구개발과 석유 툴 부문으로 나뉘어 있다.

현재 496명이 R&D 부문에서 일하고 있는데 이들의 연령별 현황은 <표1>과 같다. 직원들의 전공별 현황은 공학 전공이 대부분이며, 유정(油井) 엔지니어, 유전(油田) 엔지니어, 생산 엔지니어, 현장 엔지니어 등이 대부분이다. 그 밖에 재무, 보건, 환경, 안전, 행정직 직원도 있다.

〈표 1〉 직원의 연령별 분포 현황

연 령 대	인 원 수	퍼센트(%)
24~30	42	10%
31~40	141	34%
41~55	182	44%
55세 초과	48	12%

회사의 계층구조는 최고경영자와 9명의 부문 관리자들이 있다. 부문 관리자 아래에는 두 단계의 하위관리자, 즉 섹션 매니저와 팀 매니저가 있다.

HR부서에서는 오래전부터 직원의 고령화 문제를 중심 과제의 하나로 간주했다. 직원의 평균 연령이 만 51세이며, R&D 부서 직원의 40%가 앞으로 10년 이내에 정년퇴직이 예정되어 있다. HR부서의 최우선 과제는 현재의 직원들이 다음 세대 직원들에게 기존의 지식을 잘 전수해 주는 것이었다.

선배 직원들의 인지적 지식(know Why)이 전수되지 않으면 회사는 장차 자기 추진창의력(Care Way) 개발에 어려움을 겪을 것이다. 직원들이 이 4단계의 전문 지식을 가지지 못하면 석유산업과 같은 고도의 기술과 전문 지식을 기반으로 하는 산업의 미래는 보장되지 못한다.

멘토링 프로그램 개발

회사는 지식가속화 전문 컨설팅 회사인 COMESCO의 도움을 받아 멘토링 프로그램을 개발하였다. 컨설팅 회사는 멘토링 제도를 도입한다고 하더라도, 임원이나 관리자의 역할은 변함이 없음을 강조하였다.

CEO는 조직의 비전을 명확히 하고 가치 기준을 정하여야 한다.

관리자들은 회사의 사명과 목표를 정한 다음 미래의 멘토를 훈련하고 지도하며, 권한과 역할을 위임한다. 멘토의 역할은 조직의 비전, 미션 달성을 위한 직원 한 사람 한 사람의 행동적 일상적 터치스톤이 되는 것이다.

회사는 멘토링 프로그램으로 개발하기를 원하는 관리자 스킬 가운데 중요하게 7개 영역을 다음과 같이 정하였다.

* 의사소통	* 개인적 성장
* 기업지식(Corporate memory)	* 지식 공유
* 사업 이해	* 네트워킹
지식 가속화(Knowledge acceleration)	

회사의 주요 인사들과 사전 인터뷰를 한 결과 멘토링에 대한 이해와 접근 방법이 여러 가지였다. HR부서에서는 세 개의 레벨별 멘토링 모델을 아우르는 멘토링 프로그램을 기획하였다. <그림 1>은 이 멘토링 프로그램의 전체 구조를 보여준다.

조직적응. 전문 분야 개발 OJT. 기업 지식 사업에 대한 이해. 다양성	동기부여. 경력개발 학습. 네트워킹	개인별
1단계: 버디(Buddy)제도	2단계: 사내 멘토링	3단계: 선택적 멘토링

〈그림1〉 멘토링 프로그램의 구조

왜 멘토링인가?

SOT사가 멘토링 프로그램에 시간과 자원을 투자하는 근본적 이유는 조직이 보유하고 있는 암묵지(Tacit Knowledge)를 전승하고 직원 간의 지식경영을 가속화하려는 니즈와 요구 때문이다. SOT사는 멘토링 프로그램을 지식이론에 토대를 두고 구축하고 있다.

암묵지와 형식지: 폴리아니(Polyani)는 암묵지의 내용은 정의할 수 없고, 불확정이며, 엄밀하게 개인적인 지식으로서 말로 설명할 수 없는 것이라고 주장한다. 노나카와 타우케우치는 암묵지를 다음과 같이 구분하고 있다.

> * 쉽게 눈에 보이거나 표현하기 어렵다.
> * 고도로 개인적이다.
> * 어떤 사람의 행동, 경험, 생각, 가치, 감정에 깊이 뿌리 내리고 있다.
> * 형식화하기 어렵다.
> * 다른 사람과 소통, 공유하기 어렵다.
> * 주관적 통찰, 직관, 예감

암묵지에 비하여 형식지는 동전의 반대편이라고 할 수 있다. 암묵지를 정상적이라고 하면 형식지는 보다 정량적이다. 형식지의 특징은 말과 숫자로 되어 있고, 컴퓨터로 쉽게 처리하며, 전사적으로 전달되어, 데이터베이스로 저장할 수 있는 정보라 할 수 있다. 그들은 암묵지와 형식지를 다음과 같이 구분한다.

* 암묵지(주관적).
  - 경험적 지식(몸)
  - 공시적 지식(지금 여기)
  - 아날로그적 지식(실천)

* 형식지(객관적)
  - 이성적 지식(마음)
  - 통시적 지식(그때 거기)
  - 디지털 지식(이론)

암묵적 지식은 그 지식을 가지고 있는 사람 이외는 쓸모가 없다. 따라서 개인이 가지고 있는 암묵지는 다른 사람이 효율적으로 활용할 수 있게 형식지로 전환하지 않으면 안 된다. 암묵지를 형식지로 전환하는 목적은 조직의 가치를 창조하기 위함이다. 암묵지 전환 작업을 성공적으로 하면 정보습득 시간을 줄일 수 있고, 이미 한 일의 중복을 방지하고, 조직의 학습 능력을 높이는 등 여러 가지 효과가 나고 있다. 노나카와 타케우치가 제시한 지식변환 모델은 '상호 작용적 나선 모양(Interactive And Spiral)'의 프로세스다. 모델은 네 파트너로 되어 있다. 1부 암묵지암묵지(Socialization). 2부 암묵지형식지(externalization), 3부 형식지형식지(Combination), 4부 형식지암묵지(Internalization).

SOT는 지식이전을 가속화하기 위해 멘토링 프로그램을 3단계로 구성하였다. 프로그램의 기본 구조는 6개의 핵심요소로 구성되어 있다. 6대 핵심요소는 서면 계약, 역할의 공식화, 개발계획의 구조화, 조직의 지원, 기간, 멘토에 대한 보상지급 등이다.

- 서면 계약: 멘토 / 멘제와 회사 간에 시간을 할애하겠다는 서면계약 그리고 멘토와 멘제 간에 활동 범위, 기간, 주제 등에 대한 상호 협약, 이렇게 두 가지가 있다.
- 역할의 공식화: 조직이 멘토들의 지식 가속자 역할을 인정하고 충분히 지원해 주는 것이 중요했다. 멘토링 관계를 통해 전수되는 스킬들이 개인의 경력 목표에 이용되는 것이 아니라 전 조직의 지식수준을 높이기 위함임을 모두가 이해해야 했다.
- 개발계획의 구조화: HR부서에서는 사내 인트라넷을 만들어서 조직 전체에 멘토프로그램에 대한 일반적인 정보를 공유하고, 멘토 / 멘제를 위한 교육 과정을 세 번에 걸쳐 진행했다.
- 조직의 지원: HR부서에서는 멘토링 프로그램을 지원할 사람으로 멘토링 도입을 처음 생각했던 인사 담당자인 헬렌한센을 지정했다.
- 기 간: 공식적인 멘토링 기간은 12개월이고, 그 기간이 끝나도 원하는 페어는 멘토링 관계를 계속할 수 있다.
- 멘토에 대한 보상 지급: 멘토와 멘제의 실질적인 미팅시간에 대해서는 멘토에게 보상이 지급됐다.

멘토링 프로그램

◗ 1단계: SOT의 멘토링 프로그램 3단계 중 첫 번째는 신입직원 멘토링이다. 이 단계에서는 팀 리더나 라인 메니저가 신입직원에게 멘토를 배정하며, 다음과 같은 여섯 가지 분야가 멘토링 활동에 포함되어야 한다.

- 사회화: 새로운 환경에 들어오게 된 신입직원이 적응할 수 있도록 멘토가 도와준다.
- OJT: 멘토는 멘제가 직무를 수행할 때 지켜보고 곧바로 피드백을 준다.
- 전문 분야 개발: 신입직원들은 멘토가 일을 어떻게 하는지 관찰함으로써 회사 안의 특별한 테크닉을 배우게 된다.

- 다양성: 인종적 다양성뿐 아니라 성별, 경험, 문화 등의 다양성 면에서 동료 / 수직구조 사이의 포용과 이해를 증진한다.
- 기업지식(corporate memory): 멘토링 프로그램 첫 단계는 SOT가 개발한 기업지식 전수 전략이 시작되는 지점이기도 하다. 멘토는 회사에 대한 지식과 자신의 경험을 멘제에게 물려준다.
- 사업에 대한 이해: SOT는 일반적으로 직원들을 석유 / 가스와 관련된 특별한 스킬이나 지식을 기준으로 뽑았고, 따라서 직원들의 주요 관심사는 회사의 수익이나, 경쟁 환경보다는 자신들의 전문 분야일 경우가 많았다. 멘토는 신입직원의 입사 때부터 사업상황을 알려 주는 역할을 한다.

◑ **2단계:** 두 번째 단계는 입사 후 약 1년이 된 직원들을 대상으로 했다.

회사에서는 멘토 / 멘제의 개인별 선호조사 양식, 성격 매칭 등 몇 가지 미리 짜여진 기준에 따라 멘토-멘제 매칭을 했다. HR부서에서는 이전의 비공식 멘토링 프로그램에 관여한 직원에 대한 설문을 통해 다섯 가지 주요 멘토링 주제를 선정했다.

- 경력: 멘토가 멘제의 성장을 돕게 되면 후계자를 키움으로써 자신도 승진 기회가 높아지는 이익도 생길 수 있다. 또한 멘토를 역할모델로 보고 그에게서 이익도 생길 수 있다. 또한 멘토를 역할모델로 보고 그에게서 직접적인 지원 / 조언을 받게 되는 멘제 역시 경력 목표를 이루는 데 도움이 된다.
- 자기계발: 멘토들은 멘제로부터 새로운 관점과 아이디어를 얻어 자신의 계발에 활력이 될 수 있다. 보험 영업직 사원들이 멘토링 활동을 할 때 더 높은 실적을 낸다는 조사 결과도 있다.
- 학 습: 학습에 있어서 인간관계는 매우 중요한 역할을 한다. 또한 멘토는 멘제에게 보다 집중된 학습을 제공하여 실생활에서 관리 및 리더십 테크닉을 익힐 수 있게 해 준다.
- 동기부여: 멘토는 성공적인 멘제를 통해 조직에 기여했다는 자부심을 가지게 되고, 멘제는 자신을 믿어주는 멘토가 있다는 사실에 동기부여가 된다.
- 네트워크: 멘토가 멘제에게 다른 상급직원들을 소개시켜줌으로써 멘제의 사내 인적 네트워크 형성에 도움을 준다.

◑ **3단계:** 이타적인 행동에서 만족을 얻는 성숙한 장년 직원들에게 멘토링은 큰 심리적 도움을 준다. 자신이 회사에서 인정을 받고 필요한 사람이라는 기분은 잃었

던 자신감과 자존감을 되찾게 해 준다.

  이러한 점이 SOT 멘토링 프로그램 마지막 단계의 바탕이 된다. 세 번째 단계는 활동 내용도 각양각색이고, 한마디로 설명하기가 복잡하지만, 초점은 멘제에게 가장 중요한 스킬을 개발하는 것이다. 비교적 비공식 멘토링의 형태를 띤다.

Part

04

멘토링 경영 인재개발 게임

Mentoring Game

"구슬이 서 말이라도 꿰어야 보배"라는 속담이 있다. 오늘날 기업, 학교, 교회 등 수많은 조직에서 인재 개발 기법으로 멘토링을 적용하고 있지만 체계 있게 프로그램을 갖추지 못하여 끝을 제대로 맺지 못하는 사례가 허다하다.

- 한편 생산성(Productivity)을 목적으로 하는 정규업무와 인간성(Humanity)을 위주로 하는 멘토링과의 분명한 한계를 이해하지 못하고 멘토 / 멘제의 활동을 자생력보다는 관리(Managing) 대상으로 다루다 보니 도입 의도에 미치지 못하는 결과를 초래하고 있다.
- 한국인 정서에 맞게 개발된 멘토링 게임은 먼저 멘토링에 참여하는 멘토 / 멘제의 개인개발에 초점을 두고 자신의 가치가 업그레이드되는 과정을 체험함으로 멘토링 활동에 몰입도를 극대화하여 자생력으로 멘토링을 진행하고자 하는 프로그램이다.
- Workshop 형태로 진행되는 10게임은 사람의 성장을 3단계로, 즉 청소년 시절, 직장인 시절 그리고 조직개발용으로 구분하여 총 15시간 학습용으로 개발되었다.

1 게임프로그램 특징

1 멘토링 이론에 대응하는 현장프로그램이다.
2 한국인의 정서를 감안하여 진단도구를 개발하였다.
3 개인개발에 역점을 두었고 조직에의 효과는 간접화하였다.
4 Workshop형태로 학습 몰입도에 극대화할 수 있도록 하였다.

2 게임프로그램 순서

1부 청소년 멘제 개발 5게임

    게임 3. 청소년 정체감 찾기 게임－40개 설문

    게임 4. 청소년 성격 찾기 게임－68개 설문

    게임 5. 청소년 가치 개발하기 게임－50개 설문

    게임 6. 청소년 E, Q 찾기 게임－50개 설문

    게임 7. 청소년 적성 찾기 게임－50개 설문

2부 직장인용 멘토링 3게임

    게임 8. Lynchpin Game－멘토 / 멘제 성격극복게임－68개 설문

    게임 9. Star Game－멘토 / 멘제 인격지수개발게임－50개 설문

    게임 10. Brain Game－멘토 / 멘제 미팅소재개발게임－20개 주제

3부 조직개발용 멘토링 2게임

청소년 정체감 찾기 게임

게임1

자기 정체감 찾기 진단도구

－어렸을 때부터 우리는 부모, 형제 그리고 학교 선생님의 말씀을 들으면서 자란다. 부모가 하라는 대로 하면 두려울 게 없고, 선생님이 하라는 대로 하면 별로 문제될 게 없다. 그러나 어느 순간 '나는 누구인가?', '나는 어디서 와서 어디로 가는가?' '나는 앞으로 어떤 사람이 될 것인가?'와 같은 고민을 하며, 다른 사람들의 말이 귀에 들어오지 않기 시작한다. 그것은 바로 나를 찾기 위한 투쟁이 시작된 증거다.

심리학에서는 청소년기를 정체감 위기(identity crisis)의 시기로 보았다. 다시 말하면 청소년기에는 정체감을 확립하느냐 못하느냐가 가장 중요한 발달 과업이라는 것이다. 만약 정체감을 확립하지 못하면 젊은이들은 자기가 무엇을 어떻게 해야 할지 모르는 역할 혼미에 빠지게 된다.

* 나의 정체감 확립수준
  1) 정체감 혼미
  2) 정체감 조기 획득
  3) 정체감 유예
  4) 정체감 확립

게임1. 정체감 찾기 게임

이제는 나를 찾아야 할 시간

어렸을 때부터 우리는 부모, 형제 그리고 학교 선생님의 말씀을 들으면서 자란다. 부모가 하라는 대로 하면 두려울 게 없고, 선생님이 하라는 대로 하면 별로 문제될 게 없다. 그러나 어느 순간 '나는 누구인가?', '나는 어디서 와서 어디로 가는가?' '나는 앞으로 어떤 사람이 될 것인가?'와 같은 고민을 하며, 다른 사람들의 말이 귀에 들어오지 않기 시작한다. 그것은 바로 나를 찾기 위한 투쟁이 시작된 증거다. 그런 과정에서 우리는 고민하고, 방황하고, 스트레스를 받는다. 이렇게 자기를 찾으려는 과정에서 발생하는 심리적, 사회적 갈등을 정체감 장애(identity disorder)라고 한다.

그러나 정체감 장애는 병이라기보다 젊은이들이 자기를 돌봐주는 부모나 주위 사람들로부터 독립하는 과정에서 겪는 정상적인 현상이다. 이런 과정은 홍역과 같이 누구나 한 번쯤은 겪어야만 한다.

 ## 1. 청소년기의 과제는 '나 찾기'

심리학에서는 청소년기를 정체감 위기(identity crisis)의 시기로 보았다. 다시 말하면 청소년기에는 정체감을 확립하느냐 못하느냐가 가장 중요한 발달 과업이라는 것이다. 만약 정체감을 확립하지 못하면 젊은이들은 자기가 무엇을 어떻게 해야 할지 모르는 역할 혼미에 빠지게 된다.

나의 정체감은?

다음 각각의 질문을 읽고 어느 정도 동의하는지를 체크하시오.

매우 동의한다: 3점   어느 정도 동의한다: 2점

약간 동의한다: 1점   전혀 동의하지 않는다: 0점

<A>

1. '나는 누구인가'에 대해 별로 관심이 없다. ……………………………………… (　　　)
2. 나는 미래 내 직업에 대해서 별로 생각해 본 적이 없다. …………………… (　　　)
3. 나는 요즘 들어 부모님이나 선생님의 말씀을 잘 듣지 않는다. …………… (　　　)
4. 나는 내 역할에 대해 별로 확신이 없다. …………………………………… (　　　)
5. 나는 나의 미래를 설계하려는 욕구가 별로 없다. ………………………… (　　　)
6. 나는 하고 싶은 일이 너무 많아서 쉽게 마음을 정하지 못하고 있다. … (　　　)
7. 나는 나의 미래에 대해 미리 생각하고 싶지 않다. ………………………… (　　　)
8. 때때로 나는 나 자신에게조차 생소한 느낌이 든다. ……………………… (　　　)
9. 나는 지금의 내가 아닌 다른 존재가 되고 싶다. …………………………… (　　　)
10. 나는 누가 '당신의 삶의 의미는 무엇이냐?'고 묻는다면 대답하기 힘들다. · (　　　)

A점수 합계 ＿＿＿＿＿＿＿점

<B>

1. 나는 내가 사춘기라는 것을 별로 느끼지 않는다. ………………………… (　　　)
2. 나는 내가 장래 무엇을 할지 잘 알고 있다. ………………………………… (　　　)
3. 나는 젊은이들이 방황하고 고민하는 것을 이해하기 힘들다. …………… (　　　)
4. 나는 전공을 선택하고 대학을 선택할 때 별로 어려움이 없다. ………… (　　　)
5. 나는 부모님과 선생님의 말씀을 잘 듣는 편이다. ………………………… (　　　)
6. 나는 질서와 규칙을 잘 지키고, 그것을 어기지 않으려고 애쓴다. ……… (　　　)
7. 나는 별다른 어려움 없이 유복한 가정에서 성장한 편이다. ……………… (　　　)
8. 나는 어머니가 선택해 준 옷과 신발, 머리 스타일을 좋아한다. ………… (　　　)
9. 나는 집을 떠나서 혼자 생활한다는 생각을 별로 해보지 않았다. ……… (　　　)

10. 나는 경제적으로 독립하기 위해 어떤 계획을 세우거나 실천한 적이
　　없다. ·· (　　)

B점수 합계 _________ 점

<C>
1. 나는 사춘기를 호되게 겪었거나 겪고 있다. ······························· (　　)
2. 요즘 같으면 정말 왜 사는가 싶을 정도로 고민이 많다. ··············· (　　)
3. 나는 어떤 전공을 선택하고 어떤 대학을 선택해야 하는지 고민이 많다. (　　)
4. 나는 지금의 나의 모습에 만족하지 못한다. ······························· (　　)
5. 나는 장차 어떤 직업을 가질 것인지에 대해 진지하게 고민하고 있다. ··· (　　)
6. 나는 꿈은 있지만 지금 내가 무엇을 해야 할지를 모른다. ············· (　　)
7. 나는 요즘 들어 친구들이나 가족이 간섭하는 것 때문에 사소한 다툼을
　　많이 한다. ·· (　　)
8. 나는 때때로 '나는 누구인가?', '어디서 와서 어디로 가는가?'와 같은
　　고민을 하지만 아직 그것에 명확하게 답할 수는 없다. ················ (　　)
9. 나는 지금의 내가 아닌 다른 사람이 되고 싶다. ························· (　　)
10. 나는 내가 보잘것없는 존재인 것처럼 느껴질 때가 있다. ············· (　　)

C점수 합계 _________ 점

<D>
1. 나는 사춘기의 특징이라고 여길 만한 경험을 했다. ····················· (　　)
2. 나는 내가 어떤 직업을 가져야 할 것인지 잘 알고 있다. ··············· (　　)
3. 나는 내 삶의 목표가 무엇인지 분명히 알 수 있다. ····················· (　　)
4. 나는 인간관계를 어떻게 해야 하는지 알 것 같다. ······················· (　　)
5. 나는 사춘기 고민과 방황으로 부모, 형제와 갈등을 빚은 적이 있었지만
　　지금은 말끔히 해소되었다. ··· (　　)
6. 나는 지금 내가 해야 할 일이 무엇인지를 잘 알고 있다. ··············· (　　)
7. 나는 내가 선택한 일에 대해서는 후회하지 않을 자신이 있다. ········· (　　)
8. 나는 선생님이 나에게 무엇을 기대하는지를 잘 알고 있다. ············· (　　)
9. 대부분의 사람들은 나의 있는 그대로를 받아들여 주고 인정해 준다. ····· (　　)

10. 나는 나 자신을 정말 잘 안다고 확신한다. ·· (   )

D점수 합계________점

나의 정체감 확립 수준은?

각각의 점수를 더하였을 때 점수가 가장 많이 나온 부분이 자신의 정체감유형이다.

　A: 정체감 혼미　　B: 정체감 조기 획득　　C: 정체감 유예　　D: 정체감 확립

 # 2. 정체감의 여러 가지 유형

정체감을 얼마나 획득했느냐에 따라 정체감도 여러 유형으로 구분된다. 마르시아 (J. E. Marcia)라는 심리학자는 두 가지 기준을 가지고 정체감을 네 개의 유형으로 구분했다. 하나의 구분 기준은 자신의 현재 상태와 역할에 의문을 제기하고 여러 가지 대안적 가능성을 탐색하는 위기(crisis)를 경험했는지, 다른 구분 기준은 자신에게 주어진 역할과 과업에 신념을 가지고 얼마나 관여(=성취의욕 commitment)하고 있는지이다.

첫 번째 정체감유형

위기도 경험하지 않고 관여도 하지 않는 **정체감 혼미**(identity diffusion)단계다. 이런 상태의 젊은이들은 자신의 생애를 계획하고 설계하려는 욕구가 부족하고, 자기의 역할과 자기가 하는 일에 대해서도 확신이 없다. 이들은 자존심도 낮고, 흔히 혼돈과 공허감에 **빠져** 있다. 이런 상태는 초기 청소년기의 특징이지만 이런 상태가 지속되어 성인기에까지 이르면 직업도 제대로 선택하지 못하고, 자기가 해야 할 일도 모

르는 채 허송세월하게 된다.

두 번째 정체감유형

위기는 경험하지 않았지만 관여는 하고 있는 정체감 조기 획득(identity foreclosure) 단계다. 이들은 위기를 경험하지 않았지만 자신이 무엇을 해야 하고, 자신의 삶의 목표가 무엇인지를 명확하게 알고 있다. 이런 유형의 정체감은 자기에 대해 충분히 생각하지 않은 상태에서 정체감을 획득했기 때문에 정체감 유실이라고도 한다. 대개 이 부류의 젊은이들은 부모가 정해주는 전공, 직업을 선택하거나 부모가 물려주는 사업을 하고, 일찍 결혼해서 안정된 생활을 한다. 그러나 위기를 겪지 않은 정체감 조기 획득이 항상 좋은 것만은 아니다. 이런 젊은이들은 온실에서 자라난 화초처럼 나약해져 조그만 어려움에도 좌절하고 굴복하기 쉽다.

세 번째 정체감유형

위기는 경험했지만 관여가 이루어지지 않은 **정체감 유예**(identity moratorium) 단계다. 이런 유형의 정체감 상태를 나타내는 젊은이들은 자신의 현재 상태에 대해 문제의식을 가지며, 그런 문제를 해결하기 위한 대안이 무엇인지, 자신의 삶의 목표는 무엇인지에 대해 진지하게 고민하는 중이다. 하지만 여전히 자신의 문제를 해결하고자 노력하는 단계에서 주위 사람들과 애증이 교차하는 갈등을 빚기도 한다. 이 단계는 정체감을 확립하기 위한 바로 전 단계로 앞의 두 단계보다는 성숙한 단계다.

네 번째 정체감유형

위기도 경험했고 관여도 이루어진 가장 성숙한 단계인 **정체감 확립**(identity achive-ment)단계다. 이 유형에 속하는 젊은이들은 자신의 가치관, 직업관, 인간관계 등에 대해 많은 고민을 하고 위기도 경험했지만 스스로 그런 위기를 잘 극복해 냈다. 자신의 역할이 무엇인지, 자신의 삶의 목표가 무엇인지를 명확히 알고 있으며, 자신이 하고 있는 일, 자신이 선택한 것에 확신을 가지고 몰두한다. 이들은 부모와의 관계를 비롯한 인간관계가 원만하고, 자존심도 높고, 스트레스에 민감하게 반응하지도 않는다. 게다가 불안 수준도 낮아 안정적인 느낌을 준다.

# 3. 정체감 확립 10계명

사람들은 각각의 발달 단계에서 획득해야 하는 발달 과업이란 게 있다. 그중 가장 중요한 것이 정체감을 확립하는 것이다. 정체감을 제대로 확립하기 위해서는 기본적으로 진지한 삶의 자세를 갖고, 능력을 키우고, 소신을 가져야만 한다. 그렇지 않으면 성인이 되어서도 무능하고 무력한 사람이 된다. 그러니 정체감 형성이 덜 되었다면 지금부터라도 그것을 확립하기 위해 노력해야 한다.

그렇다면 정체감은 어떻게 해야 획득할 수 있는가?

1. 자기가 원하는 전공과 직업을 선택하라.

→ 부모나 선생님이 정해주는 학과가 아닌 자기가 원하는 학과와 직업을 선택하라.

2. 가정이나 학교에서 자기 의사를 분명히 표현하라.

→ 그러기 위해 자기 의사를 정리해서 표현하는 연습을 하고, 자기감정을 솔직히 표현하도록 노력하라.

3. 자기의 신체적인 특성을 인정하라.

→ 자기의 겉모습을 바꾸려고 하기보다는 자신만의 특징을 인정하라. 사람마다 개인차가 있다. 다른 사람과 다른 것을 이상하게 생각하지 마라.

4. 자신의 성(성)을 받아들여라.

→ 자신의 성이 남성인지, 여성인지를 자신의 생물학적인 성에 맞춰 받아들이고, 그에 따른 성 역할과 성 정체감을 확립하라.

5. 부모 또는 자기를 돌봐주는 사람들로부터 심리적으로 독립하라.

→ 독립하는 것을 두려워하지 마라. 정상적인 사람은 스스로 생각하고 행동할 수 있어야 한다.

6. 경제적으로 독립해야 한다는 생각을 가져라.

→ 비록 지금 당장 돈을 벌 수는 없겠지만 항상 경제적으로 독립한다는 생각을 가져라. 물질적인 독립이 가능해야 비로소 진정한 독립이 이루어지는 것이다.

7. 어떤 직업을 가질 것인지 선택하고 그 직업을 준비하라.

→ 장래 희망이 무엇이고 어떤 직업을 가질 것인지를 선택하고, 그 직업에서 필

요로 하는 재능을 개발하라.

8. 사회 구성원으로서 자기의 역할을 다할 수 있도록 능력을 갖춰라.

→ 다른 사람과 함께 사는 사회 구성원으로서 질서, 규칙, 법을 지키며, 맡은 책임을 다할 수 있는 능력을 키워라.

9. 결혼과 미래의 가정생활을 준비하라.

→ 후기 청소년기에 접어들었다면 이제 결혼과 가정을 꾸밀 준비를 하라. 어떤 배우자를 만날 것인지도 생각하라.

10. 지나치게 권위주의적으로 간섭하는 부모에게는 반항하라.

→ 매사를 부모의 뜻에 맞춰 자식을 키우려는 부모는 자식의 정체감 확립에 좋지 않은 영향을 준다. 자식의 도를 벗어나지 않는 범위 내에서 소신껏 자기를 내세워라.

 # 4. 다시는 돌아오지 않는 시간

한 조사 연구에 따르면 우리나라 중학생의 15%, 고등학생의 30%, 대학생의 40% 정도가 정체감 확립 단계에 이르고 있다고 한다. 이 결과를 보면 우리나라 젊은이들이 정체감을 확립하기 위한 고민과 방황을 잘 극복하고 있으며, 나이가 들어감에 따라 점차 정체감이 확립되어 감을 알 수 있다. 그러나 정체감은 하루아침에 얻어지는 것이 아니라 나름대로 자신의 존재, 역할, 삶의 목표에 대해 고민하는 과정, 즉 사춘기의 정체감 위기를 거쳐야만 한다. 젊은이들은 그런 고민과 방황을 할 수 있는 특권을 가지고 있는 것이다. 그러나 한 가지 염두에 둘 것은 사춘기의 특권, 젊다는 특권을 남용해서는 안 된다는 것이다.

끝없이 방황하고 허황된 꿈을 쫓아 시간을 한없이 허송해서는 안 된다. 청소년기는 무엇이든지 가능한 시기이기도 하지만, 모든 가능성을 하나하나 포기하는 시기이기도 하다.

우리가 할 수 있는 일, 현실적으로 가능한 일, 자기 능력에 맞는 일을 찾아 거기에 정열을 투자하는 것이야말로 특권을 가장 잘 향유하는 것이 아닐까?

성년부중래(盛年不重來)라는 말이 있다. 이 말은 젊은 시절은 다시 오지 않는다는 뜻이다. 그렇다. 젊은 날은 다시 오지 않는다. 그렇다면 지금 우리의 젊은 날을 허송할 만한 여유가 있을까? 젊어 1년은 늙어 10년일 수도 있다는데……

청소년 성격 찾기 게임

게임 2

청소년성격개발 진단도구

－린치핀 게임(Lynchpin Game)에서 제일 중요한 사항은 멘토와 멘제 상호 간에 성격을 파악한 후에 바람직한 대응과 피해야 할 대응을 제대로 해주어야 한다. 그렇게만 한다면 상호 좋은 관계를 유지할 수 있을 것이다.

1) 바람직한 대응－이런 내용을 접하게 되면 엔도르핀이 나와 더욱 좋은 분위기에서 실적이 향상된다.
2) 피해야 할 대응－이런 내용을 접하게 되면 스트레스를 받고 침울해지며 좋은 실적을 낼 수 없다.

게임 결과에 따라서 멘토와 멘제의 연결에서 같은 성격끼리 연결해 주고(Best Pair), 인원수가 맞지 않을 경우에는 보완 성격끼리 연결(Gold Pair)해 준다.

* 성격 찾기 4가지 유형

D ominate Style(적극형)　　　　F acilitating Style(친절형)

C ontroling Style(관리형)　　　　A nalytical Style(계산형)

게임2. 성격 찾기 게임

> **1.** 이 설문항목은 4가지 행동유형에서 강점과 약점을 선별할 수 있다.
> **2.** 가능한 4개 중에서 1개씩 선택하십시오.
> **3.** 전체 68항목 중에서 17항목에 O표 하시오

NO	설문항목	O표	NO	설문항목	O표
1	친구들에게 적극적으로 나선다.		41	엉뚱한 데가 있다.	
2	함께 지지하고 협력적이다.		42	결정을 주저주저한다.	
3	부지런하며 성적이 우수하다.		43	부드럽지 못하고 딱딱하다.	
4	이익이 되는 일을 한다.		44	친구에 대한 배려가 부족하다.	
5	모든 일에 열심히 한다.		45	시간을 잘 못 지킨다.	
6	가까이하기 쉽고 친하기 쉽다.		46	자기주장이 약하다.	
7	꼼꼼한 성격이다.		47	결정을 내리는 데 시간이 걸린다.	
8	열심히 일한다.		48	억지를 부린다.	
9	항시 활기찬 모습이다.		49	감정풀이를 자주 한다.	
10	사교술이 능숙하다.		50	일에 대한 관심이 희박하다.	
11	앞과 뒤 순서를 잘 챙긴다.		21	힘 있게 밀어붙이지 못한다.	
12	행동이 민첩, 신속하다.		52	말투를 거칠게 한다.	
13	친구와 원만하게 지낸다.		53	기분이 변하기 쉽다(싫증나기 쉽다.)	
14	코치나 상담에 능숙하다.		54	친구 일에 너무 신경을 쓴다.	
15	내용이나 질을 중요시한다.		55	혼자 일을 한다.	
16	책임감이 강하다.		56	지나치게 자기중심적이다.	
17	자기에게 관심 갖게 한다.		57	정리, 정돈이 서툴다.	
18	마음이 부드럽다.		58	앞서 생각하거나 모험을 하지 않는다.	
19	문제발견에 흥미를 느낀다.		59	얼굴 표정이 굳어져 있다.	
20	목표달성을 중요시한다.		60	안색, 목소리, 표정이 빈약하다.	
21	직관과 영감을 중요시한다.		61	차근차근 책읽기를 싫어한다.	
22	개인적으로 정보에 강하다.		62	신속하지 못하다.	
23	이론보다 사실을 중요시한다.		63	모험을 꺼려한다.	
24	도중에 포기하지 않는다.		64	무리한 성적 목표를 세운다.	
25	큰 뜻을 품는다.		65	매사를 논리적으로 생각하기 싫어한다.	
26	끼리끼리 소집단 활동을 즐긴다.		66	앞장서지 않고 주위를 살핀다.	

NO	설문항목	O표	NO	설문항목	O표
27	학습자료를 수집한다.		67	친구들과 사귐이 부족하다.	
28	시간에 정확하다.		68	차가운 성격이다.	
29	만사에 바로 반응한다.				
30	부드럽게 풀어간다.				
31	맡은 일에 책임감이 강하다.				
32	간결하고 낭비가 적다.				
33	미래를 염두에 둔다.				
34	분위기 조성을 잘한다.				
35	시간 등 자기관리를 잘한다.				
36	매사 남보다 적극적이다.				
37	개방적이고 놀기를 좋아한다.				
38	친구의 기분을 이해한다.				
39	숫자를 가지고 분석하기를 좋아한다.				
40	자기 스스로 움직인다.				

<강점> 1-40번   <약점> 41-68번

 # 1. 행동유형 구분표

68개 설문항목에서 O표한 번호를 아래에서 다시 O표 하시오
그러면 자신의 행동유형을 알 수 있습니다

D ominate Style(적극형)	**F acilitating Style(친절형)**
1, 5, 9, 13, 17, 21, 25, 29, 33, 37, 41, 45, 49, 53, 57, 61, 65	2, 6, 10, 14, 18, 22, 26, 30, 34, 38, 42, 46, 50, 54, 58, 62, 66
C ontroling Style(관리형)	**A nalytical Style(계산형)**
3, 7, 11, 15, 19, 23, 27, 31, 35, 39, 43, 47, 51, 55, 59, 63, 67	4, 8, 12, 16, 20, 24, 28, 32, 36, 40, 44, 48, 52, 56, 60, 64, 68

 # 2. M. P 연결 Lynchpin 원칙

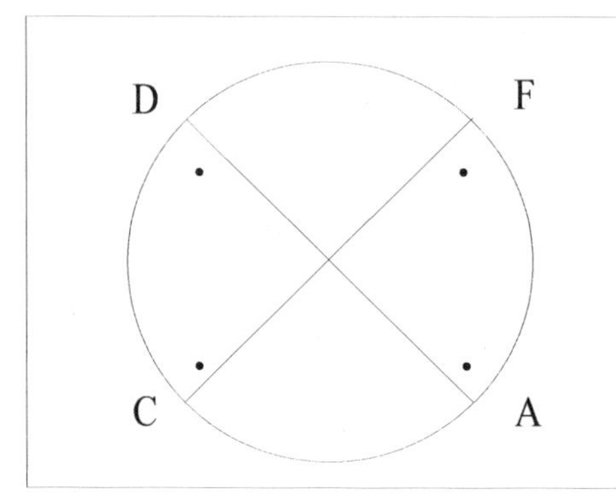

 # 3. 4가지 유형의 특성분석 및 대응방안

1) 적극형

(1) 적극형(Dominance Style)의 특성

<table>
<tr><td>D</td><td>F</td></tr>
<tr><td>C</td><td>A</td></tr>
</table>

적극형(Dominance)인 청소년은 매사에 적극적이며, 자신은 물론 남도 잘 부추긴다. 친구들과 이야기하기를 즐기고, 늘 주변에 활발한 분위기를 만든다.

주변 친구들과 좋은 대화를 나누면서 일을 앞장서서 하지만, 주도권을 잡는데도 관심을 기울여, 색다른 일을 찾아 위험을 무릅쓰고 문제해결에 힘쓴다.

일반적인 특징을 정리해 보면

① 외향적 ② 정열적 ③ 설득적 ④ 사교적 ⑤ 자발적이라 하겠다.

※ 이 청소년의 행동은 인정받기(Recognition) 욕구에 의거하고 있다.

<table>
<tr><td>강 점</td><td>약 점</td></tr>
</table>

강 점	약 점
1. 친구들에게 적극적으로 나선다.	1. 엉뚱한 데가 있다.
2. 모든 일에 열심히 한다.	2. 시간을 잘 못 지킨다.
3. 항시 활기찬 모습이다.	3. 감정풀이를 자주 한다.
4. 친구와 원만하게 지낸다.	4. 기분이 변하기 쉽다.(싫증나기 쉽다.)
5. 자기에게 관심 갖게 한다.	5. 정리, 정돈이 서툴다.
6. 직관과 영감을 중요시한다.	6. 차근차근 책읽기를 싫어한다.
7. 큰 뜻을 품는다.	7. 모든 일에 차분히 생각하지 않는다.
8. 만사에 바로 반응한다.	
9. 미래를 염두에 둔다.	
10. 개방적이고 놀기를 좋아한다.	

(2) 적극형의 대응

1. 기본욕구

인 정	칭 찬

2. 바람직한 대응
   (1) 흉금을 터놓기 위해 가볍고 즐겁게 이야기를 시작한다.
   (2) 친구들을 치켜세우거나, 최대한 관심을 표시한다.
   (3) 어떤 일이든 크고 넓게 논의한다.
   (4) 열심을 내어 신속하게 큰소리로 이야기한다.
   (5) 다른 친구나 선생님의 의견을 인용한다.
   (6) 커다란 관점에서 이야기를 전개한다.
   (7) 목표를 정하고 달성을 위해 무척 노력한다.

(8) 남과 경쟁하기를 좋아한다.

(9) 친구들의 꿈이나 아이디어에 관심을 표명한다.

3. 피해야 할 대응

(1) 소극적이며 인정 없는 태도를 취하지 않는다.

(2) 자질구레한 이야기는 피한다.

(3) 원리, 원칙이나 규칙을 고집하지 않는다.

(4) 상대방을 비판하거나 설득하지 않는다.

(5) 좋고 나쁨, 사실, 숫자 등을 고집하지 않는다.

(6) 공부만을 따지는 이야기가 되지 않게 한다.

4. 자주 써야 할 말

(1) 일의 신속성　　(2) 새로운 일　　(3) 남과 다름　　(4) 주위 영향력

(5) 이미지　　　　(6) 친구들

2) 친절형

D	F
C	A

(1) 친절형(Facilitating Style)의 특성

친절형(Facilitating)인 청소년은 무엇보다도 개인적인 연관을 중시한다. 옆에서 보면 차분한 가운데 부드럽고 성실하며 소극적이나, 따뜻하고 인정이 많아 보여 가까이하기 쉬운 사람이라는 느낌이 든다.

끼리끼리를 중시하여 친구들과 함께 일하기를 좋아하지만, 모험을 별로 하려 들지 않는다. 무엇보다도 책임을 다 함께 지고 싶어 한다.

친구와의 관계를 쌓는 데에 관심이 있으며, 결정을 할 때에는 친구나 선생님들로부터 지원을 요청한다.

일반적인 특징을 정리해 보면

① 지지적　② 협력적　③ 사교적　④ 인내심이 강하다　⑤ 충실하다

※ 이 사람의 행동은 타인 용납(Acceptance)욕구에 의거하고 있다.

<table>
<tr><td>강 점</td><td>약 점</td></tr>
</table>

강 점	약 점
1. 함께 지지하고 협력적이다.	1. 결정을 주저주저한다.
2. 가까이하기 쉽고, 친하기 쉽다.	2. 자기주장이 약하다.
3. 사교술이 능숙하다.	3. 일에 대한 관심이 희박하다.
4. 코치나 상담에 능숙하다.	4. 친구 일에 너무 신경을 쓴다.
5. 마음이 부드럽다.	5. 앞서 생각하거나 모험을 하지 않는다.
6. 개인적인 정보에 강하다.	6. 신속하지 못하다.
7. 끼리끼리 활동을 즐긴다.	7. 앞장서지 않고 주위를 살핀다.
8. 어떤 일이든 부드럽게 들어간다.	
9. 분위기 조성을 잘 한다.	
10. 친구의 기분을 이해한다.	

(2) 친절형의 대응

1. 기본욕구

용 납	수 용

2. 바람직한 대응

   (1) 흉금을 터놓은 분위기로 개인에 관계된 이야기로부터 들어간다.

   (2) 1 : 1로 대응하고, 개인적인 관심이나 목표를 끌어낸다.

   (3) 친구에게 말을 시켜 의견을 끌어낸 뒤, 그의 말에 귀를 기울인다.

   (4) 친구가 협력해 준 것에 대해서 감사 표시한다.

   (5) 친구에게 불안감이나 염려를 끼쳤다면 이를 제거한 뒤 격려한다.

   (6) 친구나 선생님께 자연스러운 분위기에서 목표 달성을 협의하고 의논한다.

   (7) 온화한 부드러운 말씨로 이야기한다.

(8) 친구들의 생각을 적극적으로 받아들인다.

(9) 결단을 내리는 데에 주저한다.

3. 피해야 할 대응

(1) 일에 관한 이야기를 곧바로 하지 않는다.

(2) 냉담한 태도, 무관심한 태도를 나타내지 않는다.

(3) 논리나 책략으로 반론을 피지 않는다.

(4) 지배적으로 군림하거나 과도한 요구는 하지 않는다.

(5) 갈등을 빚지 않는다.

(6) 곧바로 결론을 이끌어 내지 않는다.

4. 자주 써야 할 말

(1) 인정 (2) 봉사 (3) 끼리끼리 팀 (4) 성실 (5) 대화 (6) 가정

3) 계산형

D	F
C	A

1) 계산형(Analytical Style)의 특성

계산형(Analytical)인 청소년은 목표를 향해 착실히 추진해 나감을 즐거워한다.

행동은 언제나 냉정, 침착하고 차분하며, 소극적인데다가 규칙적인 반면, 독립심은 강하다. 일에 있어서는 체계적이며 사실에 입각한 접근을 중시하고, 정보나 데이터를 수집, 분석하기를 좋아하며 모험은 최소한으로 한다.

친구나 선생님과의 관계는 감정을 드러내지 않고 결단을 내릴 때는 확률이나 확증을 늘 염두에 두고 행한다.

일반적인 특징을 정리해 보면

① 논리적 ② 완벽주의 ③ 사실중시 ④ 신중함을 들 수 있다

※ 이 사람의 행동은 안전제일(Security) 욕구에 의거하고 있다.

<table>
<tr><td style="text-align:center; border:1px solid;">강 점</td><td></td><td style="text-align:center; border:1px solid;">약 점</td></tr>
</table>

강 점	약 점
1. 부지런하며 성적이 우수하다.	1. 부드럽지 못하고 딱딱하다.
2. 꼼꼼한 성격이다.	2. 결정을 내리는 데에 시간이 걸린다.
3. 앞과 뒤 순서를 잘 챙긴다.	3. 힘 있게 밀어붙이지 못한다.
4. 내용이나 질을 중요시한다.	4. 혼자 일을 한다.
5. 문제발견에 흥미를 느낀다.	5. 얼굴표정이 굳어져 있다.
6. 이론보다 사실을 중시한다.	6. 모험을 꺼려한다.
7. 학습자료를 수집한다.	7. 친구들과 사귐이 부족하다.
8. 맡은 일에 책임감이 강하다.	
9. 시간 등 자기관리를 잘한다.	
10. 숫자를 가지고 분석하기를 좋아한다.	

(2) 계산형의 대응

1. 기본욕구

안 전	정 보

2. 바람직한 대응
   (1) 일에 관한 이야기로부터 들어간다.
   (2) 신중하게 천천히 진행된다.
   (3) 데이터, 자료 등 사전준비는 완벽하게 하여 대응한다.
   (4) 충분한 시간을 갖고 차근차근 이야기한다.
   (5) 구체적이고 사실적인 정보를 중요시한다.
   (6) 친구에게 생각할 수 있는 시간을 충분히 준다.
   (7) 뜻밖의 결과가 나오지 않게 하고, 모험이 적은 편이다.
   (8) 차근차근 조리 있게 설명한다.
   (9) 결론은 메모나 서면으로 남겨둔다.

3. 피해야 할 대응

   (1) 친구와 혼란될 만한 이야기는 피한다.

   (2) 너무 과장된 이야기는 하지 않는다.

   (3) 치켜세우거나 너무 친숙하게 이야기하지 않는다.

   (4) 다른 사람이나 저명인사의 의견을 사용하지 않는다.

   (5) 꾀를 부리거나 교묘한 수단을 쓰지 않는다.

   (6) 결정하는 일을 서둘지 않는다.

4. 자주 써야 할 말

   (1) 학습 자료　(2) 신뢰, 행동　(3) 책임감　(4) 이익, 손해

   (5) 신속　　　　(6) 정확

4) 관리형

D	F
C	A

1) 관리형(Controling Style)의 특성

관리형(Controling)인 청소년은 학습의욕이 강하고 솔선수범하고, 좋은 성적을 내는 데 관심이 높다. 행동은 신속하고, 기회가 주어지면 남을 밀어제치고서라도 자기의 목표를 관철시킨다. 혼자서 일을 하거나 남을 지도하여 일을 하게 하기를 좋아한다. 경쟁심도 남보다 앞선다.

다른 사람과의 관계는 솔직한 편이고, 대화의 내용은 학습에 관계되는 일을 주로 한다.

일반적인 특징을 정리해 보면
   ① 자립심　② 솔직함　③ 결단성　④ 실리주의　⑤ 능률 등을 들 수 있다

※ 이 사람의 행동은 목표달성(Achievement)욕구에 의거하고 있다.

<table>
<tr><td>강 점</td><td>약 점</td></tr>
</table>

강 점	약 점
1. 이익이 되는 일을 한다.	1. 친구에 대한 배려가 부족하다.
2. 열심히 일한다.	2. 억지를 부린다.
3. 행동이 민첩, 신속하다.	3. 말투가 거칠다.
4. 책임감이 강하다.	4. 지나치게 자기중심적이다.
5. 목표 달성을 중시한다.	5. 안색, 목소리, 표정이 빈약하다.
6. 도중에 포기하지 않는다.	6. 무리한 성적 목표를 세운다.
7. 시간에 정확하다.	7. 차가운 성격이다.
8. 간결하고 낭비가 적다.	
9. 매사에 남보다 적극적이다.	
10. 자기 스스로 움직인다.	

(2) 관리형의 대응

1. 기본욕구

성 취	효 율

2. 바람직한 대응
   (1) 학습에 관한 이야기를 중심적으로 한다.
   (2) 간결하고 알기 쉽게 이야기한다.
   (3) 시간을 정확히 지킨다.
   (4) 열성적으로 신속하게 이야기한다.
   (5) 목표와 결과를 늘 분명히 한다.
   (6) 친구의 의견을 존중하고 따른다.
   (7) 까다롭게 많은 조건을 붙이지 않는다.
   (8) 목표 달성 예측을 숫자로 표시하기 좋아한다.
   (9) 가장 중요한 사실을 골라 남을 설득시킨다.

3. 피해야 할 대응

   (1) 시간낭비는 피한다(두서없이 지루하게 말하지 않는다).

   (2) 사사로운 문제를 내놓지 않는다.

   (3) 지시, 명령, 충고하는 말투를 쓰지 않는다.

   (4) 의문스러운 점이나 불명확한 점을 남기지 않는다.

   (5) 결론을 먼저 내지 않는다.

   (6) 학습 내용 이외의 말은 가능한 안 한다.

4. 자주 써야 할 말

   (1) 결단 (2) 시간 (3) 목표 (4) 이익 (5) 성공 (6) 통솔력

청소년 가치개발 게임

게임 3

자기가치개발 진단도구

−진정한 Mentor란 자신의 전문 분야에서 주어진 조직 내의 각 사람이 스스로 역량을 최대로 발휘하도록 도와줄 수 있는 능력을 지닌 자라고 할 수 있다. 많은 사람들이 지도력이란 남을 잘 다루는 능력이라고 생각한다. 하지만 진정한 Mentor는 자신의 달란트(재능)를 최대로 발휘하여 Menger가 맡겨진 일을 바르게 잘 처리할 수 있게 해줄 수 있는 사람이라고 하겠다.

그래서 Star game을 Mentor가 Menger를 1 : 1로 개발하고 차세대 지도자로 세우는 처음 단계다. 가치를 찾고 그것이 토대가 되어 미래의 인격과, 인간의 참모습의 가치를 찾는 Mentor와 Menger의 게임이 시작된다.

* 가치개발 5가지 주제
  1) 마음지수−Hightouch
  2) 지식지수−Hightech
  3) 건강지수−Highhealth
  4) 관리지수−Highcontrol
  5) 관계지수−Highrelation

게임3. 가치개발 게임

<table>
<tr><td align="center">학 습 개 요</td></tr>
<tr><td>

　진정한 mentor란 자신의 전문 분야에서 주어진 조직 내의 각 사람이 스스로 역량을 최대로 발휘하도록 도와줄 수 있는 능력을 지닌 자라고 할 수 있다. 많은 사람들이 지도력이란 남을 잘 다루는 능력이라고 생각한다. 하지만 진정한 mentor는 자신의 달란트(재능)를 최대로 발휘하여 menger가 맡겨진 일을 바르게 잘 처리할 수 있게 해줄 수 있는 사람이라고 하겠다.
　그래서 star game을 Mentor가 Menger를 1 : 1로 개발하고 차세대 지도자를 세우는 처음 단계다.
　가치를 찾고 그것이 토대가 되어 미래의 인격과, 인간의 참모습의 가치를 찾는 mentor와 menger의 게임이 시작된다.

</td></tr>
</table>

 **1. Star game 자기가치 찾기 5**

1) 자기 찾기 5

Mentorship을 지닌 사람은 일반적으로 다음의 다섯 가지 특징을 지닌다.

첫째, 강한 심력, 즉 마음의 힘[意志力]을 가졌다.

　긍정적이며 적극적인 사고를 하며, 구체적 대안(代案)을 가지고 담대한 행동을 한다. 이를 통해 신뢰를 얻고 존경을 받으며 다른 사람들의 사기 저하를 막고 두려움과 좌절감에서 벗어나며, 그들로 하여금 최대의 능력을 발휘할 수 있게 하는 것이다.

둘째, 강한 체력을 가졌다.

강한 체력이란 단순히 건강함만을 뜻하는 것이 아니라 순결함을 유지함으로 도덕적으로도 인정받을 수 있는 사람을 말한다.

셋째, 지식을 제대로 운영할 수 있는 슬기(지혜)를 가진 사람이다.

슬기롭게 되기 위해서는 (1) 정보를 신속하고 정확하게 처리할 수 있는 능력을 가져야 한다. 정보를 책상에서가 아니라 일이 벌어지는 현장에서 신속하고 정확하게 받아들이며, 어떤 위기와 혼란의 상황에서도 이를 해결하기 위한 바른 판단력과 결단력을 지니는 것을 말한다. 또한 (2) 날마다 부딪히는 일을 처리하면서 한 부분만이 아니라 먼저 전체를 본 후 부분을 볼 수 있는 능력을 지닌 사람이다. 어떤 상황에서도 전체적인 상황을 잘 알고 그 변화를 민감하게 살피면서 기회를 포착하는 것이다. (3) 외국어를 깊이 있게 이해함으로써 폭넓은 지식을 가진다. (4) 추상적인 상태를 구체화함으로써 제대로 행동할 수 있는 힘을 가진 사람이다. (5) 그리고 자연에 대한 깊이 있는 이해를 통해 자연의 법칙을 알고 적절히 자연의 힘을 활용할 줄 안다. 특히 약점을 극복하는 전략을 세울 수 있다. 자신의 약점이 무엇인지를 항상 파악하기 위해 노력함으로써 현 상황에 대한 적응 능력을 극대화한다. 또한 부딪히는 문제(전문 분야)에 대한 약점을 파악하고 이에 대처할 수 있는 능력과 이를 주관하고 객관화할 수 있는 능력을 가진다. 아울러 주어진 각 문제들의 유기체적 관계를 이해할 수 있는 종합적(학제적) 능력을 통해 전문적 경영 능력을 갖춘 사람이다.

넷째, 자기관리 능력을 지닌 사람이다.

자기 앞에 여러 가지 일이 놓여졌을 때 우선순위를 결정하여 행동한다. 이를 통해 일의 행동에 옮길 적당한 시기, 즉 타이밍을 알며 결정적인 시기와 장소, 사람을 파악할 힘이 있다. 아울러 자신의 마음을 다스려 겸손한 마음을 유지하며 남의 말을 수용할 수 있는 너그러움(개방성)을 지닌 사람이다. 이런 열린 마음은 새로운 변화에 적응력을 높여 주며 바른 대응책을 얻게 해준다. 따라서 융통성을 가지고 주어진 문제에 창조적으로 대처할 수 있다.

다섯째, 바른 인간관계를 맺고 있다.

더불어 살고자 하니 남을 자신과 동등한 인간으로 생각하며, 다른 사람의 입장에서 생각하므로 동질성을 갖게 하고 신뢰와 존경을 받으며, 그들과 더불어 더 큰 힘을 재창출하는 촉매제의 역할을 할 수 있다. 이러한 지도력을 통해 한 조직의 힘을 극대화할 수 있으며, 어떤 어려움 가운데서도 이를 이겨낼 수 있는 힘을 끌어낼 수 있는 사람이다.

자신의 재능을 최대한 발휘하여 주어진 일들을 바르게 잘 처리하는 star game의 mentor들이 이웃을 위해 봉사하고, 사회를 더욱 아름답게 하는 데 기여하며, 21세기의 역사를 이끌어 가는 주역이 될 때 개인과 사회가 행복해질 수 있다.

그런데 우리의 상황은 지식 위주, 성적(석차) 위주의 교육으로 치닫고 있어서 이런 전면적인 교육을 할 수 있는 현실이 아니라고들 한다. 그렇다. 현실이 그렇다. 하지만 어떤 사회를 변화시키고 그 사회를 주도해 가는 사람들은 그 현실을 뛰어넘는 사람들이다. 그렇기 때문에 우리 자신이 실력을 가진 사람이 되도록 힘써야 하며, 주위에 이런 사람들을 menger로 선별해서 길러야 하는 것이다.

2. Star game의 멘토상(像)

1 : 1 멘토링은 단순한 지적학습과정이 아니다. 사람을 바꾸자는 것이다. 그것은 우리의 교육 대상―그들이 경영인이건, 학자건, 주부건, 직장인이건, 학생이건―을 어떤 위치로 한정하여 해석하는 것을 그만두는 것이다. 왜 그런가 하면, 어떤 존재이기 이전에 그는 인간이기 때문이다.

우선적으로 마음의 힘을 기르기 위해 좋은 내용의 글을 읽고, 느낀 점을 적고, 내가 적용하고 실천해야 할 일들을 적는 시간을 갖는다. 경영자로서 혹은 학생으로서 먼저 자기 마음의 힘을 기를 수 있는 데 시간을 쓸 수 있는 사람이야말로 자신의 달란트를 최대로 발휘할 수 있는 근본적인 힘을 지닌 사람이라고 할 수 있다.

두 번째는 아무리 바쁘고 힘든 일이 있더라도 건강한 몸을 지키기 위해서 매일매일 건강법을 실천하고 그 몸을 성결하게 지킬 수 있어야 한다.

세 번째는 지적인 능력을 극대화하기 위해 지혜 위주의 활동을 하기 위해선 노력하는 사람, 그것을 통해서 진리를 추구할 수 있는 자를 말한다.

네 번째는 자기관리 능력을 갖기 위해서 생애 전체로부터 하루 단위의 시간에 이르기까지 중요한 일을 우선순위로 하여 자기의 시간을 잘 관리할 수 있는 사람이다.

다섯 번째, 성숙한 인간관계를 위해 먼저 자신을 성찰하고, 이웃들을 사랑의 관점으로 바라보며, 그들을 인간으로 해석하고, 달란트를 최대한 발휘할 수 있도록 장점만을 칭찬해 주는 그런 사람이다.

결국 **mentor**는 **menger**와 함께 **menger**의 달란트(재능)를 최대한 발휘함으로써 진리를 탐구하는 데 깨어 있고 이웃을 사랑하고 위로할 수 있는 사람으로, 이러한 인간이라야 21세기의 진정한 차세대 지도자라고 할 수 있겠다.

3. Star Game 요약

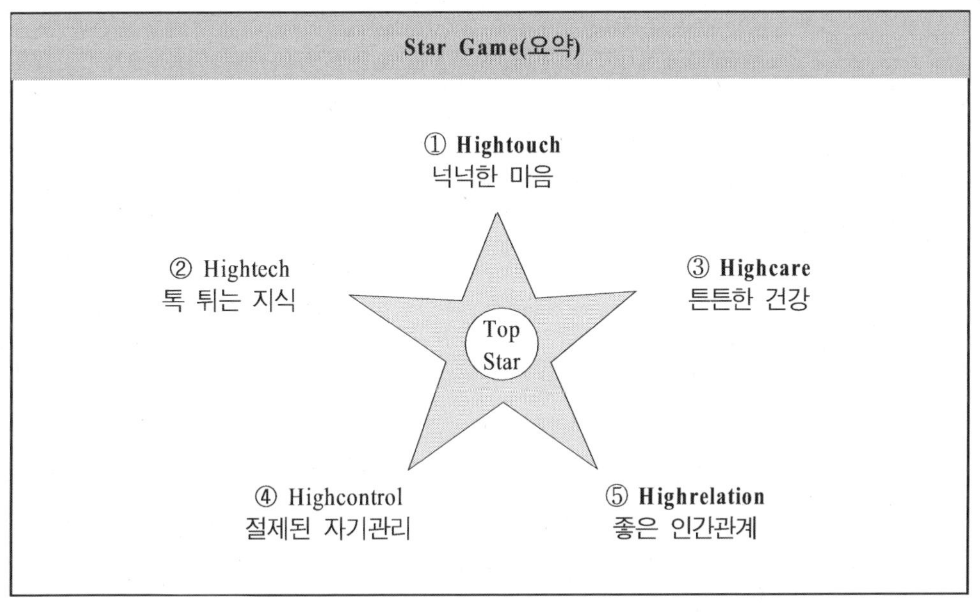

Star Game 분야별 목표				
분 야 \ 목 표		교육목표(정성)	멘토링 목표율(정량)	
① Hightouch(마음) ② Hightech(지식) ③ Highcare(건강) ④ Highcontrol(관리) ⑤ Highrelation(관계)		인간성이 풍부한 마음 뛰어난 학습력 정신과 신체의 건강 자기 절제력 향상 좋은 인간관계	100점 만점에 실제 득점수	
수 81 - 100	우 61 - 80	미 41 - 60	양 21 - 40	가 0 - 20
지도멘토	우수멘토	잠재멘토	문제멘토	결격멘토

4. Star Game 설문check

▶ 지금부터의 질문에 신속하게 답해 주시기 바랍니다.

▶ 답은 여러분이 지금 하고 있는 태도와 습관에 따라서 적어야 합니다.

▶ 질문에는 어느 것이 맞고 어느 것은 틀린다고 하는 것이 없으므로 자기의 습관을 그대로 표시하면 됩니다.

▶ 이 검사지는 여러분을 남들과 비교 평가하기 위한 것이 아닙니다. 점수의 높고 낮음이 평가기준이 되지 않으므로 사실 그대로 답하시기 바랍니다.

■ 다음의 각 질문이 당신의 경우에 얼마나 해당되는지 아래의 보기 가운데서 0 표하시오

수	우	미	양	가
2	1.5	1	0.5	0

번호	넉넉한 마음(High touch)	점수
1.	나는 내 인생의 뚜렷한 목표를 가지고 있다.	
2	나는 어려운 사람이나 약한 사람들을 돕기 위해서 나를 희생할 수 있다.	
3	나는 다른 사람과 다툼이 있을 때 먼저 화해를 청한다.	
4	나는 아름다운 음악을 들으며 그 느낌을 머릿속에 상상해 보곤 한다.	
5	내가 해야 할 일은 힘들고 하기 싫더라도 분명히 해낸다.	
6	다른 사람이 나를 비판할 때 화를 내지 않으며 그 원인을 찾아본다.	
7	나는 공부 외에도 악기나, 그림과 같은 특기나 취미를 한 가지 이상 가지고 있다.	
8	나는 잘못이나 실수를 했을 때 그것을 솔직히 인정하고 즉시 사과와 용서를 구한다.	
9	다른 사람이 훌륭한 일이나 좋은 성과(성적)를 거두었을 때 진심으로 축하해 준다.	
10	할아버지나 할머니가 버스에 타시는 것을 보았을 때 즉시 자리를 양보해 준다.	
	소　　계	

번호	톡 튀는 지식(Hightouch)	점수
1	배운 것은 될 수 있으면 다시 전체를 정리해 본다.	
2	책을 읽을 때 중요한 곳 어려운 곳에는 줄을 긋거나 가타 표시를 하여 책을 읽는다.	
3	책을 읽을 때 한 번 읽어도 책의 전체 내용을 잘 알 수 있다.	
4	어떤 책을 읽을 때 저자가 이야기하고자 하는 내용을 이해할 수 있다.	
5	공부하기 전에 항상 배울 부분을 미리 검토해서 잘 모르는 부분을 찾아낸다.	
6	좋은 공부 방법을 배워 삶과 공부에 적용하고 있다.	
7	공부할 때 어려운 부분이 나오면 많은 시간이 걸러서라도 꼭 해결하고 지나간다.	
8	시험치기 전에는 이전에 공부하다가 틀린 부분을 다시 한번 본다.	
9	나는 남들이 생각하지 못하는 엉뚱한 것들도 잘 생각해 낸다.	
10	외국인을 만나도 별다른 어려움 없이 나의 의사를 전할 수 있다.	
	소　　계	

번호	튼튼한 건강(High health care)	점수
1	나는 항상 자세가 바르다고(허리를 곧게 편 상태) 생각한다.	
2	나는 나 자신의 정신적 건강을 위해 좋은 책이나 그림을 보거나 음악을 듣기도 한다.	
3	나는 세수할 때 얼굴 등을 잘 문지른다.	
4	나는 자신을 거룩하고 깨끗하게 지키기 위해 바른 생각을 갖고자 노력한다.	
5	나는 튼튼한 내장을 가지고 있어 변비 등과 같은 내장 질환이 없다.	
6	나는 일주일에 1번 이상 운동을 한다.	
7	나는 항상 긍정적인 생각을 한다.	
8	나는 매우 깊이 잠들어 짧은 시간에 피로를 풀 수 있다.	
9	나는 몸을 순결하고 깨끗하게 지키는 것이 옳다고 믿으며 그렇게 할 수 있다.	
10	나는 건강 음식을 고를 수 있는 상식을 갖고 있다.	
	소　계	

번호	절제의 자기 관리(High self control)	점수
1	나는 하루를 시작하기 전 무슨 일부터 해야 할지 정리해 본다.	
2	나는 중요한 일과 빨리 처리해야 할 일들을 잘 나누어서 효과적으로 실천할 수 있다.	
3	나는 나에게 닥친 중요한 일을 미루지 않고 그때그때 꼭 마무리한다.	
4	나는 남의 이야기를 잘 듣고 이해하며 겸손히 받아들인다.	
5	나는 내 하루를 잘 살펴본 후 조각난 시간들을 찾아내어 활용한다.	
6	나는 월간 계획표를 짜보고 그것을 실천해 본 적이 있다.	
7	나는 항상 중요한 일과 급하게 처리할 일을 잘 구분해 낼 수 있다.	
8	나는 목표를 정하고 그 목표를 달성하기 위한 계획 세우기를 좋아한다.	
9	나는 일생 전체를 생각하며 계획을 짜본 적이 있다.	
10	나는 혈기, 식욕, 성욕 등 본능을 억제할 수 있다.	
	소　계	

번호	좋은 인간관계(High relation)	점수
1	나는 행복한 가정에서 살고 있다고 느낀다.	
2	나는 학교(직장)에 존경하고 본받고 싶은 선생님(상사)이 있다.	
3	나는 나를 정말 잘 이해하는 친구가 있으며, 다른 사람의 이야기를 잘 듣는 편이다.	
4	누가 나를 싫어한다는 것을 알았을 때 그것이 별로 신경 쓰이지 않는다.	
5	나는 다른 사람들과 이야기를 할 때 사람들의 말을 중단시키고 끼어드는 일을 하지 않는다.	
6	나는 도움이 필요할 때에 남에게 도움을 청하는 것을 주저하지 않는다.	
7	나는 나의 가족들과 마음을 터놓고 이야기한다.	
8	다른 사람이 나를 도와주는 것보다 내가 다른 사람을 도와주는 경우가 더 많다.	
9	나는 당장 나에게 유익이 없는 사람이라도 그 사람과의 관계(인간관계)를 매우 중요하게 생각한다.	
10	나는 모든 사람들과 협력하여 서로에게 신뢰를 주는 관계를 유지해 나가고 있다.	
	소　　계	

5. Star game Chart 작성표

Mt: ________________

Mg: ________________

STAR GAME ①	STAR GAME ②
현재(흑색)	10년 후 예측(적색)

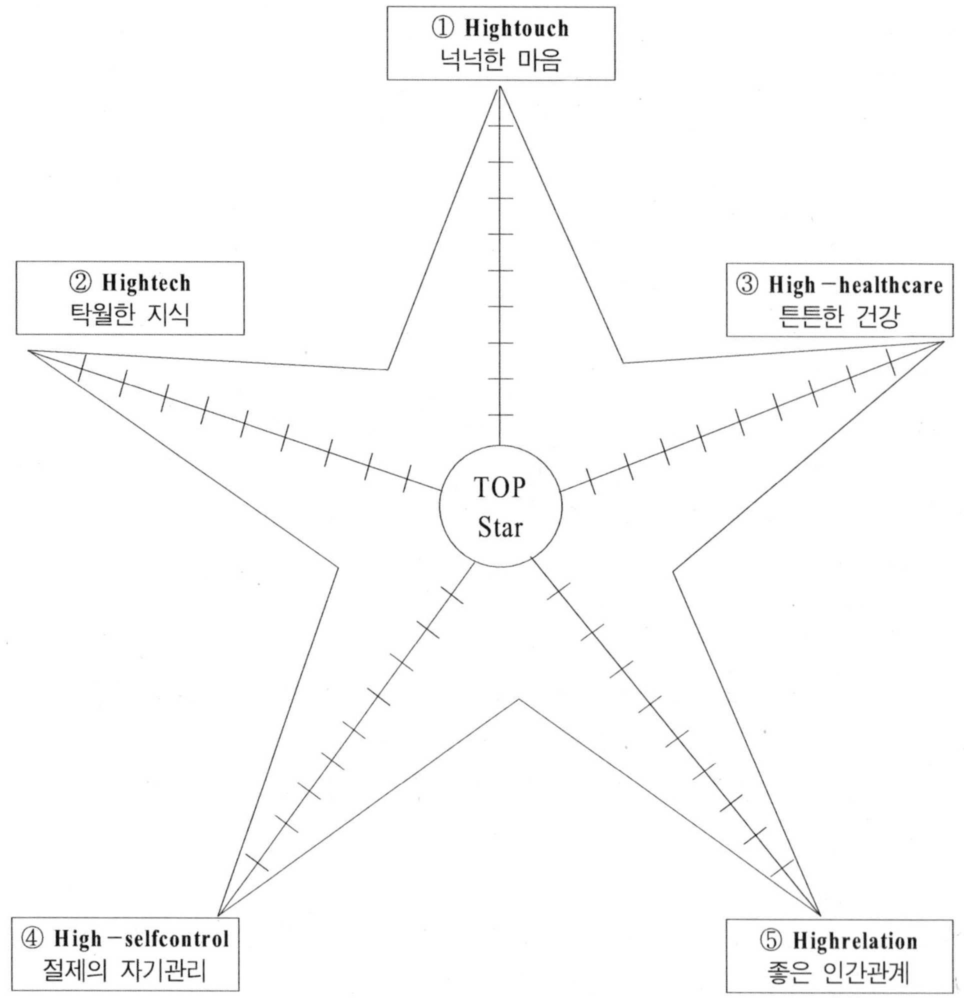
① Hightouch
넉넉한 마음
② Hightech
탁월한 지식
③ High-healthcare
튼튼한 건강
TOP
Star
④ High-selfcontrol
절제의 자기관리
⑤ Highrelation
좋은 인간관계

청소년 EQ찾기 게임

게임 4

감성개발 진단도구

-IQ는 사람들의 인지 능력, 다시 말해 분석력, 기억력, 수리력, 언어 능력, 상식 능력, 공간지각 능력과 같이 냉철한 머리, 즉 객관적인 지성을 측정한다. 그에 비해 EQ는 사람들의 정서 능력, 다시 말해 감정 조절 능력, 타인과의 감정 공유 능력, 비언어적 능력, 직감력과 같이 따뜻한 가슴, 주관적인 감성을 측정한다. 다시 말해 IQ는 지적 능력만을 측정하지만, EQ는 사회적 동물인 인간이 가지고 있는 전반적인 능력을 측정한다.

그러면 EQ가 무엇으로 구성되어 있는지 좀 더 구체적으로 알아보자, EQ는 크게 다섯 가지 요소로 구성되어 있다. 자기감정을 이해하는 능력, 자기감정을 조절하는 능력, 자기 동기부여를 할 수 있는 능력, 타인의 감정을 이해하는 능력, 인간관계 능력이 그것이다.

* EQ 5가지 구성요소
  1) 자기감정 이해 능력
  2) 자기감정 조절 능력
  3) 자기 동기부여 능력
  4) 타인 감정 이해 능력
  5) 인간관계 능력

게임4 EQ 찾기 게임

다음 문항을 읽고 자신의 생각이나 행동에 어느 정도 일치하는지를 체크하시오.

매우 동의한다: 3점	어느 정도 동의한다: 2점
약간 동의한다: 1점	전혀 동의하지 않는다: 0점

<A>

1. 나는 내 감정을 표현하는 데 별다른 어려움을 느끼지 않는다. ·············· (   )
2. 나는 새로운 일을 시작할 때 두렵거나 불안하지 않다. ···················· (   )
3. 친구가 나를 화나게 하면 나는 기분 나쁘다고 말한다. ··················· (   )
4. 나는 평소에 내가 하고 싶은 일이 무엇인지를 알기 때문에 전공 선택
   문제로 별로 고민하지 않는다. ······································· (   )
5. 나는 내가 좋아하는 여자(남자)친구 스타일을 가지고 있다. ·············· (   )
6. 나는 감정과 행위가 다를 수 있다고 생각한다. ······················· (   )
7. 나는 성격뿐만 아니라 나 자신에 대해 너무나 잘 알고 있다. ·············· (   )
8. 나는 나 자신과 대화를 자주 하는 편이다. 가령, '나는 누구인가?'
   '내가 왜 그랬을까?'와 같이 자신과 대화하며 문제에 대처한다. ·········· (   )
9. 나는 언제나 내 자신의 능력에 맞는 목표를 세워 놓고 행동한다. ········· (   )
10. 나는 내가 무엇을 원하는지를 분명히 표현할 수 있다. ···················· (   )

A 점수 합계 ________점

<B>

1. 나는 성격이 침착하고 차분하다는 얘기를 많이 듣는 편이다. ··············· (   )
2. 얌체같이 갓길로 달리는 사람들을 보면 욕하기보다는 무슨 사정이 있어서
   그럴 거라고 생각한다. ··· (   )

3. 식당에서 밥을 먹으려고 줄을 섰는데 누가 새치기를 하면 뭐라고 하기
   보다 배가 몹시 고프기 때문이라고 생각하며 참는다. ……………………… (   )
4. 맛있는 음식이 있어도 다른 가족들이 식탁에 앉기까지 먹지 않고
   기다리는 편이다. ……………………………………………………………… (   )
5. 누가 내 발을 밟아 놓고 사과하지 않더라도 나는 쉽게 화내지 않는다. · (   )
6. 나는 상대방이 어떻게 받아들일지 몰라 말을 함부로 하지 않는다. ……… (   )
7. 나는 물건을 살 때 충동적으로 사서 후회하는 일이 거의 없다. ………… (   )
8. 나는 내 감정을 잘 조절할 수 있다고 믿는다. ……………………………… (   )
9. 스트레스를 받더라도 나는 쉽게 흥분하지 않고 스트레스를 풀 수 있는
   방법을 가지고 있다. ………………………………………………………… (   )
10. 나는 풍부한 정서 생활을 하고 있다고 생각한다. ………………………… (   )

B점수 합계 _______점

<C>
1. 세상은 노력한 만큼 얻을 수 있다고 생각하기 때문에 잘살고 못 사는 건
   모두 자기 책임이다. ………………………………………………………… (   )
2. 나는 어떤 일에 실패하면 그 원인이 무엇인지를 분석해서 대처하는 편이다.(   )
3. 나는 내 능력에 맞는 목표를 스스로 세우고 그것을 달성하기 위해 노력한다. (   )
4. 나는 '실패는 성공의 어머니'라는 말을 믿는다. …………………………… (   )
5. 나는 내가 부족한 것이 무엇인지를 찾아 그것을 채우려고 한다. ………… (   )
6. 집안이 어려워 대학에 가지 못할 상황이라도 대학에 가고 싶다면 나는
   반드시 갈 수 있다. …………………………………………………………… (   )
7. 여자(남자)친구에게 데이트 신청을 했다가 거절당하더라도 포기하지 않고
   다시 도전한다. ………………………………………………………………… (   )
8. 나는 평소 말과 행동이 다르지 않고, 내가 한 말을 그대로 실천하는 편이다.(   )
9. 누군가 불쌍하다는 생각이 들면 나는 그 사람을 반드시 도와준다. ……… (   )
10. 나는 무언가 재미있는 일이 있으면 그것에 몰두해 시간 가는 줄 모른다.(   )

C점수 합계 ________점

<D>

1. 나는 다른 사람과 입장을 바꿔 놓고 생각하기 때문에 다른 사람이
   무슨 생각을 하는지 잘 안다. ……………………………………………… (   )
2. 나는 부모님이나 선생님, 친구들이 기분이 좋은 상태인지 나쁜 상태인지를
   잘 판단한다. ……………………………………………………………… (   )
3. 사람을 첫인상 가지고 판단하는 것은 옳지 않다. …………………………… (   )
4. 나는 내 주위 사람들이 나에게 무엇을 원하는지 잘 알고 있다. ………… (   )
5. 나는 부모님이 단지 자존심 때문에 자식을 대학에 보내려는 것은
   아닐 거라고 생각한다. …………………………………………………… (   )
6. 나는 누가 섭섭한 말을 하더라도 그럴 만한 이유가 있을 거라고 생각하고
   참는 편이다. ……………………………………………………………… (   )
7. 나는 친구의 행동이 내 맘에 안 들더라도 그 친구에게 이런저런
   잔소리를 하지 않는 편이다. ……………………………………………… (   )
8. 나는 사랑에 빠지더라도 친구나 가족이 눈에 들어오지 않는 것을 이해할
   수 없다. …………………………………………………………………… (   )
9. 나는 친구가 약속할 때마다 늦게 오더라도 뭐라 하기보다는 늦을 만한
   이유가 반드시 있을 거라고 생각한다. …………………………………… (   )
10. 모처럼 친구와 등산을 가서 정상을 눈앞에 두었는데 친구가 죽어도
    못 올라간다고 하면 나는 친구와 함께 내려오겠다. ……………………… (   )

D점수 합계: _______점

<E>

1. 나는 다른 사람들과 어울리는 것을 좋아한다. ……………………………… (   )
2. 나는 다른 사람이 기분 상하지 않게 내 의사를 잘 표현한다. ……………… (   )
3. 나는 친구들의 말이 다소 논리가 없더라도 그것을 지적하지 않고
   이해하려고 한다. ………………………………………………………… (   )
4. 나는 다른 사람들과 슬픔과 기쁨, 분노와 같은 감정을 공유할 줄 안다. (   )
5. 나는 사람들이 이기적이기보다는 이타적이라고 생각한다. ………………… (   )
6. 나는 고정관념이나 편견이 맞을 수도 있지만 실제로는 맞지 않는 경우가
   더 많다고 생각한다. ……………………………………………………… (   )

7. 어떤 사람을 행동이나 말투를 가지고 판단하는 건 잘못된 것이다. ········ (   )

8. 나는 토론할 때 다른 사람이 나와 다른 주장을 하더라도 그것을 불편
  없이 받아들일 수 있다. ·· (   )

9. 나는 다른 사람이 나를 칭찬하든 비난하든 별로 개의치 않는 편이다. ··· (   )

10. 친구가 약속 시간에 늦으면 약간 화를 내도 상관없다고 생각한다. ······ (   )

E점수 합계: _________점

각각의 점수를 해당 자리에 표시하고 꺾은선 그래프로 연결해 보자.

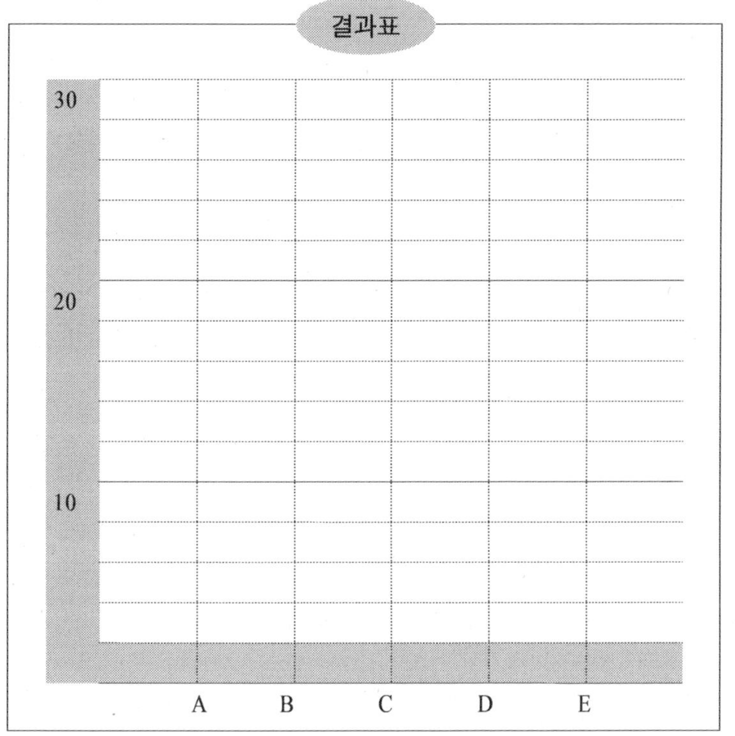

<EQ계산공식>

$$\frac{(A \times 1.5) + (B \times 2.5) + (C \times 2.5) + (D \times 1.5) + (E \times 2.0)}{5} \times 3 = (\qquad)$$

A: 자기감정을 이해하는 능력   D: 타인 감정을 이해하는 능력

B: 자기감정을 조절하는 능력   E: 인간관계 능력
C: 동기부여 능력

 # 1. 나는 이런 사람!

150~180점 ➡ EQ 천재

이런 젊은이들은 자신의 감정을 잘 알고, 자기감정을 잘 다루고, 충동적으로 행동하지 않으며, 기분 나쁜 일이 있거나 스트레스를 받아도 곧 회복할 수 있다. 어떤 일을 계획할 때도 자신의 능력을 고려하며, 타인을 배려하는 측면이 많아 인간관계도 좋다. 연구 결과에 따르면 이런 유형의 사람들은 사회경제적으로 성공할 가능성이 높고, 성격이 낙천적이어서 매사를 긍정적으로 보기 때문에 정신적으로도 무척 건강하다. 어렸을 때부터 서로 격려하고 지지해 주는 가정환경, 학교 환경에서 자란 젊은이들 중에서 이런 높은 EQ 수준이 많이 나온다. 그러나 전체적으로 볼 때 이 점수에 해당하는 사람들은 전체 인구의 10% 이하다. 만약 당신이 이 점수에 속해 있다면 희망을 가져도 좋다. 노력을 게을리 하지 않는다면 아주 행복하고 아름다운 삶을 영위할 것이다.

126~149점 ➡ EQ 수재

대체로 높은 EQ 수준을 가지고 있다. EQ가 높은 사람의 특성을 많이 가지고 있다. 그러나 어떤 한 영역에 문제가 있을 수 있으므로 만약 다섯 가지 영역 중에 어느 한 영역에서 20점 이하의 점수를 받았다면 그 부분을 강화시키려는 노력을 해야 한다. 자기 삶에 충실하고 다른 사람을 잘 이해해 주는 사람들의 전형이라고 할 수 있다. 조금만 노력하면 아주 우수한 EQ 수준을 가질 수 있을 것이다.

96~125점 ➡ 움트는 EQ에 불을 댕기자

여기에 해당하는 젊은이들은 대개 자신의 문제를 분명히 할 수 있고 자기의 문제를 잘 다루고, 자신의 감정을 행동으로 잘 표현한다. 그러나 좋고 싫음이 너무 분명하고 그 기복이 심하여 정반대의 대인관계 경향이 뒤섞여 있다. 그래서 친구들에게는 친절하지만 집에서는 짜증을 부리기도 하고, 동성 친구들하고는 잘 어울리지만 이성친구한테는 그렇게 못할 수도 있다. 또한 긍정적이든 부정적이든 다른 사람들로부터 피드백을 받지 못하고, 매사를 선악으로 구분하려고 한다. 이따금 자신의 감정이 슬픈 건지 기쁜 건지, 화난 건지 두려운 건지를 모를 때가 있다. 그러나 이 점수에 속해 있는 젊은이들도 노력하면 EQ를 우수한 수준으로 높일 수 있다. 그러니 평소에 자기감정을 분명히 표현하고, 실패에 쉽게 좌절하지 말고, 매사를 흑백 논리로 보지 말고, 타인의 입장에 서서 생각하는 습관을 기른다면 아주 우수한 EQ수준으로 발전할 수 있다. EQ는 계발할 수 있다는 게 EQ를 계발한 존 메이어 박사의 얘기다.

60~95점 ➡ 잠자는 EQ를 깨우자

여기에 속하는 젊은이들은 EQ가 낮은 편이다. 자기감정을 잘 알지 못하고, 자기감정을 잘 조절하지도 못한다. 게다가 다른 사람의 아픔을 잘 헤아리지 못하고, 다른 '사람의 얘기를 잘 듣지도 않는다. 그래서 자기감정을 조절하지 못하고, 인간관계가 원만하지 못해 사회적으로 성공할 가능성이 낮으며, 실패했을 때 실패를 극복하지 못하고 주저앉기 일쑤다. 경제적으로 독립할 가능성도 낮다. 이런 상태가 지속된다면 평생을 스트레스와 싸워야 하고, 다른 사람에게 피해를 주는 사람이 될 수도 있다. 그러므로 EQ를 계발하기 위해 적극적으로 노력해야만 한다.

자기 자신의 능력에 맞는 현실적인 목표를 세워 추진하고, 자신의 감정을 분명히 표현하고, 충동적으로 행동하지 않도록 노력해야 한다. 그리고 타인을 돕듯이 자신을 돕고, 비판에 너무 민감하게 반응하지 않도록 의식적으로 노력해야만 한다. EQ를 높이려는 노력이 절실하다.

59점 이하 ➡ 낙심은 금물! EQ는 "하면 된다."

여기에 해당하는 젊은이들은 틀림없이 알 수 없는 덫에 걸려 있다. 자기감정을 이해하지 못함은 물론 다른 사람들의 감정을 헤아리지도 못한다. 그리고 충동적이고 이기적이어서 언제나 인간관계 때문에 고민하고, 이성보다는 열정에 사로잡혀 어떤 욕구가 일어나면 즉각적으로 만족시키려고 한다. 만약 EQ가 지금 상태로 유지된다면 당신은 분명히 후회할 날이 올 것이다. 그러므로 적극적으로 EQ를 높이려는 노력을 해야 한다.

≪유형별 분석≫

1. ⌐형－그래프 모양이 이런 유형으로 나왔을 경우에는 자기 자신의 감정을 잘 이해하고 조절할 줄 알고, 실패를 성공으로 연결시킬 수 있는 특성을 가지고 있다. 하지만 다른 사람의 관점을 별로 배려하지 않고 자기중심적이어서 인간관계가 좋지 않다. 그러므로 다른 사람의 입장에 서서 생각하고 행동하도록 좀 더 신경 써야 한다.

2. ⌐형－그래프 모양이 이렇게 나온 경우엔, 자기 자신에게 소홀하면서 다른 사람에게는 지나치게 신경을 쓴다. 심할 경우 자신을 부정하면서까지 다른 사람을 긍정하기 때문에 무조건 의존적인 행동을 하거나 지나치게 타인의 눈치를 볼 수가 있다. 그러므로 자기의 감정을 보다 분명하게 하면서 자기를 긍정할 수 있도록 자신의 능력을 키워야만 한다.

3. V형－이런 유형의 결과는 자기감정을 잘 표현할 줄 알고, 자기감정을 조절할 줄도 안다. 그리고 다른 사람의 감정을 잘 이해하고, 인간관계에 필요한 사회적 기술이 뛰어나다. 하지만 실패했을 경우 쉽게 좌절하고 거기서 헤어나지 못하는 단점도 있다. 그러니 실패했을 때 너무 실망하지 말고, 실패를 면밀히 분석하여 목표에 재차 도전하는 습관을 기른다면 높은 수준의 EQ를 얻을 수 있을 것이다.

4. W형－이런 유형의 결과는 전반적으로 높은 EQ수준을 보여주지만, 자기감정을 조절하지 못하고 다른 사람의 감정을 무시한 채 행동한다. 충동성이 높아 쉽게 화를 내고, 사소한 것을 가지고 다투길 좋아하고, 욱하는 성질이 있기 때문에 행동하고 나서 후회하는 일이 많다. 게다가 다른 사람의 감정은 무시하고 자기중심적으로 행동하기 때문에 적을 많이 만들 수 있다. 그러므로 평소에 자기화를 이겨내고,

스트레스를 받았을 때 이완할 수 있는 방법을 개발하는 게 좋다. 그리고 다른 사람의 감정이 어떤지를 헤아려서 다른 사람의 감정도 배려하는 습관을 키워야 한다.

 # 2. 공부 못하는 이들의 희망, EQ

감성지수, 즉 EQ(Emotional Quotient)란 감성 지능을 수치로 표현한 것이다. 다시 말해 사람들의 정서적인 측면을 수치로 나타낸 것이다. EQ란 용어는 1990년대에 들어서 미국 예일 대학의 심리학 교수인 피터 셀로비 교수와 뉴햄프셔 대학의 존 메이어 교수가 제안한 개념이다. 그들은 EQ를 '자신의 감정이나 다른 사람의 감정을 잘 읽어 내는 능력'이라고 정의했다.

그 후 하버드 대학의 심리학 박사이자 뉴욕타임스의 과학 전문기자인 다니엘 골먼이 1995년 10월 '감성 지능(Emotional Intelligence)'이란 책을 통해 EQ를 대중들에게 소개하면서 미국은 물론 유럽, 일본 그리고 한국에까지 EQ열풍이 거세게 일어났다. 그러나 EQ는 사실 IQ에서 다루어지고 있었던 것으로 완전히 새로운 개념은 아니다.

그렇다면 갑자기 IQ보다 EQ가 선풍적인 인기를 끄는 이유는 뭘까? 왜 그렇게 EQ가 중요하다고 난리들인가?

첫째, EQ는 지금까지 상용하고 있던 IQ보다 사람들의 사회-경제적 성공을 더 잘 예측해 낼 수 있다. IQ가 주로 인지 능력을 예측할 수 있는 데 비해, EQ는 그 사람의 사회성, 판단력, 인내력, 감수성과 같은 다양한 측면을 예측해 낸다. 그동안 IQ는 미래를 예측할 수 있는 능력인 예언 타당도 측면에서 한 사람의 미래 발전 가능성, 성공 가능성을 잘 측정해 내지 못했다. 그러나 EQ는 그러한 문제점을 상당 부분 극복했다. 골먼은 IQ가 사람들의 사회경제적 성공을 20% 정도밖에 예측할 수 없는 데 비해, EQ는 사람들의 사회-경제적 성공을 80%까지 예측할 수 있다고 주장한다.

둘째, EQ는 공부 못해서 고민하는 많은 이들에게도 한 가닥 희망을 준다. EQ는 머리 나빠서 고민하고, 공부 못해서 눈총받던 사람들에게조차 사회에서 성공할 수 있다는 희망을 주고 있다. 학교에서 공부 잘하던 친구가 사회에서 반드시 성공하는 것도 아니고, 공부도 못하고 말썽만 피우던 친구가 반드시 실패하는 것도 아니다. 물론 공부를 잘해 좋은 대학에 간 친구들이 성공하는 경우도 많지만, 사회가 반드시 그런 것만은 아니다. 오히려 공부에는 별로 관심이 없던 친구들이 자기 특기를 살려 사업가로, 개그맨으로, 가수로, 소설가로 성공하는 사람들이 비일비재하다.

천재 과학자 에디슨도, 가수 서태지도, 세계적인 영화감독 스티븐 스필버그도 대학은커녕 고등학교조차 제대로 나오지 못했다. 그러한 사람들이 어떻게 성공할 수 있었겠는가? 그러한 아이러니를 IQ는 잘 설명하지 못하지만 EQ는 잘 설명해 준다.

 ## 3. EQ는 사회적 능력

IQ는 사람들의 인지 능력, 다시 말해 분석력, 기억력, 수리력, 언어 능력, 상식 능력, 공간지각 능력과 같이 냉철한 머리, 즉 객관적인 지성을 측정한다. 그에 비해 EQ는 사람들의 정서 능력, 다시 말해 감정 조절 능력, 타인과의 감정 공유 능력, 비언어적 능력, 직감력과 같이 따뜻한 가슴, 주관적인 감성을 측정한다. 다시 말해 IQ는 지적 능력만을 측정하지만, EQ는 사회적 동물인 인간이 가지고 있는 전반적인 능력을 측정한다.

그러면 EQ가 무엇으로 구성되어 있는지 좀 더 구체적으로 알아보자, EQ는 크게 다섯 가지 요소로 구성되어 있다. 자기감정을 이해하는 능력, 자기감정을 조절하는 능력, 자기 동기부여를 할 수 있는 능력, 타인의 감정을 이해하는 능력, 인간관계 능력이 그것이다.

첫째, 자기감정을 이해하는(knowing one's emotion) 능력

자기감정을 이해하는 능력은 EQ의 기본이다. 자기감정을 확실히 알면 더 적극적인 삶의 자세를 가질 수 있고, 의사결정을 할 때도 보다 확실한 감각을 가지고 행동한다. 가령 자기감정을 이해하는 사람들은 전공과 직업, 배우자 선택 등 다양한 상황에서 보다 확실한 감각을 발휘한다.

그러기 위해서는 자기감정이 지금 어느 상태인지를 명확히 표현할 줄 알아야 한다. 지금 자기의 기분이 어떤지, 자기의 감정 수준이 어느 정도인지를 명확하게 표현할 줄 알아야 한다. 그래서 EQ계발 프로그램에서는 자기감정을 명확하게 표현하기 위해 출석을 부를 때도 '네'라고 대답하지 않고, 자신의 감정 상태를 수치로 표현하는 훈련을 한다. 가령 '7점입니다. 오늘 아침에 친구하고 다퉜거나' 하는 식이다.

둘째, 자기감정을 조절하는(managing emotion) 능력

자기감정을 조절하는 능력은 주로 충동 자체 능력과 관련된다. 자기감정을 조절할 줄 아는 사람들은 어떤 상황에 처했을 때 즉각적인 만족을 추구하지 않는다. 다시 말해 충동적이지 않다. 자기와 어깨를 부딪쳤다고 즉각적으로 화를 내지도 않고, 누가 자신의 발을 밟았다고 쉽게 분노하지도 않는다. 그리고 스트레스를 받고 화가 나더라도 그것에서 빨리 벗어나는 방법을 가지고 있다.

'96년 12월 20일 일본의 한 회사에 다니고 있는 여직원이 근무태도가 불량하다는 이유로 직장 상사에게 꾸지람을 듣자 화가 나서 그동안 자신이 만든 컴퓨터 자료들을 몽땅 지워버리고 사라졌다. 그래서 회사는 그녀를 상대로 400만 엔의 손해배상을 법원에 청구했다. 그리고 96년 여름 한 젊은이가 일도 안 하고 집에서 술만 마시고 빈둥거린다는 잔소리를 듣자 홧김에 잔소리를 하는 아버지를 살해했다. 이 같은 일들은 모두 자신의 감정을 조절하는 능력이 떨어지기 때문에 생겨난다. EQ가 높은 사람들은 욱하며 충동적으로 행동하지 않는다.

셋째, 동기부여(motivating oneself) 능력

동기부여 능력은 자신의 감정을 행동으로 표출하는 능력이다. 이런 능력을 가진 사람들은 자기가 느끼고 말한 것을 행동으로 실천할 줄 안다. 그리고 실패했을 때는 좌절하지 않고 실패를 분석해 새롭게 도전한다.

88올림픽 때 미국의 수영 선수 비욘디는 원래 7개의 금메달이 기대되었던 선수였다. 그러나 그는 처음 2개의 금메달을 놓쳤고, 사람들은 그가 나머지 5개의 금메달도 놓칠 거라고 수군거렸다. 그러나 펜실베이니아 대학의 심리학 교수인 셀리히만은 비욘디가 처음의 실패를 극복하고 나머지 경기에서 반드시 금메달을 딸 것이라고 호언장담했다. 셀리히만 교수가 그렇게 장담할 수 있었던 것은 비욘디가 올림픽에 참가하기 전 측정했던 EQ 테스트에서 매우 높은 점수를 받았기 때문이다. 셀리히만의 예언대로 비욘디는 처음 두 번의 실패를 극복하고 나머지 경기에서 5개의 금메달을 획득했다. 바로 동기부여 능력이 뛰어났기 때문이다.

고등학교밖에 나오지 않았어도 얼마 전까지 영국의 총리였던 존메이어, 늙은 아버지와 젊은 어머니 사이에 태어나 불우한 환경 속에서 자랐으면서도 학문적으로 일가를 이룬 공자와 프로이트, 일본 프로야구에 진출해 '96년 초라한 성적을 기록했지만, '97년 LA다져스의 선발투수가 된 박찬호, 민주화 운동을 하다가 감옥에 갇혀서도 우유곽을 뜯어 만든 종이에 못으로 꾹꾹 눌러 시를 쓴 시인 김남주, 그리고 옥중에서 '돈키호테'를 남긴 세르반테스 등등. 이들은 모두 자신의 가난과 좌절을 성공으로 연결시킬 줄 알았던 사람들이다.

넷째, 타인의 감정을 이해하는(recognizing emotions in others) 능력

타인의 감정을 이해하는 능력은 타인의 감정이 어떤 상태인지를 잘 이해하고, 타인의 감정을 배려할 줄 아는 능력을 말한다. 이런 능력을 가진 사람들은 다른 사람과 감정을 공유할 줄 안다. 그런 능력을 계발하기 위해 요즘 일부 기업체나 군대에서는 자신의 감정 상태에 따라 자기 책상에 카드를 꽂아 놓는다. 가령 기분이 좋으면 녹색 카드를, 기분이 울적하면 노란 카드를, 기분이 몹시 나쁘면 빨간 카드를 꽂아 놓고 서로 상대방의 감정을 이해하도록 한다.

사람들은 자기중심적으로 생각하고 자기 입장에서만 상대방을 이해하려고 한다. '남의 염병이 제 고뿔만 못하다'는 속담이 있다. 이런 일은 다른 사람의 고통과 감정을 헤아리기보다는 자기가 느끼는 작은 고통만을 중요하게 생각하기 때문에 발생한다. 그러므로 다른 사람의 감정을 잘 이해하려면 입장을 바꿔서 생각할 줄 아는 역지사지(易地思之)의 마음을 몸에 배도록 해야 한다.

다섯째, 인간관계(handling relationships) 능력

인간관계 능력이란 사회적 기술, 커뮤니케이션 기술, 신뢰감 구축, 사교성, 이타성 등과 같이 원만한 대인관계를 이끌어 가는 능력을 말한다. 그러기 위해서는 앞에서 이야기했던 네 가지 요소를 잘 발달시켜야 하고, 자기표현 능력과 비언어적 의사소통 능력을 계발시켜야 한다. 특히 커뮤니케이션은 70% 이상의 눈짓, 몸짓, 소리의 강약, 장단, 상황 등과 같은 비언어적 요소에 의해 이루어진다. 그러므로 인간관계 능력을 키우려면 비언어적 의사소통 능력을 키워야 한다. 도입부에서 예로 든 여도죄는 바로 이런 비언어적인 커뮤니케이션 능력이 부족했기 때문에 발생한 것이다.

'아' 다르고 '어' 다르다는 말이 있다. 똑같은 말이라도 어떻게 하느냐에 따라, 상대방이 처해 있는 상황이 어떤지에 따라 인간관계에 미치는 영향은 천차만별이다. 가령 어떤 사람이 아침부터 밤늦게까지 일을 한다고 하자. 그 사람에게 A라는 사람은 "일에 대한 열정이 대단하시군요. 건강도 생각하시면서 좀 쉬엄쉬엄 하세요."라고 말했고, B라는 사람은 "욕심도 많기는……그렇게 돈 벌어서 다 뭐 하려고 그러세요." 라고 말했다. 그 말을 들은 사람은 똑같은 현상을 두고 표현한 말이더라도 B보다는 A에게 훨씬 호감을 가질 것이다.

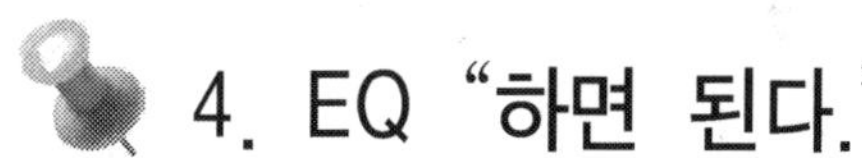

4. EQ "하면 된다."

EQ는 IQ와는 달리 후천적으로 계발할 수 있다는 것이 큰 장점이다. IQ는 유전적인 영향, 어머니의 지능, 태내 환경에 의해 80% 정도가 선천적으로 결정되고 나머지 20% 정도가 후천적으로 결정된다. 그래서 노력해서 계발할 여지가 적다. 그에 비해 EQ는 20% 정도가 유전, 기질, 호르몬 등과 같은 선천적인 요소에 의해 결정되고 나머지 80% 정도가 후천적으로 결정된다. 그래서 노력해서 계발할 여지가 다분하다. 그러니 앞의 테스트에서 EQ 점수가 낮다고 좌절하지 말고 자신의 EQ를 높이려고 노력하라. 그러다 보면 자연스럽게 EQ가 높아질 것이다.

그러면 EQ를 계발하고 EQ점수를 높이는 방법에 대해서 알아보자

1. 나는 나만의 공간을 가지고 있는가?
EQ가 높은 사람들의 특징은 자기만의 휴식 공간, 사색 공간, 창조 공간을 가지고

있다는 점이다. 그러므로 자신의 공간을 확보하도록 노력하라. 그렇다고 집안형편을 무시하고 자기 방을 확보하라는 것은 아니다. 그런 행동 자체가 EQ가 낮은 사람의 행동이다. 자기만의 공간은 조용한 산책길, 공원, 옥상, 분위기 있는 카페와 같이 어느 곳이든 자기가 가장 편안한 곳이면 된다.

2. 나는 나 자신과 대화를 하고 있는가?

EQ가 높은 사람들은 자신과의 대화를 즐길 줄 안다. 가령 일기를 쓰거나 글을 쓰면서 자신의 행동과 하루를 반성하는 게 좋다. 다시 말해 자기 삶을 스스로 피드백해보아야 한다.

3. 나는 취미 생활을 하고 있는가?

EQ가 높은 사람들은 자기 전공 분야 이외에 한 가지 이상의 취미 생활을 하고 있다. 가령 학생이라면 좋아하는 운동을 하거나 동아리 활동을 하고, 직장인이라면 업무와 관련되지 않은 동호회 모임에 참여해서 활동한다. 물론 취미 활동에 너무 몰입해서 자신의 전공이나 업무에 영향을 주어서는 안 된다.

4. 나는 규칙적으로 운동을 하고 있는가?

EQ가 높은 사람들은 건강관리를 위해서뿐만 아니라 규칙적인 운동을 통해 적대감, 스트레스, 공격성을 해소할 줄 안다. 일주일에 서너 번은 운동을 함으로써 스트레스를 풀어 주어야 한다.

5. 나는 내가 되고자 하는 존경하는 인물이 있는가?

EQ가 높은 사람들은 존경하고 흠모하는 인물을 설정해 놓고 자기도 그런 인물이 되려고 노력한다. 지금이라도 내가 존경하는 인물을 설정하라. 그리고 그 사람과 같이 되려고 노력하라.

6. 나는 상대방의 입장에 서서 생각하고 행동하는가?

EQ가 높은 사람들은 자기의 감정과 충동만을 앞세워 사랑을 표현하지 않는다. 그래서 상대방을 난처하게 하는 프러포즈를 하지도 않고 키스를 요구하지도 않는다. 성인의 경우에는 성생활에서 상대방의 기분과 감정을 배려할 줄도 안다. 항상 상대방의 입장에 서서 생각하고 행동하도록 노력한다.

7. 나는 여행을 즐기고 있는가?

EQ가 높은 사람들은 출장이 아닌 여행을 즐기며 자연과 대화하는 걸 좋아한다. 여행을 통해 새로운 문화, 새로운 사람들을 접하고, 자연에 묻혀 자신의 감정을 편안하게 하는 습관을 가져라.

8. 나는 평소 '욱' 하는 기질이 있는가?

충동적인 행동은 하루아침에 자신을 무너뜨릴 수도 있다. 그러니 충동을 조절하는 습관을 길러라. EQ가 높은 사람들은 평소 나름대로 기(기)운동, 이완 훈련, 종교 생활을 통해 자신의 충동성을 조절하려고 노력한다.

9. 나는 스트레스 관리를 하고 있는가?

EQ가 높은 사람들은 평소 자신의 스트레스 관리를 잘하고, 스트레스로부터 빨리 벗어나는 특징을 가지고 있다. 특히 정신적인 노동을 하는 사람들은 스포츠나 노동 같은 신체적인 스트레스를 일부러 체험하는 게 좋다.

10. 나는 세상을 긍정적으로 보려고 노력하는가?

EQ가 높은 사람들은 가능한 한 세상을 긍정적으로 보고, 다른 사람의 단점보다는 장점을 보려고 노력한다. 게다가 자신에게도 매우 긍정적이어서 죄의식이나 죄책감에 시달리지 않는다. 자기에게 너그러워지고 가능한 한 세상을 긍정적으로 보아라.

 # 5. EQ 점수에 연연하지 않는 사람이 EQ가 높다

EQ를 계발하기란 쉬운 일이 아니다. 그러나 이런 항목들을 체크해 보고 평소 생활에서 그런 것들을 실천하려고 꾸준히 노력하면 반드시 좋은 결과를 거둘 수 있을 것이다. 이제 똑똑한 아이, 학교에서 공부 잘하는 아이, IQ가 높은 사람들만 출세하

고 성공하는 시대는 지났다. 실제 사회생활에 필요한 것은 자기감정을 잘 알고 조절할 줄 아는 능력과, 타인의 감정을 이해하고 인간관계를 잘할 줄 아는 능력이다. 그러니 지금 학교에서 공부를 못한다고, IQ가 낮다고 좌절하거나 포기하지 마라.

뿐만 아니라 EQ 점수가 낮게 나왔다고 해도 실망하지도 마라. 실제 EQ는 아무리 좋은 테스트라도 기껏해야 전체 EQ의 50−60% 정도밖에 측정해 내지 못한다. 그러니 자신의 EQ가 점수가 낮다고 실망하지 마라. EQ가 높은 사람들은 EQ의 숫자에 좌우되지 않고 EQ가 높다고 자만하지도 않는다. 진정 EQ가 높은 사람들은 EQ 점수에 연연하지 않는다. 사실 야망을 가지고 사람을 사랑하며 인간답게 살려고 노력하는 젊은이들에게는 EQ 역시 시답지 않은 존재일지도 모른다.

청소년 적성 찾기 게임

게임 5

사회 적응력개발 진단도구

－배고픈 자에게는 빵이 가장 소중하고, 모든 것들이 다 빵과 연결된다. 하지만 배부르고 나면 빵은 시답지 않은 존재일 뿐이다. 배고플 때는 우선 돈을 벌어야겠다는 생각으로 보수와 급여를 많이 주는 직업을 선택하지만 시간이 흘러 어느 정도 생활이 안정되고 나면 보수가 많고 적음은 별로 중요한 게 아니다.

그보다는 자신이 하고 싶은 일을 한번 맘껏 해보는 것이 더 중요하다. 그러나 그때가 되면 이미 딸린 식구들도 있고 자신이 투자한 시간과 노력도 있기 때문에 선뜻 직업을 바꾸지 못한다. 그러니 직업을 선택할 때는 처음부터 적성(Aptitude)을 고려하는 게 좋다.

* 적성개발 5가지 타입
  A타입－경영자형
  B타입－마케팅형
  C타입－기획형
  D타입－연구개발형
  E타입－사무형

게임5. 적성 찾기 게임

 ## 1. 돈보다 중요한 적성

　대학의 전공을 선택했다고 해서 선택이라는 고민이 끝나는 것은 아니다. 대학을 졸업할 때쯤이면 어떤 직업을 선택할 것인지 또 한번 갈등에 빠진다.

　공보처가 '96년 7월부터 성인 남녀 4,500명을 대상으로 3차례에 걸쳐 실시한 '한국인의 의식, 가치관 보고서'에 따르면 우리나라 사람들이 직업을 고를 때 가장 중요하게 생각하는 것은 보수와 급여(45.8%)였다. 그다음으로 중요한 것이 적성(31.8%), 안정성(11.2%), 근무 조건(9.3%), 주위의 평가(1%) 순이었다. 우리나라 사람들은 보수와 급여를 중시해서 직업을 선택하지만 그렇게 선택한 직업에 평생 동안 전념하는 사람들은 매우 드물다. 적성에 맞지 않기 때문에 흥미가 없어서, 해보고 싶은 일을 하려고 자신이 선택한 직업을 바꾸는 일이 허다하다.

　배고픈 자에게는 빵이 가장 소중하고, 모든 것들이 다 빵과 연결된다. 하지만 배부르고 나면 빵은 시답지 않은 존재일 뿐이다. 배고플 때는 우선 돈을 벌어야겠다는 생각으로 보수와 급여를 많이 주는 직업을 선택하지만 시간이 흘러 어느 정도 생활이 안정되고 나면 보수가 많고 적음은 별로 중요한 게 아니다. 그보다는 자신이 하고 싶은 일을 한번 맘껏 해보는 것이 더 중요하다. 그러나 그때가 되면 이미 딸린 식구들도 있고 자신이 투자한 시간과 노력도 있기 때문에 선뜻 직업을 바꾸지 못한다. 그러니 직업을 선택할 때는 처음부터 적성을 고려하는 게 좋다.

 2. 적성은 타고나는 것이 아니다

사람은 어떻게 결정되는 것인가? 사람의 성격, 능력, 지능과 같은 심리적 특성들은 선천적인 것보다는 후천적인 것에 의해 결정된다. 다시 말해 유전보다는 환경의 영향을 더 많이 받는다. 어렸을 때부터 어떤 환경에서 어떤 자극을 받으며 자랐느냐에 따라 사람의 심리적 특성이 결정되는 것이다. 물론 선천적으로 유전자, 염색체, 호르몬, 신경계와 같은 생물학적인 요소들이 인간의 발달에 영향을 미치고 있다는 사실을 완전히 배제할 수 없다. 하지만 인간의 발달에 영향을 주는 가장 큰 요소는 후천적인 환경이다.

적성도 마찬가지다. 선천적인 요소보다는 후천적인 요소를 더 강조한다. 일반적으로 적성은 다음과 같이 정의된다. 적성(aptitude)이란 후천적으로 학습된 어떤 분야에 대한 성장 잠재력을 말한다. 적성은 선천적인 것이 아니라 후천적으로 학습된 것이고, 현재 어떤 분야에 얼마나 소질이 있는가보다는 앞으로 그 분야에서 얼마나 잠재능력을 발휘할 수 있는지가 관심사다.

그래서 현재 어떤 분야에 능력이 없다고 해서 그 분야가 적성에 맞지 않는다고 단정하는 것은 성급하다. 아직 그 분야에 대한 잠재력이 발휘되지 않고 있을 수도 있기 때문이다. 마찬가지로 지금 어떤 분야에 능력이 있다고 해서 그 분야가 반드시 적성에 맞는다고 단정할 수도 없다.

그럼 여기서 나의 적성은 어떠한지 과학적으로 알아보자.

 3. 나의 적성은?

다음은 내가 어느 분야에 적성이 맞는지를 알아보는 테스트다. 각각의 문항이 자신을 얼마나 잘 나타내고 있는지 체크해 보자.

<table>
<tr><td>매우 동의한다: 3점</td><td>어느 정도 동의한다: 2점</td></tr>
<tr><td>조금 동의한다: 1점</td><td>전혀 동의하지 않는다: 0점</td></tr>
</table>

<A>

1. 나는 다른 사람을 보살펴 주길 좋아한다. ··· (　　　)
2. 나는 다른 사람들 앞에 나서서 이야기하길 좋아한다. ······························· (　　　)
3. 나는 다른 사람들을 교육하거나 지도하는 일이 즐겁다. ··························· (　　　)
4. 나는 조직 규범에 맞춰 다른 사람을 이끄는 능력이 있다. ······················ (　　　)
5. 나는 다른 사람에게 '이래라 저래라' 시키길 좋아한다. ·························· (　　　)
6. 나는 다른 사람을 설득하는 능력이 있다. ··· (　　　)
7. 나는 다른 사람들의 말을 잘 들어주고 그들의 문제를 잘 해결해 준다. · (　　　)
8. 나는 내 생각대로 다른 사람을 움직일 수 있다고 생각한다. ·················· (　　　)
9. 나는 무슨 일이든지 개인보다는 조직적으로 움직이려고 한다. ·············· (　　　)
10. 나는 어떤 일에 실패해도 쉽게 좌절하지 않고 다시 도전하는 편이다. · (　　　)

A점수 합계 ________점

<B>

1. 나는 집이나 사무실에 있기보다는 밖에서 하는 일을 좋아한다. ············ (　　　)
2. 나는 일정한 목표를 세워 놓으면 그것을 달성하려고 상당히 노력한다. · (　　　)
3. 나는 노력한 만큼 얻을 수 있다고 생각한다. ·· (　　　)
4. 나는 새로운 사람을 만나 인간관계를 맺는 것을 즐긴다. ······················ (　　　)
5. 나는 어떤 목표를 세워 놓고 다른 사람과 경쟁하는 것을 좋아한다. ······ (　　　)
6. 나는 콤플렉스가 없는 편이다. ··· (　　　)
7. 나는 시작보다는 끝이 더 중요하다고 생각한다. ······································ (　　　)
8. 나는 일정한 월급보다는 일한 만큼 더 받을 수 있는 성과급제가 좋다고
    생각한다. ··· (　　　)
9. 나는 스스로 목표를 세우고 실천하길 좋아한다. ······································ (　　　)
10. 나는 다른 사람의 마음을 잘 읽고 파악할 줄 안다. ······························· (　　　)

B점수 합계 ________점

<C>

1. 나는 정보 수집이나 자료 관리 능력이 뛰어나다. ……………………………… (　　)
2. 나는 앞에 나서기보다는 뒤에서 챙기는 역할을 좋아한다. ………………… (　　)
3. 나는 충동적이지 않고 신중한 편이다. ………………………………………… (　　)
4. 나는 다른 사람이 뭐라고 하든지 내가 하고 싶은 일을 하는 편이다. …… (　　)
5. 나는 이따금 주위 사람들로부터 너무 추상적으로 생각한다는 말을
   듣는 편이다. …………………………………………………………………… (　　)
6. 나는 미래를 분석하고 그에 맞는 대처 방안을 미리 준비하는 편이다. … (　　)
7. 나는 직접 행동하기보다는 생각과 말에 그치는 경우가 많다. …………… (　　)
8. 나는 다른 사람의 말이나 조직 규범을 잘 따르지 않는 편이다. ………… (　　)
9. 나는 직접 해보라고 하면 잘 못하지만 다른 사람들이 잘하는 것인지
   못하는 것인지를 비판할 만한 능력은 있다. ………………………………… (　　)
10. 나는 다른 사람의 부하가 되는 것이 싫지만 그렇다고 독자적으로
    무엇을 추진할 만한 능력이 있다고 생각하지는 않는다. ………………… (　　)

C점수 합계 ________점

<D>

1. 나는 사물과 현상을 논리적으로 분석하길 좋아한다. ……………………… (　　)
2. 나는 한 가지 일에 빠지면 시간 가는 줄 모르고 몰입한다. ……………… (　　)
3. 나는 실험실이나 연구실에서 하는 일을 좋아한다. ………………………… (　　)
4. 나는 사람을 만나기보다는 혼자서 하는 일을 즐긴다. ……………………… (　　)
5. 나는 혼자 있어도 지루하거나 고독하지 않다. ……………………………… (　　)
6. 나는 공부나 일을 여럿이 모여서 하기보다는 혼자서 할 때 생산성이 더 높다. (　　)
7. 나는 무언가를 만들고 발명하는 데 소질이 있다. …………………………… (　　)
8. 나는 누군가로부터 명령을 받거나 지시를 받길 싫어한다. ………………… (　　)
9. 나는 항상 새로운 것을 추구하고 도전한다. ………………………………… (　　)
10. 나는 다른 사람들로부터 이기적이고 괴짜라는 평가를 자주 듣는다. …… (　　)

D점수 합계 ______점

<E>

1. 나는 꼼꼼하게 영수증을 챙기고 장부 정리를 잘하는 편이다. ················ (   )

2. 나는 자료 정리를 잘해 필요한 것을 찾을 때 허둥대는 일이 없다. ········ (   )

3. 나는 사람을 직접 만나기보다는 전화나 컴퓨터 통신, 우편을 이용하길
   좋아한다. ··· (   )

4. 나는 변화가 많은 직장보다는 지루하더라도 안정적인 직장이 좋다고
   생각한다. ··· (   )

5. 나는 다른 사람이나 회사를 위해서라면 자신의 권리와 이익이 침해받을
   수도 있다고 생각한다. ·· (   )

6. 나는 다른 사람, 돈, 정보를 통합해서 전체적으로 활용할 줄 안다. ········ (   )

7. 나는 학교나 회사의 규범을 잘 지키는 편이다. ························· (   )

8. 나는 인간관계가 원만해서 다른 사람들과 잘 어울린다. ················ (   )

9. 나는 어떤 일을 계획하고 기안하는 일을 좋아한다. ···················· (   )

10. 나는 공부나 일을 할 때 다른 사람들과 협력해서 하길 좋아한다. ········ (   )

E 점수 합계 _________ 점

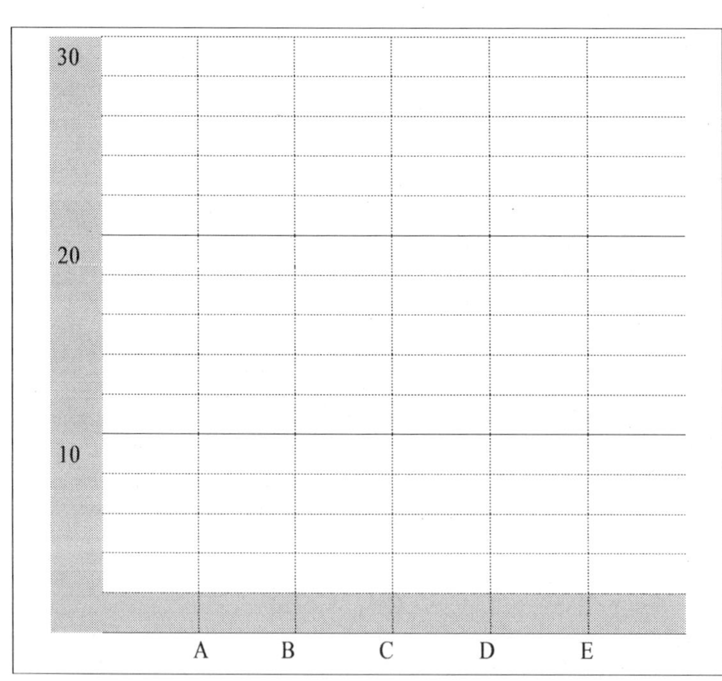

 # 4. 나는 이런 사람!

A 타입 → 경영자형

위의 테스트에서 A 점수가 가장 높게 나오고, 그 점수가 20점 이상이라면 당신의 적성은 경영자 또는 관리자 분야다(manager type). 사람들 앞에 나서길 좋아하며, 다른 사람을 지도 감독하는 일에 소질이 있는 편이다. 경영이나 리더십 분야에 관심을 가지고 자기 분야에 필요한 능력을 쌓으면 사회의 리더 그룹에 속할 수 있을 것이다. 그러나 지나치게 자신을 신뢰하고 집단을 이끌려고 하는 경향이 있기 때문에 자칫하면 독선이나 독재로 흐를 수도 있다. 그러니 다른 사람의 입장에 서서 상대방의 입장을 배려하고, 자기의 자존심보다는 전체를 생각할 줄 아는 훈련이 필요하다.

이 분야에 적성이 있는 사람들은 평소 인맥을 잘 관리하고, 다른 사람의 이익을 고려하고, 정보 수집 능력을 키울 필요가 있다. 경영자는 가능하면 심리학, 경영학, 정치학, 사회학과 같은 문과 계통을 선택하는 게 도움이 될 것이다.

B 타입 → 영업형

테스트에서 B 점수가 가장 높게 나오고 그 점수가 20점 이상이라면 당신의 적성은 직접 발로 뛰는 영업 분야다. 사무실에 앉아 있기보다는 사람들 만나는 것을 좋아하고, 남과 경쟁하길 좋아하고, 스스로 목표를 세워 실천할 수 있는 능력을 가지고 있기 때문에 자기가 노력한 만큼 얻을 수 있는 영업 분야에 종사하면 좋을 것이다.

과거와는 달리 영업 분야는 단순히 시간과 몸으로 때워도 되는 분야가 아니라 우리나라 직장인들 중에 고액 소득자들은 모두 자동차, 보험 설계 등과 같이 영업 분야에 종사하는 이들이다. 영업은 단지 사교적이고 외향적인 성격이라고 해서 적성에 맞는 것은 아니다. 스스로 자기의 능력을 계발하고 정보를 잘 수집 분석해서 고객을 효과적으로 관리할 수 있는 사람만이 영업 분야에서 성공할 수 있다.

이 분야에서 성공하려면 유통, 마케팅, 인간관계론, 심리학, 경영학을 공부해야 함은 물론 고객관리 능력, 패인 분석 능력, 높은 EQ 수준이어야 한다. 영업에 성공하려면 자기가 취급하는 제품에 관한 지식이 전제되어야 하고, 문과나 이과 계통을 구분할 필요는 없지만 기본적으로 사회과학, 인문과학 쪽으로 공부하는 게 도움이 될 것이다.

C 타입 → 기획형

테스트에서 C 점수가 가장 높게 나오고, 그 점수가 20점 이상이라면 당신의 적성은 기획과 조정 분야다(planning type). 직접 발로 뛰는 것을 좋아하지 않고, 나서길 좋아하진 않지만 잘 갖춰진 조직에서 새로운 일을 기획하는 능력이 뛰어나다. 그러나 새로운 아이디어를 사업이나 실천에 옮기는 능력에는 한계가 있기 때문에 이런 유형의 사람들은 훌륭한 리더를 만나 자신의 아이디어를 실행하는 게 좋다. 이 분야에 소질이 있는 사람들은 리더가 될 기회가 있어도 잘 나서지 않고 차라리 자유로운 행위자가 되는 것을 더 좋아한다. 그러나 자칫하면 너무 추상적이라서 실행이 불가능하거나 생각과 말만 앞설 수 있다.

그래서 이런 분야에 종사하려면 정보 수집 능력, 정보 분석 능력, 기획 능력, 창의력을 키우고, 그것을 바탕으로 자신의 아이디어를 직접 실행할 수 있는 능력을 키워야 한다. 그리고 추상적으로만 생각하지 말고 좀 더 구체적인 수치를 제시하고 합리적으로 생각하는 습관을 키우면 큰 도움이 될 것이다. 이런 적성의 소유자들은 조직의 참모, 기획실, 이벤트 기획, 방송국, 정치, 홍보, 출판 분야에 종사하는 게 좋다.

D 타입 → 연구개발형

테스트에서 D 점수가 가장 높고, 그 점수가 20점 이상이라면 당신의 적성은 연구개발 분야다(research & development type). 연구개발 분야는 문과나 이과를 막론하고 실험실이나 연구실에서 한 가지에 몰두할 수 있는 능력과 무언가를 새롭게 창조할 줄 아는 능력이 필요하다. 혼자 있어도 외롭지 않고, 인간관계에 구애받지 않으면서 자기의 일에 몰두할 수 있어야 한다.

그러나 한 가지 주의해야 할 점은 연구개발에만 몰두한다고 사고가 실험실에만 국한되어서는 안 된다는 것이다. 아무리 좋은 연구개발이라도 그 결과를 사회 현실에 적용할 줄 알아야 하고, 그것을 사업으로 연결시킬 수 있어야 한다. 그래서 정부나 기업 또는 재단, 대학의 후원을 받아 연구를 할 줄 아는 능력도 필요하다. 자칫하면 실컷 좋은 연구 결과물을 내놓고도 남 좋은 일만 시킬 수도 있다.

이 분야에 종사하려는 사람들은 자신을 조절할 줄 아는 능력과 지적이고 창조적인 일에 인내심을 갖고 도전할 줄도 알아야 한다. 실험을 많이 하는 이과 계통이 바람직하고, 물리, 화학, 기초 의학, 약리학, 한의학, 생리심리학, 컴퓨터 공학 등을 공부하는 게 좋다.

E 타입 → 사무형

테스트에서 E 점수가 가장 높게 나오고, 그 점수가 20점 이상이라면 당신의 적성은 사무 분야다(office worker type). 전형적인 샐러리맨들이 이 유형에 속한다. 이들은 조직에 충실하고 상명하복에 적합한 사람들이며, 안정을 바라고 사회와 조직 규범을 잘 지킨다. 그리고 자신보다는 조직과 조직 구성원을 우선적으로 고려할 줄도 안다. 사무형은 문과나 이과 계통을 모두 선택할 수 있으며, 과거와는 달리 적극적으로 자신의 업무를 수행할 수 있어야 한다.

자신의 업무를 잘 수행하기 위해서는 자신의 분야에 필요한 능력과 다른 부서의 업무파악은 물론 다른 부서원들과 효과적인 커뮤니케이션도 할 줄 알아야 한다. 조직의 다른 구성원들을 존중하고, 명확한 지시와 명령을 할 수 있도록 자기 의사 표현을 분명히 하는 습관을 길러야 한다. 평소 컴퓨터, 회계, 조직관리, 조직개발, 리더십, 커뮤니케이션에 관한 공부를 해두면 도움이 될 것이다.

 # 5. 적성에도 균형이 필요하다

우리 속담에 '나무에 잘 오르는 놈은 나무에서 떨어지고, 헤엄 잘 치는 놈은 물에 빠져 죽는다.'는 말이 있다. 어떤 분야에 적성이 있다고 해서 그 분야에만 흥미를 느끼고 그 분야에만 몰두하는 것은 바람직하지 않다. 21세기는 전문가의 시대라고 하지만 외곬으로 한 분야에만 몰두하다가는 자칫 나무에서 떨어지고 물에 빠져 죽을 수도 있다. 그러므로 자신의 적성을 발견하고 계발하는 것 이상으로 중요한 게 자신의 적성과 반대되는 특성을 의식적으로 계발하는 것이다.

사람들은 일부러 노력하지 않아도 자신의 적성에 맞는 분야에는 몰입하게 된다. 그러나 자기가 좋아하는 음식을 편식하는 것이 좋지 않은 것처럼 자기가 소질 있는 적성 분야에만 몰두하는 것도 좋지 않다. 의식적으로라도 자기 적성과 반대되는 적성에 관심을 기울여야 한다. 가령 사무형 적성을 가진 사람은 경영자형이나 연구계발형의 장점을 배우고 기획형 적성을 가진 사람은 영업형이나 연구계발형의 장점을 배워 자칫 한쪽으로 치우치기 쉬운 삶에 균형을 맞춰 주는 게 좋다.

 # 6. 젊음아! 나를 알고 시작하자

사람들이 세상을 배우는 원리는 크게 두 가지로 나누어진다. 하나는 경험을 통해 행동으로 배우는 시행착오 학습이다. 담배 맛을 알아보려고 직접 담배를 피우고, 수학 문제를 풀기 위해 이렇게도 풀어 보고 저렇게도 풀어 보고, 기술을 배우기 위해 실패를 거듭하며 세상을 배운다. 실패는 성공의 어머니다. 사람들은 실패를 거울삼는 시행착오를 통해 세상을 배운다.

다른 하나는 생각을 통해 머리로 배우는 인지 학습이다. 차가 막혔을 때 다른 길로 돌아가기 위해 우리는 이 골목 저 골목을 헤매지 않는다. 머릿속으로 생각하고 나서 안 막히는 길을 선택하고 행동한다. 그리고 죄를 지으면 벌을 받는다는 것을 알기 위해 직접 행동하지 않아도 된다. 다른 사람들이 죄를 짓고 벌을 받는 것을 관찰하는 것만으로도 충분히 세상을 배울 수 있기 때문이다. 이처럼 머릿속에서 일어나는 사고 과정인 인지를 통해서 세상을 배우는 것이다.

그렇다면 젊은이들은 어떻게 세상을 배워야 할까. 아니면 책이나 영화 속의 주인공을 보면서, 그도 아니면 사색을 통해 세상을 깨우쳐 볼까. 세상을 제대로 알려면 두 가지 방법을 모두 사용해야 한다.

그래서 지나치게 시행착오를 하는 젊은이들은 잠시 행동과 방황을 멈추고 자신과 자신이 처한 상황, 능력, 적성을 파악하고 다른 사람들은 어떻게 사는지를 관찰할 필요가 있다. 반대로 지나치게 책과 사유에만 빠져 있는 젊은이들은 잠시 생각하는 것을 멈추고 시행착오를 경험해 보는 게 좋다. 한 가지 방법만으로 세상을 배우면 세상의 반쪽밖에 볼 수 없다. 때로는 시행착오를 통해, 때로는 깊은 통찰을 통해 세상을 배워야만 온전한 세상을 다 볼 수 있다.

열정과 에너지가 넘치는 젊은이들은 질풍노도처럼 시행착오를 통해 세상을 배우는 것에 가치를 두려고 한다. 물론 그런 시도와 방황은 필요하다. 하지만 무작정 무언가를 시도하고 방황하는 것만이 능사는 아니다. 때로는 잠시 멈춰 서서 자신을 분석하고 자신의 삶의 계획을 세운 다음에 행동할 필요가 있다. 그리고 행동하다가 안되면 또 사유하고 관찰하는 시간을 가져야 한다. 그런 조화가 잘 이루어지는 젊은이들이야말로 삶을 창조적이고 아름답게 가꿔나갈 수 있을 것이다.

Lynchpin Game

게임 6

성격차이극복 진단도구

－멘토링의 정의는 멘토/멘제 상호 간 인간관계 촉진이다. 변하지 않는다는 성격을 전제로 짧은 기간 동안 상대의 성격을 알고 대응함으로 성격차이를 극복할 수 있는 최적의 Tool이다. 1회에 한하여 실시하고 멘토링 활동 기간 중 상호 간 수시 대응법으로 활용한다.

* 목적

  1) 먼저 자기의 성격유형을 찾아 강점과 약점을 알고
  2) 그 후 멘토와 멘제의 연결 도구로 사용하고
  3) 상대방에게 바람직한 대응과 피해야 할 대응으로 좋은 관계를 유지하기 위함이다.

* 유형

  주도형(Dominating Style)   우호형(Facilitating Style)
  관리형(Controling Style)   분석형(Analytical Style)

* 연결방법

  1) 가장 적합한 동일성격－동일성격끼리 최적의 연결 방법
  2) 무난한 보조성격－동일성격이 모자랄 경우 보조성격끼리 연결
  3) 피해야 할 대조성격－가능한 대조성격끼리는 연결을 피해야 합니다.

게임6. Lynchpin Game-성격차이 극복하기

가. Lynchpin Game 목적

　　1) 먼저 자기의 성격유형을 찾아 강점과 약점을 알고

　　2) 그 후 멘토와 멘제의 연결 도구로 사용하고

　　3) 상대방에게 바람직한 대응과 피해야 할 대응으로 좋은 관계를 유지하기 위함.

나. Lynchpin Game의 명칭 어원

　　1) Lynch(연결) Pin(핀)은 「연결핀」이라는 뜻으로 트랙터가 트레일러를 끌 때 반드시 둘 사이에 연결핀을 꽂아야 제대로 끌 수 있다는 데서 기인(美 Bobb Biehl)한 것으로 멘토링에서 멘토가 멘제와 연결하는 도구(Tool)로 활용하고 있다.

　　2) 린치핀 게임에서 활용하고 있는 성격 찾기 설문은 페르조나(Persona) 방식임.

다. Lynchpin Game의 성격유형

　　1) 설문내용-강점 40개 항목, 약점 28개 항목 등 68개 항목임

　　2) 성격유형-주도형(Dominating Style)

　　　　　　　우호형(Facilitating Style)

　　　　　　　관리형(Controling Style)

　　　　　　　분석형(Analytical Style) 등 4가지 유형임

라. 멘토와 멘제의 연결방법

　　1) 가장 적합한 동일성격-동일성격끼리 연결 방법

　　2) 무난한 보조성격　　　-동일성격이 모자랄 경우 보조성격끼리 연결

　　3) 피해야 할 대조성격　-가능한 대조성격끼리는 연결을 피해야 한다.

마. Lynchpin Game의 핵심사항

린치핀 게임에서 제일 중요한 핵심사항은 멘토와 멘제 상호 간에 성격을 파악한

후에 바람직한 대응과 피해야 할 대응을 제대로 이해하고 멘토링 기간에 시행해야 한다.

그렇게만 한다면 상호 좋은 관계를 유지할 수 있을 것이다.

1) 바람직한 대응 ─ 이런 내용을 접하게 되면 더욱 좋은 분위기에서 실적이 향상된다.

2) 피해야 할 대응 ─ 이런 내용을 접하면 스트레스를 받고 좋은 실적을 낼 수 없다.

A. Lynchpin Game의 설문표

B. Matrix 성격유형 구분표

C. 멘토, 멘제 연결원칙

D. 유형별 특성 및 대응방안

# 1. Lynchpin Game 설문표

☐ 성명:　　　☐ 연령:　　　☐ 성별:　　　☐ 소속:　　　☐ 직위:

1) 이 설문 항목은 4가지 행동유형에서 강점과 약점을 선별할 수 있다.

2) 가능한 한 4개 한 묶음에서 1개씩을 선택하라.

3) 그러므로 전체 68항목 중에 17개만 O표 하면 된다.

<table>
<tr><td colspan="3" align="center">〈강점〉1-40번</td><td colspan="3" align="center">〈약점〉41-68번</td></tr>
<tr><td>No</td><td>설 문 항 목</td><td>O표</td><td>No</td><td>설 문 항 목</td><td>O표</td></tr>
<tr><td>1</td><td>행동이 적극적이다.</td><td></td><td>37</td><td>개방적, 쾌락적인 일을 좋아한다.</td><td></td></tr>
<tr><td>2</td><td>협력적이다.</td><td></td><td>38</td><td>상대방의 기분을 이해한다.</td><td></td></tr>
<tr><td>3</td><td>효율적이다, 능률적이다.</td><td></td><td>39</td><td>스스로 움직인다.</td><td></td></tr>
<tr><td>4</td><td>근면하다.</td><td></td><td>40</td><td>분석력이 뛰어나다.</td><td></td></tr>
<tr><td>5</td><td>매사에 열중한다.</td><td></td><td>41</td><td>본제에서 벗어난다.</td><td></td></tr>
<tr><td>6</td><td>가까이하기 쉽고, 친하기 쉽다.</td><td></td><td>42</td><td>결단이 느리다.</td><td></td></tr>
<tr><td>7</td><td>열심히 일한다.</td><td></td><td>43</td><td>남에 대한 배려가 부족하다.</td><td></td></tr>
</table>

No	설 문 항 목	O표	No	설 문 항 목	O표
8	매사를 면밀히 추진한다.		44	유연성이 결여되어 있다.	
9	활기가 넘친다.		45	시간관념이 희박하다.	
10	사교술이 능숙하다.		46	자기주장이 적다.	
11	행동이 민첩 신속하다.		47	억지를 부린다.	
12	논리적, 체계적이다.		48	결단을 내리는 데 시간이 걸린다.	
13	대인관계에 능숙하다.		49	감정에 좌우된다.	
14	코치나 상담에 능숙하다.		50	일에 대한 관심이 희박하다.	
15	책임감이 강하다.		51	말투가 억세다.	
16	질을 중시한다.		52	박력이 부족하다.	
17	상대방을 몰두하게 한다.		53	기분이 변하기 쉽다(싫증나기 쉽다).	
18	온화하다.		54	남의 일에 너무 신경을 쓴다.	
19	늘 성과(결과)를 중시한다.		55	지나치게 자기중심적이다.	
20	문제발견에 흥미를 느낀다.		56	혼자 일을 한다.	
21	영감(inspiration)을 중요시한다.		57	정리, 정돈이 서툴다.	
22	개인적인 정보에 강하다.		58	비약이나 모험을 노리지 않는다.	
23	도중에 포기하지 않는다.		59	안색, 목소리, 표정이 빈약하다.	
24	사실을 중시한다.		60	표정이 없는 편이다.	
25	비약에 목표를 둔다(大志).		61	차근차근 책읽기를 싫어한다.	
26	소집단 활동을 즐긴다.		62	신속하지 못하다.	
27	시간에 정확하다.		63	무리한 목표라도 도전한다.	
28	지식, 정보를 수집한다.		64	보수적(비약하려 하지 않는다)이다.	
29	민감하게 반응한다.		65	논리적으로 생각하기를 싫어한다.	
30	긴장을 풀어준다.		66	주저하기 쉽다.	
31	간결하고 낭비가 적다.		67	냉담하다.	
32	일을 제대로 처리한다.		68	사교성이 결여되어 있다.	
33	미래지향적이다.				
34	분위기 조성을 잘한다.				
35	열정적이다.				
36	자기관리를 할 수 있다.				

 # 2. 조합형(Matrix) 성격유형 구분표

앞 페이지에서 선택한 17개 항목의 번호를 아래 중에서 선택하면 귀하의 성격유형(Personality Type)은 가장 많이 집계되는 항목이다. 그러므로 주도형, 우호형, 관리형, 분석형 중에 하나가 된다. 설문 작성 결과에 만족하지 못할 경우에는 다시 작성도 가능하다. 혹시 동점이 되는 경우가 있는데 다음 페이지에서 두 가지 유형의 특성을 읽어보고 자기에 맞는 부분을 최종 선택한다.

4가지 성격유형 구분표

D ominating Style(주도형) 1, 5, 9, 13, 17, 21, 25, 29, 33, 37, 41, 45, 49, 53, 57, 61, 65	**F acilitating Style(우호형)** 2, 6, 10, 14, 18, 22, 26, 30, 34, 38, 42, 46, 50, 54, 58, 62, 66
C ontroling Style(관리형) 3, 7, 11, 15, 19, 23, 27, 31, 35, 39, 43, 47, 51, 55, 59, 63, 67	**A nalytical Style(분석형)** 4, 8, 12, 16, 20, 24, 28, 32, 36, 40, 44, 48, 52, 56, 60, 64, 68

 # 3. 멘토, 멘제 연결 원칙

멘토와 멘제의 연결에서 가장 좋은 한 쌍(Best Pair)은 같은 성격끼리 연결한다. 그러나 인원수가 맞지 않을 경우에는 무난한 한 쌍(Gold Pair)인 상호 보완되는 성

격끼리 연결한다. 가능한 연결이 부적합한 한 쌍(Poor Pair)은 상호 대조되는 성격이다. 대조되는 성격도 사제 간(師弟 間) 등 신분의 현저한 차이나, 10년 이상 나이 차이, 장기간이나 평생 멘토링에서는 크게 구애받지 않는다. 그러나 단기간이나 나이가 비슷한 사원 간의 멘토링에서는 생산성을 염두에 둔다면 대조 성격 간의 연결은 피하는 것이 좋다. 왜냐하면 대조 성격은 다툼의 확률이 많기 때문이다.

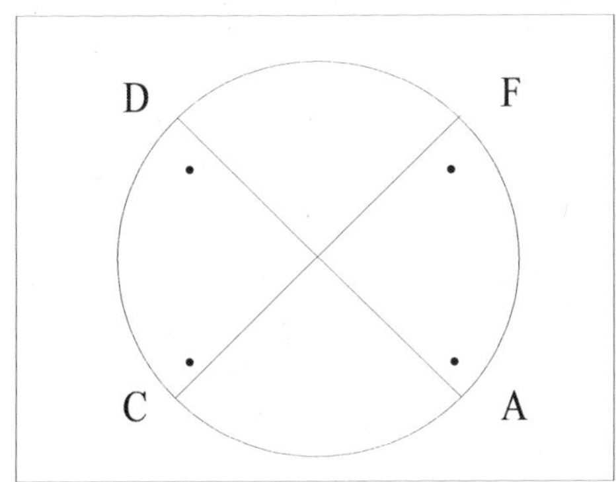

 4. 4가지 유형의 특성분석 및 대응방안

1) 주도형(Dominating Style)

(1) 주도형의 특성

▷ 주도형(Dominate)인 사람은 매사에 적극적이며, 자신은 물론 남도 잘 부추긴다. 사교적으로 이야기하기를 즐기고, 늘 주변에 활발한 분위기를 조성해 낸다.

▷ 주변사람들과 커뮤니케이션을 꾀하면서 일을 추진해 나가지만, 주도권을 잡는

데도 관심을 기울여, 창조적인 것을 찾아 위험을 무릅쓰고 문제해결에 도전한다.
▷ 전형적인 특징을 정리해 보면
　　① 외향적　② 정열적　③ 설득적　④ 사교적　⑤ 자발적이라 하겠다.
※ 이 사람의 행동은 칭찬(**Recognition**)욕구에 의거하고 있다.

<table>
<tr><td align="center">강 점</td><td align="center">약 점</td></tr>
</table>

강 점	약 점
1. 행동이 적극적이다.	1. 본제에서 벗어난다.
2. 매사에 열중한다.	2. 시간관념이 약하다.
3. 활기가 넘친다.	3. 감정에 좌우된다.
4. 대인관계에 능숙하다.	4. 기분이 변하기 쉽다(싫증나기 쉽다).
5. 상대방을 몰두하게 한다.	5. 정리, 정돈이 서툴다.
6. 영감(inspiration)을 중요시한다.	6. 차근차근 책읽기를 싫어한다.
7. 비약에 목표를 둔다(大志).	7. 매사를 논리적으로 생각하기를 싫어한다.
8. 민감하게 반응한다.	
9. 미래지향적이다.	
10. 개방적, 쾌락적인 일을 좋아한다.	

(2) 주도형의 대응

1. 기본욕구

인 정	칭 찬

2. 바람직한 대응
　　(1) 흉금을 터놓기 위해 세상사나 농담으로부터 이야기를 시작한다.
　　(2) 상대방을 치켜세우거나, 최대한 관심을 표시한다. 내놓은 아이디어나 생각
　　　　을 지지한다.
　　(3) 크게 논의한다.

　　(4) 정력적으로 신속하게 큰소리로 이야기한다.
　　(5) 다른 사람이나 저명인사의 의견을 인용한다.
　　(6) 커다란 관점에서 이야기를 전개한다.
　　(7) 목표달성 과정의 즐거움을 시사한다.
　　(8) 경쟁심을 부추긴다.
　　(9) 상대방의 꿈이나 아이디어에 관심을 표명한다.

3. 피해야 할 대응
　　(1) 소극적이며 인정 없는 태도를 취하지 않는다.
　　(2) 자질구레한 이야기는 피한다.
　　(3) 원리, 원칙이나 규칙을 고집하지 않는다.
　　(4) 상대방을 비판하거나 설득하지 않는다.
　　(5) 좋고 나쁨, 사실, 숫자 등을 고집하지 않는다.
　　(6) 일만을 따지는 이야기가 되지 않게 한다.

4. 적극적으로 써야 할 말
　　(1) 급성장 (2) 창조 (3) 차별화 (4) 영향력 (5) 이미지 (6) 인간

2) 우호형(Facilitating Style)

D	F
C	A

(1) 우호형의 특성

▷ 우호형(Facilitating)인 사람은 무엇보다도 개인적인 연관을 중시한다. 옆에서 보면 차분한 가운데 부드럽고 성실하며 소극적이나, 따뜻하고 감정에 가까이하기 쉬운 사람이라는 느낌이 든다.

▷ 팀워크를 중시하여 철저한 협력 아래 일을 추진해 가기를 좋아하지만, 모험을 별로 하려 들지 않는다. 무엇보다도 책임을 다 함께 지고 싶어 한다.

▷ 인간관계를 쌓는 데에 관심이 있으며, 결단을 할 때에는 주위사람들로부터 지원을 요청한다.

▷ 전형적인 특징을 정리해 보면

　① 지지적 ② 협력적 ③ 사교적 ④ 인내심이 강하다 ⑤ 충실하다

※ 이 사람의 행동은 **용납(Acceptance)**욕구에 의거하고 있다.

강 점	약 점
1. 협력적이다.	1. 결단이 느리다.
2. 가까이하기 쉽고, 친하기 쉽다.	2. 자기주장이 적다.
3. 사교술이 능숙하다.	3. 일에 대한 관심이 희박하다.
4. 코치나 상담에 능숙하다.	4. 남의 일에 너무 신경을 쓴다.
5. 온화하다.	5. 비약이나 모험을 노리지 않는다.
6. 개인적인 정보에 강하다.	6. 신속하지 못하다.
7. 소집단 활동을 즐긴다.	7. 주저하기 쉽다.
8. 긴장을 풀어준다.	
9. 분위기 조성을 잘한다.	
10. 상대방의 기분을 이해한다.	

(2) 우호형의 대응

1. 기본욕구

용 납	수 용

2. 바람직한 대응

　(1) 흉금을 터놓은 분위기로 개인에 관계된 이야기로부터 들어간다.

　(2) 1 : 1로 대응하고, 개인적인 관심이나 목표를 끌어낸다.

　(3) 상대방에게 말을 시켜 의견을 끌어낸 뒤, 그의 말에 귀를 기울인다.

　(4) 상대방이 협력해 준 것에 대해서 감사표시를 한다.

　(5) 상대방에게 불안감이나 염려를 끼쳤다면 이를 제거한 뒤 격려한다.

(6) 당신이 주도적으로 목표를 정하고, 압력을 가하지 않은 채 동의를 촉구한다.

(7) 온화한 부드러운 말씨로 이야기한다.

(8) 상대방의 생각을 적극적으로 받아들인다.

(9) 결단을 내리는 데에 모험이 적음을 보증한다.

3. 피해야 할 대응

(1) 일에 관한 이야기를 곧바로 하지 않는다.

(2) 냉담한 태도, 무관심한 태도를 나타내지 않는다.

(3) 논리나 책략으로 반론을 피지 않는다.

(4) 지배적으로 군림하거나 과도한 요구는 하지 않는다.

(5) 갈등을 빚지 않는다.

(6) 곧바로 결론을 이끌어 내지 않는다.

4. 적극적으로 써야 할 말

(1) 인간 (2) 서비스 (3) 팀워크 (4) 성실 (5) 커뮤니케이션 (6) 가정

3) 분석형(Analytical Style)

D	F
C	A

1. 분석형의 특성

▷ 분석형(Analytical)인 사람은 목표를 향해 착실히 추진해 나감을 높은 가치로 삼는다.

▷ 행동은 언제나 냉정, 침착하고 차분하며, 소극적인 데다가 규칙적인 반면, 독립 심은 강하다. 일에 있어서는 체계적이며 사실과 논리에 입각한 접근을 중시하 고, 정보나 데이터를 수집, 분석하기를 좋아하며 모험은 최소한으로 하는 방법 을 철저히 검토한다.

▷ 대인관계는 비즈니스맨답게 감정을 드러내지 않는다. 결단을 내릴 때는 확률이 나 확증을 늘 염두에 두고 행한다.

▷ 전형적인 특징을 정리해 보면

① 논리적 ② 완벽주의 ③ 사실중시 ④ 신중함을 들 수 있다

※ 이 사람의 행동은 안전(Security)욕구에 의거하고 있다.

강 점	약 점
1. 근면하다.	1. 유연성이 결여되어 있다.
2. 매사를 면밀히 추진한다.	2. 결단을 내리는 데에 시간이 걸린다.
3. 논리적, 체계적이다.	3. 박력이 부족하다.
4. 질을 중시한다.	4. 혼자 일을 한다.
5. 문제발견에 흥미를 느낀다.	5. 표정이 부족하다.
6. 사실을 중시한다.	6. 보수적(비약하려 하지 않는다).
7. 지식, 정보를 수집한다.	7. 사교성이 결여되어 있다.
8. 일을 제대로 처리한다.	
9. 자기관리를 할 수 있다.	
10. 분석력이 뛰어나다.	

(2) 분석형의 대응

1. 기본욕구

안 전	정 보

2. 바람직한 대응
   (1) 일에 관한 이야기로부터 들어간다.
   (2) 신중하게 천천히 진행된다.
   (3) 데이터, 자료 등 사전준비는 완벽하게 하여 대응한다.
   (4) 충분한 시간을 갖고 차근차근 이야기한다.
   (5) 구체적이고 실증적인 데이터로 정보를 풍부하게 주고 뒷받침해 준다.

(6) 상대방에게 생각할 수 있는 시간을 충분히 준다.

(7) 뜻밖의 결과가 나오지 않게 하고, 모험이 적음을 보증한다.

(8) 논리적 사실에 의거하여 체계적으로 설명한다.

(9) 결론은 서면으로 남겨둔다.

3. 피해야 할 대응

(1) 상대방이 혼란될 만한 이야기는 피한다.

(2) 너무 과장된 이야기는 하지 않는다.

(3) 치켜세우거나 너무 친숙하게 이야기는 않는다.

(4) 다른 사람이나 저명인사의 의견을 사용하지 않는다.

(5) 책략이나 교묘한 수단을 쓰지 않는다.

(6) 결단(의사결정)을 서둘지 않는다.

4. 적극적으로 써야 할 말

(1) 정보데이터 (2) 보증 (3) 의무 (4) 손익 (5) 지식 (6) 정확

4) 관리형(Controling Style)

D	F
C	A

(1) 관리형(Controling Style)의 특성

▷ 관리형(Controling)인 사람은 일에 강한 관심을 지녀 솔선수범하고, 결과나 성과를 중시하는 데에 높은 가치를 경주한다. 행동은 신속하고, 기회를 교묘히 이용하여 남을 밀어 제치고서라도 자기의 의지를 관철시킨다. 혼자서 일을 하거나 남을 지도하여 일을 하게 하기를 좋아한다. 경쟁심도 왕성하다.

▷ 대인관계는 담백한 편이고, 일 이외의 교제라든가, 세상 돌아가는 이야기 등은 좋아하지 않는다.

▷ 전형적인 특징을 정리해 보면

① 자립적 ② 솔직 ③ 과단성 ④ 실리주의 ⑤ 능률 등을 들 수 있다.

※ 이 사람의 행동은 성취(Achievement)욕구에 의거하고 있다.

<table>
<tr><td>강 점</td><td>약 점</td></tr>
</table>

강 점	약 점
1. 효율적, 능률적이다.	1. 남에 대한 배려가 부족하다.
2. 열심히 일한다.	2. 억지를 부린다.
3. 행동이 민첩, 신속하다.	3. 말투가 억세다.
4. 책임감이 강하다.	4. 지나치게 자기중심적이다.
5. 늘 성과(결과)를 중시한다.	5. 안색, 목소리, 표정이 빈약하다.
6. 도중에 포기하지 않는다.	6. 무리한 목표라도 도전하다.
7. 시간에 정확하다.	7. 냉담하다.
8. 간결하고 낭비가 적다.	
9. 열정적이다.	
10. 스스로 움직인다.	

(2) 관리형의 대응

1. 기본욕구

성 취	효 율

2. 바람직한 대응

   (1) 일에 관한 이야기를 중심적으로 한다.

   (2) 간결하고 알기 쉽게 이야기한다.

   (3) 시간을 정확히 지킨다.

   (4) 정력적으로 신속하게 이야기한다.

   (5) 목표와 결과를 늘 분명히 한다.

   (6) 상대방의 결단, 의사결정에 위임한다.

   (7) 선택하기 쉽게 조건의 수를 적게 둔다.

(8) 성공할 확률을 사실이나 숫자에 근거하여 설명한다.

(9) 주요 사실을 골라 논리적으로 재빠르게 나타낸다.

3. 피해야 할 대응

(1) 시간낭비는 피한다(두서없이 지루하게 말하지 않는다).

(2) 개인적인 문제나 개인의 생각을 내놓지 않는다.

(3) 지시, 명령, 충고하는 말투를 쓰지 않는다.

(4) 의문스러운 점이나 불명확한 점을 남기지 않는다.

(5) 결론을 먼저 내지 않는다.

(6) 잡담이나 세상사는 말을 하지 않는다.

4. 적극적으로 써야 할 말

(1) 결단 (2) 시간 (3) 목표 (4) 이익 (5) 성공 (6) 통솔력

Star Game

게임 7

인격지수개발 진단도구

- 멘토링 프로그램의 콘텐츠(교재내용)는 인격이다. 최초의 멘토가 텔레마코스 왕자를 20년 동안 교재로 수학(知), 철학(情), 논리학(意)을 사용한 데서 기인하며 바로 오늘날 인격을 상징한다.

그러므로 멘토의 존재 이유는 전인적인 삶의 조언자 역할을 하기 위함이다. Stargame은 인격을 5가지 주제로 구분하여 멘토 / 멘제 상호 간 점검하여 삶을 개선함으로 인격 지수를 높이고자 하는 프로그램이다.

3개월 단위로 체크하여 멘토 / 멘제 여량 평가자료로 활용함이 효과적이다.

* 인격지수 개발-5index

1) Hightech   - 고품격의 지식
2) Hightouch   - 고품격의 마음
3) Highhealth - 고품격의 심신건강
4) Highcontrol - 고품격의 의지력
5) Highrelation - 고품격의 인간관계

게임7. Star Game—인격지수 개발하기

가. Star(스타) Game의 목적

1) 자기 가치를 측정하여 인재개발지수(PDI)를 파악하고
2) 강점과 약점을 멘토링 소재로 삼아 그 지수를 업그레이드하여
3) 개인의 3Win 성공전략으로 "21C 차세대의 리더"로 세우는 일이다.

나. Star Game의 명칭어원

한 사람의 인격의 가치를 5가지 주제로 선정하여 체크하고 별(Star)의 5가지 각(角)에 표시할 수 있도록 한 차트표를 말한다. 한 사람을 톱스타(Topstar)로 개발한다는 상징적인 의미도 담았다.

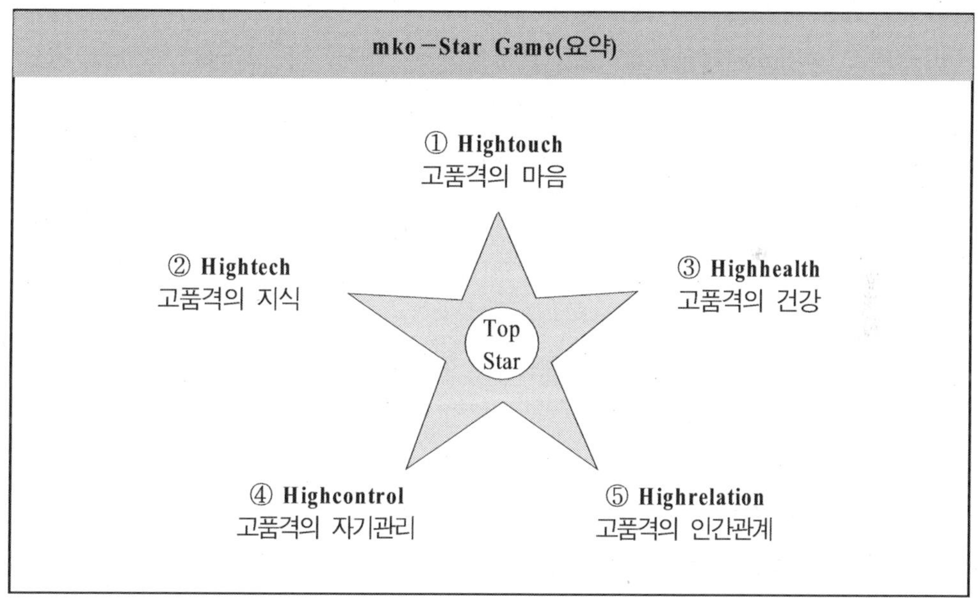

1. Star Game 요약

■ 개인의 인재개발지수(PDI)의 의의와 목적

One to One 멘토링은 단순한 지적 학습과정이 아니다. 사람을 개발하자는 것이다. 그것은 우리의 교육 대상—그들이 경영인이건, 학자건, 주부건, 직장인이건, 학생이건, 목회자건—을 어떤 위치로 한정하여 해석하는 것을 그만두는 것이다. 왜 그런가 하면, 어떤 존재이기 이전에 그는 인간이기 때문이다.

멘토링에서 사람개발은 "한 사람인 멘토(Mentor)가 한 사람인 멘제(Menger)에게 자신을 모델(Model)로 한 전인적(全人的)인 삶을 전이(轉移)하는 것"이다.

다시 전인적인 삶을 세분화(細分化)한다면 마음부분(Hightouch), 건강부분(Highhealth), 지적부분(Hightech), 자기관리부분(Highselfcontrol), 이웃관계부분(Highrelation)으로 나누었고 각 부분마다 10가지 설문(10설문 × 2점 만점＝20점)을 선정하여 자기 측정 방식으로 개발 기법(Tool)을 채택한 것이다.

여기에서 개인의 인재개발지수(PDI)는 5가지 부분마다 만점 20점을 지수로 하여 실제 자기 측정하여 얻은 점수를 역시 실제 지수로 활용토록 했다.

인재개발지수의 측정목적은 측정한 자료를 멘토와 멘제가 멘토링하는 동안에 강점과 약점을 분명히 알 수 있으므로 그에 대한 충분한 대응책을 마련하여 5가지 부분의 지수를 업그레이드할 수 있는 것이다.

> 요약한다면, 멘토와 멘제에게 인재개발지수가 미치는
> 궁극적인 효과는 "착한 사람", "똑똑한 사람", "건강한 사람",
> 즉 3 Win 성공전략으로
> "21C 인격을 갖춘 미래의 리더"로 세움을 받는 것이다.

결국 멘토링에서 Mentor는 Menger 한 사람을 위해 100% 역량을 발휘하여 그의 개성과 재능(Talent)을 최대한 발휘할 수 있도록 하여야 한다. 더욱 구체적으로 5가지 즉 마음지수, 건강지수, 지식지수, 자기관리지수, 이웃관계지수 등 그의 인간개발 지수(PDI)를 업그레이드해 줄 수 있는 사람이어야 한다.

Star Game 5가지 분야별 지수 목표		
지수 분야 ／ 지수 목표	지수별 착안점	인간개발지수점수표
① Hightouch(마음지수) ② Hightech(지식지수) ③ Highhealth(건강지수) ④ Highcontrol(관리지수) ⑤ Highrelation(관계지수)	포용력, 정서력, 봉사헌신력 지식력, 기술력, 정보력, 정신과 신체의 건강력 의지, 절제, 판단, 분별력 조직원 간, 가족 간, 사회활동	만점 20점 만점 20점 만점 20점 합계 100점 중( ) 만점 20점 만점 20점
수 81 - 100	우 61 - 80	미 41 - 60	양 21 - 40	가 0 - 20

2. Star Game 인재개발지수(PDI) 측정표

□ 개인의 인재개발지수란? "내가 Star(고품격의 인재)로 얼마만큼 개발되었는가"
를 아래 5가지 부분으로 자기(自己)측정하는 것이다.

□ 절대평가이기 때문에 설문에는 어느 것이 맞고 틀리다고 할 필요가 없다. 자기
의 삶의 현장에서의 습관과 행동을 그대로 표시하면 된다.

□ 이 평가지는 남들과 비교하기 위한 것이 아니라 멘토와 멘제가 단지 멘토링
활동에서 인재개발지수를 업그레이드하여 상호 간 개인발전을 하기 위한 참고
자료다.

□ 다음의 각 설문이 당신의 경우에 얼마나 해당되는지 아래 점수를 기록하라. 설
문 한 개당 2점 만점으로 한다.

수	우	미	양	가
2	1.5	1	0.5	0

번호	고품격의 마음(**High Touch**)지수	점수
1	나는 타인을 위해 가능한 넓게 포용력을 발휘하는 편이다.	
2	나는 이웃을 위해 구체적으로 헌신 봉사한 사례가 있다.	
3	나는 다른 사람과 다툼이 있을 때 먼저 화해를 청한다.	
4	나는 아름다운 음악을 들으며 그 느낌을 머릿속에 상상해 보곤 한다.	
5	내가 해야 할 일은 힘들고 하기 싫더라도 분명히 해낸다.	
6	다른 사람이 나를 비판할 때 화가 날지라도 그 원인을 곰곰이 찾아본다.	
7	나는 업무 외에도 악기나, 그림과 같은 특기나 취미를 한 가지 이상 가지고 있다.	
8	나는 타인을 책망하기보다는 칭찬을 더 많이 해주는 편이다.	
9	다른 사람이 훌륭한 일이나 좋은 성과(성적)를 거두었을 때 진심으로 축하해 준다.	
10	나는 교양서적을 자주 읽는 편이다.	
	소　　계	

번호	고품격의 지식(**High Tech**)지수	점수
1	내가 소지한 자격증의 활용 가치는?	
2	내가 소지한 지적 재산권(특허권포함)의 활용 가치는?	
3	내가 소지한 특수한 업무노하우의 활용 가치는?	
4	내가 취득한 학위의 활용 가치는?	
5	내가 얻은 특수 정보의 활용 가치는?	
6	내가 소지한 특수 기술의 활용 가치는?	
7	나의 컴퓨터(인터넷 등) 실력은?	
8	내가 다루는 업무에서 전문서적을 활용하는 정도는?	
9	나의 자기개발을 위한 장단기 계획은?	
10	외국인과 의사소통 수준은?	
	소　　계	

번호	고품격의 건강(**High Health**)지수	점수
1	나는 정기적으로 건강을 위해 운동을 한다.	
2	나는 정기적으로 건강 진단을 받는다.	
3	나의 체중과 신체는 균형을 이루고 있다.	
4	나의 기상시간과 취침시간은 일정하다.	
5	나는 과로 등을 피하면서 정상적인 근무시간을 유지한다.	
6	나는 의료보험증 사용 빈도가 많지 않다.	
7	나는 건강에 무리하지 않게 휴식을 취한다.	

번호	고품격의 건강(High Health)지수	점수
8	나는 건강에 좋은 음식을 고를 수 있다.	
9	나는 정신 수양을 위해 명상의 시간을 갖는다.	
10	나는 회사나 가정 등에서 스트레스를 받으면 바로 풀려고 노력한다.	
	소 계	

번호	고품격의 자기관리(High Selfcontrol)지수	점수
1	나는 선(善)과 악(惡)을 판단할 수 있는 능력이 얼마인가?	
2	나는 진리(眞理)와 허위(虛僞)를 〃	
3	나는 상(賞)과 벌(罰)을 〃	
4	나는 혈기(血氣)를 절제할 수 있는 능력이 얼마나 있는가?	
5	나는 식욕(食慾)을 〃	
6	나는 성욕(性慾)을 〃	
7	나는 오락(娛樂)을 〃	
8	나는 시간(時間)을 계획하고 그대로 지키고 있는가?	
9	나는 나의 수입(收入)과 지출(支出)에 균형을 맞추고 있는가?	
10	나는 나에 주어진 물자에 대하여 절감 의식이 어느 정도인가?	
	소 계	

 ## 3. Star Game Chart

1) 인재개발지수 별모양 시각화(視覺化) 작성요령

Star Game 측정표에서 5가지 주제별로 각 지수(점수)를 먼저 확인하고서 다음 단계로 들어간다. 아래 별을 보면 각 꼭지별로 10칸씩 나눠 있음을 발견할 것이다. 그러면 각 지수별의 만점은 한 꼭지당 20점임으로 한 칸에 2점씩 배점하여 실득점수

를 가지고 큰 별 속에서 작은 별(실제 득점 지수)을 그리면 멘토와 멘제의 별(Star)
이 시각화(視覺化)된다.

　□ 멘　　토:
　□ 멘　　제:
　□ 작성일자:

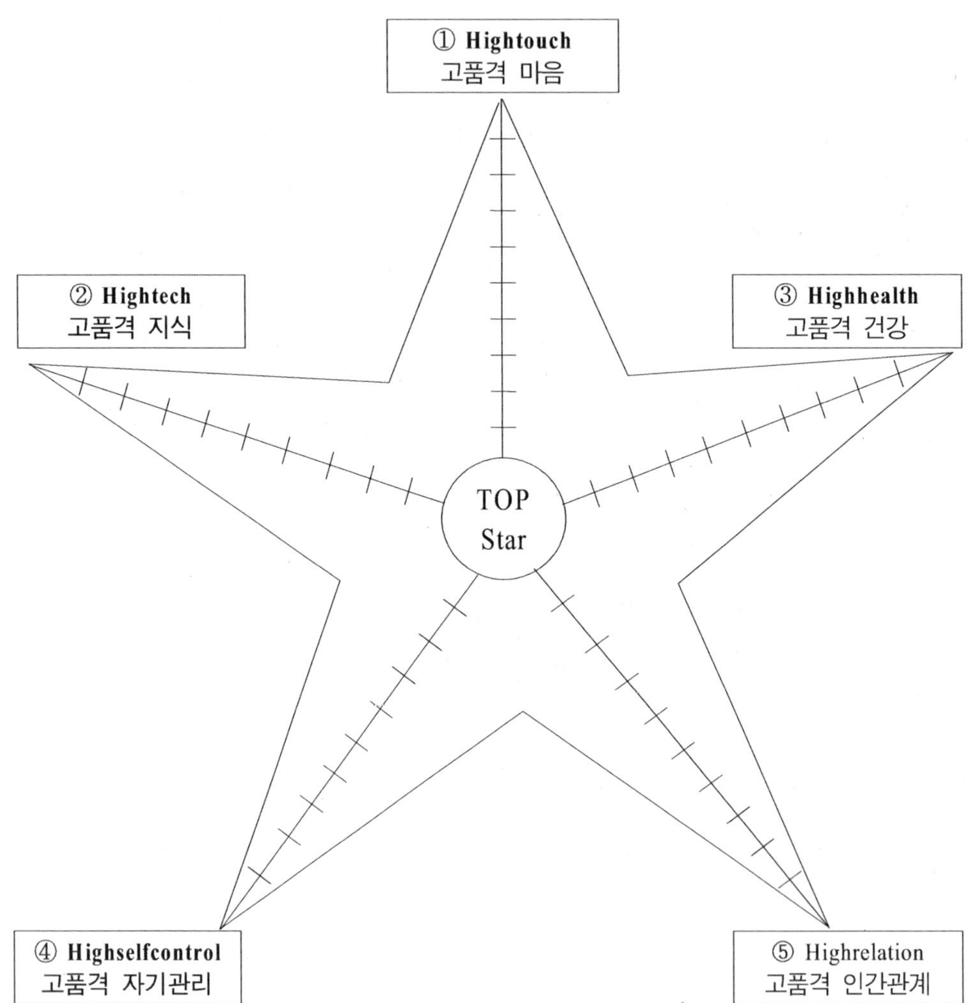

Brain Game

게임 8

미팅소재개발 진단도구

－멘토링은 인간성을 위주로 활동한다는 선입견으로 멘토/멘제가 모여서 술잔을 나누고 신변잡기와 상급자의 험담을 이야기하는 것으로 오해하는 사람이 많다. 이는 어디까지나 체계적인 프로그램을 몰이해하는 데서 오는 오해일 뿐이다. 먼저 멘토/멘제가 개인의 목표, 즉 Stargame에서 5가지 주제를 업그레이드하기 위한 실천카드를 작성하여 멘토/멘제 실천계획서를 작성하는 것이고, 조직의 목표, 즉 금번 멘토링에서 채택된(예－신입사원 정착률 향상 등) 12 목표를 가지고 매니저, 모니터, 멘토들이 모여서 목표달성 방안을 가지고 토론하며 목표달성방안을 제사하여 생산성 확보를 위한 프로그램이다.

수시로 Braingame을 활용하여 멘토/멘제가 미팅할 때마다 미팅소재를 개발하고 각자의 삶을 개선함으로 1) 조직의 분위기를 개선하고 2) 구성원 간 인간관계가 원활해지며 3) 자기 개발의 촉진기회가 될 수 있는 프로그램이다.

* 목표

　개인목표－인격지수Up 멘토링　　조직목표－생산성 향상 멘토링

* 실천카드 주제

개인카드	조직카드
1)마음	신입사원 정착률
2)지식	경력개발
3)건강	핵심인재개발
4)자기관리	지식기술경영
5)인간관계	리더십개발

게임8. Brain Game-미팅소재 개발하기

Brain Game(브레인게임)이란? Brain Storming과 멘토링 실천 카드작성 게임(Game)을 합친 합성어다.

이 장에서는 멘토링 활동 중에서 멘토와 멘토 혹은 멘토와 멘제가 팀을 이루어 먼저 Star Game의 5가지 주제와 조직의 도입 목표 10가지 주제를 가지고 팀별로 모임을 갖고 각 주제별로 개선, 개발, 문제해결 등의 아이디어를 모으게 된다.

그 후 개발된 아이디어 내역을 가지고 멘토와 멘제 각 쌍별로 앞으로 멘토링 기간 동안 실천할 수 있도록 육하원칙에 의한 실천 카드를 작성한다.

이 Brain Game의 효과는 개인이나 팀워크로 창의력이 크게 향상되며 조직의 문제해결이나 목표달성에 직접 참여함으로 주인의식, 애사심이 강해지고 스스로 문제를 풀어간다는 자부심을 가질 수 있다.

또한 작업 현장에서 멘토링 도입 목표(Projects)를 직접 다룸으로 멘토링 평가 목표율이 향상됨으로 결국은 기업의 생산성 향상에 기여할 수 있다.

1. 개인개발 목표 주제 5가지 제시

멘토링에서 개인개발의 목표는 Star Game에서 주어진 5가지 주제를 업그레이드 (Up Grade)하는 것이다. 즉 나의 "인재개발지수(PDI)"를 높이는 것이다. 이를 위해 우선 제2장에서 측정된 개인의 지수를 검토하고 약점부분을 우선적으로 보완할 수 있는 대안을 마련해야 한다. 예를 들자면 5가지 중에서 지식지수가 낮으면 그 부분을 중점적으로 멘토링 기간 동안 관심을 갖고 멘토 멘제가 공동으로 개선활동을 해야 한다는 것이다.

```
1  -  High  Touch       (고품격마음)
2  -    〃    Tech        (고품격지식)
3  -    〃    Health      (고품격건강)
4  -    〃    Control     (고품격관리)
5  -    〃    Relation    (고품격관계)
```

2. 조직개발 목표 12가지 제시

학교 개발 멘토링 활동에서 가장 중요한 것은 "어떻게 도입목표를 설정할 것인가"이다. 막연한 가운데 멘토링을 진행한다는 것은 실패를 안고 시작하는 것과 다름이 없기 때문에 저자는 아래와 같이 학교에 도입 가능한 목표 주제 12가지를 선정해서 모델로 정했다. 그러나 각 학교의 형편에 따라 충분히 가감(加減)할 수 있음을 알아야 한다.

No	기업 도입부문	학교 도입부문	교회 도입부문	비 고
P-1	신입사원 정착	학생생활 지도	새신자 정착률 향상	
2	업무숙달 OJT	학생학습 지도	교인 출석률 향상	
3	경력개발 촉진	특기 / 재능 개발	평신도 사역자 확보	
4	지식기술 공유	자격증 취득과정	Slump교인 치유	
5	노사화합 촉진	영재 / 천재 개발	청소년 활성화 촉진	
6	핵심인재 개발	취미 / 오락생활	독서 인재 양성	
7	Sales Skill향상	왕따대상 연결 지원	성숙교인 개발	
8	독서인재 개발	독서권장 인재 개발	직분자 양성	
9	생산수율 / 품질 향상	Slump교사 / 학생 치유	지도자 양성	
10	서비스사원가치개발	동문 등 후원자 연결	제자훈련	
11	여성인재 개발	신입생 적응력 향상	중보기도 지원	
12	협력업체 지원	신입교사 적응력 향상	여성교인 개발	

 # 3. Brain Game 진행요령

Brain Game 진행은 현행 분임조나 팀별로 토의를 진행하는 방식을 취하면 된다. 멘토링에서 다른 점은 팀이나 조의 명칭을 "멘토링 팀=Team"으로 통일한다는 것과 우선 성격 찾기 게임 결과에 따라 동일 성격자끼리 모여서 팀을 구성한다. 그 후 팀에서 일정 시간 내 개발한 아이디어를 전체로 취합하여 계시한다. 여기까지가 Brain Storming이다.

그 후 취합된 아이디어를 멘토와 멘제 한 쌍, 즉 멘토링셀=Cell이 멘토링 기간 동안 소재로 다루어야 할 아이디어를 채택하고 그다음에 멘토링셀(Mentoring Cell)별로 아이디어에 육하원칙을 가미하여 "실천카드 작성 게임" 양식을 만든다. 서류가 완비되면 멘토와 멘제는 상호 날인하여 한 장씩 갖고 작업을 종료한다.

☞ 멘토링셀(Cell)－멘토와 멘제의 최소 한 쌍 멘토링 팀(Team)－Cell의 여러 모임

단계순서	해야 할 일
1. Mt－Mg 연결	성격 및 행동유형분석 결과로 Mt－Mg를 동성으로 연결한다.
2. 5팀 자리	Star Game의 5주제별로 구분, 5팀으로 Mt－Mg 같은 쌍으로 자리한다.
3. 팀별로 주제분담	팀별로 개인주제 5개, 조직개발 목표 10개(P－I) 주제 중에서 분담한다.
4. 촉진교육	각 주제별로 먼저 촉진설명 교육을 받는다.
5. Brain Game	일정시간을 정하여 팀별로 맡은 주제를 Brain Game(분임토의방식)으로 실행 가능한 Idea를 개발한다.
6. Idea 취합	각 팀장은 개발된 Idea를 별지양식 ①에 취합한다.
7. Idea 발표	전체 진행관리자는 각 팀장으로부터 취합한 Idea를 전원에게 공개한다.
8. Mt－Mg 선정	Mt－Mg 각 쌍은 발표한 Idea 중에서 시행 가능한 것을 각 주제별로 Mt－Mg 각각 5개 내로 골라 양식 ②에 기록한다.
9. Mt－Mg 싸인	Mt－Mg는 Mentoring약정 기간을 정하고 양식 ②에 약속 사인을 하고 1부씩 교환한다.
10. 별표시 비교	Mt－Mg는 약정 기간 중 미팅 시 수시로 점검하고 약정 기간 종료 시 몇 차례 Star Game을 시행하여 당조 Star(별) 성적과 비교해 본다. 바로 인재개발지수(PDI)의 업그레이드를 점검해 보는 것이다.
☞ Mt－Mentor의 약자, Mg－Menger의 약자	

1) 양식① 팀별 아이디어(Idea) 취합 카드 작성(개인별 / 조직별)

▷ 멘토링 팀 별로 Star Game 5가지 주제에서 시간의 분량 범위 내에서 가지 수를 선택하고 분임 토의식으로 진행하여 Idea를 개발하되 숫자의 제한을 받지 않는다.

▷ 기업목표의 10가지 주제를 참고로 하되 시간의 분량에 따라 몇 가지를 할 것인가 선택한다.

▷ 각 팀장은 자기 팀에서 다룬 주제별 Idea를 아래 양식에 의거 제출하고 팀 전체 관리자는 전체를 한눈에 볼 수 있도록 취합해서 계시한다.

☐ 주제별:

☐ 팀　명:

☐ 팀 장:

☐ 팀 원:

■ Idea 집계표

1	11
2	12
3	13
4	14
5	15
6	16
7	17
8	18
9	19
10	20

2) 양식② 멘토, 멘제 실천약속 카드 작성(개인별)

■ 개인별 실천카드 작성 게임

Brain Game Idea 중에서 멘토와 멘제가 멘토링 활동기 기간에 시행 가능한 사항을 주제별 아이디어 중에서 5가지 이내로 선택한다. 반드시 주제에 맞고 그리고 육하원칙으로 작성해야 한다.

☐ 멘토(Mentor):   인

☐ 멘제(Menger):   인

☐ Mentoring 기간: 200 ． ． ． 200 ．．．

소 속:

Mentor 실천카드 ( )			Menger 실천카드 ( )
주제별	실 천 사 항		
마음	1 2 3 4 5		
지식	1 2 3 4 5		
건강	1 2 3 4 5		
자기관리	1 2 3 4 5		
인간관계	1 2 3 4 5		

3) 양식③ 조직별 실천카드 작성 게임

Brain Game Idea 중에서 멘토·멘제가 멘토링 활동 기간에 시행 가능한 사항을 주제별 아이디어 중에서 5가지 이내로 선택한다. 반드시 주제에 맞게 그리고 육하원칙으로 작성해야 한다. 주제 P-10을 P-5로 줄였으므로 독자의 형편에 따라 주제 선택이 가능하다.

☐　멘토(Mentor):　　　　　　　　　　　인

☐　멘제(Menger):　　　　　　　　　　　인

☐　Mentoring 기간: 200　．　．　200　．．．

소　　속:

Mentor 실천카드 (　　)	Menger 실천카드 (　　)
주제별	실　천　사　항
P-1	1 2 3 4 5
P-2	1 2 3 4 5
P-3	1 2 3 4 5
P-4	1 2 3 4 5
P-5	1 2 3 4 5

4) 양식④ 멘토와 멘제 숨은 카드 찾기 게임

자 기 소 개
멘토(Mentor) ⊙ 멘제(Menger)

> 멘토와 멘제가 결연식(結緣式) 직전에 작성한 아래 자기소개서를 교환한다. 숨겨진 자기를 상대에게 소개함으로 관계가 더욱 깊어지고 회사 업무뿐만 아니라 개인일, 가정 일까지 관심을 가져줌으로 상호 간 따듯한 인정(Hightouch)을 바탕으로 한 아름다운 관계가 이뤄진다.

구 분	성명: 한자: 이메일:	기록부문	성명: 한자: 이메일:
	Mentor		**Menger**
1.학교관계		소 속 직 위 입학년도	
2.개인관계		연 령 전공(계열) 자격증 존경인물	
3.가정관계		결혼기, 미혼 자녀-몇 명 부모-생사	
4.현재상황		주요 관심사 1 2 3	
5.미래상황		계획하는 일 1 2 3	
6.기타사항	멘제에게 격려의 말 한마디!	인정? 신뢰? 존경? 감사?	멘토에게 격려의 말 한마디!

☞ 자기 해당란(欄)만 작성하고 숫자란은 최소 1가지-최대 3가지를 기록한다.

Pygmalion

게임 9

기대와 칭찬개발 진단도구

-멘토링 활동 촉진 기법 중에 하나가 멘토는 멘제에 기대를 갖고 칭찬해 주고 긍정적으로 잠재가치를 인정해주는 것이 필수적이다.

여기에 최적의 프로그램으로 피그말리온 효과(Pygmalion Effects)가 활용된다. Pygmalion이 자기가 조각한 여인상에 기대와 열정을 갖고 매달린 결과 현실의 여인으로 변화시켰다는 데서 기인하며 심리학자 로젠탈(Rosenthal)과 제이콥슨 (Jacobson)에 의해서 그 효과가 검증되었다

일반적인 칭찬프로그램과 달리 본 피그말리온 게임의 차별성은 먼저 멘제의 활동유형 성격을 4가지 유형으로 구분하여 각기 성격 유형에 맞게 칭찬을 해주자는 Tool이다.

* 행동유형

1) 봄형 — 행동유형 — 성취욕이 강함으로 목표를 달성한 순간 바로 칭찬하라.
2) 여름형 — 자발유형 — 작은 성과에도 감탄사를 붙여서 아낌없이 칭찬하라.
3) 가을형 — 협력유형 — 아무리 사소한 일이라도 중요한 역할을 했다고 칭찬하라.
4) 겨울형 — 성실유형 — 구체적인 내용을 짚어서 칭찬하면 2배로 효과가 있다.

게임9. Pygmalion Game Workshop

Pg목적: 기대감과 칭찬의 힘으로 인간관계와 촉진

Pg대상: 멘토링 도입 후 멘토 / 멘제 위한 활동 촉진 프로그램

Pg적용: 멘토 / 멘제 필수, 조직의 관리자, 교육자, 목회자 등

Pg시간: 멘토링 활동촉진 과정에서 2시간~5시간 소요

Pg지도: 멘토링코리아 류재석 소장 외 소속 컨설턴트

－Pg 응용사례

▲ 조수미와 카라얀 멘토링(장점 가치개발 촉진)

▲ Jack Weltch의 3가지 멘토링 사례(5가지 가치인정 촉진)

▲ 타이거우즈와 부치 하먼 멘토링(재능개발 촉진)

－Pygmalion의 원리는?

피그말리온은 그리스 신화에 나오는 조각가의 이름이다. 뛰어난 조각 기술을 가졌던 그는, 자신이 만든 조각상과 사랑에 빠진 나머지 신에게 조각상에 생명을 불어넣어 주기를 간청했다. 그리고 신은 그의 간절한 소망에 감동해서 결국 그의 부탁을 들어주었다는 이야기다.

멘토링 활동에서도 멘토(Mentor)가 "피그말리온"처럼 마음속에 강렬하게 기대하고 있으면 멘제(Menger), 즉 상대방이 그 기대에 부응해 주는 현상을 "피그말리온 효과"라고 부른다.

피그말리온 효과에 대한 연구는 심리학과 교육학에서 먼저 시작되었다. 선생님으로부터 학습 능력이 낮다고 인정받은 집단과 학습 능력이 뛰어나다고 인정받은 집단 간의 비교에서 학습 능력이 뛰어나다고 인정받은 집단의 학습 성과가 실제로 훨씬 크다는 사실이 발견되었던 것이다.

─Pygmalion의 효과는?

오늘날 각 기업들은 인재의 중요성을 깨닫고 유능한 핵심 인재를 확보하기 위해 치열한 경쟁을 벌이고 있다. 유능한 인재를 발굴하여 채용하는 것도 중요하지만, 이에 못지않게 사람이 갖고 있는 잠재 능력을 제대로 발휘할 수 있도록 돕는 것 역시 중요하다. 이러한 측면에서 최근 주목받고 있는 개념이 피그말리온 효과(Pygmalion Effect)다.

이러한 결과는 기업에서 팀 리더와 팀원 간의 관계 속에서도 똑같이 적용될 수 있다. 팀원에 대한 팀 리더의 긍정적인 기대가 팀원의 성과와 태도에 영향을 미치고 결국 생산성의 증가에까지 이어진다는 것이다. Dow Chemical은 자사의 임원 육성 프로그램(Executive Education Program)을 통해 피그말리온 효과를 체험한 경우다. 리더로부터 이 프로그램에 참여하도록 권유받은 팀원은 그렇지 못한 팀원에 비해 훨씬 높은 성과를 나타내었다. 이것은 본인이 미래의 임원으로 성장할 수 있는 가능성을 리더로부터 인정받았다는 사실이 개인으로 하여금 목표 달성을 위한 동기를 부여하고 성과 향상에 기여하였음을 보여주는 사례다.

"피그말리온 효과"란 기대감을 갖고 사람을 대하게 되면 상대방의 말과 행동에 변화가 생긴다는 불가사의한 마음의 작용이다. 그리스 신화에 나오는 "피그말리온"이라는 조각을 잘하는 왕(王)은 상아에 여성상을 조각한 다음, 이 여성상을 살아 있는 현실의 여인으로 변하게 하고 싶다고 강렬하게 원했는데 이 왕의 진지하고 강렬한 믿음에 감동을 받은 여신 "아프로디테"가 그 조각에 생명을 불어넣어 왕의 소원을 들어주었다는 내용이다.

멘토링 활동에서도 멘토(Mentor)가 "피그말리온"처럼 마음속에 강렬하게 기대하고 있으면 멘제(Menger), 즉 상대방이 그 기대에 부응해 주는 현상을 "피그말리온 효과"라고 부른다.

─오늘날 현실에 적용은?

자료 1. 엘리자(Eliza) 이야기와 피그말리온 효과

죠지 버나드쇼의 희곡 "피그말리온(Pygmalion)"에서 넝마를 걸친 런던 토박이 소

녀 엘리자는 음성학자인 히긴스 교수의 관심을 끌게 된다. 히긴스는 자신이 돌볼 경우, 엘리자가 영국귀족영어를 완벽하게 구사하는 숙녀로 변할 수 있음을 증명해 보이려고 그를 맞게 된다. 멘토로서 히긴스는 결국 그의 꿈을 넘어서 성공을 거두고, 그 과정에서 멘제인 엘리자와 자기 자신마저 변화시키게 된다. 바로 우리가 잘 알고 있는 영화 "마이 페어 레디(My Fair Lady)"가 그것이다.

오늘날 산업계의 가장 큰 도전은 가장 가치 있는 자원인 구성원들을 충분히 개발하지 못하고 충분히 이용하지 못하고 또한 효과적으로 관리하지 못하는 상황을 바로잡는 것이다. 그것뿐만이 아니다. 히긴스 교수는 **"인재들이 완전히 개발된 상태로 조직에 합류하는 일은 거의 없다"**라고 말했다. 사람들은 상당한 잠재력을 가지고 있다. 제대로 영양분을 공급받고 적절한 훈련을 받아야 잠재력을 충분히 발휘할 수 있는 것이다. 이런 점에서 히긴스 교수는 넝마주이 엘리자를 귀부인으로 개발하는 데 **"멘토링의 놀라운 힘"**을 시범으로 보여주었던 것이다.

자료 2. 에밀리(Emily) 이야기와 피그말리온 효과

엘리자와는 반대로 에밀리는 영어와 종교학을 복수전공하여 대학을 우등으로 졸업했다. 그러나 졸업 후 거친 세계에 들어갈 준비가 전혀 되어 있지 않다는 점에서는 엘리자와 마찬가지였다. 졸업 후 그는 기술 컨설팅 회사에 입사했으나 아무도 그녀의 잠재력을 확장할 수 있는 기회를 주지 아니했다. 에밀리는 현재의 직무에서 더 이상 개인적인 도전이나 발전의 기회를 찾을 수 없다는 것을 알고 핫잡닷컴(Hotjobs.com)으로 자리를 옮겼다.

그녀는 나중에 회사의 대변인이 되었으며 컴텍스 컴퓨터 회사로부터 소프트웨어 부문의 영예로운 상을 수상하기도 했다. 다음에 그녀는 제품관리부문의 부사장이 되었다. 개인적 재능과 노력에 의해 에밀리는 성공할 수 있었다. 그러나 성공에는 또 다른 요소의 도움이 있었다. 그녀는 전(前) 최고경영자인 리처드 존슨(Richard Johnson)으로부터 받은 개인적인 격려와 가르침이 없었다면 그렇게 빨리 성공할 수 없었을 것이라고 인정했다.

멘제인 에밀리는 말했다. "내가 처한 상황에서 나는 20년의 경력을 쌓은 멘토인 리차드 존슨처럼 행동할 수 있을 것으로 많은 사람이 기대했다. 나는 마치 **멘토의 20년의 경력을 단 2년에 농축하여 경험한 것 같은 느낌이 든다.**" 그렇다. 멘제인 에밀리가 멘토인 존슨으로부터 10배의 놀라운 속도로 경력업무를 숙달한 것은 바로 멘토링의 놀라운 힘을 그대로 보여준 것이다.

 # 1. Pygmalion의 기대와 칭찬기술 프로그램

멘토제도(Mentor Program)는 기업체, 학교, 교회, 군대, 공공기관 등 모든 조직의 구성원들에게 폭넓게 적용할 수 있다고 생각한다. 이런 조직에는 효과적이다, 저런 조직에는 효과적이지 않다고 할 만한 것이 별로 없다는 것을 경험에 비추어 판단할 수 있다. 다만 멘토 제도를 일회성 교육 이벤트식으로 도입하여 그 후 제대로 프로그램을 유지하느냐 못하느냐에 따라 성패가 좌우된다는 것을 알아야 한다.

그러므로 멘토는 멘제에 관하여 날마다 관심을 갖고 준비된 적절한 프로그램을 적용하는 것이 무엇보다도 중요하다는 것은 두말할 필요도 없다.

특별히 피그말리온 게임은 멘토/멘제가 도입교육 후 일정 기간이 지나면 열이 식어질 가능성을 염두에 두고 활동 촉진 프로그램으로 개발한 것으로 멘토가 멘제에게 기대감과 칭찬 서비스를 제공하여 멘제의 자존감을 높여 줌으로 멘토링 활동 기간에 계속해서 인간관계 활성화와 담당업무촉진에 크게 기여하는 데 목적이 있는 것이다.

오늘날 조직의 관리자들의 스트레스는 실적은 오르지 않고, 부하직원은 말을 듣지 않고, 그렇다 보니 상사로부터 꾸중을 듣게 되어 어려운 경우에 처하게 된다. 관리자 멘토에게 자신이 담당하고 있는 멘제나, 또한 부하직원에게 아래 내용의 구체적이고도 체계적인 칭찬기술 프로그램인 피그말리온 게임을 통해 새로운 분위기를 시도해 볼 기회를 찾기 바란다.

 # 2. 인간 행동유형의 원리

우리 속담에 "한마디 말로 천냥 빚을 갚는다"라는 말이 있다. 그 말 중에는 아마

도 칭찬이라는 단어도 포함되지 않을까 생각해 본다. 칭찬은 자식에게 물려줄 수 있는 최고의 유산이다. 칭찬은 사랑보다 강한 에너지다. 그럴수록 칭찬은 사람에게 맞게 쓸 줄 알아야 한다.

서양란은 물을 자주 주지 않으면 죽는다. 반면 동양란은 물을 자주 주면 죽는다. 사람 중에도 서양란이 있고 동양란이 있다. 무턱대고 칭찬만 한다고 좋은 것은 아니다. 마찬가지로 다양한 활동 유형을 가지고 있는 조직 구성원들의 각자 활동 유형에 따라 칭찬하는 법을 달리해서 유형에 맞게 칭찬한다면 보약과 같은 것이다. 그러면 4가지 활동유형에 따른 칭찬법을 아래 내용으로 소개하고자 한다. 참여하는 모든 사람에게 의욕과 열정을 불러일으키는 계기가 되었으면 한다.

- 봄　형(SP) ― 행동유형 ― 성취욕이 강함으로 목표를 달성한 순간 바로 칭찬하라.
- 여름형(SU) ― 자발유형 ― 작은 성과에도 감탄사를 붙여서 아낌없이 칭찬하라.
- 가을형(AU) ― 협력유형 ― 아무리 사소한 일이라도 중요한 역할을 했다고 칭찬하라.
- 겨울형(WI) ― 성실유형 ― 구체적인 내용을 짚어서 칭찬하면 2배로 효과가 있다.

멘토링 도입교육에서 멘토 / 멘제는 성격개발게임(Lynchpin Game)을 통하여 타고난 성격유형(Personal Type)으로 주도형, 섭외형, 관리형, 분석형 등 4가지 유형으로 구분하였다.

금번 칭찬기술에서는 개인의 사고의 패턴과 외부세계에 반응하는 방식, 즉 활동유형(Activity Type)에 따라 봄형 여름형 가을형 겨울형으로 구분하여 설명하고 유형에 맞게 칭찬법을 제시해 보고자 한다.

▲ 봄형(활동형)

봄형은 야심만만한 활동파로 자신이 생각하는 대로 일을 진행하는 것을 좋아한다. 과정보다는 결과를 중시하고 위험을 두려워하지 않으며 목표 달성을 위해 매진한다. 결단력이 있고 표현 방법도 단도직입적이다. 진행속도가 빠르고, 자신의 속도에 상대를 맞추려 한다. 자신의 나약한 모습을 타인에게 내비치는 일이 거의 없고, 감정을 표현하는데도 서툴다. 타인의 지시에 따르는 것을 무엇보다도 싫어하고, 사람을 통제하려고 한다. 반면, 의리나 인정은 매우 두텁고, 다른 사람을 의지해 오면 거절하지 못하는 점도 있다.

좀 더 이해하기 쉽게 전형적인 봄형을 묘사하면, 상대의 애기가 조금이라도 길어지면 불만스러운 감정이 얼굴에 드러나며 맞장구가 **빨라지고** 서두르는 경향을 보인다. 질문에도 쓸데없는 에너지 소비를 줄이기 위해 무척 짧게 대답한다. 자세한 설명을 요구해도 꼭 필요한 최소한의 얘기밖에 하지 않는다. 반면, 질문의 내용과 상관없이 자기가 얘기를 시작하면 성이 찰 때까지 달변을 늘어놓기도 한다. 인사치례를 하거나 애교 띤 웃음 짓는 일은 거의 없고, 다소 거리감이 느껴지는 빈틈없는 표정을 짓고 있는 경우가 많다.

▲ 여름형(자발형)

여름형은 자신의 독창적인 아이디어를 소중히 여기고, 타인과 활동성 있는 일을 함께 즐기는 것을 좋아한다. 맺고 끊는 것이 확실하고, 또 능숙하기도 하다. 매사에 자발적이고 에너지가 넘치며, 호기심도 강하고 즐거운 인생을 꿈꾸고 지향하기 때문에 사람들이 대부분 그를 좋아한다. 새로운 일을 시작하는 것은 잘하지만, 중장기 계획을 세우거나 계획대로 진행하는 데는 서툴다. 타인과 관계에서는 감정 표현이 풍부하고 말할 때 몸짓이나 손짓이 큰 것이 특징이다. 전형적인 여름형은 말을 잘한다. 이야기 전개가 매우 빨라, 어떤 한 가지 일에 대해 얘기하고 있는가 하면 어느새 다음 화제로 옮겨가 있기도 하다. 몸짓과 손짓이 크고 의성어와 의태어 그리고 '진한 감동이 느껴지는', '단번에 가자!'라는 표현을 자주 쓴다. 기분을 항상 솔직하게 표현하며, 표정이 무척 풍부하다. 가만히 꼼짝 않고 있는 일이 거의 없고, 언제나 여러 사람에게 말을 걸거나 여기저기 돌아다닌다. 모임에서는 화제를 이끌어 나가는 중심에 있는 경우가 많다.

▲ 가을형(협력형)

가을형은 타인을 돕는 것을 좋아하고 협력관계를 소중히 여긴다. 주위 사람의 기분에 민감하고, 배려도 잘한다. 일반적으로 사람을 좋아한다. 자기 자신의 감정은 억제하는 편이고, '노(No)'라는 말을 가능한 피하는 경향이 있다. 자신이 내놓는 제안이나 요구에 대해 소극적이다. 또한 사람들로부터 인정받고 싶다는 욕구가 강한 것이 특징이다.

전형적인 가을형은 이른바 '착한 사람'으로, 상대가 하는 말에 빈번하게 맞장구를 치면서 귀를 기울인다. 질문을 던져도 엉뚱한 답변을 한다거나 자기 방어를 위해 대답을 최소한으로 줄이지는 않는다. 상대가 의도한 대답을 들려주려고 애쓴다. 얘기하기에 앞서 '전에 들은 적이 있을지도 모르지만'이라는 서두를 붙이는 경우가 많고,

얘기한 다음 상대의 기대에 부합하는 대답을 했는지 확인하는 경향이 있다. 함께 있으면 상대가 기분 좋게 시간을 보낼 수 있도록 무척 신경을 쓴다.

▲ 겨울형(성실형)

겨울형은 행동하기 전에 많은 정보를 모으고, 분석하고, 계획을 세운다. 일을 객관적으로 처리하는 능력이 뛰어나고, 매사에 성실한 모습을 보인다. 또 완벽주의자여서 실수를 싫어한다. 반면 변화에는 약하고 행동은 신중하다. 사람과의 관계도 신중하고, 감정을 겉으로 드러내는 일이 거의 없다. 조언자나 해설자와 같은 '방관자'가 되기 쉽다.

전형적인 겨울형은 말할 때 신중하게 단어를 선택한다. 봄형처럼 생각에 앞서 먼저 입을 여는 일이 없고, 생각을 잘 모으고 정리하여 결론을 이끌어 낸다. 게다가 질문을 받으면 그 자리에서 바로 대답하지 않기 때문에 다소 반응이 더딘 편이다. '글쎄요', '그런가요?' 등 시간을 벌기 위한 말을 많이 한다. 감정 표현도 '너무 기뻐!'와 같이 직접적인 것이 아니라 '그때는 꽤 기쁘다고 느꼈지요'처럼 객관적인 표현을 주로 사용한다. 차분히 생각하는 경우가 많아 대개 표정은 차갑고 때로는 의식이 깨어 있는 사람으로 보이기도 한다.

이상으로 네 가지 인간형에 대해 알아보았다. 그런데 예를 들어 어떤 사람이 봄형이라고 해서 그 사람이 활동의 면모만 갖고 있다고는 말할 수 없다. 당연히 다른 유형의 요소도 겸해서 갖추고 있다. 그러나 네 유형의 특징을 편중됨 없이 골고루 갖추기는 힘들다. 사람에 따라 비교적 경향이 두드러지는 유형이 한두 개 정도는 있는 것 같다.

3. 인간의 활동 유형 구분법

여기, 자신이 어떤 인간형에 속하는지 판단할 수 있는 간단한 테스트를 준비했다.

멘토/ 멘제나 가족 또는 가까운 사람을 머릿속에 떠올려 진단해 보는 것도 좋을 듯싶다. 아래 유형은 완전하지 않지만 20항목이다. 어느 정도 경향을 살필 수 있을 것이다.

　평소에 당신의 인간관계나 사고방식 및 현장 활동을 떠올리면서 아래 항목을 읽고 해당되는 숫자에 ○표를 하라. 직장을 비롯해 생활상에서 드러나는 역할을 조금 벗어나, 본래의 자신은 어떠한가에 초점을 맞추어서 판단하라.

▲ 1 = 딱 들어맞는다.　　　　▲ 2 = 들어맞는다.

▲ 3 = 별로 해당되지 않는다.　　　　▲ 4 = 해당되지 않는다.

NO	인간 유형 설문 항목	설문 진단 점수			
		1	2	3	4
1	자기주장을 하는 데 서툴다고 생각한다.				
2	평소 미래에 대한 열정을 갖고 있는 편이다.				
3	타인을 위해 한 일에 대해 고맙다는 인사를 받지 못하면 불쾌하게 생각하는 경우가 자주 있다.				
4	싫은 것은 싫다고 분명하게 말할 수 있다.				
5	타인에게는 좀처럼 경계를 풀지 않는다.				
6	타인에게 유쾌한 사람이라는 말을 곧잘 듣는다.				
7	짧은 시간에 가능한 많은 것을 하려고 한다.				
8	실패하고 다시 훌훌 털고 일어나는 것이 빠르다.				
9	타인의 부탁을 여간해서는 거절하지 못한다.				
10	많은 정보를 검토하고서 결단을 내린다.				
11	타인의 얘기를 듣기보다는 자신이 얘기하는 경우가 많다.				
12	낯가림을 하는 편이다.				
13	남과 자신을 자주 비교한다.				
14	변화에 대처하는 적응력이 뛰어나다.				
15	감정을 표현하는 데 서툴다.				
16	상대의 기분이 어떻든 다른 사람을 잘 돌보는 편이다.				
17	생각한 바를 직접적으로 말한다.				
18	일의 성과에 대해 사람들에게 인정받고 싶다.				
19	경쟁심이 강하다.				
20	무엇이든지 완벽하지 않으면 성이 차지 않는다.				

■ 진단방법

1. 20개 항목에 자신의 점수를 표시했으면, 각 인간형에 대한 항목의 점수를 각각 더한다. 각 인간형에 해당하는 항목은 아래와 같다.

봄 형	4	7	17	19	20	합계
여름형	2	6	8	11	14	합계
가을형	3	9	13	16	18	합계
겨울형	1	5	10	12	15	합계

2. 자신의 인간 유형 점수 계산방법 (3)＝(1)－(2)

인 간 유 형	(1) 설문 진단 점수 합계	(2) 기준점수	(3) 차감 내 점수
내 봄 형 점수		11	
내 여름형 점수		12	
내 가을형 점수		12	
내 겨울형 점수		13	

3. 진단 결과

2의 (3)에서 얻은 각각의 점수를 다음 그래프에 O표로 표시하라. 그래프에서 가장 수치가 높은 것(＋쪽이나, －쪽이나 관계없이 높은 수치)이 비교적 강하게 두드러지는 그 사람의 인간형이라고 할 수 있다.

유 형	－6	－5	－4	－3	－2	－1	0	1	2	3	4	5	6
봄 형													
여 름													
가 을													
겨 울													

* 이 테스트는 어디까지나 경향을 판단하기 위한 것이지 각 항목의 점수가 우열을 가리기 위한 용도는 아니다.

4. Pygmalion 칭찬의 기술

1) 봄 형(SP) 멘제 칭찬하기

다음 대화의 예를 살펴보자. 그리고 무엇이 문제인가 살펴보도록 하겠다.

멘토: 최근 영업 활동을 아주 열심히 하고 있다는 평판이 돌더군.
멘제: 고맙습니다.
멘토: 자네는 프레젠테이션 능력도 선천적으로 타고 났어.
멘제: 네?
멘토: 자네 후배도 자네가 함께 있으면 안심하지 않나?
멘제: 뭐, 꼭 그렇지도 않습니다.
멘토: 아냐, 자네만 있으면 모든 공모전은 휩쓸게 될 거라고 생각하던걸.
멘제: 글쎄요, 그렇지도 않은 것 같습니다만.
멘토: 어쨌든 앞으로 열심히 해주게. 기대하겠네.

<봄형 멘제에게는 그가 속한 팀 전체를 칭찬하라>

멘토는 멘제에게 칭찬을 해줌으로써 동기부여를 하려 한다. 그러나 이런 과잉칭찬은 봄형에게는 좀처럼 먹혀들지 않는다. 전형적인 봄형은 무엇보다도 '주도당하고 싶지 않다'는 경향이 강하다. 그래서 상대가 지나친 인사치례로 들릴 만한 표현을 사용하면, 일단 칭찬해서 기분을 띄워 놓은 다음 자기 뜻대로 유도하려는 것이 아닐까. 다시 말해 조정하려는 것이 아닐까 하고 그 저의를 읽어 내려 애쓴다. 따라서 너무 지나친 칭찬은 봄형에게는 별로 효과적인 칭찬기술로 볼 수 없다. 그럼, 어떻게 하면 효과적으로 봄형을 칭찬할 수 있을까?

우선 그 사람 개인이 아니라 그가 속해 있는 팀에 일하는 모습이나 분위기에 대해 칭찬하는 것이 좋다. '자네 팀의 k씨는 요즘 실적이 꽤 좋더군' 혹은 '자네 팀은 일에 대한 열정이 다른 팀보다 훨씬 뛰어나더군'처럼 말이다. 이런 칭찬은 봄형의 내면에 생길 수 있는 '조정당한다'는 느낌을 일시에 날려준다. 특히 봄형의 멘제가 팀 리더라면 리더의 역량을 인정받고 싶은 마음이 강하기 때문에 그러한 칭찬으로도 가능하다고 볼 수 있다.

<강한 성취욕을 가진 봄형 멘제는 목표 달성 순간에 자연스럽게 칭찬하라>
　멘제의 출신학교에 대해 칭찬해도 좋고, 담당하고 있는 고객에 대해 칭찬해도 좋고, 가족에 관해 언급해도 좋다. 그 사람 자신이 아닌 그 주변을 대상으로 칭찬 공세를 펼쳐 보도록 하자. 이것이 우선 하나의 방법이다.
　만약 그 사람 개인의 성과에 대해 인정해 주고 싶다면, 그 사람이 어디까지 가겠다고 설정한 그 목표를 달성한 순간 과장하지 말고 중립적인 입장에서 '잘했네' 하고 칭찬하는 것이 효과적이다.
　강한 성취욕을 타고난 봄형에게 업무 도중에 '대단하다'고 말하면 '이 사람은 잘 모르는군. 그게 나의 최종 목표가 아니라는 걸' 하며 반발을 초래할 수 있다. '달성한 순간에 딱 맞춰서 자연스럽게!' 이것이 그에게 잘 먹히는 칭찬 기술이다.

<봄형 인간에게는 단호하고 정직하게 껄끄러운 말을 해보라>
　그리고 마지막으로 하나 더 말하자면 단도직입적으로 '껄끄러운 문제'를 전달하는 것이 봄형에게는 놀라울 만큼 효과적인 반응을 유도할 수는 있는 기술이기도 하다. 그러한 상황이 전개될 때 일반적으로 봄형 멘제는 "봄형 인간은 타인을 별로 믿지 않아요. 항상 상황을 주도하고 싶어 하기 때문에, 과격한 표현을 빌리자면 타인의 배신에 매우 민감하죠. 그런 사람에게 말하기 껄끄러운 상황을 무릅쓰고, 게다가 들으면 얼굴 굳힐 게 뻔한 부정적인 사항을 솔직히 지적해 주는 거잖아요. 그러면 봄형은 '이렇게까지 나를 염려해 주고 있구나' 하고 생각하게 되죠. 진심으로 나를 염려해 주고 있다고"
　어떤가? 주변에 가까이 다가가기 힘든 분위기를 자아내는 멘제가 있는가? 그러한 사람에게 단호하고 정직하게 '쓴 소리'를 전달해 보는 것은 어떨까? 물론 '당신을 돕고 싶다'는 마음을 담아서 말이다.

2) 여름형(SU) 멘제 칭찬하기

　봄형과는 달리 칭찬을 들으면 들을수록 기분이 상승하는 것이 여름형이다. 그들은 칭찬을 받더라도 상대가 무슨 생각을 하고 있는지 알아내려는 경향은 보이지 않는다. 다른 사람이라면 그저 인사치례려니 하며 잠시 저항감을 가질 만한 칭찬도 아무런 문제가 되지 않는다. 여름형은 대부분 칭찬을 순수하게 받아들인다.

여름형의 에너지원은 뭐니 뭐니 해도 자신을 향한 주위의 '관심'이다. 어떤 표현이든 상관없다. 스포트라이트를 받으면 그것으로 '만사 OK'이기 때문이다. 극단적인 표현을 빌려 '한 덩치 하는군!'이라고 풍채를 칭찬해도 '그런가?' 하며 웃음을 터뜨리는 것이 여름형이다. 멘토링데이 때 멘토/멘제로 참가자들은 네 가지 유형으로 나눠 토론을 하면 효과적일 것이다. 주제는 '동기부여가 잘될 때와 그렇지 않을 때' 등으로 정하면 좋다. 여름형 팀에게 이 테마를 발표하게 한 다음, 서로가 여름형이 좋아할 만한 포인트를 몇 가지 지적해 주면 더욱 토론의 열기가 더해 갈 것이다.

<여름형은 보통 순수하므로 감탄사를 붙여서 아낌없이 칭찬하라>

'여름형에게 동기부여를 하려면 매일 한 가지라도 좋으니 감탄사를 붙여서 칭찬해야 한다. 이유는 없어도 된다. 어쨌든 칭찬을 아끼지 마라. 월요일에는 '대단하네!' 화요일에는 '천재구만!' 수요일에는 '최고야, 최고!' 목요일에는 '자네밖에 없네!' 금요일에는 '자네뿐이야!' 하라. 주말에도 '자네한테 완전히 위임할테니 맘대로 펼쳐 봐!'라는 메일을 보내라. 이렇게 하면 여름형 동기부여는 절대 저하되지 않는다'.

특별히 누군가의 이름을 거론해 '천재야!'라고 말한 것도 아닌데. 여름 팀은 일반적으로 그러하다는 얘기를 하고 있음에도 불구하고, 전원이 마치 자신에 관해 언급한 듯 싱글벙글 좋아한다. 그만큼 이런 표현에 '약하다'는 것이다. 반면 겨울형은 '대체 뭐가 좋은 거야. 그런 소리가'라는 듯한 냉담한 표정을 바꾸지 않는다.

반복하는 말이지만, 여름형에게는 아무튼 칭찬을 하자. 관심을 보이자. 가령 칭찬할 만한 점을 발견하지 못했다 해도 우선은 덩치라도 칭찬해 주자. 이 말은 뒤집어 말하면 여름형은 자신의 존재를 부정당하는 것에 약하다는 뜻이 된다.

<여름형은 이상적인 자기 이미지를 갖고 있으므로 부정적인 메시지는 전달하지 않는 것이 좋다>

여름형은 이상화된 자기 DLL지를 분명히 갖고 있는 사람이 많기 때문에, 특히 스스로 잘될 것으로 생각한 아이디어를 부정당하면, 그것을 계기로 분발하기보다 오히려 움츠러들어 행동이 정체되는 경우가 많다. 따라서 가능하면 부정적인 메시지는 전하지 않는 것이 좋다. 상대의 방식에서 뭔가 하나라도 긍정적인 부분을 찾아내고, 그것을 더욱 잘 살리려면 이렇게 하는 게 좋지 않을까 하는 제안을 평소에 해야 한

다. 그것이 여름형에게 조언할 때의 철칙이다. 여름형에게는 '속는 셈치고 단 일주일이라도 좋으니까 칭찬해 보라' 그러면 일주일 뒤, 놀랍게도 바뀔 것이다.

3) 가을형(AU) 멘제 칭찬하기

가을형 멘제에게는 현재하고 있는 일에 대하여 인정해주는 것이 효과적이다. 이 유형은 무의식중에 자신이 쏟은 애정에 대해 상대의 보답을 바라는 경향이 있다. 상대가 그것을 평가해 주지 않으면 노여움으로 바뀌어 과격하게 공격하는 경우도 있다.

그리고 가을형은 주위의 기대에 부응하려고 꾸준히 노력하지만, 그 노력을 인정받기를 바란다는 강한 메시지는 좀처럼 보내지 않는다. 그렇지만 사실은 상대가 그 노력을 평가해 주는지 어떤지 호시탐탐 관찰하고 있으며, 만약 상대가 그 노력을 가볍게 취급하면 큰일이 벌어지기도 한다.

현실적으로 살펴보더라도 봄형 경향이 강한 정치지도자들, 또한 기업, 학교, 교회, 군대, 공공기관 등 조직의 CEO들이 가을형 경향이 강한 측근이나 가신, 참모나 임원들을 제대로 칭찬하지 못해서 그 조직이 문제가 생기고 급기야는 와해가 되는 상황이 자주 일어나는 것을 볼 수 있다.

<가을형 인간은 자신이 쏟은 노력을 상대방이 인정해 주기를 무의식적으로 기대한다>

기업체에서 갑자기 사표를 던지는 사원 중에는 가을형이 압도적으로 많은 것을 볼 수 있다. 이는 스트레스를 누르다가 더 이상 쌓아 둘 수 없어 어느 날 갑자기 돌변해 버리는 것이다.

봄형에는 그런 일이 별로 없다고 한다. 불평이나 불만이 있으면 평소에 비교적 기탄없이 말하기 때문이다. 조직에서 가을형의 측근들이 어느 날 갑자기 그만두겠다는 얘기를 꺼내 어찌할 바를 모르고 당황하는 경영자들을 지금까지 많이 보았다.

가을형은 '시험하지 말라'고 말하고 싶다. 가을형에게 일을 주면 아무리 사소한 것이라도 '정말 도움이 됐다, 고맙다' 하고 칭찬해야 한다. 다른 사람의 기대에 부응하고, 협력하고 싶다고 생각하는 가을형에게는 될 수 있는 한 감정을 말로 표현해 주어야 한다. 도와주어서 고맙다고, 기쁘다고, 정말로 도움이 되었다고 빈번하게 메시지를 전하는 것이다.

가을형은 자신이 받는 칭찬이 적어지면 다른 타입보다 훨씬 내면의 불안감이 커진다. 멘제가 혹시 마음속에 불만이 쌓이고 있지 않은가? 그 원인이 적절한 칭찬이 뒤따르지 못한 원인이 아닌가? 멘토는 유심히 관찰해 볼 필요가 있다.

4) 겨울형(WI) 멘제 칭찬하기

혹시 주위에 이런 사람은 겨울형이다 싶은 사람이 없는가? 있다면 그 사람에게 지금까지 시도해서 좋은 결과를 낳는 칭찬기술은 어떤 것이 있는가? 여러 가지 시도해 봤지만 좋은 결과를 얻지 못한 사람도 많을 것이다. 겨울형을 칭찬하려면 다른 어떤 타입보다 관찰이 필요하다.

겨울형은 여름형에게 하듯 '불쑥' 칭찬해서는 거의 효과가 없다. 그런 말을 하는 근거가 무엇인지 살피는 듯한 표정을 짓는 경우가 많다. 굳이 칭찬이라는 형태를 빌리고 싶다면 구체적으로 어떤 부분이 좋았는지 명확하게 짚어 주어야 한다. 그래야 상대는 비로소 칭찬을 받았다고 생각한다. 스포트라이트를 필요로 하는 여름형과 달리, 겨울형에게 필요한 것은 자신의 '전문성에 대한 인정'이다. 그래서 조금 까다롭게 느껴질지도 모른다.

<겨울형을 칭찬할 때는 구체적으로 어떤 점이 좋은지 지적하라>

예를 들어 프레젠테이션을 하러 멘제와 함께 거래처를 방문했다고 하자. 그때 멘제가 프레젠테이션을 무척 잘했다고 하자. 만약 그가 여름형이라고 하면 '오늘 정말 대단했어! 자넨 천재야!'라고 칭찬하는 것만으로 충분히 칭찬기술의 효과를 볼 수 있다. 그러나 그 멘제가 겨울형인 경우는 이런 칭찬 방법이 오히려 의구심을 부르기도 한다. '내 프레젠테이션에 대해 이해는 하고 있는 걸까?' 하고 말이다. 따라서 어디가 좋았는지, 왜 좋았는지를 가능한 구체적으로 전달해야 하는 것이다.

'오늘 프레젠테이션이 좋았어. 특히 다른 회사와 비교한 사례는 눈길을 끌더군. 듣고 있자니 무척 이해하기 쉽게 설명하더라고. 파워포인트 사용도 잘했고. 속도감도 있어서 좋았어.' 이렇게 전달해야 비로소 그 멘제는 인정받았다고 생각한다.

겨울형에 대한 칭찬기술에서 또 하나 중요한 것은 상대의 속도감을 존중하는 것이다. 자신의 페이스를 인정받았다는 사실이 그에게는 무척 큰 자부심으로 느껴지게 된다. 다음의 사례를 참고하라.

관리자 멘토십 연수과정에 참석한 한 과장 멘토의 말을 빌리면 "겨울형 멘제가 있는데 지금까지 면담을 해봐도 별로 얘기를 하지 않았어요. 질문을 헤도 시큰둥할 뿐이니. 그만 조바심이 나서 제가 먼저 결론을 내버리곤 했죠. 하지만 이번 면담에서는 지난번 연수에서 배운 칭찬기술을 실천해 봤습니다. '가을형에게는 생각할 시간을 주는 게 좋다'는 명제를 적용해 봤죠. 사전에 구체적으로 이러이러한 것에 대해 듣고 싶다는 포인트를 적어 메일로 보냈어요. 그랬더니 그날로 A4용지 가득 나름대로 생각을 정리해서 주더군요. 게다가 지금까지와는 달리 그 뒤로 많은 얘기를 해주었습니다."

<겨울형은 업무에 대해 스스로 생각할 시간을 주어라>

겨울형은 어차피 할 거라면 자신의 생각을 가능한 정확히 정리해서 얘기하고 싶어 하는 경향이 있다. 그렇기 때문에 출력에 다소 시간이 걸린다. 이 시간을 배려해 주면 겨울형은 자신이 존중받고 있다고 생각한다.

상대의 페이스를 존중해 주고, 때로는 그의 전문성에 대해 제대로 가치 인정을 해준다. 이것이 냉랭한 겨울형의 기분을 파악하기 위해 빼놓을 수 없는 인정과 칭찬기술이다.

5. Pygmalion Game Workshop

[진행요령]

1. 먼저 멘토 중심의 봄, 여름, 가을, 겨울형 팀별로 자리하고 팀장이 주관한다.
2. 멘토 / 멘제가 그동안 활동 기간에 겪었던 것을 참고로 개인별로 상호 간 칭찬 소재 아이디어개발 브레인스토밍을 한다. 여기에서 아이디어 힌트는 Star game 50개 설문도구를 참고로 하며 그렇다고 기타 칭찬 소재개발에 대한 내용과 수량 제한이 없다고 생각하자.

3. 시간은 지도강사로부터 배정받은 시간 내에 하도록 한다.

4. 위의 개인별 도표에 의하여 아이디어를 팀장이 중복을 제하고 집계한다.

5. 팀별로 선수 한 명씩 출전하여 릴레이식 칭찬아이디어를 발표한다.

6. 지도강사는 가장 많이 개발한 팀 순서대로 1, 2, 3, 4등 발표한다.

7. 지도강사는 최종으로 4개 팀에서 개발한 칭찬아이디어를 종합하여 멘토/멘제에 제공하고 활동 촉진 자료로 활용할 수 있도록 한다.

1) 개인별 아이디어 작성표

칭찬소재NO	성명:　　　　　　　　멘제(　　　)　　　　　　　멘토(　　　)
1	
2	
3	
4	
5	
6	
7	
8	
9	
10	

2) 팀별 집계표

봄(　) 여름(　　) 가을(　　) 겨울(　　)	팀장:
1	11
2	12
3	13
4	14
5	15
6	16
7	17
8	18
9	19
10	20

3) 참고자료

심리학자 로젠탈(T.L.Rosenthal)은 어린 학생들을 대상으로 다음과 같은 실험을 했다고 한다. 어느 초등학교에서 선생님에게 '어린이 지능향상을 예측할 수 있는 새로운 테스트입니다(사실은 거짓말)'라고 설명을 해놓고 검사를 실시했다.

그 테스트 결과 후 20% 정도의 아이를 뽑아 놓고 '이 애들은 앞으로 지적 발달이나 학업이 틀림없이 급상승할 것입니다.'라고 선생님에게 결과 보고를 해주었다.

그런 암시 후 8개월이 지난 다음 과거에 했던 것과 똑같은 지능 테스트를 하여 지난번의 지능 테스트 결과와 비교해 보았다. 그랬더니 앞으로 잘할 것이라는 기대를 품게 했던 아이들의 지능이 다른 아이들의 지능에 비하여 현저하게 향상되었다는 것이다.

이런 현상을 심리학에서는 피그말리온의 이름을 따서 '피그말리온 효과(Pygmalion Effect)'라고 한다. 피그말리온 효과는 선생님이 20%의 아이들을 지적 발달과 학업 성적이 향상되리라는 기대를 가지고 정성껏 돌보고 칭찬한 결과 나타난 것이다. 그러한 사랑을 받은 아이들은 선생님이 자신에게 관심을 보여주니까 공부하는 태도도 변하고 공부에 관한 관심도 높아져, 결국 능력까지 변하게 된다는 것이다. 이 결과 '칭찬하면 칭찬한 만큼 잘한다.'는 것을 알 수 있다.

Life Plan Game

게임 10

인생설계개발 진단도구

[성공시대의 인생 설계]

인간으로 태어나 꿈과 마음으로부터 진실로 뜻한 바를 이루기 위해 자신에게 주어진 인생 영역을 시대와 환경에 맞게 새롭게 설정하고 이의 실현을 위하여 Mentor와 구체적 계획을 세워 인생 목표를 성취하기 위한 멘제 스스로를 동기부여시켜 주는 프로그램이다.

인생 설계의 영역 설정

 1. Manual 작성 머리말

당신의 강한 신념이 기적을 낳는다.

당신 마음속에 지금까지 상상도 하지 못했던 훌륭한 것을 현실의 것으로 만들어 주는 한 알의 씨앗이 잠자고 있다. 뛰어난 바이올린 연주자가 바이올린 현에서 훌륭한 명곡을 이끌어 내는 것과 마찬가지로, 당신도 마음속에 잠자고 있는 훌륭한 재능을 끌어내 주기 바란다.

에이브러햄 링컨은 마흔 살이 넘을 때까지는 하는 일마다 실패의 연속이었다. 어디를 가나 누구도 상대해 주지 않는 존재였다. 그러나 어느 사건이 계기가 되어 그는 마음속에서 잠자고만 있던 천재적 재능이 눈을 떴다. 그리고 그는 세계적인 지도자가 되었다. 그 사건이란 슬픔과 애정에 얽힌 것으로 그가 진실로 사랑했던 앤래트리지가 원인이었다.

사랑의 감정은 신념과 유사한 마음의 상태다. 사랑도 신념과 마찬가지로 인간을 변화시키는 힘을 가지고 있다. 이것은 내가 대성공을 거둔 수많은 사람을 조사하는 도중에 발견한 것인데, 위대한 성공자 뒤에는 그를 사랑으로 굳게 지탱해 준 사람(멘토)이 있었다는 사실이다. 좀 더 상세하게 신념의 힘을 알기 위해 ‘신념에 산 사람들’을 알아보자.

우선 첫째로 들어야 할 대표적인 사람이 예수 그리스도다. 누가 어떠한 반론을 세운다 할지라고 그리스도교의 근본은 ‘신념’이라는 것을 부정하지 못할 것이다. 그리스도의 가르침이나 위업은 기적이라고 말해왔으나 기적은 신념 이외의 다른 아무것도 아니다. 기적은 신념의 힘으로 일어나는 것이다.

또한 인도의 마하트마 간디는 어떤가? 그는 신념의 놀라운 가능성을 마음으로부터 믿은 사람이다. 그에게는 한 벌의 옷을 살 돈도, 군함도 그리고 한 사람의 병사도 없었으나, ‘신념’이라고 하는 위대한 재산을 가지고 있었다. 그 신념의 힘이 2억 국민의 마음을 흔들어 움직이게 하여, 한 사람의 마음처럼 한곳에 모았던 것이다. 도대체 신념 외에 이런 아슬아슬한 곡예를 수행할 힘이 달리 무엇이겠는가.

 # 2. 자신감 있는 행동으로 생애 계획을 생활화하자

당신의 자신감도 자기훈련에 의해 기를 수 있다. 다음의 다섯 가지 공식을 암기하여 매일 복창하고 실천해 보자.

첫째, 나에게는 훌륭한 인생을 구축할 능력이 있다. 그래서 참고 기다린다. 나는 절대로 단념하지 않는다고 마음속에 다짐한다.

둘째, 무엇이든지 내가 마음속에서 강렬하게 소망하는 것은 반드시 언젠가는 실현될 것이라고 확신한다. 그래서 매일 30분간 내가 이루고 싶다고 생각하는 모습을 마음속에 생생하게 그려낸다.

셋째, 나는 자기암시의 위대한 힘을 알고 있다. 그래서 매일 10분간 정신을 통일하여 자신감을 기르기 위한 '자기암시'를 건다.

넷째, 나는 인생의 목표를 명확하게 종이에 쓴다. 다음은 한 걸음 한 걸음 자신감을 가지고 전진해 가는 일뿐이다.

다섯째, 나는 진리와 정의에 따라 행동하지 않고는 어떠한 성공도 결코 오래 지속되지 않는다는 사실을 알고 있다. 그래서 이기적인 목표는 세우지 않겠다. 성공은 다른 사람들의 협력에 의해 이루어지는 것이다. 그러므로 나는 우선 남을 위해 봉사한다. 사랑을 몸에 익히고 증오와 시기, 이기심이나 짓궂은 마음을 버린다.

이 자신감을 기르는 다섯 가지 공식은 누구나 다 실행할 수 있는 것이다. 절망을 원하는가, 행복을 원하는가. 결과는 당신이 소망하는 대로 이루어짐을 충분히 이해하고 있어야 한다. 지금까지 실패를 거듭하여 가난과 절망과 비참함에 시달려온 사람들은, 실은 자신도 모르는 사이에 자기암시의 법칙을 잘못 사용하고 있었던 것이다.

# 3. 실행 가능한 목표를 만들자

목적에 대한 뚜렷한 인식이 있는 사람의 사전에는 불가능이란 말이 없다. 성공은 목표에 대한 뚜렷한 인식에서 출발한다. 이 세상의 모든 것은 자신이 설정한 목표에 근거해 실천하는 사람들의 것이다.

목적지와 그 목적지로 가는 길이 그려진 지도 한 장 없이 장거리 자동차 여행을 떠날 사람은 없다. 하지만 자신의 인생목표와 그 목표를 달성하기 위한 구체적인 계획을 갖고 삶을 살아가는 사람은 천 명 가운데 두 명 정도에 불과하다. 사회 요소요소에서 지도자가 되는 사람, 자신이 설계한 삶대로 커다란 성공을 거두는 사람은 바로 이런 사람이다. 이런 사람이 성공적인 인생을 살아가는 이유는 다른 사람에 비해 훨씬 많은 기회를 누리기 때문이 아니다. 단 한 번의 기회가 주어져도 그것을 달성할 목표와 계획을 명쾌하게 세우기 때문이다.

자신이 무엇을 바라는지 알고 있다면 그것을 반드시 이루겠다는 뚜렷한 신념이 있다면, 당신 역시 성공할 수 있다. 자신의 인생목표가 무엇인지 분명하지 못한 사람은 지금 당장 자신의 인생 목표가 무엇인지, 언제까지 그것을 달성하고 싶은지, 그것을 달성하려면 얼마나 강한 열정이 필요한지를 구체적으로 결정하여야 한다.

1) 인생목표를 달성하기 위한 네 가지 단계를 참고하라.

1. 자신이 가장 절실하게 원하는 것을 명확하게 적는다. 가장 절실하게 원하는 것은 그것을 달성했을 때 성공적인 인생을 살았다고 생각할 수 있는 것이어야 한다.
2. 목표를 달성하기 위한 계획을 명확하게 적는다. 동시에 그 대가로 희생시켜야 할 것도 적는다.
3. 목표를 달성하는 시기를 구체적으로 적는다.
4. 자신이 적은 내용을 뇌리에 새긴 다음, 날마다 수시로 반복하여 되뇐다. 그리고 자신의 계획에 걸맞은 성과를 올릴 때마다 감사하는 마음을 갖는다.

위의 지침을 철저하게 따르는 사람은 자신의 모든 생활이 순식간에 바람직한 방향으로 바뀌는 것을 보고 놀랄 것이다. 그래서 성공의 길을 막는 장애물을 지혜롭게 뛰어넘어 전에는 꿈도 꾸지 못했던 좋은 기회를 연이어 잡을 수 있을 것이다. 또한 위에 제시한 지침이 얼마나 중요한가를 이해하지 못하는 사람의 입김에 흔들리지 않고, 자신의 길을 꾸준히 걸어갈 수 있을 것이다.

명심하라. '까닭도 없이 우연히 일어나는 일'은 없다. 누군가 그렇게 되도록 만들었기에 가능하다. 당신의 성공도 마찬가지다. 어떤 일에 성공하려면 그 일에 성공할 수 있다는 확신을 갖고 세밀한 계획을 세워 꾸준히 실천해야 한다.

월트 크라이슬러는 젊은 시절, 한 푼 두 푼 돈을 모아 자동차를 구입했다. 자동차를 자세히 알고 난 뒤에 그 분야에 뛰어들고 싶었던 것이다. 자동차를 분해하고 다시 조립하기를 수도 없이 되풀이하는 그를 보고 주위에서는 머리가 돈 게 분명하다고 놀려댈 정도였다. 하지만 그는 자신의 목적을 달성했고, 이 시대의 최고의 성공인이 되었다. 크라이슬러의 성공사례는 밝은 희망을 준다. 학력이 짧고 자본이 부족하다고 해서 인생의 목표를 크게 갖지 못한다는 것은 변명에 불과하다.

퀴리 여사는 세계 최초로 라듐을 발견했다. 앨버트 아인슈타인은 원자가 분열하면서 엄청난 에너지를 발산한다는 사실을 발견했다. 그 당시에는 누구나 불가능하다고 고개를 가로젓던 일이다.

목표를 뚜렷하게 인식한 사람의 사전에는 불가능이란 단어가 없다. 성공은 목표에 대한 뚜렷한 인식에서 출발한다. 목표를 설정하는 데는 돈이 드는 것도, 어떤 대가를 지불해야 하는 것도 아니다. 당신을 비롯하여 어느 누구라도 마음만 먹으면 뚜렷한 목표를 설정할 수 있다.

2) 목표를 설정할 창의력만 있으면 된다.

이 세상의 모든 것은, 자신이 설정한 목표에서 눈을 떼지 않으면서도 현재 서 있는 위치에 걸맞게 실천하는 사람들이 차지하게 되어 있다. 자신이 무엇을 바라는지도 모르는 채 인생을 살아가는 사람, 그래서 그것을 달성하려는 단호한 의지가 없는 사람은 성공한 사람들이 남겨 놓은 부스러기나 받아먹고 살 수밖에 없다.

눈부시게 성공하려면 우선 목표를 세우고 그 목표를 달성하는 일에 전적으로 몰두해야 한다. 당신이 무엇을 원하는가를 생각하고 계획을 세워라, 당신이 원하지 않는 일에 한눈팔지 마라. 이제 당신은 인생에 성공한 사람들이 어떤 원칙과 단계를 밟아 실천했는지 낱낱이 알게 되었다.

# 4. 성공한 사람들의 7가지 공통점

성공한 사람들은 어떤 공통점을 가지고 있을까? 성공학 전문가들은 오랫동안 이 질문의 답을 얻기 위해 노력해 왔다. 여러 분야에서 다양한 형태로 성공한 사람이 존재하기 때문에 이 문제를 푸는 것은 결코 쉬운 일이 아니다. 그리고 많은 사람들은 성공한 사람의 정확한 성공요인이 아닌 엉뚱한 요인을 가지고 착각을 하는 오류를 범하고 있다. 그동안 문헌조사나 인터뷰를 통해 얻어낸 성공한 사람들의 특성은 일반인의 상식과는 거리가 먼 것이었다. 특히 21세기라는 새로운 환경은 새로운 성공요인을 필요로 하고 있다.

예를 들어 지능이 뛰어난 사람이 성공할 수 있는가? 그러나 지능이 뛰어난 사람이 그 지능 때문에 오히려 범죄자가 된 경우도 있다. 그렇다면 부모의 후광이 도움이 되는가? 그러나 실제는 자수성가한 성공인이 더 많이 있다. 미국에서 성공한 사람들의 70% 가량이 자수성가형이라는 보도도 있었다. 그렇다면 성공한 사람들의 특징은 무엇일까? 그것은 마음속의 성공인자를 에너지로 해서 좋은 행동과 좋은 습관을 가지고 꾸준히 실천하는 것이다. 우선 자신의 마음을 잘 다스리고 나아가 다른 사람의 마음까지 움직일 수 있는 사람, 이런 사람이 성공할 수 있다. 악착같이 일하고 악착같이 절약하고 악착같이 경쟁자와 싸우는 사람이 성공할 것 같지만 이들은 금방 무너져 내린다.

우리 마음에는 플러스에너지와 마이너스에너지가 섞여 있다. 플러스에너지를 활용하면 모든 게 잘 풀려가지만 마이너스에너지를 쓰게 되면 자꾸 일이 꼬여가게 된다. '플러스에너지'는 양심, 열심, 합심, 자긍심, 관심, 호기심, 진심, 조심, 협동심 등에서 나오고, '마이너스에너지'는 적개심, 한심, 무관심, 방심, 흑심, 자만심, 욕심, 앙심 등에서 나온다. 그러므로 20세기에는 지능이 높은가 낮은가 또는 학력이 높은가 낮은가가 중요한 성공의 요소였다면 이제는 머리보다는 마음이 중요하고 결국 마음속에 어떤 에너지가 들어 있는가 하는 것이 중요한 것이다. 이처럼 마음의 에너지를 기반으로 해서 이것이 개별적인 행동(Attitude)과 습관(Habits)으로 뿌리를 내려야 한다.

1) 좀 더 구체적으로 성공하는 사람들의 특징을 정리하면 대체로 다음과 같다

첫째, 긍정적인 사고와 낙천적 태도

매사를 긍정적으로 해석하고 낙천적인 생활태도를 지니고 있다. 이는 창의력 향상, 건강유지, 대인관계 등 모든 곳에 유리하게 적용하게 된다.

둘째, 열정과 집중

가치 있는 일을 설정하고 일단 일에 임할 때는 뜨거운 열정과 집중력을 보인다. 이것은 많은 장애물을 극복하는 에너지라고 할 수 있다.

셋째, 핵심 역량이 있다.

남과는 차별화된 전문성이 있다. 이를 위해 꾸준히 정보, 지식, 기술을 향상시키는 자기개발 노력을 지속한다.

넷째, 인본주의와 좋은 대인관계

매사를 인간중심으로 해석하며 다른 사람과 좋은 인간관계를 유지한다. 또한 팀워크를 통해 상승효과를 창출하는 능력이 있다.

다섯째, 인격적 성숙

자신의 감정을 조절할 줄 알고 나아가 타인의 감정을 이해하고 공감하는 능력이 있다. 요즘 유행하는 감성지능(EQ)이 높은 사람이다.

여섯째, 아이디어와 창의력

학력이나 이론적 지식보다 창의적 지식과 실용적 지식을 존중하며 끊임없이 새로운 아이디어를 찾아낸다.

일곱째, 원만한 가정생활

가정을 통해 재충전과 삶의 질을 놓이는 사람이다. 양보, 관용, 여유의 미덕을 지니고 있다.

물론 이런 7가지 이외에도 성공인의 특징은 더 있을 것이다. 그러나 '마음(감성)-두뇌(이성)-행동(실행)'이라는 연결고리가 선순환하는 패턴이야말로 공통점이라고 할 수 있다. 21세기에 성공을 꿈꾸는 사람이라면 이제 새로운 성공패턴을 받아들여야 할 것이다.

 # 5. 미래 당신의 모습은?

당신의 장래를 내다보았을 때 10년 후에 당신의 나이, 가정, 직장에서의 모습은 어떠한가?

가급적 현실적이고 객관적 입장에서 전망해 보라.

당신이 원하고 있는 측면과 정말 그렇게 되리라고 믿는 측면 두 가지 모두 고려하라.

10년을 예측하기가 힘들면 5년을 예상하라.

▶ 10년 후의 나의 나이:

▶ 자신의 직업 또는 하는 일

____

____

____

▶ 자신의 연간 소득은?

▶ 자신의 가족관계와 가정에서의 책임사항은?

≪생애 직업진로 설계 순서≫

◉ 자신이 원하는 삶이 무엇인지를 결정해야 한다.

▤ 자신의 가치관 이해하기

당신은 살아가는 동안 어떤 목표들을 성취하기에 앞서서 먼저 그 목표를 설정해야만 한다. 그리고 그것들을 제대로 설정하기에 앞서서 당신은 자신에게 가장 중요한 것이 어떤 것이며 그것이 얼마나 중요한 것인지를 결정해야 한다.

당신의 소유물 중의 어떤 것들은 다른 것들보다 더 중요한 것이 많다. 또한 당신의 활동 중 어떤 것은 다른 것들보다 더 즐겁고 더 의미가 깊은 것이 있다. 당신이 미래의 목표들을 설정했다고 할 때 어떤 것들은 리스트의 상단에 놓일 것이고 또 어떤 것들은 하단에 놓이게 될 것이다. 우리는 많은 활동의 내용들을 포괄해 주는 용어로 '가치'라는 용어를 사용하곤 한다.

당신의 개인적인 가치관은 당신의 소유물들, 종교, 우정, 결혼, 일 혹은 그 밖의 어떤 것들에 특별한 중요성을 부여할 수 있다. 자신에게 무엇이 중요한 것인가 — 무엇을 가치 있게 여기는가 — 를 명확하게 알기 전까지는 자신의 미래에 관한 분명한 결정을 내리기 어려울 것이다.

▶ 자신이 생각하는 최고의 가치관은?

____

____

____

◉ 나의 꿈과 소망의 목표들−생애목표

나는 나의 주요한 꿈과 욕망을 나열해 보고자 한다. 내가 평소에 소원했던 것, 갖고 싶은 것, 가고 싶은 곳, 되고 싶은 것, 이루고 싶은 것들을 열거하면 다음과 같다.(당신의 상상력을 총동원하고 어떤 제한도 가하지 마십시오)

기록일자	꿈과 소망의 목표들

◉ 인생의 기적을 만드는 사명문을 만들자

▤ 사명의 중요성

중세시대, 길을 가던 한 신부가 돌을 다듬고 있는 세 명의 석공과 마주쳤다. 신부가 한 석공에게 물었다. "지금 무엇을 하고 있소?" 그러자 석공은 "보면 모르오? 돌을 다듬고 있지 않소?"라고 대답했다. 신부는 다시 두 번째 석공에게 똑같은 질문을 던졌다. 그는 "먹고살기 위해 돌을 다듬고 있소."라고 말했다. 마지막으로 신부는 세 번째 석공에게 물었다. 그러자 그 석공은 이렇게 말했다. "저는 우리의 새로운 성전을 건축하는 데 놓일 주춧돌을 다듬고 있답니다."

이 세 석공의 차이점은 무엇일까? 자신이 뭘 하는지도 모르는 사람, 먹고살기 위해 할 수 없이 일하는 사람, 비록 주춧돌을 다듬는 하찮은 일이지만 신축될 성전의 모습, 즉 미래의 비전을 가지고 자신의 사명에 충실한 사람. 과연 누가 더 많이, 더 빨리, 더 아름다운 주춧돌을 다듬을까? 과연 어느 인생이 행복하고 성공적일까? 이 일화는 우리의 인생과 일에 있어서의 '사명'의 중요성을 뚜렷하게 일깨워준다.

우리는 사실 희망이나 꿈, 비전, 목표 등은 흔히 이야기하지만 '사명'이라는 말에 대해서는 아직 생소하다. 그러나 역사상 위대한 인물들은 자신만의 확고한 사명을 가지고 있었다. 꿈이나 희망이 '미래에 무엇이 될까?'라고 한다면 사명은 '왜, 무엇을 위해'라고 할 수 있다. 이유가 없는 꿈은 성취에의 열망도 그만큼 흔들릴 수밖에 없다. 그리고 설령 그것이 이루어졌을 때에도 또 다른 허무가 찾아오거나 부작용을 경험하게 된다. 그러나 사명은 자신의 존재이유, 삶의 근거이기 때문에 그 어떤 유혹과 고난 속에서도 꿋꿋이 자신을 지켜내는 힘이 된다.

따라서 세계적 베스트셀러인 '성공하는 사람들의 7가지 습관'을 비롯한 수많은 성공지침서들은 한결같이 이 사명의 중요성을 강조하고 자신만의 뚜렷한 사명을 찾아내어 그것을 명문화한 사명선언문을 만들어 가질 것을 역설하고 있다.

최근 가치관의 부재로 혼돈을 겪고 있는 기업이나 조직, 가정 등도 이 같은 사명선언문을 만들어 가진다면 그 구성원들의 문화적, 세대적 갈등으로 인한 사소한 혼란은 쉽사리 극복할 수 있게 될 것이다.

◉ 나의 사명 선언문

작성일:　　년　　월　　일

사명자:　　　　　　　서명

◉ 자신의 비전을 만든다.

📑 비전문이란?

비전이란 집단과 개인이 추구하는 장기적인 목표와 바람직한 미래상을 의미한다. 비전은 막연한 꿈이나 희망이 아니라 장기적인 안목에서 미래의 목표와 현실을 연결하는 전략 구상이다. 명확한 비전의 설정은 조직이나 개인의 목표의식과 의미를 부여하고, 활동의 전략방향과 집단운영의 행동기준을 제공하며, 집단 구성원에게 동기부여와 참여의식을 유발함으로써 집단 활성화에 기여한다. 비전은 집단의 다양한 이해관계자들의 요구와 필요를 반영하여 설정되는데, 일단 설정된 비전은 조직이나 개인의 전략방향을 결정하고 각 조직 단위들과 개인의 전략수립과 실천을 집단 전체의 틀 속에서 조정하고 통합하는 역할을 한다.

▶ 좋은 회사의 조건 - 개인, 조직(회사)
　* 자부심, 에너지, 성취감들을 불어넣으며
　* 보다 명확하고 명백한 미래에 대한 시각을 제공하고
　* 높은 이상을 반영하는 탁월한 기준을 설정하고, 필수적이지 않은 것은 가려내고
　* 조직의 역사와 문화 및 가치를 일치시키며, 충성심을 고취시키며
　* 야망이 넘치며, 목표와 방향을 분명히 하고
　* 의도에 초점을 맞추고, 주위를 집중시키고
　* 일상의 행동을 조절하며 조직의 특유성을 반성하고
　* 일상적 행동에 중요한 의미를 부여하고, 사람들을 실행하도록 한다.

▶ 위대한 지도자, 헨리 포드의 비전 사례
　* 나는 많은 대중을 위해 자동차를 만들 것이다.
　* 자동차 가격이 매우 저렴해서 웬만한 임금을 받는 사람이라면 누구나 소유할 수 있으며 그의 가족과 함께 신이 창조한 넓은 공간에서 행복한 시간을 즐길 수 있을 것이다.
　* 내가 이 차를 완성했을 때 모든 사람들은 이 차를 하나씩 소유할 수 있는 능력이 될 것이다. 고속도로에서 말(馬)들은 사라질 것이며 자동차는 더 이상 특별한 것으로 취급되지 않을 것이며 많은 사람들에게 고임금의 고용 기회를 줄 것이다.

◉ 나의 비전 선언문

작성일:　　년　　월　　일

사명지:　　　　　　서명

◉ 생애영역별 목표를 설계한다.

자신이 성취하고자 하는 생애 목표들을 영역별로 구분 정리하여 상호 균형 있게 설계할 수 있도록 연구원이 설계한 자료를 참고하되 생애영역 확대가 필요한 부분을 추가해서 설계해도 좋다.

NO	영역	영역 설계	
1	가정	1. 부부관계 증진 2. 부부활동 3. 가장의 리더십 4. 본인결혼 5. 자녀결혼 6. 자녀교육 7. 노후 대책	
2	경제	1. 신혼기 재테크 2. 가족 형성기 재테크 3. 가족 성장기 재테크 4. 가족 성숙기 재테크 5. 은퇴기 재테크 6. 집 장만 설계 7. 부업 설계 8. 맞벌이 설계	
3	건강	1. 건강 검진 3. 스포츠 계획 5. 연령별 운동 설계 7. 성인병 대책	2. 체력 증진 4. 몸 가꾸기 6. 금연 설계 8. 노후 건강
4	직업	1. 직장인 사명 설계 3. 업무 전문성 설계 5. 경력 개발 설계 7. 정년 은퇴 설계 9. 개인 리더십 개발	2. 업무 목표 설계 4. 승진 성계 6. 40대 위기 대책 설계 8. 개인 생산성 향상 설계
5	정신	1. 취미 활동 설계 2. 스트레스 해소 설계 3. 갈등관리 4. 종교, 신앙계획 5. 사회봉사활동 6. 가족 간의 여가 시간 활용 7. 여행 계획 8. 교양 설계 9. 시간관리 설계	
6	창조	1. 자기 개발 투자 2. 생애 영역 확대 3. 평생 교육 설계 4. 창업 설계 5. 자격 취득 6. 회사업무 관련 자격취득	

◉ 나의 생애 진로 영역 목표들

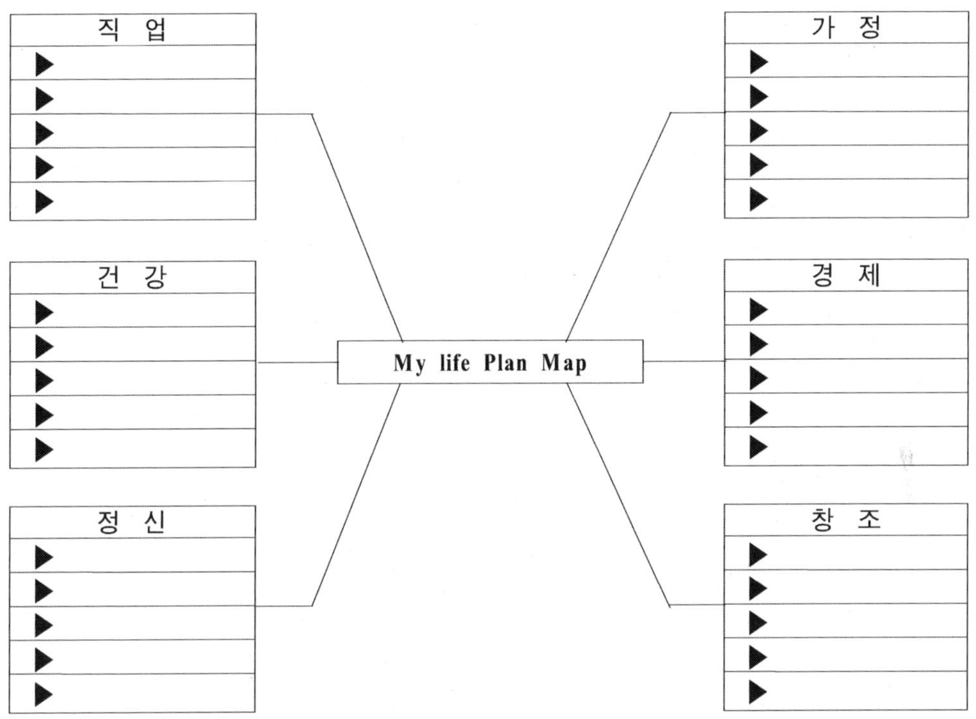

◉ 나의 인생 목표 설계서

영역	설계

계획일 20 년 월 일	시작일 20 년 월 일	성취일 20 년 월 일

① 자신의 목표를 간략히 요약 · 기록한다(무엇을 얼마만큼 언제까지).

② 목표 달성 시 얻게 성과를 기록한다.

③ 예상되는 문제를 찾아내어 기록한다.　④ 문제해결방안을 기록한다.

⑤ 목표 성취를 위한 구체적인 실행단계를 순서대로 기록한다.

실행순서	실행일	완성일
(1)		
(2)		
(3)		
(4)		
(5)		
(6)		
(7)		
(8)		
(9)		
(10)		

⑥ 목표 성취를 지원하기 위한 관련자료, 협력(자) 기관, 소요비용을 기록

관련자료	
협력(자) 기관	
소요비용	

◉ 목표의 시각화

목표를 시각화하는 데 도움을 주는 그림, 사진, 상징물을 그리거나 붙이십시오.

◉ 성취목표의 구체화

꿈과 욕망을 현실화하기 위해서, 그것들을 인생 설계 6대 영역을 목표화하려 한다.
  1. 각 영역이 주는 의미를 확실히 이해하라.
  2. 6대 영역을 중요한 순서로 순위를 정하라.
  3. 제시한 6대 영역 이외에 추가하거나 바꾸어도 무방하다.

가　정	건　강	정　신
순위: 나의 첫 번째 가정 목표	순위: 나의 첫 번째 건강 목표	순위: 나의 첫 번째 정신 (지적, 영적, 신앙적)목표
창　조	직　업	경　제
순위: 나의 첫 번째 창조 (개선, 개혁)목표	순위: 나의 첫 번째 직장 목표	순위: 나의 첫 번째 경제적 목표

◉ 성취목표의 집계표

Menger가 꼭 이루고자 하는 영역별 성취 목표 세부 항목

영역별	순위	세부항목	성취일
가정	1번	목표: ● ● ●	
건강	2번	목표: ● ● ●	
정신	3번	목표: ● ● ●	

영역별	순위	세부항목	성취일
창조	4번	목표: • • •	
직업	5번	목표: • • •	
경제	6번	목표: • • •	
	기타	목표: • • •	

◉ 다짐 선언

목표성취를 위한 구호나 다짐 문장을 간단히 기록하십시오.

____

____

____

____

____

◉ 성공을 위한 자가진단법

▤ 자기와의 싸움에서 이겨야 성공한다.

성공을 향한 제1단계는 스스로를 제대로 알고 자신을 극복하는 것이다. 그것이 바로 확실한 성공의 출발점이 된다. 현재의 나는 어떤 상황, 어떤 모습인까? 먼저 나 자신을 돌아보고 성공을 향한 힘찬 발진을 시작한다!

　다음 각항에서 자신에게 해당되는 난에 체크한다. 해당되는 것이 없으면 체크하지 않는다. 완전히 체크를 마친 후 득점표에 따라 점수를 집계한다.

　1. 능　력
　　　① 자신은 능력이 없다고 생각한다.
　　　② 자신의 능력은 평균적이라고 생각한다.
　　　③ 평균 이상이라고 생각한다.
　　　④ 자타가 공인한 유능한 인재다.
　　　⑤ 아무도 인정해 주지 않지만 유능하다.

　2. 기　능
　　　① 첨단기술에 익숙해 있고 OA기기 사용에도 자신 있다.
　　　② 외국어, 계산 능력 등의 능력이 있다.
　　　③ 일에 직접 관계는 없지만, 특수한 면허를 갖고 있다.
　　　④ 면허는 없지만, 섭외에 자신 있다.
　　　⑤ 요리에 자신 있다.

　3. 건　강
　　　① 스포츠에 자신 있고, 체력에는 더욱 자신 있다.
　　　② 특별히 체력에 자신 있는 것은 아니나, 2-3일의 철야는 문제없다.
　　　③ 특별히 좋지도 나쁘지도 않고 보통이다.
　　　④ 최근 아무래도 체력에 자신이 없고 건강잡지를 보거나 건강음식을 시음하
　　　　　고 있다.
　　　⑤ 솔직히 말해서 체력에는 자신 없다.

　4. 정보수집 능력
　　　① 경제지, 비즈니스지, 전문서적 등을 통해 항상 최신 정보를 수집하고 있다.
　　　② 상식 정도로 최신의 정보 수집을 하나 대부분의 시간은 취미에 할애한다.
　　　③ 힘닿는 데까지 정보를 수집하는 것은 아니다.

④ 정보라면 사내정보 수집을 마음에 두고 있고, 그 면에서는 어느 정도 알려
  져 있는 편이다.
⑤ 정보 수집을 하지 않는다. 흥미도 없다.

5. 교섭력

  ① 회의나 교섭을 착수하면, 십중팔구 성립된다. 교섭력은 자신 있다.
  ② 보통 정도라고 생각한다.
  ③ 실수했을 때에 책임을 회피하기도 하고, 다른 사람의 책임으로 전가시킨 적
    이 있으므로 교섭력은 있는 것이 아닐까 생각한다.
  ④ 교섭력이 아주 서투르다. 생각한 대로 일을 진행시켜 나갔던 적이 없다.
  ⑤ 사람과 이야기하는 것이 부끄럽다. 교섭에는 능력이 없다.

6. 인 맥

  ① 동종기업의 사장 아들이다.
  ② 처 또는 약혼자가 사장의 딸이다.
  ③ 각계의 유력인사의 강력한 비호세력을 무수히 갖고 있다.
  ④ 회사 외에 다채로운 인맥을 형성하고 있다.
  ⑤ 사내에 풍부한 인맥이 있고, 무엇이든 해결할 수 있다.
  ⑥ 부·과·동기생 사이에 친한 사람이 몇몇 있는 정도다.

7. 환 경

  ① 현재 출세라인에서 멀어져, 상당히 절망적인 상황이다.
  ② 업무 이외의 부분에 시간을 쓰는 경우가 많고 업무에는 흥미가 없다.
  ③ 상사에게 잘못 보여 무엇을 해도 인정받지 못한다.
  ④ 상사나 현재의 업무가 마땅치 않아 불만이 있다.
  ⑤ 왠지 상사의 마음에 들어 신뢰를 받고 있다.
  ⑥ 왠지 사장의 마음에 들어 순풍에 돛단 배 격이다.

8. 회사규모

  ① 사원 수 10명 미만
  ② 10명 이상 50명 미만

③ 50명 이상 1백 명 미만

④ 1백 명 이상 5백 명 미만

⑤ 5백 명 이상 1천 명 미만

⑥ 1천 명 이상

9. 운(運)

① 아주 운이 좋다.

② 운이 좋은 편이다.

③ 보통이다.

④ 운이 나쁜 편이다.

⑤ 지금까지 철저하게 운이 나쁜 인생을 걸어 왔다.

▶ 득점표

구 분	1	2	3	4	5	6
1) 능력	4	2	3	4	5	
2) 기능	3	2	5	4	1	
3) 건강	4	5	4	3	2	
4) 정보수집 능력	1	6	8	10	3	
5) 교섭력	5	10	8	4	2	
6) 인맥	80	60	15	3	10	5
7) 환경	−20	3	5	4	8	10
8) 회사규모	10	8	6	4	2	0
9) 운	20	15	10	5	0	

◉ 점수별 행동지침

득점표를 보고 자신의 각 항목별 점수를 파악한다. 이를 합계하여 아래의 점수별 자신의 행동 지침을 알아본다.

(1) 마이너스에서부터 21점까지

크게 출세할 기회에서 밀려난 위치에 있는 사람이다. 일로 매진을 목표로 과감하게 대출세작전을 전개한다. 그래도 실패한다면, 다른 곳에 눈을 돌려 스스로 일을 시작하는 것이 좋지 않을까? 요즘과 같이 어지러운 세상에는, 창업사장이 된다면 그것도 대출세의 방법일 수 있다.

(2) 21점에서부터 50점까지

한 번이라도 대출세작전을 전개하기 어려운 사람이다. 착실하게 일해도 그에 상응하는 출세를 할 수 없기 때문에, 큰 출세를 바라는 것은 상당한 모험이다. 우선 현상유지의 노선인지 대출세 노선인지에 대한 선택을 분명히 해둬야 한다. 이 그룹 사람들의 사고방식은 낯선 것에 약한 경향이 있다.

(3) 51점에서부터 75점까지

그 나름대로 폭넓은 사고방식을 취하고 있는데도 대출세에 대한 의욕이 약한 경향이 있다. 반드시 출세해야 한다고 하는, 자기에 대한 동기화를 부여해 줄 필요가 있다. 대출세를 위한 기원을 간절히 바라는 것이 어떨까?

(4) 76점 이상

이미 자신이 노력하지 않아도 된다. 대출세에 대한 의도도 방법도 자신은 충분히 알고 있다. 모르는 사람이라도 스스로 느끼지 못할 뿐이지 자질은 충분하다. 그동안에 비록 출세에 대한 꿈이 사라진다 해도 자신이라면, 즐거운 인생을 살 것이다.

Part

05

멘토링 경영 조직개발 도구

Mentoring Tool

오늘날 조직에 적용하는 멘토링의 특징은 도입을 원하는 조직에서 일정 기간을 필요로 하는 프로젝트(Project) 개념에서 활동목표에 따라 컨설팅 도구(Tool)가 필요하게 된다.

왜냐하면 조직에 적용하는 멘토링은 조직의 특성상 투자의 개념과 성과 측정 차원에서 평가가 뒤따르는 것이 필수적이기 때문에 체계적인 시스템으로 접근이 필요하기 때문이다.

조직 개발용으로 체계적인 프로그램을 제도적 멘토링(Systematic Mentoring)이라 부르며 구체적으로 준비과정, 도입과정, 활동과정, 평가과정에 적용하는 컨설팅 프로그램을 말한다.

특히 아래 4개 과정에 적용하는 컨설팅 15도구(Tool)는 멘토링 활동을 성공적으로 이끄는 촉진 도구로 널리 활용될 수 있을 것이다.

준비과정 Tool

멘토링 도입을 원하는 업체는 최소 3개월 준비 기간이 필요하다. 그 기간 동안에 자료도 수집하고 필요한 전문교육도 받고 멘토링 전문가와 대화를 통하여 자사 멘토링 추진 팀을 구성하고 12개월 추진 계획을 수립하는 단계다. 특별히 어떤 목표로 멘토링을 진행할 것인가를 염두에 두고 조직의 환경분석을 먼저 시행해야 한다.

Tool 1 – 멘토풀센터 운영 – 6p
Tool 2 – 동기부여 방법 – 6p
Tool 3 – 행정양식 작성법 – 8p

도입과정 Tool

멘토링 도입과정은 멘토 / 멘제가 선정된 후 활동을 개시하는 출발(Kick Off) Workshop 단계다.

이 과정은 조직의 CEO가 관심을 갖고 현장에 참석하여 격려와 축하를 해주는 것이 활동 촉진의 계기가 된다. 진행은 4시간~20시간으로 멘토 / 멘제 기본교육과 활동 촉진 게임 그리고 회사 주관 결연식 순서로 진행한다. 결연식이 끝난 후에는 교제의 시간을 갖고 식사 등 Party 형식으로 축하분위기를 유도한다.

Tool 4 - 멘토/멘제 활동 6단계 - 9p
Tool 5 - 멘토링 교육 과정 - 6p
Tool 6 - 멘토/멘제 결연식 - 10p

활동과정 Tool

멘토링 활동과정은 이미 기간이 정해진 6개월 또는 12개월 동안 멘토/멘제가 개인별 및 그룹활동 프로그램을 전개하는 과정이다. 먼저 미팅을 통하여 멘토링 활동소재를 개발하고 멘토/멘제는 사내, 사외에 구분 없이 자유롭게 활동이 이뤄져야 한다. 회사에서는 멘토링데이를 선포하여 상급자의 눈치를 볼 필요 없이 두 사람의 미팅을 주선해 주어야 한다.

회사에서는 활동비(월50,000~200,000원 선택)를 지원하고 또 체계적인 활동을 위하여 홈페이지나 카페 등 사이버에서 활동을 유도해 준다. 멘토/멘제의 자생력을 키우는 데 동기부여를 제공하고 특히 보수교육 수강기회를 주어야 한다.

이 기간 컨설팅은 **주간별로** e-mail서비스를 제공하고 **월간별로** 운영시스템 점검 및 모니터링 피드백을 하고 **계간으로 보수교육과** 그랜드 미팅, 멘토/멘제 개인역량 점검과 멘토 자기 점검표를 체크하며 중간 평가를 시행한다.

Tool 7 - 멘토링 주간서비스 - 4p
Tool 8 - 멘토/멘제 미팅소재 개발 - 7p
Tool 9 - 멘토/멘제 활동 프로그램 - 6p

평가과정 Tool

멘토링 평가 과정은 제도적 멘토링의 특성으로 멘토링 제도 운영을 위한 3가지 투자, 즉 인력투자 시간투자 자금투자에 대한 회수율(ROI)에 관한 평가 프로그램이다.

평가방법은 먼저 멘토링에 참여한 멘토/멘제에 대한 개인역량평가와 멘토링 전체 쌍 그룹의 평가를 할 수 있다. 세부해서 정량평가와 정성평가 방법 그리고 중간평가와 최종평가방법으로 적용할 수 있다.

이러한 평가 프로그램이 있음으로 멘토링에 참여하는 추진 팀과 멘토 / 멘제에게 확실한 책임감을 느끼도록 하며 그 평가결과에 따라 보상을 실시함으로 멘토링 성공 확률을 크게 높일 수 있게 된다.

[정량평가–생산성(Productivity)평가]

* 유지율–멘토 / 멘제 각 쌍이 종료까지 유지율 평가에 적용한다.
* 정착률–신입사원이 종료 후 정착률 평가에 적용한다.
* 확보율–핵심인재, 경력자확보율 평가에 적용한다.
* 성과율–노사화합, 경영지원 등 평가에 적용한다.
* 숙달률–OJT 업무숙달, 지식경영, 품질향상, R&D 향상률 평가에 적용한다.
● 투자회수율–투자 대 회수율평가에 적용한다.

[정성평가–인간성(Humanity)평가]

* 멘토링 교육만족도 평가　　　* 멘토링 관계만족도 평가
* 멘토링 활동만족도 평가　　　* 조직만족도 평가
* 인간존중지수 평가　　　　　* 인재개발지수 평가
* 멘토 자생력 진단 평가

Tool 10 – 멘토링 활동종합 평가–23p
Tool 11 – 멘토 활동 인증제도–4p

Mentor Pool Center
=M P C

Tool 1

 1. MPC 의미

「**Mentor Pool Center =MPC**」의 약자로서 멘토링 활동에서 성공 여부를 좌우하는 멘토(Mentor)를 양성, 관리, 활동의 활성화를 주관하는 회사 지원기구를 말한다.

 2. MPC 운영목적

멘토의 특수성을 살려 활성화 대안을 마련하고 체계 있게 관리하여 조직의 혁신을 유도하는 데에 목적이 있다.

(1) 특수성을 살린다.   (3) 체계 있게 관리한다.

(2) 활성화 대안을 마련한다.   (4) 조직혁신을 기도한다.

 # 3. MPC의 위치

조직 내 멘토링 위원회 소속에서 멘토링을 적용하는 팀에서 업무를 수행한다.

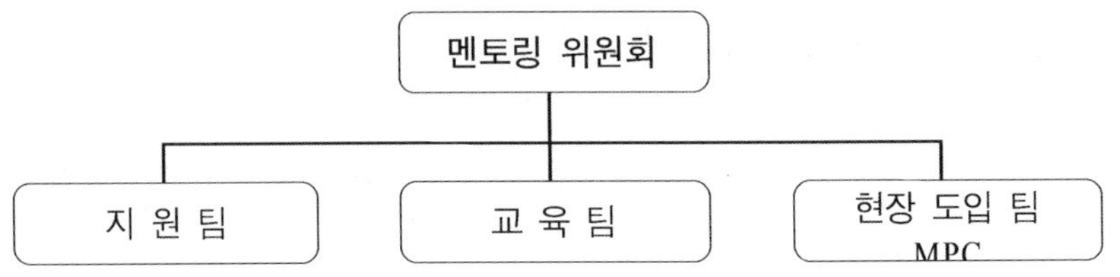

 # 4. MPC 구성원

센터장(실장이나 팀장) 1명과 사무보조원 약간 명으로 하고 멘토링 사역을 원하는 우수 멘토 중에서 선발하여 구성한다.

 # 5. MPC-멘토 관리절차 7

각 조직의 상황에 따라 멘토의 기준을 설정하여 멘토 POOL에 등록하고 등록된

멘토를 대상으로 교육훈련시키고 Benchmarking하여 항상 멘토를 관리한다.

[절   차]

1) 멘토 자격기준 설정

- 멘토로서 가장 적절한 덕목이 무엇인지를 각 조직의 문화 등을 고려하여 선정한다.
- 멘토의 자격기준은 일반자격 / 업무(전문)자격으로 구분하여 기준을 설정한다.
  * Attributes / Antecedents / 직책 / 전문 분야 / 기타 특성 등등

2) 멘토그룹 선정(Pool) 등록

- 멘토로서의 자격기준을 평가하여 멘토그룹을 선정하여 멘토 Pool에 등록한다. (멘토 개인자료1 참조)
- 멘토는 기술 / 업무 / 전문 분야별로 구분하여 관리한다.

3) 멘토 육성

- 멘토로 등록된 사람들을 각 단계별로 교육훈련 프로그램을 작성하여 훌륭한 멘토로 개발한다.
- 멘토의 교육훈련은 멘토로서의 자질, 소양, 자세, 전문 분야, 멘토링 관련교육(멘토링 원리, 멘토의 역할, 멘제의 욕구 충족, 대인 관계 등)에 대하여 철저히 실시한다.

4) 멘토그룹 평가

- 멘토 Pool에 등록된 요원들을 수시로 평가하여 멘토로서의 진정한 자격 여부를 항상 확인한다(멘토 활동 진단표 설문참조).
- 평가결과 부진한 부분을 재교육하고, 자격미달의 경우 상실한다.

[멘토 평가 보상]

5) 평가기준 설정

- 멘토링 프로그램 종료 후 또는 멘토 Pool에 등록되어 있는 동안에 실시할 각각 멘토와 멘제의 평가기준을 마련한다.
- 멘토의 성과 측정 / 멘제 성장성 / 종합평가

6) 평가 실시

- 평가기준에 의하여 멘토와 멘제를 평가한다.
- 평가목표는 멘토 및 멘제에 대한 보상(보수 / 신분)과 멘토의 자격성 여부 및 인사고과에 반영할 자료를 위한 것이다.

7) 보상 시스템 구축

- 멘토링에의 한 보상 시스템을 만들어 멘토링을 조직은 물론 자신의 성공을 위한 모티브로 활용토록 한다.

－멘토링 결과를 인사고과 정책에 반영하는 경우 그 체계를 만든다.

자료1 멘토(멘제) 개인자료

멘토(멘제)의 개인자료를 작성하는 데에 있어서 주요한 점은 멘토 기본적인 자료(Basic D. B)와 활동자료(Activity D. B)를 구분하여 작성해야 한다. 자료를 활용 시에 기본 자료는 고정자료로서 확정된 자료이고 활동자료는 변동될 때마다 자료화해야 할 사항이다.

인적사항	1. 성 명: (한자)
	2. 생년월일: 주민등번호:
	3. 집 주 소:
	   Tel: HP: E－mail:
	4. 직장주소 직장명: 직위:
	   Tel: Fax:

사회생활	1. 결혼 여부: 기혼(년) 미혼( ) 2. 자 녀 (명) 3. 출신학교 (학교) 전공( ) 4. 현재직업 (년) 5. 특별한 경력( ) 6. 성격 주도형(점) 우호형(점) 관리형(점) 분석형(점)
교회생활	1. 신 급: 평신도( ) 학습( ) 세례( ) 2. 결신년월일 ( ) 3. 직 분: 봉사직－교사( ) 성가대( ) 권찰( ) 구역장( ) 4. 〃 : 임명직－집사( ) 안수집사( ) 권사(남, 여) 장로( ) 교역자( )

양식2 활동자료(Activity Data)

멘토링 활동자료		
부분	연월일	요약자료
멘토 교육수료 멘토풀에 등록 멘토 1차 활동		교육 기간 등록No 멘제 기간

# 6. 멘토 활성화 지원 7대 기능

1. Monitoring 기능　　**5. Manager 기능**
2. Research 기능　　**6. Coordinate 기능**
3. Suggestion 기능　　**7. Role Modeling 기능**
4. Ombusman 기능

1) 모니터링(Monitoring) 기능

멘토가 어떻게 일하는지 Check List를 가지고 멘토링 활동 기간에 계속 지켜본다. 그리고 그가 어떻게 일하고 있는지에 대해 피드백을 주자. 가능한 많은 칭찬을 주라. 그리고 새로운 멘제와의 관계에 대해 어떻게 느끼고 있는지, 어떤 좌절감이나 제안이 있는지에 대해 물어보라.

2) 의견조사–리서치(Research) 기능

조직구성원의 의견조사(research)는 멘토링 활동의 중요한 영역에 있는 조직구성원들의 태도나 의견에 관한 정보를 모으는 것이다. 이러한 조사결과가 조직구성원들과 함께 공유되고, 조직을 변화시키는 기초로 사용될 때는 훨씬 효과적인 커뮤니케이션 개선방안이 될 수 있다

3) 제안(Suggestion) 기능

제안제도(suggestion system)란 조직구성원의 제안을 활성화하기 위하여 곳곳에 제안함을 설치하여 조직에 도움이 되는 제안에 대해서는 포장을 하는 제도다.

4) 민원조사원－옴부즈맨(Ombusman) 기능

옴부즈맨(ombusman)이란 민원조사원을 말하는 것으로서 스칸디나비아에서 주로 사용되어 온 제도다. 이는 행정기관으로부터 인권침해나 부당한 대우를 받은 사람에게 분노의 배출구를 제공한다는 개념에서 비롯되었는데, 옴부즈맨제도(ombusman system)란 조직에서 구성원의 불만사항이나 고충을 처리해 주는 사람을 두는 제도다.

5) 멘토임원－매니저(Manager) 기능

멘토 임원제란 젊은 구성원들의 참신한 아이디어나 건설적 제안을 발굴해 조직운영에 반영하는 한편, 실무직원의 의견을 여과 없이 상부층에 전달하는 시스템을 제도적으로 확보함으로써 상향적 커뮤니케이션의 기반을 조성하고, 그들에게 여러 분야에 대하여 경험과 지식을 습득시켜 궁극적으로 지도자적 자질을 갖춘 인재양성의 목적을 갖는 제도다.

6) 의견조정자－코디네이트(Coordinate) 기능

조직 내의 의견을 조정하는 자를 둠으로써 상향적 의사결정이 누락, 왜곡되는 것을 방지하거나 과다한 정보에 관한 우선순위를 결정하는 것과 같은 조정업무를 맡길 수 있다. 조직은 또한 의사결정 전문가들을 채용하여 그들로 하여금 의사전달 체계를 개선시키고 조직구성원에게 의사전달에 관한 훈련을 실시하도록 할 수 있다.

7) 역할 모델링 기능

역할 모델링(role Modeling)은 멘토링에서 멘토가 모범적인 역할 행동을 보여줌으로써 멘제가 그 행동을 모델로 하여 따라할 수 있도록 하는 것으로서 百聞이 不如

一見이라는 말처럼 조직구성원들에게 직접 보여주는 커뮤니케이션 방법이다. 이러한 역할 모델링은 구성원 간의 역할을 모델화함으로써 역할 모델모호성이나 역할 갈등을 제기할 수 있다. 멘토의 기준을 설정하여 멘토 Pool에 등록하고 등록된 멘토를 대상으로 교육훈련시키고 Benchmarking하여 항상 멘토를 관리한다.

동기부여 촉진법

Tool 2

 ## 1. 멘토링 동기부여 필요성

필요성:

(1) 정규업무를 다루면서 멘토링 활동을 하게 됨으로

(2) 특히 멘토는 CEO를 대신해서 질(質)관리 인재개발을 책임짐으로

(3) 사람은 칭찬을 통하여 잠재역량개발을 촉진하게 됨으로 필요하다.

방 법:

(1) 물질적(物質的) 동기부여－교육비, 활동비, 상금 등 물적 지원을 한다.

(2) 정신적(精神的) 동기부여 인사고과, 진급, 보직 등에 반영한다.

(3) 인정적(認定的) 동기부여－작은 사장(Small CEO)의 위치로 인정해 주고 멘토
링데이(Mentoring Day)를 선포하여 활동을 양성화한다.

동기부여 방법	동기부여 세부내용
1 회사에서 제도적 차원 동기부여 제도 구축	1) 멘토풀센터(**Mentor Pool Center**)제도 – 멘토 전담관리 2) 멘토 인증제도 – 멘토 활동 인증제로서 멘토의 전문 교육수강점수, 활동 기간점수, 평가점수를 감안 3) 멘토링 활동 평가제도 – 정량평가 정성평가 4) 멘토링 주간 이 메일링 서비스제 시행 5) **Cyber Mentoring System** – 홈페이지나 카페 개설
2 인사체계에 반영	1) 인사고가 평가 시 가점 반영 – 멘토 활동 기간 참작 2) 연봉 책정 시 상향 조정 반영 – " 3) 진급심사 평가 시 가점 반영 – "
3 활동 기간 중 촉진방안	1) 교육수강 지원 – 도입**Workshop** 및 보수교육 2) 월 활동비 지급 – 한 쌍당 50,000〜100,000원 3) 멘토링데이 공시 – 사장결재로 활동양성화(예 목요일) 4) 그랜드 미팅 시행 – 계간별로 경영자와 멘토 / 멘제와 프리 토킹 및 피드백 미팅
4 활동진흥대회 개최	1) 우수 멘토 활동 진흥대회 2) 우수 멘토링 쌍 활동 진흥대회 3) 멘토링 활동 멘토 / 멘제 우수 수기 진흥대회
5 포상금 동기부여 방안	1) 우수 멘토 시상금 – 1, 2, 3등 선발(월 계간 활동결과) 2) 우수 멘토링 쌍 시상금 – 1, 2, 3등 선발 3) 우수 수기 당첨자 – 1, 2, 3등 선발

 # 2. 제도적 차원 동기부여

1) 멘토풀센터(Mentor Pool Center) 제도

멘토는 멘토링에 관한 상당 수준의 지식을 가지고 있어야 하며 특히 남다른 사명감이 필요로 한다. 그러므로 멘토를 1회용 소모품의 개념으로 다룰 것이 아니라 조직에서 투자의 개념으로 지원해 주어야 한다. 멘토풀(Mentor Pool)이라는 전담기구를 통하여 멘토를 선발하고 양성하고 지원하고 재충전하고 사후관리 등을 체계 있게 해주는 것이다. 그로 인하여 멘토를 조직 내 인재 개발 전문인력, 부하육성의 필수요원 그리고 핵심인재개발 대상으로 업그레이드함으로 멘토링 활동에 열정을 갖고 멘제를 멘토로 재생산하는 데 최선의 노력을 경주할 것이다.

2) 멘토 인증제도

멘토를 동기부여 하는 데 쉽게 물적 및 자금적 지원을 생각하게 된다. 당연히 생각해야 할 사항이다. 그러나 그것에 머무른다면 잘못 낮은 차원의 지원에 머물러 잘못 오해의 여지도 생길 수 있다. 멘토 인증제는 특히 차원 높게 정신적 부문에 동기부여를 제공하고자 하는 것이다. 멘토로서 조직 내에서 리더십으로 인정받으면서 인성 분야의 평가자료로 활용하면 멘토가 크게 고무되는 상황이 될 것이다.

3) 멘토링 활동 평가제도

멘토링 활동에서 평가제도는 필수적이다. 이 평가제도를 통하여 멘토는 자부심과 함께 책임감도 느끼게 됨으로 멘토링 활동에 남다른 몰입도를 가질 수 있다.

4) 멘토링 주간 이메일링 서비스제 시행

멘토링 도입 Workshop과정에서 상당히 멘토링 활동에 적극성을 갖다가 3개월 지나면 대부분 열기가 식어진다. 이를 사전에 방지하는 것이 주간 멘토링 명상록 서비스다. 명상록을 통하여 심리적으로 격려가 되고 부수적으로 멘토링 학습, 기법, 사례, Q&A 등의 자료를 주간으로 접하게 됨으로 계속 멘토링 활동이 활성화된다.

5) Cyber Mentoring System

멘토링 활동은 멘토와 멘제의 공동체이다. 그러므로 상호 활동 상황에 관하여 궁

금하게 생각하고 서로가 잘한 점에 대하여 본받기를 기대한다. 멘토링 홈페이지나 카페는 이러한 공동체의 분위기를 지원하면서 쌍별로 모범 사례를 공개하여 선의의 경쟁을 유발해하도록 지원한다. 특히 월간 계간에 필요한 보고서와 점검사항을 카페를 통해 접수하는 한편 월등히 잘하는 멘토나 멘토링 쌍은 공개적으로 시상하는 것이 효과적이다.

# 3. 인사체계 반영 동기부여

멘토링 동기부여 중에서 가장 매력을 느끼는 부문이 인사체계와 연결하는 것이다. 이 부문은 조직의 CEO의 멘토링에 관한 관심도를 엿볼 수 있는 대목이다.

국내 멘토링에서는 과거 멘제 시절의 경험이 없는 멘토의 입장은 대부분 첫출발할 때 선발된 의식보다는 시간적인 면에서 피해의식과 업무 면에서 이중부담의 염려를 가지고 있다.

이러한 상황에서 뚜렷한 동기부여 없이 멘토링을 진행하게 되면 상당 기간 동안 약간의 거부의식에서 멘제와 미팅이 이뤄지고 멘토링에 몰두가 지장을 받게 된다.

그러므로 조직에서는 멘토링에 참여하는 멘토가 첫출발부터 망설이지 않도록 멘토링에 참여하지 않는 동료 직원과 인사체계상에서 분명한 차별 대우를 해줌으로 명분 있게 멘토링에 전념할 수 있는 계기를 만들어 주어야 한다.

1) 인사고가 평가 시 가점 반영

멘토링에 참여하는 멘토를 활동 기간, 전문교육수강, 우수멘토수상 등을 고려하여 전기적인 인사고과 평가 시 일정한 점수를 가점하여 동기부여를 해주는 제도다.

2) 연봉 책정 시 상향 조정 반영

멘토는 정규업무와 멘토링이라는 두 가지 면에서 조직에 기여하는 것이다. 이러한 상황을 참작하여 연봉 협상 시 일정금액을 가산하여 동기부여 해주는 것이다.

3) 진급심사 평가 시 가점 반영

멘토로의 활동은 조직에서 자연스럽게 중간 지도자로서 역할을 수행할 기회를 갖게 되고 특별히 부하육성이라는 리더십을 인정받게 된다. 조직 입장에서는 이기주의가 팽배한 조직문화에서 타인을 배려해 주는 멘토를 긍정적으로 평가해 주어야 한다.

이러한 인재개발에 앞장서는 멘토를 어느 직원보다도 진급 심사 시 가점을 주어 동기부여를 해주어야 한다.

참고로 GE그룹에서는 1999년 진급자의 80%가 멘토의 도움을 받았다는 자료가 있다. 멘토의 공로를 인정해 주어야 할 당위성이다.

4. 멘토링 활동 기간 동기부여

1) 교육수강 지원

멘토가 멘제를 일정 기간 동안 인재개발의 책임을 맡고 활동하게 될 때 제일 우려하는 점이 멘토링에 관한 올바른 이해와 멘토로서 어떤 역할을 할 것인가이다. 그 다음으로 염려가 되는 것이 미팅 시 어느 소재를 가지고 의논할까이다.

이러한 의문과 염려를 풀어 주는 것이 멘토에 관한 교육수강 지원이다. 사실 멘토에게는 아마추어보다는 멘토링 전문가로서 교육수강이 필요하고 단순히 멘제 한 사람을 담당한 차원에서 머무를 것이 아니라 회사 중간 지도자를 양성하는 차원과 핵심인재로 개발한다는 적극적인 인재전략 차원에서 검토하는 것이 효과적이다.

2) 월 활동비 지급

멘토링을 조직에서 인재개발 차원에서 정식으로 도입이 이뤄질 때 반드시 고려해야 할 점이 경비부문이다. 멘토링 활동이 공식적인 조직의 활동으로 인정을 받을 때 멘토 / 멘제의 활동비 지급은 공금으로 지원은 당연하다. 혹자는 멘토링은 상호 협약으로 무료 봉사를 주장하는 사람도 있다. 사회 멘토링에서는 비영리 재단에서 기부금으로 운영하는 상황에서 멘토의 무료 봉사나 또는 멘토가 일정 경비를 부담하는 경우도 있다.

그러나 조직의 필요에 의해 멘토 / 멘제를 선발하고 조직의 고유업무인 인재개발이라는 분명한 목표로 멘토링 활동이 진행된다고 볼 때 투자의 개념에서 일정 경비를 지원하고 최종평가를 통하여 회수와 생산성에 관한 점검이 이루어져야 한다고 생각한다.

특히 멘토 멘제의 월(月) 활동비 지원 기준은 먼저 미팅 주기를 주간, 월간 등 몇 회로 할 것인가가 기준이 된다. 주 1회를 미팅 주기로 볼 때는 멘토링 쌍당 100,000원 정도가 타당하다고 본다.

3) 멘토링데이(Mentoring Day) 공시

멘토링이 아직은 국내에서 생소한 인재개발 기법으로 인식됨으로 먼저 도입한 조직에서 상당한 비토 세력에 의해 어려움을 겪고 있는 실정이다. 모처럼 멘토링을 도입하여 이러한 분위기가 도를 넘을 때 멘토 / 멘제의 활동은 위축되어 효과가 반감된다. 그러므로 멘토링 도입 전에 간부급들에게 기본 특강으로 긍정적 분위기를 유도하는 것이 필요하다. 특별히 멘토링 활동을 양성화하기 위하여 CEO결재를 얻어 주 1회 특정 요일을 멘토링데이로 선포하여 미팅을 공개하는 것이 활성화 계기가 된다.

4) 그랜드 미팅(Grand Meeting) 시행

멘토링은 멘토/멘제의 자발성이 무엇보다도 중요하다. 멘토링 활동 기간 중 분기별로 멘토링 전체 쌍이 모여 보수교육, 토론회, 격려, 회식 등으로 자발성을 고취하는 기회를 갖게 한다. 이때는 CEO의 동참이 가장 큰 효과적이다.

5) 멘토링 진흥대회 동기부여

멘토링 활동 기간 중 중간지점이나 최종 종료 시에 멘토링 활동에 우수한 자나 기타 공로자에게 시상을 하여 격려하고 차기 멘토링에 기대를 갖게 하는 동기부여 제도다.

먼저 진흥대회는 활동 중 우수 멘토를 선발하여 실제 발표토록 하고 멘토링 쌍 중에 우수 쌍을 선발하여 역시 발표토록 하여 멘토링 열정에 관심을 높이는 계기를 삼게 한다.

특별히 활동 기간 중에 멘토링에 관하여 느낀 점이나 미팅 사례 등을 수기로 남길 수 있도록 하여 차기에 참고자료로 활용하면 효과적이다.

이러한 행사를 치르면서 우수한 자에게 차등으로 포상금이나 포상휴가 포상해외 여행 등으로 지원하면 마지막 마무리를 인상 깊게 해주고 차기 멘토링 활동에 기대를 갖게 할 수 있다.

*** 멘토링 활동 진흥대회**
1. 우수 멘토 활동 진흥대회
2. 우수 멘토링 쌍 활동 진흥대회
3. 멘토링 활동 멘토/멘제 우수 수기 진흥대회

*** 멘토링에서 우수 활동자 선정 포상**
1. 우수 멘토 시상금-1, 2, 3등 선발(월 계간 활동결과)
2. 우수 멘토링 쌍 시상금-1, 2, 3등 선발
3. 우수 수기 당첨자-1, 2, 3등 선발

멘토링 행정 양식

Tool 3

 ## 1. 멘토 지원서(Mentor Application)

성명:	부서:	소속장:
전화:	**HP**:	이메일:

지원동기:

멘제에게 도움 줄 수 있는 요건:
1 멘토링 수강경력
2 전공과목
3 자격증 및 지적 재산권 등
4 조직에서 전문 분야 및 핵심역량
5 기타 특기

교육사항

학교 / 기관	학위 / 자격증	졸업

기타(교육 / 경험 등)

상기와 같이 지원한다.
200 년 월 일
지원자 성명: 서명

최종결정: 멘토링 운영위원장

최종심사결과를 아래와 같이 발표한다.
가함( ) 다음 기회 재심( ) 유보함( )
멘토링 운영위원장 성명: 서명

 2. 멘제 지원서(Menger Application)

성명:　　　　부서:　　　　소속장: 전화:　　　**HP:**　　　이메일:	
지원동기:	
멘토에게 얻고자 하는 내용	
멘토에게 도움 줄 수 있는 요건: 　　　1 멘토링 수강 경력 　　　2 전공과목 　　　3 자격증 및 지적재산권 등 　　　4 조직에서 전문 분야 및 핵심역량 　　　5 기타 특기	
기타 사항:	
상기와 같이 지원한다. **200** 년　월　일 지원자 성명:　　　서명	
최종결정: 멘토링 운영위원장	
최종심사결과를 아래와 같이 발표한다. 가함(　) 다음기회 재심(　) 유보함(　) 멘토링운영위원장 성명:　　　서명	

# 3. 멘토 월간 보고서(Mentor Report)

구 분	성 명	소 속		정기미팅요일	결연일	성격유형
		부 서	팀			
Mentor						
Menger						

* ( )월 멘토 / 멘제 미팅 활동내용

미팅 횟수	월일장소		소재 내용		비고
1차 미팅	월 일	장 소	1 2 3 * 다음소재:		
2차 미팅	월 일	장 소	1 2 3 * 다음소재:		
3차 미팅	월 일	장 소	1 2 3 * 다음소재:		
4차 미팅	월 일	장 소	1 2 3 * 다음소재:		
5차 미팅	월 일	장 소	1 2 3 * 다음소재:		

* 멘토 / 멘제 관계보고 좋음 - 5 4 3 2 1 - 안 좋음
* 발생된 문제점은?
* 기타 보고사항
* 활동비 정산
 　-총 사용금액 ( ) -증빙서 보완금액( ) -증빙서 불비금액( )

 4. 모니터 수시 보고서(Monitor Report)

구분	Mentor에 관한 사항	Menger에 관한 사항
인적사항	성명: 생년월일: 부서: 직책: 주요특기사항:	성명: 생년월일: 부서: 직책: 주요특기사항:
성격문제		
현재상태		
예상문제점		
해결방안		
실적	1 수시평가 2 중간평가 3 결과평가	

5. Mentoring Diary(Mentor / Menger)

<table>
<tr><td colspan="7" align="center">멘토링 일지(Mentoring Diary)
멘 토:
멘 제:</td></tr>
<tr><td></td><td align="center">일자</td><td></td><td align="center">시간</td><td></td><td align="center">장소</td><td></td></tr>
<tr><td colspan="7">* 미팅소재
1
2</td></tr>
<tr><td colspan="7">* 결과 의견
1
2</td></tr>
<tr><td colspan="7">* 차기 추진사항
멘토(Mentor)
1
2
3
4
5

멘제(Menger)
1
2
3
4
5</td></tr>
</table>

 6. Mentoring Plan(Mentor / Menger)

<table>
<tr><td colspan="6" align="center">멘토 / 멘제 실천계획서
(Braingame)

작성일자:
멘　토:　　　　　　사인
멘　제:　　　　　　사인</td></tr>
<tr><td align="center">개발
소재</td><td align="center">현재
지수</td><td align="center">진행 중인
사항</td><td align="center">지원
사항</td><td align="center">진행
완료일</td><td align="center">다음
진행사항</td></tr>
<tr><td>마음지수
1
2
3</td><td></td><td></td><td></td><td></td><td></td></tr>
<tr><td>지식지수
1
2
3</td><td></td><td></td><td></td><td></td><td></td></tr>
<tr><td>건강지수
1
2
3</td><td></td><td></td><td></td><td></td><td></td></tr>
<tr><td>관리지수
1
2
3</td><td></td><td></td><td></td><td></td><td></td></tr>
<tr><td>관계지수
1
2
3</td><td></td><td></td><td></td><td></td><td></td></tr>
</table>

7. 교육 수강자 학습 보고서

My Study Report
멘토링 교육 조직명: 부서: 성명:

내 생애 존경하는 사람찾기

과　거	3사람 이상	
현　재	1사람 이상	
미　래	1사람 이상	

멘토링 인재개발 3게임

Lynchpin Game					Star Game						Brain Game	
D형	F형	C형	A형	유형	마음	지식	건강	관리	관계	합계	아이디어	실천 건

멘토링 활동촉진 Skill

멘토 자질 점수	현재 득점	
멘토십 학습 Skill	현재 단계	
멘토십 자생력 Skill	현재 점수	

인재개발 환경지수 지수

Humanity 지수	체크지수	
Two Way 지수	체크지수	
C R M 지수	체크지수	
Hightouch 지수	체크지수	
Mindship 지수	체크지수	
합　계	체크지수	

멘토 / 멘제 활동
6단계

Tool 4

멘토와 멘제가 도입과정(Setting Process)에 들어서서 실제적인 활동에서는 준비, 협정, 실행, 피드백 제공, 장애물 제거, 마무리 등의 6단계(6Step)를 거치게 된다. 멘토와 멘제는 이러한 단계들을 거치면서 각자 맡은 역할을 수행하게 된다. 이 가운데 만약 어느 한 단계라도 소홀히 취급되거나 생략된다면, 그 멘토링은 멘토와 멘제 모두에게 지극히 만족스러운 것이 되기 어려울 것이다. 이제부터 앞에서 언급한 멘토링의 6단계에 대해 좀 더 구체적으로 살펴보기로 하겠다.

Step 1 준비단계

멘토는 자신의 의무를 실행하는 데 있어서 현실적이어야 한다. 멘토링은 누구의 이력서가 이익을 줄 것인지를 평가하는 것이 아니라, 누가 멘제의 욕구에 적합한 투지를 힐 수 있는지를 평가할 기회가 되어야 한다. 멘토는 자신이 멘토가 될 능력이 있는지를 점검해야 하며, 동시에 학습과 자기 발전의 기회를 모색해야 한다. 멘토와 멘제 모두 앞으로 멘토링의 결과를 어떻게 실천에 옮길 수 있는지 점검해야 한다.

준비 단계에서 멘토는 멘제가 스스로의 장점과 연구하고 싶은 분야를 확인할 수 있도록, 스스로를 평가해 볼 것을 부탁할 수 있다. 또한 멘제의 장단기 목표를 조사해 두어야 한다. 이는 '협정 단계'를 현실적으로 만드는 데 큰 도움이 될 것이다.

'준비 단계'에서 멘토는 또한 자신이 기대하는 바를 스스로 명확히 긍정할 수 있어야 한다. 멘토 스스로가 멘토링 관계에 대한 개인적 목표가 없다면, '마무리 단계'에 이르기까지 필요한 관심과 에너지를 유지하기가 어려울 것이다. 멘토링은 상호적이어야 하며, 비록 멘제의 학습욕구에 중점을 두고 있긴 하지만 두 파트너 모두 이익을 얻어야 한다. 두 파트너 모두 '준비 단계' 중에 각자가 기대하는 바에 대해 솔직하게 토론할 준비를 해야 한다. 그렇지 않으면 멘토링 관계의 어느 시점에서 나중에 실망과 비난을 감수해야 할지도 모른다.

모든 멘토는 멘토링을 시작하기 전에 자신의 열정과 의지, 열망이 현실적 평가와 균형을 이루는지를 확인해야 한다. 멘토는 적합성이 있는지 확인하기 위해 장차 멘제가 될 사람의 배경(Needs 및 가치관 등)과 그 외의 관련정보를 고려해야 하며, 멘토링에는 멘제의 목표와 욕구에 따른 시간투자가 필요하다는 것을 확실히 인식해야 한다.

Step 2 협정단계

이 단계에서 멘토와 멘제는 관계의 유지에 필요한 계약 조건을 수립한다. 두 파트너는 목표를 세우고, 멘토링 관계의 내용과 형식에 동의를 할 수 있어야 한다. 이 단계에서 멘토와 멘제는 자신의 생각, 기대, 목표, 욕구에 대한 상호 이해를 목표로 해야 한다. 또한 기밀 유지, 한계와 같은 문제도 다루어야 한다. 만약 이러한 문제를 불편해하거나 무시해서 다루지 않는다면, 멘토링 관계에서 절대로 목표를 달성할 수 없으며, 결국은 두 파트너 모두 실망하게 될 것이다.

협정 단계에서 멘토와 멘제는 대부분 상호 인재개발에 초점을 두게 된다. 멘토는 단기 트레이닝과 장기 발전 목표를 세우기 위해 멘제가 자신의 장점과 약점을 확인하도록 도움을 준다. 멘토의 목표는 멘제의 장기적 목표 성취와 관련해 멘제가 객관적으로 자기분석을 할 수 있도록 보조하는 것이다. 멘토가 이 인재개발 과정 중에 도움을 줄 수 있는 방법은 다음과 같다.

* 인재개발을 위한 멘토의 역할

멘제가 스스로의 장점과 약점을 평가하도록 요구한다.
멘제의 장단기 목표를 분명하게 한다.
멘토링 관계에 대한 멘제의 기대를 공유한다.
멘토링 관계에 대한 상호 간의 기대를 솔직하게 토론한다.
파트너십을 위한 세부 계획을 세운다.

멘토링 파트너들이 '협정 단계'에서 합의한 서면 동의나 계약은 장래의 관계에 도움이 될 수 있다. 그렇다고 계약의 내용이 멘토링 진행과정 내내 절대불변이어야 하는 것은 아니다. 어쨌든 협정의 내용에는 다음과 같은 요소들이 포함되어야 한다.

협정 단계에서 멘토는 멘제가 멘토링 관계의 핵심에 다가갈 수 있도록 도와야 한다. 이 단계에서 멘토는 실행 단계를 특징짓게 될 행동의 본보기를 보이게 된다.

* 멘토링 협정의 주요 항목

멘토링 관계의 장단기 목표
멘제의 학습목표
양측의 멘토링 관계에 대한 기대
양측이 멘토링 관계에서 기여해야 하는 부분
정기적인 미팅 스케줄
비공식적 접촉을 관리하기 위한 절차
첫 번째 계획한 미팅을 위한 주제
기밀 사항에 대한 협정
경영자로서가 아닌 멘토로서의 역할 조항

Step 3 실행단계

　이는 실제적이고 구체적인 멘토링의 본론 단계로, 참가자는 대부분의 시간을 이 단계에서 소비하게 된다. 이 단계는 앞서 수립한 상호 간의 이해를 바탕으로 이루어진다. 이 단계에서 참가자들은 멘제의 학습 욕구에 초점을 맞춘다. 멘토는 개방적이고 긍정적인 학습분위기를 조성하고, 사려 깊고 시기적절하며 솔직하고 건설적인 피드백을 제공함으로써 멘제의 학습을 장려한다. 두 파트너 모두 멘제의 학습목표를 확인하며, 이 목표들이 충족되고 있는지 확인한다.

　이 단계에서는 **멘토의 동맹자 촉매제 전략가로서의 2차적 역할**이 더욱 분명하게 드러난다.

　동맹자로서 멘토의 역할은 신뢰 쌓기를 의미한다. 신뢰는 멘토링 관계에서 가장 중요한 부분으로 특히 시작 단계에서 필수적이다. 신뢰와 믿음이 없는 상태에서는 멘제가 내면 깊숙한 곳에 잠재된 욕구, 불안, 꿈을 털어놓으려 하지 않을 것이다.

　촉매자로서의 멘토는 멘제를 새로운 영역(새로운 사람, 상황, 도전)으로 이끌며, 이때 어떠한 일이 발생하는지를 관찰하게 된다. 새롭고 예기치 않은 상황에 멘제를 던져놓으면, 멘제가 스스로의 능력을 되짚어보고 발전 목표를 향해 나아가는 데 도움이 된다.

　월트 휘트먼(Walt Whitman)은 이렇게 말한 적이 있다.

　"내 안에는 군중이 있다."

　멘토는 우리 안에 있는 군중을 교육해야 한다.

　코치 또는 전략가로서의 멘토는, 멘제가 성장과 학습을 위한 경험을 선택하고 구성하는 데 도움을 준다. 두 파트너는 장기 발전 목표에 대해 토론하고, 그러한 목표를 이루기 위한 업무나 경험을 고려하며, 발전 상황을 살펴보아야 한다. 멘토는 새로운 발전을 용이하게 하고, 최고를 추구하며, 멘제가 스스로의 한계를 뛰어넘을 수 있도록 도움을 주어야 한다.

　'재커리'는 '실행 단계'에서 멘제를 지원하기 위한 방법을 다음과 같이 목록으로 만들었다.

* 실행 단계에 있는 멘토의 역할

정기적으로 멘제를 만난다.

멘토링 관계가 발전하려면 시간이 걸린다는 사실을 예상해 본다.

꾸준한 참여를 보인다.

때때로 멘토링 관계에 참가한 모든 사람들의 기대를 재검토해 본다.

목적 지향적인지 확인하기 위해 멘토링 관계를 모니터한다.

중간 궤도수정의 가능성을 예상해 둔다.

주기적으로 학습목표에 따른 관계를 평가한다.

학습기회에 대해 개방적 자세를 유지한다.

멘토링 관계에 일정한 거리를 둔다.

멘토링 파트너에게 정기적인 피드백을 제공한다.

이러한 단계는 멘토링 관계의 핵심이며, 멘제의 학습목표가 달성될 때까지 지속된다. 실행단계의 일환으로 멘토는 멘제의 자기개발을 자극하고 동기를 부여한다. 이는 멘토가 질문을 던지고, 적극적으로 멘제의 얘기를 들어주며, 멘제의 생각에 도전하고 격려하며, 멘제를 대신한 생각이나 의사결정을 자제하는 것으로 이루어진다. 멘토의 질문은 멘제가 당면한 실질적 문제에 관심의 초점을 맞출 수 있도록 도움을 준다. 문제점을 확인하고 나면 멘토와 멘제는 문제에 대한 감정을 함께 검토하고, 장애물을 제거할 해결책을 이끌어 내도록 한다.

이 단계 중에서 멘토는 멘제의 학습과정에도 동등하게 중점을 두어야 한다. '실행단계'에서 멘토는 멘제가 학습 기회를 얻고, 조직 안팎의 자원과 접촉할 수 있도록 보조한다. 멘토는 이러한 과정 중에 자신의 영향력이나 연줄에 집중해서는 안 되며, 멘제의 성공이나 발전에 대한 공로를 주장해서도 안 된다.

멘토는 이 단계에서 멘제가 스스로의 문제점이나 학습목표를 실천하도록 격려한다. 멘제가 문제점과 잠재성 있는 선택을 확인하고 나면, 멘토는 멘제가 책임을 지고 문제해결을 위해 행동하도록 격려해야 한다.

멘토링의 이러한 성격과 역할에 대해 안티오크 대학의 국제사회학 담당교수인 제임스 킨(James Keen)은 이렇게 요약한다.

"우리 모두의 내면에는 자신만의 목소리가 있다. 우리는 모두 진정한 자신만의 목소리를 탄생시킬 능력을 가지고 있으며, 그 목소리는 우리의 직업에서 적용하게 된다. 멘토는 그러한 목소리를 이끌어 내는 데 도움이 될 수 있다. 이는 앵무새처럼 남의 목소리를 흉내 내는 것이 아니며, 사회적 재생산도 아니다."

멘토의 임무는 멘제의 성장과 발전을 지원하고, 문제해결 능력을 향상시키는 것이다. 일반적으로 멘토는 멘제가 던지는 모든 질문에 답변을 해주거나 조언을 해주는 것을 자제해야 한다. 멘토가 이러한 것을 자제하면 멘제는 스스로 문제에 적절하게 대처할 능력을 개선시킬 수 있다. 멘토의 임무는 조사, 발견, 질문을 통해 멘제가 자신의 앞에 놓인 문제를 분명하게 파악하도록 돕는 것이다.

멘제의 학습 여정의 일부분으로써, 멘토는 멘제를 다른 상급 관리자에게 소개해 줄 수 있다. 이는 멘제의 경력 시야를 넓혀주는 동시에 다른 상급 관리자에게는 새로운 인재를 소개할 수 있는 방법이다.

Step 4 피드백단계

피드백을 하는 것은 멘제의 발전과 실행단계의 성공에 필수적인 요소이며, 멘토의 섬세함을 필요로 하는 역할 중 하나다. 피드백의 적절성 여부는 효과적인 질문하기와 듣기 기술에 달려 있으며, 멘제에게는 멘토가 말한 것, 암시한 것, 학습의 방향, 학습과 실천의 조화를 보여줄 수 있는 기회다.

피드백은 멘토가 멘제에게 줄 수 있는 가장 귀중한 선물 가운데 하나다. 피드백은 교정과 확인의 형태를 띨 수 있으며, 항상 솔직해야 한다. 솔직하고 건설적인 피드백은 멘제가 능력과 자신감을 키우고 학습의 질을 높을 수 있도록 격려해 준다. 피드백은 멘토링 파트너들이 학습의 장애물을 극복할 수 있도록 도와주며, 실행단계에 필수적인 요소다.

피드백을 주고받는 것은 핵심적인 경영 기술로 볼 수 있다. 멘토링 관계에서는 멘토의 견해가 특별한 영향을 미칠 수 있으므로 피드백이 특히 중요하다. 멘토가 가지는 지위와 전문적 기술 또는 공평한 관찰자로서의 위치 때문이다. 따라서 멘제가 피드백을 받는 정도가 아니라 환영할 수 있는 방법으로 피드백을 제공할 줄 아는 능력이 멘토에겐 필수적이다.

멘제에게 주는 피드백은 솔직하고 긍정적이어야 한다. 멘토는 사실이 아닌 것은 절대 말하지 말아야 한다. 멘토는 멘제의 약점보다는 먼저 장점에 중점을 두고 강조해야 한다. 또한 약점을 다룰 때는 멘제가 이러한 약점에 어떻게 대처할 수 있는지, 자신은 어떤 역할을 할 수 있는지를 연구하는 것이 중요하다. 이것이 바로 약점을 다루기 위한 긍정적인 피드백의 방법이라 할 수 있다.

피드백을 받는 것 또한 멘토가 개발해야 할 기술이다. 멘토의 관점에서 보면 이는 두 가지 면에서 중요하다. 먼저 멘제로부터 긍정적인 피드백을 받는 것은 멘토링 관계를 향상시키며, 두 번째는 그 결과 역할 모델로서의 멘토는 피드백을 받는 대로 멘제를 더 능숙하게 지도할 수 있게 된다.

솔직한 피드백은 멘제에게 도움이 되는 것이 분명하지만, 때때로 멘토는 멘제의 저항이나 부정적인 태도를 각오해야 하는 경우도 있다. 부정적인 태도를 보이는 멘제는 대개 멘토의 피드백에 놀라고, 심하게는 충격을 받는 모습을 보인다. 멘토는 과거의 대화와 현재의 문제점을 연결시켜 주는 정보를 제공함으로써 멘제가 피드백에 대한 저항과 부정적인 태도를 가지지 않도록 유도할 수 있다.

피드백에 저항하는 멘제는 스스로의 능력을 의심하거나 상처를 받고, 자신의 문제로 남을 탓하기도 한다. 멘제에게 제안을 하기 전에 배출구를 열어주고, 미팅 사이에 잠시 냉각기를 두는 것이 도움이 될 수 있다.

그러나 피드백이 분명하고 솔직하며 시기적절할 경우, 멘제는 새로운 에너지를 얻을 수 있다. 피드백을 받으면 끝없는 에너지를 얻는 사람도 있다. 멘토는 피드백을 한 다음 멘제가 우선순위 결정에 초점을 맞추어 새로운 행동 코스를 확인하고, 새로운 가능성을 고려해 볼 수 있도록 도움을 준다.

피드백의 궁극적인 목적은 멘제의 행동과 학습방향을 조정하는 데 있다. 피드백은 멘제가 앞으로 나아가 새로운 도전에 대응할 수 있도록 도움을 줄 수 있다. 이는 스스로의 행동에 대해 재고해 볼 기회를 제공하며, 멘제가 행동 계획을 수립하고 사후 점검과 책임 메커니즘에 익숙해지는 데 도움이 되기도 한다.

멘토는 피드백을 할 때 지나치게 비판적인 태도를 자제함으로써 멘제의 자긍심과 자존심을 건드리지 않도록 주의를 기울여야 한다. 일방적인 충고가 아니라 상호 존중의 분위기 속에서 이루어지는 대화가 도움이 될 수 있다. 멘토는 멘제에게 자기평가를 요구하고, 멘제의 자기평가에 반응하기 전에, 주의 깊게 들음으로써 발견과정으로서의 피드백에 접근할 수 있다.

멘토는 피드백을 할 때 명확해야 할 뿐 아니라 학습을 강조하고 행동의 대안 코스에 대해 토론할 준비를 하며, 적절한 도움을 주어야 한다는 것을 항상 기억한다.

실행 단계에서 멘토는 수많은 장애물에 부딪힐 수밖에 없다. 모든 파트너십은 어느 순간에는 장애물에 직면하게 된다. 이러한 장애물은 멘제의 경험, 신념체계, 편견 등과 관련된 개인적인 것일 수 있고 또는 멘제의 업무 상황, 업무 이해도, 커리어 계획과 관련된 조직적인 것일 수도 있다. 이러한 장애에 부딪히더라도 멘토는 멘제의 성장과 발전을 순조롭게 하기 위한 지원과 도전 제안을 아끼지 말아야 한다. 멘토는 멘토링 관계에 나타난 장애물의 등장이나 그 힘을 과소평가해서는 안 되며, 생산적인 관계를 훼손할 수 있는 문제점을 미연에 방지하기 위해 노력해야 한다.

장애물 중 일부는 멘제에게서 비롯되기도 한다. 멘제가 멘토링에 집중하지 못하거나 계획을 끝까지 이행하지 못할 수 있다. 또는 자기평가와 학습의 의무를 실행하지 않고, 교묘하게 멘토링 관계를 통제하려 할 수도 있다. 즉각적인 만족을 얻을 수 있는 일 외에는 냉담한 반응을 보일 수도 있다. 멘토는 이러한 문제를 드러내는 멘제에게는 행동으로 인한 결과를 확인함으로써 멘제에게 도전하고, 멘제를 격려해 줄 준비가 되어 있어야 한다.

멘제가 멘토에게 과도하게 의지하거나, 멘토가 모든 문제에 대한 답을 주거나 학습 전략을 책임질 것을 기대하는 경우도 있을 수 있다. 이런 경우 멘토는 멘제를 구해 주거나 멘제의 문제점을 해결해 주어서는 안 된다. 반대로 멘제의 행동을 주목하고 이를 이슈화하여 검토하고 생각해 보아야 한다. 또는 멘토가 그와 비슷한 자신의 경험담을 들려주어 멘제가 그 경험담을 통해 교훈을 얻을 수 있도록 하는 방법도 있다.

다른 장애물로는 멘제가 아니라 멘토로 인해 발생하는 것들이 있다. 멘토는 자신이 멘제의 모든 욕구를 충족시켜 주어야 한다는 강박관념에 얽매일 수 있다. 또한 인종, 성, 나이에 대한 편견을 가지고 있어서 멘토링 관계에서 미묘하면서도 부정적인 영향을 미칠 수도 있다. 스트레스로 인해 멘토링 관계에 확실하게 집중하지 못할 수도 있다. 멘토는 멘제와의 미팅을 기록해 놓은 것과 미팅 중 자신의 언행에 대해 재고해 봄으로써 스스로에게 피드백을 주어야 한다. 또한 멘제의 피드백을 구하고 이를 진지하게 받아들여야 한다.

한편, 질투는 멘토와 멘제 모두에게 장애물이 될 수 있다. 멘토는 멘제의 성장을 질투할 수 있다. 멘제가 자신보다 더 성공하고 더 인정받게 될 것을 상상하면서 말이다. 멘제는 스스로의 발전과 통찰력을 지키려 경계하고, 멘토가 자신을 방해하며 심지어는 자신의 발전을 저해하려 한다고 생각할 수도 있다.

보통 이러한 장애물은 개방적이고 솔직한 피드백, 두 파트너가 스스로의 학습목표를 결정한다는 인식을 통해 극복할 수 있다. 둘이서 장애물을 극복하지 못하는 경우에는 멘토링 코디네이터에게 조언을 구할 수 있으며 혹은 그러한 장애물이 멘토링 관계를 마무리져야 한다는 징조일 수도 있다.

모든 멘토링 관계에서는 끝이 있기 마련이다. 마지막을 계획하고, 그 이후의 잠재적 영향력을 이해한다면 두 파트너 모두에게 도움이 될 것이다. 마무리 단계에서는 멘제의 성취와 멘토링 관계를 통한 양측의 이익을 확인하고 축하하게 된다.

마무리는 협정 단계, 즉 멘토링 파트너들이 파트너십 협정에 멘토링 스케줄을 수립하는 단계에서부터 미리 예상해 둘 수 있다. 마무리는 짧고 명확한 과정으로, 멘토링 관계가 기대를 충족시키지 못했더라도 성장과 재고의 기회를 제공한다.

마무리 단계에 가까워지면 여러 가지 이유로 멘토링 파트너들에게 도전과제가 발생하게 된다.

첫째, 멘토링 관계가 협정에서 예상했던 것보다 더 일찍 혹은 더 늦게 끝날 수 있다. 때로는 학습목표를 성취했음에도 불구하고 안정감과 확신을 주는 멘토링 관계를 끝내길 주저하는 사람도 있다.

둘째, 마무리는 언제나 파트너들의 감정적 반응을 불러일으킨다. 불쾌, 불안, 두려움, 실망, 안도, 기쁨 등의 감정은 모두 건강한 관계의 일부이긴 하지만, 이러한 감정을 처리하는 데는 대다수의 멘토와 멘제에게 예상보다 많은 시간이 필요하다.

멘토와 멘제 모두 긴밀한 관계를 마무리 지은 경험이 없다면 당황할 수도 있다. 둘은 우정을 나누게 되어 멘토링의 마무리가 우정을 훼손하게 될 것이라는 두려움을 갖게 될 수 있다. 하지만 마무리를 짓지 않으면 두 파트너 모두에게 도움이 되지 않는다.

사전 계획이 있었음에도 불구하고 마무리 지을 시기를 아는 것이 어려울 수도 있다. 대개는 학습목표의 성공적인 성취 같은, 마무리를 알리는 확실한 신호가 나타난다. 하지만 때로는 이러한 신호가 불분명할 때도 있다.

반복되는 설명이지만 마무리할 시기가 가까워지면 멘토링 파트너 모두 문제에 부딪히게 된다. 멘토링 관계의 마무리는 불안, 분노, 경악과 같은 감정을 유발하며, 이러한 감정은 멘토와 멘제 모두의 긍정적인 성취에 먹구름을 드리울 수 있다.

때로는 두 파트너 모두 힘겨운 감정 문제를 겪길 원하지 않으며, 마무리에 수반될 수 있는 개인적 유대감의 상실을 원하지 않아 멘토링 관계가 지속되기도 한다. 때로는 무력감이나 안정감으로 인해 끝나야 할 멘토링 관계가 더 오래 지속되기도 한다.

계획적인 멘토링 프로그램의 경우에는 프로그램의 주기에 따른 명확한 마무리 일자가 관계의 끝을 지시한다. 그 결과 학습목표가 성취되었음에도 불구하고 멘토링 관계를 지속해야 하거나, 학습목표를 성취하지 못했음에도 명시된 날짜에 끝내야 하는 경우가 생긴다.

멘토와 멘제는 파트너십 협정을 맺을 때 가장 먼저 마무리 시기를 정해 두어야 한다. 마무리 일자는 유동성 있게 하고, 학습목표의 성취 여부에 따라 판단하도록 한다. 이렇게 하면 두 파트너 모두 목표를 향한 발전과정을 주시하고, 서로 적절한 마무리 시기를 인식할 책임을 지게 된다.

마무리가 없다면 멘토와 멘제 모두 멘토링 관계를 통해 배운 것을 숙고해 보고, 구체화하며, 통합해 볼 기회를 얻지 못한다. 마무리는 멘토가 멘제에게 학습결과를 평가하고, 그러한 학습을 최대화할 수 있는 방법을 확인하도록 도울 수 있는 마지막 기획이다.

마무리 단계에서 두 파트너는 계획된 정식 파티를 열어야 한다. 멘토와 멘제가 서로 성취와 그들의 미래에 있어 멘토링이 미칠 영향에 대해 토론할 수 있는 오찬을 여는 것도 좋다.

성공적인 관계의 마무리는 멘토－멘제 관계의 끝이 아닐 수도 있다. 멘제는 멘토를 신뢰할 수 있는 친구로 여기고, 앞으로의 직장생활에서 자신의 발전과정에 대해 보고할 수도 있다. 이와 같이 비공식적인 멘토링 관계를 유지하기 위해서 멘토는 공식적인 멘토링 관계가 끝난 후에도 멘제에게 지속적이고 긍정적인 피드백을 제공할 각오가 되어 있어야 한다.

교육과정 프로그램

Tool 5

 ## 1. 교육과정 개요

멘토링 교육 프로그램은 먼저 멘토링에 관한 1, 전문인력을 양성하고 2, 리더십을 개발하며 3, 현장에서 임직원 특강과 특히 멘토제의 활동을 촉진하는 기술을 다루게 된다.

  1 전문교육과정 – 3개 과정(Manager, Facilitator, Consultant)
  2 리더교육과정 – 3개 과정(멘토 과정, 관리자 멘토십 CEO멘토십)
  3 현장교육과정 – 3개 과정(도입Workshop, 간부특강 보수교육)

구 분	과 정	시 간	주 제	비 고
전문교육	Manager	15~40	프로그램 전문가양성(관리자 모니터 코디네이터)	추진 팀원
	Facilitator	60	강의 전문 강사 양성	자격과정
	Consultant	80	컨설팅 전문가 양성	자격과정
리더교육	핵심인재 멘토	10~60	1 멘토십 개발 2 조직문화 구축 3 경영혁신 전략 4 부하육성 기법 5 상하 관계 개선	핵심인재양성
	관리자 멘토십	10~20		
	CEO 멘토십	4~20		
현장교육	도입Workshop	4~20	멘토 / 멘제 활동기술 미팅소재 소재개발 멘토 / 멘제 결연식	
	현장간부특강	2~4	간부급 분위기 조성과 지원	
	현장보수교육	2~4	멘토 / 멘제 활동 촉진교육	

 # 2. 전문 교육 3과정 소개

* 교육목적: 프로그램 전문가, 인재개발 리더십, 인간중심 조직문화 구축이 목적임
* 교육참가: 기업, 학교, 대학, 정부기관, 교회, 군대, 복지재단 등 조직의 임직원
* 교육과정: 전문가과정 24시간(1～3일)－사내 프로그램 전문가 양성과정
　　　　　　전문 강사 자격과정 60시간(6일)－사내 강사 양성과정
　　　　　　컨설턴트 자격과정 80시간(10일)－사내 외 컨설턴트 양성과정
* 교육장소: 서울센터(서울 마포전철역 주변 현대빌딩1008호)
* 현장교육: 단위업체에서 5명 이상 수강 시는 현장에 출장 교육 가능함
* 교육지원: 교재, 점심, 수료증 및 자격증, 강의안 ppt 제공

Contents		Manager 전문가	Facilitator 전문 강사	Consultant 컨설턴트
멘토링 원리 이해	Story	4	4	6
멘토 현장 스킬	Skill	4	6	6
다이아몬드 멘토십	Leadership	4	10	12
시스템구축방법	System	2	6	10
인간존중 경영	Humanity		4	6
경영과 생산성	Management		4	6
개인－인재개발게임	Game	4	8	12
조직－조직개발 도구 Tool		1	6	10
시스템운영매뉴얼	Manual	1	6	6
도입 및 성공사례	Case Study	4	6	6
합 계		24H	60H	80H

*** 교육과정 효과**

효과1. 도입, 활동, 평가 프로그램을 체계 있게 관리할 때 저비용 고효율의 효과
효과2. 분명한 멘토링 목표가 있기 때문에 실패율을 줄이고 성공률을 높임
효과3. 멘토링 프로그램을 전문적으로 관리하게 됨으로 장기간 지속이 가능
효과4. 활동과정마다 적절한 프로그램으로 멘토제들이 책임감과 안정감 부여
효과5. 활동 종료 시는 목표율 평가에 의하여 효과성 여부를 점검 가능함

 3. 리더 교육 3과정 소개

* 교육목적: 멘토십을 통하여 인재육성, 조직관계개선, 수익창출에 기여토록 학습
  하는 과정임
* 교육참가: 기업체, 공공기관, 대학, 군대의 간부급 및 최고경영자 대상
* 교육과정: 기본과정 20시간(3일)   중급과정 40시간(5일)   고급과정 60시간(8일)
* 교육장소: 서울센터(서울 마포전철역 주변 현대빌딩1008호)
* 현장교육: 단위업체에서 5명 이상 수강 시는 현장에 출장 교육 가능함
* 교육지원: 점심, 교재, 수료증 및 자격증 수여
* 교육강사: 멘토링코리아 류재석 대표

Contents		기본과정	중급과정	고급과정
멘토링 원리 이해	Story	2	2	4
멘토 현장 스킬	Skill	4	8	8
다이아몬드 멘토십	Leadership	6	10	10
시스템구축방법	System		4	4
인간존중 경영	Humanity	2	4	8
경영과 생산성	Management		2	4
개인 – 인재개발게임	Game	4	4	4
조직 – 조직개발 도구	Tool		2	10
시스템운영매뉴얼	Manual		2	4
도입 및 성공사례	Case Study	2	4	4
합 계		20H	40H	60H

* **교육과정 효과**

효과1. 인간존중 경영으로 관계 폭이 넓은 사랑의 공동체가 가능하다.

효과2. 조직구성원의 양적과 질적 관리의 시너지로 유기체조직이 가능하다.

효과3. 멘토링 12가지 활동 목표를 실행함으로 조직개발의 계기를 만든다.

효과4. 사내 고객만족과 사외 고객만족 서비스의 질을 동시에 높일 수 있다.

효과5. 내적으로 부하육성 리더십과 외적으로 고객 고객이탈을 방지하게 됨으로
  수익창출의 효과를 얻을 수 있다.

# 4. 현장 교육 3과정 소개

멘토링 Workshop과정은 조직에서 멘토제를 선발 후 멘토링 활동 개시(Kick Off) 시점에서 실행하는 교육과정으로 먼저 멘토와 멘제가 한 장소에서 만나 충분한 상견례를 겸해서 멘토링에 관한 올바른 이해와 멘토링 활동 기간에 수행할 멘토/멘제의 역할, 활동수칙, 미팅소재개발, 성격 대응법 등 스킬 분야를 중점적으로 학습하는 과정이다.

멘토링 보수교육 과정은 멘토링 활동 중 멘토제의 동기부여차원에서 실시하는 교육으로 평가 프로그램을 겸해서 실시한다.

멘토링 간부 특강 과정은 멘토제의 소속 간부나 부서장에게 멘토링 활동을 적극 지원할 수 있도록 마인드 조성차원에서 실시한다.

* 1-3일 Workshop 과정
* 2-4시간 보수교육 과정
* 2-4시간 간부특강 과정

Theme	Contents	1일-3일 Workshop	2~4시간 보수교육	2~4시간 간부특강
Story	원리 기본 이해	1		0.5
Skill	멘토 활동 스킬	2	0.5	
Leadership	다이아몬드 멘토십	1		1
System	시스템 운영			
Game	인재개발게임	3	1	
Case Study	도입 및 성공사례	1	0.5	0.5
소요시간		8~20H	2-4H	2-4H

* 교육과정 효과
효과 1 멘토링 원리와 현장 프로그램에 대한 올바른 이해를 갖는다.
효과 2 멘토/멘제 상호 간 관계 촉진 커뮤니케이션이 원활해진다.
효과 3 멘토/멘제가 미팅 시 소재개발에 아이디어를 갖게 된다.
효과 4 멘토십이 개발되어 멘제를 양육하는 데 노하우를 갖게 된다.
효과 5 멘토는 리더십이 개발되어 회사의 핵심인재로 인정받게 된다.

 5. 교육신청 및 교육비 내역

교육과정 신청방법

* 참가대상: 기업, 교회, 대학, 학교, 공공기관, 군대 등 조직의 임직원
* 교육장소: 전철 5호선 마포역 1번 출구 1~2분거리 현대빌딩1008호
* 현장출강: 단위업체 수강 인원이 5명 이상일 경우 현장 출강이 가능하다.
* 참가금액: 인당 / 시간당 40,000원, 현장 출강은 시간당 300,000원(부가세별도)
* 신청방법: 성명, 직장명, 직위, 전화 기록 후 이메일 이용 신청 cmko@chol.com
* 은행구좌: 국민은행 995701-01-032163(유환 팀장) 입금 후 세금계산서 발행
* 자세안내: 멘토링코리아 www.cmko.com 02)711-7104 / 5 010 6330-0574

교육비계산 산출기준

과 목	구 분	단 위	단 가	제안액	비 고
정규교육	2일 과정	15시간	40,000	600,000	1인당 수강료 부가세 10%
전문교육 리더교육	3일 과정	20시간	40,000	800,000	
	6일 과정	60시간	35,000	2,100,000	
	8일 과정	80시간	30,000	2,400,000	
현장교육	1일 과정	8시간	300,000		시간당 수강료 부가세10%
Workshop 야외캠핑 현장특강	2일 과정	16시간	300,000		
	3일 과정	20시간	300,000		
게임도구 교재	게임도구	1게임	5,000		진단도구만 구입할 경우
	게임도구	3게임	10,000		
	게임도구	12게임	30,000		
교재단체 구입	50p까지	권당	10,000원		회사단체 구입 경우표지 Logo 2도 컬러게임 진단도구포함
	75p까지	권당	15,000원		
	100p 이상	권당	20,000원		
강사출장 여비	경기 충청	인당	100,000원		교통비만, 숙식비별도
	공항 지방	인당	150,000원		항공료만, 숙식비별도
한 계					

결연(종료)식 프로그램

Tool 6

 ## 1. 결연식 프로그램 유의사항

유의사항

본 결연식은 멘토링 도입 Workshop 기본교육을 마치고 별도의 시간으로 단위 조직의 주관으로 진행한다.

쉽게 생각하면 남, 여 결혼식을 염두에 두고 격식을 갖춰 진행한다고 생각하면 된다. 가능한 CEO가 참석해야 하나 그렇지 못할 경우 반드시 임원 정도에서 격려사를 하는 순서를 진행하도록 한다.

당일에 하지 않고 별도 일정을 잡아 할 수도 있다. 아래 프로그램은 멘토링코리아에서 제공하는 샘플임으로 단위 기업에 맞는 형식으로 조정할 수 있다.

업체상호:
결연일자:
결연장소:

1	개회사	사회자
2	멘토 / 멘제 선서	사회자 CEO
3	격려사	CEO
4	사진촬영(CEO와 함께)	사회자 CEO
5	만찬	사회자

 # 2. 프로그램 세부 진행 순서

<table>
<tr><td colspan="3">업체상호:
결연일자:
결연장소:</td></tr>
</table>

1	개 회 사	순서담당자
2	멘토 / 멘제 선서 - 멘토 대표선서 - 멘제 대표선서	사회자 CEO
3	격 려 사	CEO
4	CEO 선물 증정(도서 등) - 멘토 대표 - 멘제(여) 대표	CEO
5	사진 촬영(CEO와 함께) - 단체 사진 - 멘토 멘제 쌍별 과 CEO사진	사회자 CEO
6	축하만찬(아래에서 주최자 선택) - 뷔페급 식사 - 바비큐 파티 - 음료 파티	사회자

● 기타 참고사항
 1) 멘토 멘제 선서는 멘토 멘제 쌍 단위의 대표가 아니고, 각각의 대표임.
 2) CEO의 선물은 도서. 결연식 후 멘토 멘제 전원 배부
 3) 사진 촬영은 CEO와 직접 하며, 나중에 액자에 넣어 전달할 것

# 3. 멘토 / 멘제 선서 양식

[선 서]

저희는 제(1)회 멘토링 파트너로서 선정됨을 자랑스럽게 여기며 사장님과 동료 앞에서 다음과 같이 선서합니다.

* 멘토 대표

하나, 저는 멘토의 역할을 소중히 여기며 멘제의 역할 모델로서 멘제의 성장을 위해 깊은 관심과 노력을 기울일 것을 다짐합니다.

* 멘제 대표

둘, 저는 멘제로서 언제나 바른 생각과 겸손 마음으로 항상 모범이 되어 멘토로 성장하는 데 최선을 다하겠습니다.

* 멘토 / 멘제 대표

셋, 우리는 멘토링 활동 모임에 최우선을 두겠습니다.
넷, 우리는 미팅시간을 상호 성실히 지키겠습니다.
다섯, 우리는 멘토링 과정에서 알게 된 상호 간 비밀을 언제나 보호하겠습니다.

200 년 월 일

멘토 대표: 서명
멘제 대표: 서명

 4. 멘토 / 멘제 결연식 시나리오

[진행 시나리오]

멘토와 멘제가 결연식에 참석하여 서로 상견례를 아래 시나리오를 활용하여 진행한다.

순서1 – 멘토와 멘제 대표가 나와 선서식을 하기 위해 앞으로 나오면서 동시에
    CEO도 앞에 선다.

순서2 – 좌석에 앉아 있는 멘토 / 멘제들이 앞에선 대표들이 선서할 때 일어선다.

순서3 – 대표들이 선서할 때 선서문 중 끝 부분(적색글)을 같이 복창한다.
    예문: 다짐합니다. 다하겠습니다. 보호하겠습니다.

순서4 – 선서문을 날인하여 CEO에게 전달한다.

순서5 – 멘토 / 멘제 대표는 청중을 향해 뒤돌아서서
    멘제 – "저의 멘토가 되어 주십시오"
    멘토 – "정성껏 섬기겠습니다" 하면서 악수하고 껴안을 때 청중에 서 있는
    멘토 / 멘제도 똑같이 행동한다.

순서6 – 멘토 / 멘제 대표는 사회자의 [새출발]이라는 신호와 함께 좌석에 앉는다.

순서7 – 모든 사람들이 착석하면 CEO는 격려사를 한다.

순서8 – 격려사 후 도서 등 선물과 함께 [멘제 개발–5DB] 봉투를 멘토에 전해 준다.

5. 멘토 / 멘제 상호 간 약정서

멘토링 활동약정은 멘토/멘제가 공동활동하는 데 있어서 매우 가치 있는 도구다.

멘토링에 참여하는 모든 멘토 멘제들로 하여금 이 모임이 무엇을 하는 모임인가에 대해 공동관심사를 가질 수 있도록 도와준다.

멘토링 활동 개시 시점이나 기존 활동이 만기 되었을 때, 멘토링 참여자들은 아래의 질문에 대하여 서로의 의견을 모을 수 있도록 잠시 시간을 할애해야 한다. 모든 참여자들은 사전에 충분한 시간을 갖고 토론과정을 거쳐서 약정에 서명한다면 마음으로 동조하고 멘토링 활동의 나아갈 방향성을 결정하는 데 기여할 수 있다고 느끼게 될 것이다.

[약정서]

1. 활동목적: 우리의 활동목적은 멘토링 활동을 통하여 상호 간 인간성장을 목적으로 한다.
2. 활동목표: 우리의 활동목표는 개인목표로 인격지수를 높이는 것과 회사 목표로는 (신입사원 정착률 향상)을 목표로 한다.
   목표 예) 경력개발
   목표 예) 지식전이
   목표 예) 노사화합 등
3. 활동 기간: 우리의 활동 기간은 12개월로 한다(2006.7.1~2007.6.30).
4. 미팅주기: 우리의 미팅주기는 주 1회로 한다.
5. 미팅시간: 우리의 미팅시간은 매회 1시간 내외로 한다. 특별한 경우는 상호 협의해서 장단을 결정한다.
6. 미팅장소: 우리의 미팅장소는 사 내외 등을 불문하고 자유롭게 정한다.
7. 미팅소재: 우리의 미팅소재는 목적과 목표에 합당하게 정하되 회사 경영 소재, 가치관소재, 니즈 소재, 인격지수 소재, 생애설계 소재 등을 우선적으로 다룬다.
8. 활동규칙
   1) 우선순위 - 우리들은 멘토링 활동모임에 우선을 둔다.

2) 참여의견 - 우리들은 미팅 시 자신의 의견을 말할 수 있고 모든 질문들이 존중되어야 한다.

3) 비밀유지 - 우리들은 모임에서 다른 내용을 외부에 보안을 유지한다.

4) 상호협력 - 우리는 특별 활동 프로그램을 계획 시 상호 충분히 논의 후 결정한다.(봉사활동 가정방문 체력단련식 등)

약정일: 200   년   월   일

멘 토: 서명

멘 제: 서명

 6. 멘토 / 멘제 회사에 대한 서약서

멘토링 활동은 먼저 회사 입장에서는 적극 지원 체제와 멘토 / 멘제 입장에서는 자율성이 최대한 보장되는 상황에서 전개되는 것이 바람직스럽다.

그럼으로 멘토링에 참여하는 사람들은 회사에서 탑다운식의 관리형태에 앞서 활동의 자율성을 위해 책임과 적극성이 앞서야 한다.

특히 회사에서 멘토링 활동에 관한 도입 의도와 지원하는 각종 사항에 대해 올바른 이해가 무엇보다 중요하다고 본다.

아래 멘토와 멘제의 서약서는 회사와 참여하는 멘토 멘제 간에 신사협정이라고 볼 수 있으며 서약서 내용을 숙지함으로 멘토링 활동에서 성실과 신뢰감을 높일 수 있는 것이다.

[멘토(Mentor)서약서]

본인은 멘토링 활동에서 멘토로 선정되어, 다음과 같은 사항들을 지킬 것을 서약합니다.
 1. 본인은 멘토들을 위한 교육, 훈련과정에 적극적으로 참여하겠습니다.
 2. 본인은 멘토링 활동을 끝까지 책임 있게 진행하고 마무리하겠습니다.
 3. 본인은 멘제와 약속된 미팅시간을 잘 지키겠습니다.
 4. 본인은 만일 미팅에 참석할 수 없거나 부득이한 경우가 발생할 때는 회사에 반드시 알리겠습니다.
 5. 본인은 멘제와 또는 멘토링 관리자와 열린 마음으로 관계형성에 노력하겠습니다.
 6. 본인은 멘제와의 자주 만남을 주선하고 대화를 지속하겠습니다.
 7. 본인은 멘제와 나눈 내용은 반드시 비밀로 지키겠습니다.
 8. 본인은 멘제를 위한 도움이 필요할 때 회사에 도움을 요청하겠습니다.
 9. 본인은 기타 회사에서 정하는 사항에 대하여 적극적으로 따르겠습니다.

약정일: 200   년   월   일

멘 토: 서명

[멘제(Menger)서약서]

본인은 멘토링 활동에서 멘제로 선정되어, 다음과 같은 사항들을 지킬 것을 서약합니다.
 1. 본인은 멘토링 활동의 규칙을 준수하겠습니다.
 2. 본인은 멘토와 약속된 미팅시간을 철저히 지키겠습니다.
 3. 본인은 모든 활동과 행사에 적극적으로 참가하겠습니다.
 4. 본인은 멘토를 존경하고, 예의 바른 행동을 하겠습니다.
 5. 본인은 멘토와의 관계에서 솔직하고 진실하게 참여하겠습니다.
 6. 본인은 멘토링 활동 기간에 도움이 필요할 때는 반드시 멘토에게 알리고, 회
    사에 도움이 필요할 때는 반드시 통보하여 적극적으로 도움을 받겠습니다.

약정일: 200　　년　월　일

멘 토:　　　　서명

 7. 활동 종료식 프로그램

유의 사항

멘토링 활동 종료식은 일정 기간 멘토링 활동을 마치고 별도의 시간으로 단위 조직에서 진행을 주관한다.

지난 활동을 회상하면서 멘토/멘제의 개인 성장과 회사의 발전에 기여도를 염두에 두고 격식을 갖춰 진행한다. 한편으로 이번 활동을 기본으로 하여 앞으로 멘토링 활동 추진 방안도 밝힌다. 가능한 CEO가 참석해야 하나 그렇지 못할 경우 반드시 임원 정도에서 축사를 하는 순서를 하도록 한다.

회사 형편상 최종일에 하지 않고 별도 일정을 잡아 할 수도 있다. 아래 프로그램은 멘토링코리아에서 제공하는 샘플임으로 회사에 맞게 조정해도 된다.

업체상호:
종료일자:
행사장소:

1	폐회사	사회자
2	축사	CEO
3	실적 보고	TF팀장
4	표창 및 상금 전달	사회자
5	발표	수정자

 8. 종료식 프로그램 세부 진행 순서

	업체상호:
	종료일자:
	행사장소:

1	* 폐회사 지금부터 멘토 / 멘제 활동 종료식을 거행하겠습니다	사회자
2	* **CEO 축사** 멘토 / 멘제 6개월 수고 감안한 축사와 향후 멘토링 추진 방안	CEO
3	* 실적보고 1)개인역량 및 업무 숙달률 2)그룹정량 및 정성평가 실적	멘토링TFTeam장
4	* 표창 및 상금전달 1)우수 멘토 1~3등　　　　2)우수멘토링 쌍1~3쌍 3)활동 수기(手記) 작성 우수상　4)멘토링 활동 공로자 5) 멘토 인증서 전달	CEO
5	* 우수자 및 쌍별 발표 수상자 중에서 선발	사회자
6	* 종료 기념 친목 만찬	사회자

주간 이메일 서비스제도

Tool 7

 # 1. 주간 서비스 운영 방법

멘토링을 교육 차원이 아니라 시스템 차원에서 도입한다고 볼 때 먼저 고려해야 할 점이 활동 기간이다. 이 기간 설정은 멘토링 목표에 따라 짧게는 6개월~12개월, 길게는 5년~10년으로 생각할 수 있는데 이러한 경우 도입 Workshop후 어떻게 멘토/멘제가 계속해서 멘토링에 관한 열정을 지속하느냐가 중요한 관건으로 남는다.

멘토링코리아에서는 이 점을 감안하여 시공간적으로 제한을 받지 않는 [주간 이메일 서비스제도]를 운영하여 멘토/멘제가 계속해서 멘토링에 관심을 갖고 활동을 성공적으로 마칠 수 있도록 지원하고 있다.

주간 서비스 목적

이 주간 서비스의 목적은 멘토와 멘제가 멘토링 활동을 하는데 주간 단위로 당초 열정이 식지 않도록 북돋아 주는 촉진기법이다. 결국 개인적으로는 조기 역량 개발과 조직의 입장에서는 구성원의 업무능력 향상에 힘을 실어 주는 것이 목적이다.

주간 서비스 방법

이 주간 서비스의 방법은 먼저 멘토/멘제가 도입 Workshop을 마친 후 주간마다 1~5p분량으로 가볍게 소화할 수 있도록 전송해 주고 결과 피드백을 참고로 한다.

주간 서비스 작성

이 주간 서비스의 발송에 관한 자료 작성은 멘토링코리아 류재석 대표를 비롯하여 소속 컨설턴트들이 맡아 작성한다.

 # 2. 주간 서비스 참가 방법

주간 서비스 대상

이 주간 서비스의 대상은 두 가지로 나눈다. 첫째는 멘토링코리아와 조직 간에 계약이 된 경우로 멘토/멘제가 단체 회원이 된다. 둘째로 소속에 관계없이 멘토/멘제가 개인적으로 신청한 경우로 이때는 개인 회원이 된다. 전제 조건은 두 경우 다 현재 멘토링 활동을 하고 있는 상황을 전제로 한다.

주간 서비스 기간

이 주간 서비스의 기간은 멘토와 멘제가 멘토링 활동 기간을 원칙으로 한다. 그러나 개인의 경우에는 기간을 조정할 수 있다.

주간 서비스 비용

이 주간 서비스의 비용은 단체 회원은 사전 계약에 의하여 책정된 컨설팅 용역비에 포함하고 개인 경우는 6개월 100,000원 12개월 200,000원으로 한다.

주간 서비스 특전

이 주간 서비스 회원의 특전은 이메일 발송에 대한 수신 확인된 자로 하되 멘토 인증서 발급 시 보수교육 점수로 6개월간 5점 추가하고 12개월에는 10점을 추가한다.

12개월 서비스 받은 자는 멘토링코리아에서 발간한 도서 중 1권을 기증한다.

 # 3. 주간 서비스 내용(Contents)

　멘토링 활동 기간을 12개월 주기를 모델로 하여 진행한다. 매번 이메일 서비스내용 구성(%)은 명상록을 한 가지 담고 나머지 5가지 주제는 교대로 싣는다. 월간이나 계간 전에는 학습과 공지사항 주제로 점검과 평가 내용을 주로 다룬다.

Theme	Contents	%
Mentoring Meditation 명상록	1 멘토링 도서에서 발췌 2 멘토링 사례에서 발췌 3 매스컴 기사에서 발췌	50%
Mentoring Skill 스킬	1 멘토링에 관한 스킬 2 멘토에 관한 스킬 3 멘제에 관한 스킬	10%
Mentoring Study 학습	1 멘토링 이론에 관한 보충 2 멘토링 실행 프로그램에 보충 3 멘토링 활동 점검 및 평가자료 보충	10%
Mentoring Case Study 사례	1 멘토링 국내, 해외 개인 사례 2 멘토링 국내, 해외 조직 사례 3 현행 활동 중인 멘토 / 멘제 사례	10%
Mentoring Q&A 문답	1 멘토링 원리에 관한 Q&A 2 멘토링 프로그램에 관한 Q&A 3 멘토 / 멘제 실제 질문과 답변	10%
Mentoring Information 공지사항	1 멘토링 프로그램에 관한 사항 2 멘토 / 멘제 활동에 관한 사항 3 멘토링 월간 계간 행사 안내	10%

멘토 / 멘제 미팅
소재 개발

Tool 8

멘토링 활동에서 멘토 / 멘제가 가장 염려하는 부문이 미팅시간이다.

왜냐하면 평상시에 직장에 출근하여 업무적인 일 외에는 상대방에 관하여 거의 관심을 가질 수 없기 때문이다. 그러나 멘토링 활동에서는 두 사람이 면대면(Face to Face) 해야 하기 때문에 이에 익숙하지 않아 자연이 사전에 부담을 느끼게 된다.

그래서 혹자는 "멘토 / 멘제가 만나서 술잔이나 기울이고 신변잡기나 이야기하다 상사의 흉보는 일로 소일하는 것이 아닌가?" 하면서 의구심을 갖는 분들도 있다.

그러나 이러한 사항은 단지 멘토링 프로그램을 제대로 이해하지 못하는 데서 오는 오해일 뿐이다.

멘토링 활동은 먼저 체계적인 인재개발 프로그램으로서 1)개인개발과 2)조직개발의 목표를 분명히 제시하고 출발하기 때문에 아무 대안 없이 허송세월을 보내도 되는 그러한 한가로운 기법은 아니다. 반드시 목표가 주어지면 조직의 특성상 일정 기간 후에는 실적 평가가 뒤따르기 때문이다.

한편으로는 멘토 / 멘제가 미팅시간을 어떻게 효과적으로 활용하느냐는 추진 팀의 성의에 달렸다고 해도 과언은 아니다. 그래서 멘토링 소재 개발에 멘토 / 멘제가 큰 관심을 갖고 주어진 목표달성에 매진하도록

첫째는 멘토는 멘제가 조직의 경영 현황에 관심 갖도록 설명자료가 소재가 되어
야 하며

둘째는 멘토는 멘제의 인재개발을 위하여 멘제의 니즈(Needs)와 가치관이 자연스
럽게 소재가 되어야 한다.

셋째는 멘토/멘제가 각자 개인 개발의 목표 달성을 위해서는 Star Game과 Life
Plan Game에서 제시하는 10가지 주제가 미팅소재로 활용되어야 한다.

결과적으로는 멘토링 활동에서 주어진 기간을 목표와 연결하여 미팅 시마다 준비
된 소재가 충분하고 실천활동이 이뤄진다면 목표 대비 높은 성공률을 거둘 것이다.

 1. 회사 경영 현황에 관한 소재

1) 회사 Story
  (1)경영이념
  (2)창립일
  (3)창업자 이야기
  (4)어려움 극복 이야기
  (5)번영의 계기가 된 이야기

2) 조직체계
  (1)회장
  (2)계열사 조직 및 CEO
  (3조직 편제 및 센터
  (4)국내외 Net-Work
  (5)인원규모

3) 사규사칙

(1)근무에 관한 규정

(2)상벌에 관한 규정

(3)대우에 관한 규정

(4)복리후생에 관한 규정

(5)특허 및 지적 재산권에 관한 규정

4) 경영실적

(1)매출총액

(2)이익–경상이익 순이익

(3)1주당 가액

(4)인기 제품별 매출액

(5)자산규모

5) 미래 전략과 비전

(1)인사조직에 관한 전략

(2)마케팅에 관한 전략

(3)생산관리에 관한 전략

(4)재무회계에 관한 전략

(5)우리 조직 SWOT 분석자료

(6)동종업계에서 위치

(7)미래 경영 비전

2. 멘제 니즈(Needs)에 관한 소재

멘토는 아래 15개 소재 중에서 멘제에 해당되는 5가지를 우선순위로 번호를 표시한다. 아래 사항은 단기적(5년 이내)이며 긴급한 사항으로 임의로 선정한 것이다.

그러나 멘제가 아래 사항 이외에도 5가지를 자의로 선발할 수도 있다. 멘토／멘제는 아래 선정된 5가지 소재를 미팅 시 자료로 활용하라.

Needs에 관한 소재	순위	Needs에 관한 소재	순위
1 학위취득		9 유학 가기	
2 승진하기		10 건강문제	
3 연봉 정하기		11 주택문제	
4 자격취득하기		12 신용카드문제	
5 상급자와 관계		13 가정문제	
6 교육수강하기		14 결혼문제	
7 신앙에 관한 문제		15 부부간에 문제	
8 보직에 문제			

 3. 멘제 가치관에 관한 소재

멘제의 가치관이라 함은 5년 이상 장기간으로 멘제의 중요한 일을 생각할 수 있다. 직장생활을 하는 동안 또는 인생살이에서 가치관의 우선순위를 어디에 둘 것인가를 파악하는 것이다.

예를 든다면 내가 직장 및 가정생활 그리고 일상적인 속에서 가치 순위를 어디에 둘 것인가?

멘제는 이래 11가지 소재 중에서 가치의 우선순위대로 5가지를 선택해서 번호를 기록하라. 그리고 멘토는 멘제와 선정된 5가지 소재를 미팅 시에 자주 논의하라.

가치관에 관한 소재	순위	가치관에 관한 소재	순위
1 출세하기 위해서		6 가족과 행복한 삶을 위하여	
2 일(업무)이 좋아서		7 신앙적인 사명에서	
3 돈벌기 위하여		8 부모에게 효도하기 위하여	
4 인맥을 넓히기 위하여		9 직장 친구 사귀기 위해서	
5 특정한 사명을 위하여		10 전공을 살리기 위하여	
(시민운동, 민주화 환경운동 등)		11 특정한 사람을 도와주기 위하여	

 # 4. 인격지수개발에 관한 소재

멘토링 프로그램의 콘텐츠(Contents)는 인격이다. 최초의 멘토가 텔레마코스 왕자를 20년 동안 교재로 수학(知), 철학(情), 논리학(意)을 사용한 데서 기인하며 오늘날 인격을 상징한다.

그러므로 멘토의 존재 이유는 전인적인 삶의 조언자 역할을 하기 위함이다.

Star Game은 인격을 5가지 소재로 구분하여 멘토/멘제 상호 간 점검하여 삶을 개선함으로 인격 지수를 높이고자 하는 프로그램이다. 3개월 단위로 체크하여 멘토/멘제 역량 평가자료로 활용함이 효과적이다.

멘토는 도입 Workshop 시 최초로 시행하는 star Game에 나타나는 멘제의 5Index의 실적을 분석하고 합계점수에 관심 갖고 Up Grade에 전력해야 한다.

인격지수 개발 소재 분석표		
5가지 소재	소재별 착안점	비 고
① Hightouch(마음지수)	포용력, 정서력, 봉사헌신력,	
② Hightech(지식지수)	지식력, 기술력, 정보력,	
③ Highhealth(건강지수)	정신과 신체의 건강력,	
④ Highcontrol(관리지수)	의지, 절제, 판단, 분별력	
⑤ Highrelation(관계지수)	조직원 간, 가족 간, 사회활동	

 # 5. 인생설계 작성에 관한 소재

* 인생설계 프로그램이란?

Life Plan Game

인간으로 태어나 꿈과 마음으로부터 진실로 뜻한 바를 이루기 위해 자신에게 주어진 인생 영역을 시대와 환경에 맞게 새롭게 설정하고 이의 실현을 위하여 멘토(**Mentor**)와 구체적 계획을 세워 인생 목표를 성취하기 위한 멘제(**Menger**) 스스로를 동기부여시켜 주는 프로그램이다.

* 인생 설계 프로그램의 기대효과

멘제로 하여금 가정, 학교, 사회, 직장 등 모든 영역에서 개인이 추구하고자 하는 생애 목표 설정과 달성을 위한 구체적 계획을 수립하여 개인의 습관과 행동을 지속적으로 변화시켜 주는 프로그램이다. 이 프로그램은 독특한 자료를 통해 자신을 발견케 하고 필요 능력을 개발시켜 인생목표에 도전하고 성취하려는 열정을 강화시켜 주는 프로그램이다.

Theme	Sub Theme	Life Plan
가정영역	결혼방법과 준비 자녀와의 활동 가족과의 시간관리 가장의 리더십	
직업영역	나의 사명 역할 일에 대한 기대와 수용 일을 통한 자기 발견 리더십의 발휘	
경제영역	사회적 활동 공동체의식 타인과의 협 신용과 재테크	
정신영역	윤리적 기준 정신 개발 종교활동 잠재력 발견	
창조영역	변화 창조 평생교육 자기계발 인생영역의 확대	

멘토링 현장 활동 프로그램

Tool 9

멘토링 활동부문은 멘토/멘제가 일정 기간 동안 조직의 지원하에 자유롭게 프로그램을 진행하는 자율활동을 말한다. 여기에서 개인 활동은 정기미팅 등 멘토/멘제 두 사람만이 갖는 프로그램을 말하고 그룹활동은 전체 쌍이 야외활동을 하는 등 합동으로 활동하는 것을 말한다.

특히 멘토링 활동은 멘토의 자율성이 최대한 보장되는 만큼 멘토는 회사의 규정이나 모니터의 관찰에 유의하고 멘제와 건전하고도 유익한 활동의 전개에 최선의 노력을 다하여야 한다.

구 분	활동유형	주 관	참여인원	일정 및 장소	성과기대
개인활동 프로그램	정기미팅활동	멘토	멘토/멘제	미팅주기: 장소: 제한 없음	멘토 월간보고서
	스포츠활동	멘토	멘토/멘제	수시:	체력단련
	친목활동	멘토	멘토/멘제	수시:	친목교제
	학습활동	멘토	멘토/멘제	수시:	자율학습
	가정반문	멘토	멘토/멘제	수시:	가정친목
	봉사활동	멘토	멘토/멘제	수시:	사회봉사 불우이웃돕기
	문화활동	멘토	멘토/멘제	수시:	교양활동

구 분	활동유형	주 관	참여인원	일정 및 장소	성과기대
그룹활동 프로그램	분기그룹 미팅	조직지원	멘토 / 멘제CEO 추진 팀장	1차:2차:	그룹 건의해결 및 친목
	야외활동	조직지원	멘토 / 멘제 추진 팀장	수시	그룹친목
	학습활동	조직지원	멘토 / 멘제 추진 팀장	수시:	특수 분야 강사 초청수강
	독서활동	조직지원	멘토 / 멘제 추진 팀장	수시:	독서단체구입
	봉사활동	조직지원	멘토 / 멘제 추진 팀장	수시:	사회봉사 불우이웃돕기

 1. 멘토링 활동프로그램 유의할 점

1) 멘토 / 멘제 활동의 범위

멘토링의 활동 범위는 먼저 멘토링 활동 목표에 의하여 크게 좌우되는 데 예를 들자면 OJT멘토링, 경력개발 멘토링, 지식기술 이전 멘토링 등은 주로 학습 활동이 우선되고 반면 신입사원 멘토링, 노사화합 멘토링 관계개선 멘토링 등은 친목 위주의 활동이 많아지게 된다.

그러나 멘토 / 멘제가 활동하는 데 조직의 연건에 너무 집착할 필요는 없다. 이왕 멘토 / 멘제가 조직으로부터 정상적인 지원을 받고 일정 기간 동안 활동을 보장받았으므로 사칙이나 모니터와의 수시 상의하여 멘토 재량으로 활동의 폭을 확장 또는 감소가 충분히 가능하다고 본다.

2) 멘토 / 멘제 활동 기간

일반적으로 멘토링 활동 기간은 조직에 적용되는 멘토링에서는 제한을 받게 된다.

그러나 개인적으로 이뤄지는 멘토링 활동은 그 기간을 제한할 필요는 없다. 두 사람이 마음이 맞으면 수년이나 평생도 멘토링을 할 수 있기 때문이다.

문제는 조직에 멘토링의 활동 기간을 설정하는 것이 무엇보다도 중요하다고 본다. 현재 멘토링 기간은 전혀 심사숙고하지 않고 종전 OJT(On the Job Training) 기간 개념에서 3개월, 6개월, 12개월 식으로 시행함으로 제대로 성과도 내지 못하고 도중에 해체되는 예가 비일비재하다. 왜냐하면 업무숙달이 목적인 OJT와 인재개발이 목적인 멘토링은 개념 자체가 다르기 때문이다. 조직 적용 멘토링 활동 기간을 설정하는 데는 다음의 몇 가지 고려할 점에 유의하기 바란다.

첫째는 우리 조직에서 어느 영역에 멘토링을 도입할 것인가가 우선 고려되어야 한다. 멘토링 전문가가 사내에 있다면 조직의 환경분석이 먼저 이뤄져서 취약부문을 가려내어 목표설정을 해야 한다. 잘나가는 부문에 멘토링을 도입하는 것은 저비용 고효율 원칙에 어긋나게 된다.

두 번째로 멘토링 목표가 설정되었으면 목표달성에 필요한 기간을 계산하여 적용하면 큰 무리 없이 멘토 멘제가 충분한 기간을 갖고 목표달성에 효과적으로 대응하게 된다. 참고로 멘토링 활동 목표별로 권장 기간을 아래 내용으로 기술한다.

1) **OJT 멘토링** − 최소 **6개월**(업무별로 연장 가능함, 사실은 **OJT**는 멘토링이라 부르기 곤란함)
2) 신입사원 멘토링 − 최소 12개월
3) 경력개발 멘토링 − 최소 12개월(업무별로 연장 가능)
4) 노사화합 멘토링 − 최소 12개월
5) 지식기술 이전 멘토링 − 최소 2년(특수기술은 연장 가능함)
6) 핵심인재개발 멘토링 − 최소 5년(최고경영자 대상은 연장 가능함)

우리 속담에 우물에서 숭늉 구한다는 말이 있다. 멘토링 활동은 인재개발이 목적이다. 조직에서 멘토링을 통한 인재개발의 의미는 협의적 차원에서 멘제를 자신과 같은 멘토라는 리더로 재생산을 의미한다. 그러므로 최소한 회계 기간인 1년의 기간은 적극 지원해 주고 그 후 절차에 의하여 평가 결과를 지켜보면 된다.

3) 멘토 / 멘제 미팅 횟수

멘토 / 멘제의 미팅 횟수는 조직에서 주간 1회, 월간 1회 등 최소한의 횟수를 정해 주어야 한다. 왜냐하면 두 사람의 정규업무 사정에 따라 신축적으로 횟수가 변동되면 큰 차질이 올 우려가 있기 때문이다. 일반적으로 활동 기간이 1년 넘게 길면 월 1~2회, 활동 기간이 짧으면 주 1회가 효과적이라고 본다.

그 후 더 횟수를 추가하는 것은 간여할 성질이 아니다. 그리고 최소한 정해 준 횟수는 챙겨야 하는데 모니터는 월간 멘토 보고서에 만난 내용을 보고받으면 된다.

4) 멘토 / 멘제 미팅장소

멘토 / 멘제의 미팅장소는 크게 사내와 사외 두 가지로 나눌 수 있다. 초창기에는 대부분 개인 시간을 보호하는 차원에서 근무시간 내 사내에서 미팅을 하게 된다. 그러나 3개월쯤 지나 서로 간 만나 정을 서로 느낄 때가 되면 구태여 시간 내 사내라는 등식이 맞지 않게 되고 근무시간 외에 자연스러운 미팅이 이뤄진다. 여하간 멘토 / 멘제가 알아서 결정할 일이다. 가능한 효과적인 면에서는 시간 외에 사회의 어느 한 곳에서 미팅이 이뤄지기를 기대한다. 조직에서는 좋은 장소를 물색해서 웹 사이트나 사내 게시판에 공고하는 것은 멘토 / 멘제에게 크게 도움을 주는 것이 된다.

5) 멘토 / 멘제 미팅일자

멘토링 활동이 개시되고 멘토 / 멘제가 염려하는 것이 "과연 현재 상급자 밑에서 정규업무를 다루면서 미팅에 나갈 수 있을까?"이다. 조직에서는 이 점을 감안하여 이왕 예산과 인력을 들여 멘토링을 도입했으므로 각 과정에서 과감한 결단을 필요로 한다. 바로 미팅일자를 CEO의 결재를 얻어 양성화해 주는 일이다.

이 점은 대부분 멘토링 도입업체에서 받아들여져 멘토링데이(**Mentoring Day**)라는 공식 명칭으로 특정 요일을 선포함으로 미팅을 활성화하는 좋은 계기를 만들어 주었다.

"교육은 사람을 변화시킬 수 없다. 습관이 사람을 변화시킨다는 말이 있다." 염려가 되는 것은 멘토링 특강 몇 시간 수강하고 멘토/멘제를 연결하여 그 이후 아예 프로그램을 진행하지 않는 업체가 수두룩하게 있다는 현실이다. 멘토링에서 멘토/멘제의 미팅은 습관화되어 한다. 미팅 없는 멘토링의 성공은 산에서 물고기를 구하는 이치와 같다고 본다.

6) 활동 경비 충당

멘토링 선진국인 미국에서는 멘토링 단체 대부분이 비영리 재단(1904년 설립한 BBS를 비롯하여)으로 정부공적 자금이나 개인 기부금으로 소요 경비를 충당하고 있다. 그러나 국내에서는 아예 기부문화의 후진성과 멘토로서 헌신 봉사 정신을 기대하기 어렵기 때문에 북미 지역 운영 스타일과는 다른 체계가 요구되고 있다.

멘토링코리아에서는 조기역량개발이라는 기법으로 인재를 투자개념에서 성과 측정을 통한 생산성 확보와 연결하여 영리기업으로 멘토링 체계를 운영하고 있는 현실이다.

그러한 원리에서 조직에서 정상적인 투자 개념으로 멘토링 프로그램을 다루어 주기를 기대하며 특히 멘토는 정규업무와 멘토링 업무 등 두 가지 업무 실적을 거두어야 하므로 당연히 차별된 물심양면의 대가를 지불해야 하는 것이 당연하다고 본다. 멘토의 교육비, 멘토의 활동비, 멘토 시상비 등이다. 참고 현재 멘토/멘제 월간 활동비는 처음 도입 50,000, 계속 도입업체 100,000원 정도로 책정되어 있다.

 # 2. 멘토링 활동프로그램 유형 모델

1) 개인활동 프로그램

멘토링 활동에서 가장 큰 핵심이 멘토/멘제 한 쌍, 즉 멘토링 셀(**Mentoring Cell**) 이 첫째는 자연스럽게 둘째는 자생력으로 활발하게 활동해 주는 것이다.

　외형적으로 아무리 투자가 많고 형식적인 프로그램이 잘 갖춰졌더라도 이 셀이 움직이지 않으면 성과는 기대할 수 없는 것이다.

　멘토링 추진 팀은 멘토의 자생력을 위해 최대한 지원하도록 하고 가능한 관리(**Control**) 의식은 떨쳐 버려야 한다. 자연 번식하는 세포의 원리를 그대로 적용해야 한다.

　멘토/멘제가 개인 미팅 시 할 수 있는 프로그램을 아래 내용으로 소개한다. 각 조직마다 나름대로 특징 있게 준비하여 멘토/멘제가 자유롭게 선택하는 데 도움을 주기 바란다.

(1) 정기미팅활동

　조직에서 제시한 정기 미팅 일에 만나서 두 사람이 진행할 프로그램이다. 주로 인격지수 업그레이드에 관한 대안으로부터 시작하여 한 주간의 동향 회사 내외 주요사항들을 다루고 가장 주요한 개인개발의 목표의식과 조직개발의 목표 의식에 열려 있어야 한다.

(2) 스포츠활동

　멘토/멘제가 다양한 스포츠—테니스, 탁구, 골프, 헬스, 등산, 수영 등—중에서 직접 선택하여 미팅 일에 체력 단련 겸 건강지수 업그레이드 차원에서 프로그램을 갖는다.

(3)친목활동

　멘토/멘제가 미팅 일에 친목식사, 분위기 있는 카페, 공원산책 등의 프로그램을 갖는다.

(4)학습활동

　멘토/멘제가 고시, 자격증, 학위, 리포트작성, 과제 풀이 프로젝트 등에 필요한 학습자료를 준비하고 특별히 세미나나 교육 등에 직접 참여하는 프로그램을 갖는다.

(5)가정방문

　멘토/멘제가 사전에 합의하여 상호 가정 방문하여 친목을 겸하여 미팅을 갖는다.

(6)봉사활동

멘토/멘제가 주위 청소나 이웃돕기, 양로원, 고아원 등 시설을 찾아가 사회봉사 프로그램을 갖는다.

(7)문화활동

멘토/멘제가 콘서트 관람, 미술감상, 고적답사, 운동경기참관, 서점 등을 찾아 문화활동 프로그램에 참가한다.

2) 그룹활동 프로그램

멘토링 활동은 자발적 참여가 성공의 지름길이 되기 때문에 가능한 조직 전체가 지원 분위기조성에 각별히 관심을 가져야 한다.

가장 효과적인 지원은 CEO의 관심사다. 최근에 CEO가 직접 사원을 챙기는 예가 자주 매스컴에서 볼 수 있는데 아마 인간존중 경영의 시대적인 흐름으로 생각한다.

멘토링 계획을 수립할 때 처음부터 CEO를 멘토링 영역에 두어야 한다. 그래서 멘토/멘제 결연식 때부터 친해질 수 있도록 참석해서 주례를 하고 사진을 찍고 선물도 직접 챙겨 주어야 한다. 부득이 불참할 경우에는 소상히 사정을 알리고 임원이 반드시 대행해야 한다.

멘토/멘제가 출발 Workshop할 때 대부분 색다른 경험을 하게 되어 감격을 맛보는 사람이 대부분이다. 그러나 교육의 효과는 3개월 가지 못한다고 한다. 그러므로 분기별로는 CEO 참여하에 격려 모임을 갖고 보수교육 등 전체 분위기를 높이는 게 효과적이다.

다음 프로그램은 멘토/멘제 전체 그룹이 분기별로 하나씩 선택하여 멘토링 열정을 돋우는 프로그램으로 활용하도록 소개한다.

(1) 분기그룹미팅

멘토링 추진 팀 주관으로 멘토/멘제가 활동 개시 후 분기별로 갖는 전체 모임이다. CEO 참석하에 자유토론, 건의사항, 격려사, 보수교육, 친목 식사 등을 내용으로 하는 프로그램을 갖는다.

(2) 야외활동

멘토링 추진 팀 주관으로 멘토/멘제 전체가 등산, 마라톤, 운동, 수영대회 등을 내용으로 프로그램을 갖는다.

(3) 학습활동

멘토링 추진 팀 주관으로 멘토/멘제 전체가 모여 자체적으로 주제발표, 사 내외 강사, 초등, 특강, 수강, 학술발표회, 고적답사, 프로젝트, 성공사례 등을 내용으로 프로그램을 갖는다.

(4) 독서활동

멘토링 추진 팀 주관으로 멘토/멘제 전체 대상으로 신간 발표회 독서그룹 운영 전문서적 공람 교양서적 공람 독후감 발표 등을 내용으로 프로그램을 갖는다.

(5)봉사활동

멘토링 추진 팀 주관으로 멘토/멘제 전체가 지역청소, 환경운동참여, 병원봉사, 이웃돕기 행사, 꽃동네방문, 자선바자회 등을 내용으로 프로그램을 갖는다.

평가제도

Tool 10

    멘토링을 일정 기간 프로젝트 개념으로 도입한다고 볼 때 가장 중요한 것이 활동 평가방법이다. 교육 차원에서 멘토링을 다룰 때는 간단한 교육 커리큘럼으로 충분할 수 있지만 일정 기간 6개월이나 12개월 등 기간이 주어질 때 그 기간에 상응하는 평가제도가 제대로 갖춰 있지 않으면 성공률을 높일 수 없다.

    그러므로 평가부분은 처음부터 성과지표를 제대로 설정하고 중간평가 최종평가 등에서 제대로 시행하는 것이 필수적이다.

① 평가의미

- 멘토링 활동은 먼저 3가지 투자가 이뤄진다. 사람투자, 시간투자, 자금투자다. 기업의 투자 회수는 기본적이다. 멘토링의 평가는 투자에 관한 생산성 여부를 점검하는 차원에서 당연히 해야 한다.
- 또 한편에서는 멘토링 활동에 참여하는 인력(멘토링 위원장 추진 팀, 모니터, 멘토/ 멘제 등)에 대한 책임감과 목표의식을 넣어주는 차원에서 평가가 있다.

② 평가목적

- 멘토링 평가의 목적은 멘토/ 멘제의 동기부여 차원에서 이뤄진다. 구체적으로 평

가결과에 따라 포상하고 칭찬하기 위한 자료를 얻는 것이다. 일반 정규업무 평가
는 포상과 벌이 주어지는데 멘토링에서의 평가는 포상만을 주는 것이 특징이다.

③ 평가 주기

- 분기별 중간평가 - 멘토링 활동 중, 즉 분기별로 평가한다.
- 결과 및 최종평가 - 멘토링 활동 종료 시에 평가한다.

④ 평가대상

- 개인 평가 - 멘토와 멘제의 개인역량평가를 한다.
- 그룹 평가 - 멘토링 쌍 전체를 평가한다.

⑤ 평가방법

- 정량평가 - 평가의 결과를 숫자로 표시하는 것을 생산성 측정 평가라고 한다.
- 정성평가 - 교육만족도, 애사심측정, 멘토링활동만족도 등으로 심적인 평가이다.

# 1. 멘토링 도입과정 점검사항

1) 멘토링 도입과정 점검사항 - 9

멘토링 도입을 앞두고 조직 내에서 가장 많이 거론되는 9가지 사항을 선발하여
아래 내용으로 해결 방안을 제시한다.

1 제도적 멘토링에 대한 회의적 내지 적대적 태도가 보일 때
2 멘토링 프로그램을 "실행"하는 절차가 단순하고 알기 쉽다는 가정을 할 때
3 자질과 관심 있는 멘토 자원이 부족하다는 점
4 소외감을 느끼고 화를 내는 직속상사나 부서장이 있을 경우

5 선발에 제외된 조직 구성원들의 거부감이 표출될 경우

6 멘토와 멘제가 직접 만날 시간과 기회가 부족하다는 이야기가 있을 때

7 참가자들의 준비 부족이 엿보일 때

8 참가 시기가 다른 멘토 / 멘제의 입장 표명이 있을 때

9 프로그램 세부내용에 대한 실천 미흡한 상황이 전개될 때.

2) 점검사항-9 대안 체크리스트

NO	문 제	증 상	원 인	해 결 방 안
1	제도적 멘토링에 대한 회의적 태도	- 충격적인 반응 표현 - 점잖은 거절 - "농담하시는 거죠" - 화를 내거나 - "지금까지 내가 들어 본 것 중 가장 조직적	- 과거의 프로그램에서 부정적인 경험 - 최고경영진이 대수롭지 않게 여김 - 조직적인 분위기가 원인	- 일부 인원 대상 인터뷰타이밍 +지원세력=도입추진 - 회의론자는 교육+타사 성공담 - 지지 그룹의 소규모 파일로트 프로그램으로 시작 - 회의론자의견 경청▶실패요소
2	멘토링은 단순하고 쉽다는 가정	- 멘토링 강연을 듣거나 읽고서 들뜸 - 무슨 문제에 직면하는 줄 모르고 열정적으로 시작	- 멘토링 하는 데 무슨 시간, 돈, 직원 컨설턴트가 필요하나? 그냥 하지…… - 모르는 것이 무엇인지 모름	- 회의에서 검증 질문▶멘토 / 멘제가 역할 수행하도록 어떻게 도와줄 건가요? - 정보조사▶멘토링 후원자에게 호의적인 기사부탁
3	자질과 관심 있는 멘토 자원의 부족	- 멘토 후보 유자격자 찾기가 어렵다. - 너무 많이 참가해서 질림 - 과거 활동에 실망	- 너무 바쁘다 - 너무 내성적으로 지원 안 함 - 기여도를 깨닫지 못함	- 고위직급 멘토는 활동을 즐김. 업무의 최우선순위 - 시간과 지원 한계 설정 - 멘제의 기대치가 현실적이 되도록 초기에 기대치 표명 - 내성적 멘토는 참가 독려(기여사항 상기시킴) - 싫증내는 멘토도 훌륭한 정보의 원천▶질문
4	소외감을 느끼고 화를 내는 상사	- 불편한 삼각 / 사각 관계 - 제도적 멘토링 거부감	- 의욕에 넘치는 멘토가 상사 동의 없이 멘제한테 직접 정보를 주거나 초청하거나 도움을 요청	- 멘토링 특강에 우선초청 - 방문 / 서신발송 - 사전 멘토에게 참석 시간 등을 의논토록 주지 - 직속상사 가이드 개발 제공
5	선발에서 제외된 사람들의 거부감	- 멘토링 프로그램이나 매니저를 깎아내리는 말을 함 포함 요구 - 항의서 제출 - 사직	- 선발되지 못한 멘토 / 멘제 - 선발에서 탈락된 멘토 / 멘제	- 폭넓은 멘토링 실시(직급별 및 부서별 등) - 누구에게나 개방 - 사전 광범위한 홍보 - 2차, 3차 기회 부여

NO	문 제	증 상	원 인	해 결 방 안
6	멘토 / 멘제가 만날 시간과 기회부족	- 멘토들이 전화를 하지 않는다. - 멘제들도 약속한 미팅에 불참하기 일쑤	- 지리적 거리문제 - 자주 출장으로 - 멘토들이 전국 각지에 흩어져 있음 - 일부 부서장들이 멘토 / 멘제가 다른 도시에 떨어져 있으면 안 된다고 주장함	- 나중에 시간이 날 때까지 활동 연기 - 멘토 / 멘제 연결 시 지역 감안 - 자신의 한계(시간제약 및 기타 한계)를 자세히 설명 - 약속을 너무 많이 하지 않을 것 - 업무 출장 시 여비 등 미팅경비는 회사 부담 * 바쁜 멘토 시간극대화 방안 1)고객과 미팅 시 멘제 동행 2)업무 출장 시 동행 3)멘토의 프로젝트 지원, 동참 4)멘토의 전형적 업무 보여주기 5)전화, 음성 메시지 이메일 활용 6)멘토 대신해 줄 사람 우선 소개
7	참가자들의 준비부족	- 서로 만나면 무슨 일을 해야 할지 잘 알 것이라고 가정 - 어둠 속을 헤매듯 더듬거리게 되고 문제 발생에 취약 - 브리핑에 기가 질리기도 하고 너무 자신감을 갖기도 한다.	- 브로슈어나 공문에 더 이상 지침이 없음 - 한꺼번에 너무 많은 정보를 줌	- 프로그램 시작 시 브리핑 회의 소집 - 종합적인 교육 훈련 시행 - 자기 학습 자료 제공 - 집합 학습 - 프로그램 매니저나 외부 컨설턴트에 의한 1 : 1 지도 혼합
8	참가시가 다른 멘토 / 멘제	- 일일이 재설명 - 브리핑 반복 - 참가자 명단 변경 - 자료 재복사 반복	- 업무 수행, 출장, 병가, 미채용 등으로 도입 Workshop 에 참석 불가능	- 체계적 프로그램일 때는 동시에 시작 - 모든 행사 참석 요구 - 매니저나 컨설턴트에 의한 1 : 1지도 수행 - 자기 학습 자료 배부 - 참여한 멘토 / 멘제 쌍과 비공식적인 연결 브리핑 - 짝이 없는 멘제는 매니저나 모니터가 조언 역할
9	프로그램 세부사항 실천미흡	- 체계적으로 실행은 한 사람 몫의 풀타임 일거리이나 현실은 파트타임 직무부여 - 매니저가 새로 와서 경험이 없고 멘토링 프로그램 운영의 복잡성을 잘 모름	- 프로그램이 돌아가는 것만도 큰 성과로 여김 - 여러 가지 세부 내용 처리에 대한 예상을 못함 - 추가 지원 자료를 준비할 시간 부족	- 간과하기 쉬운 세부 내용들 1)참가자 외 비공식적 접촉 2)자료수정 / 확정 3)표창 / 감사의 표시 4)향후 참가자, 타 조직 매니저와 정보 교환 5)사 내외 홍보 6)다양한 데이터 수집 - 마스터 점검표 작성 - TFTeam 업무 분담 - 지원 인력 활용(HR 부서 / 외부 컨설턴트) ▶ 1)자료 준비 2)홍보기사 문안 작성 3)참가자에게 서신 4)참가자와 1 : 1 지도

 # 2. 시스템 운영 팀원 점검사항

멘토링 활동은 사람과 사람과의 관계이기 때문에 그 조직의 지도자급이나 인재개발 환경여하에 따라 효과성이 크게 좌우된다. 특히 아직은 생소한 멘토링 기법이 조직에서 성공하기 위해서는 충분한 시간을 갖고 지도자, 구성원, 추진 팀, 멘토 등이 먼저 멘토링에 올바른 지식을 가져야 하고 아울러 조직 구성원의 공감대 형성이 무엇보다 중요하다.

이 점에 유의하여 도입한다면 실패를 줄이면서 성공을 보장할 수 있다. 또한 멘토링 활동은 일정 기간 지속되어야 함으로 그때마다 보수교육과 중간 부분 평가가 제대로 이뤄져야 한다.

아래 평가기준은 멘토링 활동 전과 중간 및 완료 후에 성공촉진을 위하여 운영 팀에 관한 점검사항으로 활용하면 된다.

운영 팀 점검 6가지 기준

기준 1. 지도자급에서 멘토링을 얼마나 알고 있는가?

기준 2. 구성원들의 공감대 형성이 되어 있는가?

기준 3. 멘토링 추진 팀이 전문지식을 갖고 있는가?

기준 4. 제도적 Mentoring에 의한 프로그램 체계를 도입했는가?

기준 5. 회사에서 동기부여를 제대로 하고 있는가?

기준 6. 멘토들의 자생력이 제대로 발휘되고 있는가?

기준1 지도자급 점검	사장, 임원, 실장, 원장, 부장급	비 고
1. 멘토링을 체험한 사람은 누군가?		
2. 멘토링 강의를 들은 사람은 누군가?		
3. 성공 사례 등 자료를 읽은 사람은 누군가?		
4. 멘토링의 내용을 전해들은 사람은 누군가?		
5. 현재 적극 지원하는 사람은 누군가?		

기준2 구성원공감대 점검	대상 – 구성원공감대	비고
1. 멘토링에 대한 기본교육을 받은 적이 있는가?		
2. 멘토링에 대한 훈화를 들어 본 적이 있는가?		
3. 멘토링에 대한 서적을 읽어 본 적이 있는가?		
4. 인터넷상에서 멘토링을 접해 본 적이 있는가?		
5. 추진 팀에서 사내 On, Off Line으로 홍보했는가?		

기준3 추진 팀 전문지식 점검	대상 – 추진 팀원	비고
1. 멘토링 5시간 특강 기본학습 이수자는 누군가?		
2. 멘토링 20시간 전문가 과정 이수자는 누구인가?		
3. 멘토링에 대한 강의를 할 수 있는 사람은 누구인가?		
4. 멘토링 지도사 자격 취득자(80시간 이수자)는 누구인가?		
5. 멘토링 매니아(Mania)라고 생각하는 사람은 누구인가?		

기준4 제도적 멘토링 점검	대상 – 도입체계사항	비고
1. 분명한 활동목표와 일정 기간이 설정되었는가?		
2. 멘토와 멘제 그룹에 대한 선정기준이 있는가?		
3. 멘토와 멘제의 연결 Tool을 사용하고 있는가?		
4. 멘토링 정규 및 특별 교육 프로그램이 있는가?		
5. 멘토링 시스템 4과정 운영 매뉴얼을 활용했는가?		

기준5 조직의 동기부여 점검	대상 – 동기부여 사례들	비고
1. 멘토링에 대한 각종 교육 지원이 이뤄지고 있는가?		
2. 멘토링데이(Mentoring Day)가 있는가?		
3. 멘토와 멘제의 월간 활동비가 적절한가?		
4. 우수 멘토와 우수 쌍의 시상하는 제도가 있는가?		
5. 회사 내외에 적절한 홍보가 이뤄지고 있는가?		

기준6 멘토들의 자생력 점검	대상 – 멘토 / 멘제	비고
1. 멘토의 선발이 자의적으로 이뤄졌는가?		
2. 멘토가 정규교육을 받았는가? 그리고 보수교육 계획은?		
3. 멘토들의 육성(Follow Up)대책은 무엇인가?		
4. 멘토가 멘제 개발을 위하여 전결권을 행사하고 있는가?		
5. 멘토에게 조직에서 물심양면으로 지원책은 무엇인가?		

3. 멘토링 만족도 설문도구

1) 멘토링 교육만족도 진단도구

NO	부 문	설문내용	득점표시					만점100점
			5	4	3	2	1	
1	교 육	교육일정 및 전체시간 적정 여부						
2		교육과정 커리큘럼의 적정 여부						
3		교육 방향이 회사와 연관 여부						
4	교 재	수강 교재의 편집 및 제본 사항						
5		수강 교재 교육 내용에 관한 사항						
6		보조교재(영상, 예화)사용에 관한 사항						
7	강 사	강의기술 - 표현 예화 사례동영상 등						
8		강의 태도 - 진지함 답변자세						
9		강의 내용 전달 정도 - 교재 내용 전달						
10	수강자	멘토링에 관한 일반적인 숙지도						
11		멘토링에 관한 전문가로 자신감(멘토)						
12		멘토링에 관한 인재개발 중요도						
13		멘토링에 관한 멘제 육성 사명감(멘토)						
14		멘토링 활동에 관한 성공 예칙률						
15		금번 멘토링 교육에 만족도						

- 금번 교육을 요약해서 평가한다면
  1
  2
  3
  4
  5
- 금번 교육에서 인상 깊은 강사 이름은 -
  순위1
  순위2
  순위3

2) 멘토링 관계만족도 진단도구

(1) 멘토링 활동에서 관계 만족도는?

NO	설문 내용	안 좋음 - 좋음				
1	우리는 마음을 터놓고 자유롭게 대화한(했)다.	1	2	3	4	5
2	우리의 대화는 매우 의미가 있(었)다.					
3	나의 멘토는 적절한 지도와 지식을 제공해 준(주었)다.					
4	우리는 서로 관심을 기울이고, 이를 해결하기 위해 노력한(했)다.					
5	우리의 관계는 프로그램이 끝나도 지속될 것이다.					

(2) 멘토링 활동 중 미팅 시 만난 장소는?

①

②

③

④

(3) 멘토링 과정에서 겪은 힘들었던 점은?

①

②

③

④

(4) 멘토링 과정에서 성공적인 이야기는?

①

②

③

④

(5) 멘토링 과정에서 귀하는 앞으로 어떤 도움을 얻을 수 있겠는가?

   ①

   ②

   ③

   ④

3) 멘토링 활동만족도 진단도구

멘토링 프로그램을 완료한 후, 빠른 시일 내에 이 평가 설문을 작성하라. 프로그램 매니저는 이 설문을 사전에 분석하여 멘토링 최종평가자료로 활용한다. 그러므로 멘토와 멘제는 질문에 솔직하게 답하고 필요하다면 여분의 종이를 사용해도 좋다.

  *멘토 이름(   )   *멘제 이름(   )   *작성일자:

1 멘토링 전체 활동 과정에서 개인적인 경험은 어떠했는가?

  그저 그렇다------1 2 3 4 5 -------정말로 즐거운 시간이었다.

2 전체적으로 멘토링 프로그램에 대한 효율성은 어느 정도였다고 생각하는가?

  저조하다-------1 2 3 4 5--------훌륭하다

3 멘토링 과정에서 가장 힘들었던 부분은 무엇인가?

  1)

  2)

  3)

4 멘토링 과정에서 어떤 점을 보완하면 더 좋은 멘토링이 될 것이라고 생각하는가?

  1)

  2)

  3)

5 어떤 점을 보완하면 멘토 / 멘제에게 더 좋은 경험이 될 것이라고 생각하는가?

1)

2)

3)

6 다른 멘토에게 어떤 권면을 해주고 싶은가?

7 상호 간 계속해서 연락할 생각이 있는가?

8 앞으로 다음 기회의 멘토링 참여자에게 부탁하고 싶은 말은?

1)

2)

3)

9 멘토로서 다음 기회에 또 다른 멘토링 활동에 참여할 생각이 있는가?

참여하지 못하겠다. ――――――1 2 3 4 5――――――꼭 참여하겠다.

10 멘제로서 다음 기회에 멘토로서 참여할 생각은 있는가?

참어하지 못하겠다. ―――――1 2 3 4 5――――――꼭 참여하겠다.

4) 멘토링 회사만족도 진단도구

멘토링 활동의 목표는 개인개발을 통한 조직의 목표 달성을 추구하는 것이다. 멘토링이 인간성에 몰입하다 보면 자칫 개인 간의 모임 활동으로 편협된 방향으로 기울 수 있는 점을 간과해서는 안 된다. 그러므로 멘토링 추진자는 개인 개발과 조직 개발이라는 두 바퀴를 균형 있게 조율해야 한다.

아래 설문은 멘토링 참여자의 회사만족도 상승률을 체크하는 진단도구로 사전에 설문 내용을 충분히 인지하고 긍정적인 평가가 나올 수 있도록 관심을 가져야 한다.

조직의 형편에 따라 중간평가와 최종평가 등으로 나누어 평가하는 것이 효과적으로 생각한다.

설문진단도구	안 좋음 - 좋음
1 멘토링에 대한 인지도는?	1 2 3 4 5
2 나의 직장 내 인간관계는?	1 2 3 4 5
3 담당업무의 만족도는?	1 2 3 4 5
4 멘토링의 활동이 업무와 연결 정도는?	1 2 3 4 5
5 상사의 멘토링 지원 정도는?	1 2 3 4 5
6 멘토링이 우리 조직에 도움 정도는?	1 2 3 4 5
7 멘토링 관리자가 지원 역할수행 정도는?	1 2 3 4 5
8 멘토링 목적이 현실적으로 실현 정도는?	1 2 3 4 5
9 멘토링이 업무능력 향상에 도움 정도는?	1 2 3 4 5
10 조직에서 멘토링 지원에 만족 정도는?	1 2 3 4 5
11 멘토링을 통해 조직이 나를 개발한 정도는?	1 2 3 4 5
12 멘토링 이후에 애사심이 높아진 정도는?	1 2 3 4 5

5) 멘토링 활동 모니터링 평가도구

멘토링 활동이 진행되는 동안 또는 종료 후에, 반드시 그 활동성과를 모니터링하는 작업이 필요하다.

다음과 같은 정성적 설문을 통해 멘토와 멘제가 느낀 멘토링 활동의 효과성을 분석해 볼 수 있다. 진단 결과는 서로에게 피드백을 해주거나, 멘토링 관계자들이 모두 참석하여 토론하는 데 활용할 수 있다.

설 문 내 용	답 변
1 만남의 양과 질-Meeting 1) 주로 언제, 어떤 상황에서 만났습니까? 2) 일반적으로 만나서 무엇에 대해 이야기를 했습니까? 3) 현재 어떤 목적을 위해 만나고 있습니까?	
2 상호 관계-Relationship 1) 산호 관계를 맺어 활동하면서 특별히 좋았던 점은? 2) 지금까지 관계를 유지하면서 가장 큰 어려움은 무엇이었습니까? 3) 멘토링 관계를 향상시키기 위해 좀 더 필요한 것이 있다면?	

	불만족-만족

3 업무의 효과성-Learning
  1) 서로에 대해 어떤 점을 배웠습니까?
  2) 서로에 대한 업무능력을 향상하는 요건으로는 어떤 것들이 있었습니까?
  3) 멘제는 업무능력 향상률을 몇 %로 볼 수 있습니까?	

4 멘토 / 멘제 신뢰성-Integrating
  1 우리의 연결은 상호 욕구를 충족시키고 있다.
  2 우리는 서로 정기적으로 만난다.
  3 우리는 미팅시간을 효과적으로 활용하고 있다.
  4 우리가 무엇을 할 것인가에 대해 명확히 알고 있다.
  5 우리는 상호 하는 말을 정확히 이해하고 있다
	
	1 2 3 4 5
	1 2 3 4 5
	1 2 3 4 5
	1 2 3 4 5
	1 2 3 4 5

6) 멘토용 활동 종합 평가

멘토 성명:

(1) 멘토가 느끼는 멘제의 변화

* 멘제에게 얼마나 많은 긍정적인 변화가 있었습니까?

NO	설문 내용	많은 변화 – 변화 적음				
		5	4	3	2	1
1	행동이나 자신에 대한 / 자신감					
2	당신에 대한 개방성					
3	당신에 대한 신뢰성					
4	그룹활동에의 참여도					
5	미래에 대한 비전					

(2) 멘토 자신의 변화

* 멘토링 경험이 당신의 삶에 대한 생각과 태도에 긍정적인 영향을 주었다고 느끼십니까?

예(   )   아니오(   )

NO	설문 내용	많은 이익 － 이익 적음				
		5	4	3	2	1
1	나 자신에 이익					

(3) 멘토링 프로그램

* 아래 용어 설명을 참고하여 자신이 해당하는 곳에 V표시하고 기타 사항은 자세히 하세요.

용어설명
개별활동: 멘토와 멘제가 1 : 1로 보낸 시간
그룹활동: 멘토 / 멘제 전체 쌍이 활동한 시간

1. 개별활동에 프로그램의 내용에 만족하십니까?(아래 2번과 3번에 기록)
   매우 만족 ------- 1 2 3 4 5 ------- 매우 만족하지 않음

2. 만족 이유는?

3 불만족 이유는?

4. 개별활동 프로그램의 횟수에 대해 만족하십니까?
   매우 만족 ------- 1 2 3 4 5 ------- 매우 만족하지 않음

5. 개별활동 프로그램의 방법에 대해서 만족하십니까?
   매우 만족 ------- 1 2 3 4 5 ------- 매우 만족하지 않음

6. 개별활동 프로그램 중 가장 기억에 남는 프로그램이 있다면 3가지만 적어 주세요.
   1)
   2)
   3)

7. 그룹활동 프로그램의 내용에 대해서 만족하십니까?(아래 8번과 9번에 기록)

   매우 만족 ------- 1 2 3 4 5 -------- 매우 만족하지 않음

8. 만족 이유는?

9. 불만족 이유는?

10. 그룹활동 횟수에 대해서 만족하십니까?

   매우 만족 ------- 1 2 3 4 5 ------- 매우 만족하지 않음

11. 그룹활동 방법에 대해서 만족하십니까?

   매우 만족 ------- 1 2 3 4 5 -------- 매우 만족하지 않음

12. 그룹 프로그램 중 가장 기억에 남는 프로그램이 있다면, 3가지만 적어 주세요.
   1)
   2)
   3)

13. 전체 진행 프로그램 중 재미없었거나, 바뀌었으면 하는 프로그램이 있었다면
   자유롭게 적어 주세요.
   메모:

14. 프로그램 중 이런 프로그램이 있었으면 좋겠다고 생각되는 행사나 활동이 있
   었으면 자유롭게 적어 주세요.
   메모:

 (4) 자신의 멘제에 대한 질문

1. 자신의 멘제에 대해서 만족하셨습니까?(아래 2번과 3번 기록하세요)
   매우 만족 ------- 1 2 3 4 5 ------- 매우 만족하지 않음

2. 만족 이유는?

3. 불만족 이유는?

4. 멘제와 관계에서 이런 점은 개선되었으면 좋겠다는 점이 있다면 자유롭게 적어
   주세요.
   메모:

 (5) 추진 팀원(매니저 모니터 등)에 대한 질문

1. 회사에서 진행된 멘토링 프로그램 전체에 대해 만족하십니까?
   매우 만족 ------- 1 2 3 4 5 ------- 매우 만족하지 않음

2. 회사에서 제공된 장소에 대해 만족하십니까?
   매우 만족 ------- 1 2 3 4 5 ------- 매우 만족하지 않음

3. 도움이 필요할 때 회사에 적극적으로 도움을 요청하셨습니까?
    1) 예 (   )   2) 아니오 (   )

4. 아니오 이유는?
    메모:

 (6) 멘토링 활동 전반에 대한 질문

1. 당신이 멘토링 활동 기간 중 멘제와 몇 회 만났습니까?
    1)직접미팅: 총 회   2)전화 및 기타 면담: 총 회

2. 당신이 멘제를 만날 때 1회에 소비된 평균 시간은 어느 정도였나요?
    0.5시간( )   1시간( )   1.5시간( )   2시간( )   2.5시간( )

3. 당신이 멘제를 만나 주로 한 미팅 소재는 무엇입니까?

   1)인성상담 2)진로상담 3)자격시험 4)업무지도 5)조직경영 6)친목교제

4. 당신이 주로 진행한 활동에 대해 만족하십니까?

   매우 만족 ------- 1 2 3 4 5 ------- 매우 만족하지 않음

5. 멘토링 활동을 진행하면서 멘제와 관계가 좋아졌습니까?

   매우 만족 ------- 1 2 3 4 5 ------- 좋아지지 않음

6. 멘토링 활동이 가장 유익했다고 생각되는 점은 무엇입니까?

   1)개인성장 2)관계개선 3)타인배려 4)업무능력 향상 5)애사심

7. 멘토링 활동 중 가장 어려웠던 점은 무엇입니까?

   1) 활동비 2)시간할애 3)업무에 지장 4)여가활동 못한 점 5)멘제와 관계

8. 앞으로 멘토링 활동에 다시 할 의향이 있습니까?

   매우 그렇다 ------- 1 2 3 4 5 -------매우 그렇지 않다

7) 멘제용 활동 종합 평가

멘제 성명:

(1) 멘제가 느끼는 자신의 변화

가. 다음 각 문항에 대해서 어떤 변화가 있었습니까?

NO	설문 내용	많은 변화 - 변화 적음				
		5	4	3	2	1
1	구성원과 관계 변화 정도					
2	업무에 관한 능력 향상도					
3	커뮤니케이션 활성화 변화 정도					
4	타인을 배려하는 마음					
5	회사에 대한 긍정적 사고 변화					

나. 멘토링 경험이 당신의 삶에 어떤 영향을 주었다고 느끼십니까?

   1)

   2)

   3)

   4)

   5)

   6)

(2) 멘토링 프로그램

* 아래 용어 설명을 참고하여 자신이 해당하는 곳에 V표시하고 기타 사항은 자세히 하세요.

용어설명

개별활동: 멘토와 멘제가 1 : 1로 보낸 시간

그룹활동: 멘토 / 멘제 전체 쌍이 활동한 시간

1. 개별활동에 프로그램의 내용에 만족하십니까?(아래 2번과 3번에 기록)

   매우 만족 ─ ─ ─ ─ ─ ─ ─ 1 2 3 4 5 ─ ─ ─ ─ ─ ─ ─ 매우 만족하지 않음

2. 만족 이유는?

3. 불만족 이유는?

4. 개별활동 프로그램의 횟수에 대해 만족하십니까?

　　매우 만족 ------- 1 2 3 4 5 ------- 매우 만족하지 않음

5. 개별활동 프로그램의 방법에 대해서 만족하십니까?

　　매우 만족 ------- 1 2 3 4 5 ------- 매우 만족하지 않음

6. 개별활동 프로그램 중 가장 기억에 남는 프로그램이 있다면 3가지만 적어 주세요.

　　1)

　　2)

　　3)

7. 그룹활동 프로그램의 내용에 대해서 만족하십니까?(아래 8번과 9번에 기록)

　　매우 만족 ------- 1 2 3 4 5 ------- 매우 만족하지 않음

8. 만족 이유는?

9. 불만족 이유는?

10. 그룹활동 횟수에 대해서 만족하십니까?

　　매우 만족 ------- 1 2 3 4 5 ------- 매우 만족하지 않음

11. 그룹활동 방법에 대해서 만족하십니까?

　　매우 만족 ------- 1 2 3 4 5 ------- 매우 만족하지 않음

12. 그룹 프로그램 중 가장 기억에 남는 프로그램이 있다면, 3가지만 적어 주세요.

　　1)

　　2)

　　3)

13. 전체 진행 프로그램 중 재미없었거나, 바뀌었으면 하는 프로그램이 있었다면
　　 자유롭게 적어 주세요.

메모:

14. 프로그램 중 이런 프로그램이 있었으면 좋겠다고 생각되는 행사나 활동이 있었으면 자유롭게 적어 주세요.
메모:

(3) 자신의 멘토에 대한 질문

1. 자신의 멘토에 대해서 만족하셨습니까?(아래 2번과 3번 기록하세요)
매우 만족 ------- 1 2 3 4 5 ------- 매우 만족하지 않음

2. 만족 이유는?

3. 불만족 이유는?

4. 멘토와 관계에서 이런 점은 개선되었으면 좋겠다는 점이 있다면 자유롭게 적어 주세요.
메모:

(4) 추진 팀원(매니저 모니터 등)에 대한 질문

1. 회사에서 진행된 멘토링 프로그램 전체에 대해 만족하십니까?
매우 만족 ------- 1 2 3 4 5 ------- 매우 만족하지 않음

2. 회사에서 제공된 장소에 대해 만족하십니까?
매우 만족 ------- 1 2 3 4 5 ------- 매우 만족하지 않음

3. 도움이 필요할 때 회사에 적극적으로 도움을 요청하셨습니까?
1)예 (   )   2)아니오 (   )

4. 아니오 이유는?

　메모:

(5) 멘토링 활동 전반에 대한 질문

1. 당신이 멘토링 활동 기간 중 멘토와 몇 회 만났습니까?
　1)직접미팅: 총 회　　2)전화 및 기타 면담: 총 회

2. 당신이 멘토를 만날 때 1회에 소비된 평균 시간은 어느 정도였나요?
　0.5시간( ) 1시간( ) 1.5시간( ) 2시간( ) 2.5시간( )

3. 당신이 멘토를 만나 주로 한 미팅 소재는 무엇입니까?
　1)인성상담 2)진로상담 3)자격시험 4)업무지도 5)조직경영 6) 친목교제

4. 당신이 주로 진행한 활동에 대해 만족하십니까?
　매우 만족 ------- 1 2 3 4 5 ------- 매우 만족하지 않음

5. 멘토링 활동을 진행하면서 멘토와 관계가 좋아졌습니까?
　매우 만족 ------- 1 2 3 4 5 ------- 매우 만족하지 않음

6. 멘토링 활동이 가장 유익했다고 생각되는 점은 무엇입니까?
　1)개인성장 2)관계개선 3)타인배려 4)업무능력 향상 5)애사심

7. 멘토링 활동 중 가장 어려웠던 점은 무엇입니까?
　1) 활동비 2)시간할애 3)업무에 지장 4)여가활동 못한 점 5)멘제와 관계

8. 앞으로 멘토링 활동에서 멘토 역할로 할 의향이 있습니까?
　매우 그렇다 ------- 1 2 3 4 5 ------- 매우 그렇지 않다

 4. 멘토 / 멘제 개인역량 평가 도구

멘토링 활동의 목표는 먼저 멘토 멘제의 개인개발목표가 이뤄진 후에 그다음 조직개발 목표와 연결되는 것이 자연스럽다고 본다.

그러므로 사전에 멘토/멘제의 개인 역량을 측정할 수 있는 지표를 설정하고 활동 당시와 활동 중과 종료 후에 3등분해서 측정이 이뤄져야 한다.

아래 내용은 멘토를 위한 개인 역량 측정과 자생력개발 측정을, 그리고 멘제를 위한 개인 역량 측정과 업무숙달 측정 등 각기 두 가지 부문을 다루었다.

측 정 구 분	측 정 부 문	세 부 사 항	평가시기			평 가 측정결과
			출 발	기 중	종 료	
멘토	역량 평가 **Star** **Game**	1)마음지수 2)기식지수 3)건강지수 4)관리지수 5)관계지수	/ 100	/ 100	/ 100	상승 %
	자생력 평가	1)소명의식 2)사명의식 3)창의의식	/ 100	/ 100	/ 100	상승 %
멘제	역량 평가 **Star** **Game**	1)마음지수 2)기식지수 3)건강지수 4)관리지수 5)관계지수	/ 100	/ 100	/ 100	상승 %
	업무 목표 관리 평가	멘토에 의한 기준 업무 1) 2) 3) 4) 5)	정상 기간 100	조기 숙달 / 100	단축 기간 %	* OJT 멘토링 * 경력개발 * 기술지식에 적용 투자액: 회수액: 회수 %

5. 멘토링 활동 그룹정량 평가 도구

어떤 경영 기법일지라도 기업의 양적 질적 효과성과 연결하지 못한다면 채택되거나 유지될 수 없는 것이다.

기업의 효과성을 위하여 만든 프로그램이 바로 7대 평가 목표율이며 이 기법을 적용하면 멘토링 추진 팀이나 멘토 등 관련된 모두가 강한 책임의식을 갖게 된다.

그러므로 멘토링 활동이 끝난 후에는 반드시 목표율에 의한 실적 평가가 나타남으로 CEO는 한눈에 생산성 효과를 점검할 수 있는 것이다.

멘토링 정량평가 기준표

정성평가-비경제성 평가 **Humanity**-인간성		정량평가-경제성 평가 **Productivity**-생산성	

* 멘토링 만족도 평가
  1 멘토링 교육만족도
  2 멘토링 관계만족도
  3 멘토링 활동만족도
  4 조직 만족도
* 멘토 자생력 상승률 평가
* 개인-PDI 상승률 평가
* 조직-HRI 상승률 평가
* 멘제 업무 조기 숙달률 평가
		1. 유지율	최종 쌍 수 / 당초 쌍 수 × 100

		2. 정착률	정착 신입원 / 당초 신입원
		3. 확보율	확보인재 수 / 목표인재 수
		4. 성과율	최종 성과율 / 당초 성과율
		5. 숙달률	최종 숙달률 / 당초 숙달률
		6. 회수율 (ROI)	총 회수액 / 총 투자액

멘토링 정량평가 적용표

1) 유지율-멘토/멘제 각 쌍이 종료까지 유지율 평가에 적용한다.
2) 정착률-신입사원이 종료 후 정착률 평가에 적용한다.
3) 확보율-핵심인재, 경력자확보율 평가에 적용한다.
4) 성과율-노사화합, 경영 지원 등 평가에 적용한다.
5) 숙달률-OJT업무숙달, 지식경영, 품질향상, R&D 향상률 평가에 적용한다.
6) 투자회수율-투자 대 회수율 평가에 적용한다.
  * 신입사원 3개월 인건비와 이직 감소인원 감안 회수액
  * 업무나 경력 조기 숙달 시에 단축 기간과 월 인건비 환산 감안 회수액

멘토 인증제도

Tool 11

 **1. 멘토 인증제도 개요**

오늘날 Hightech Dogma로 상실된 인간관계를 Hightouch Dogma로 회복하여 인간이 존중받는 사회를 이룩하는 데 멘토 인증제가 절실히 필요한 시대다.

Off Line과 On Line에서 멘토 인증에 필요한 시스템을 구축하여 멘토의 공헌을 뒷받침해 주는 멘토 인증서를 필요로 하는 개인, 기업, 국가기관에 회원제를 통하여 발행하는 제도다.

(1) 개인 회원제

개인 회원으로 개인적으로 멘토 활동에 참여할 수 있도록 기회를 제공하고 교육 훈련, 매칭, 평가 시후관리 등을 통하여 소정의 과정을 이수한 회원에 멘토 인증서를 발행하게 된다.

(2) 기업이나 단체회원제

기업이나 단체에서 소속구성원의 인성개발 차원에서 회원으로 가입하는 것을 말한다. 멘토링 활동에서 담당한 멘제를 평사원의식에서 리더의식으로 삶이 변하도록 전인적인 삶의 조언자로서 역량을 발휘하도록 하며, 멘토링을 성공적으로 이끌 수 있도록 하고 소정의 멘토링 과정을 거치면 기업이나 단체에서 원하는 소속 구성원의 멘토 인증서를 발행해 준다. 이 인증서는 **인사평가자료와** 앞으로 **멘토로서 활동**하는 데 우선적으로 활용할 수 있도록 멘토의 공헌을 감안하게 된다.

(3) 국가나 공기관회원제

멘토 인증서를 공직자 개인에게나 국가 각 기관이나 하부 기관 및 업체에서 활용할 수 있도록 정책에 반영하도록 힘쓸 것이다.

① 직장에서 인성평가자료로 활용 — 전 공공기관
② 고위관리자 인성평가자료로 활용 — 전 공공기관
③ 고교생 사회 봉사점수에 활용 — 교육인적자원부

(4) 수험생 회원제

감정적으로 예민한 중, 고교 시절에 입시라는 중압감으로 억눌려 있는 수험생에게 대화 및 진로상담으로 따듯이 접근하여 영향력을 발휘할 수 있도록 선배 대학생, 학교 및 교회선생, 대학교수, 학부모 등을 멘토프로그램에 참여케 한 후 멘토로 활동할 수 있도록 권장하는 제도다. 특별히 신간도서 |**수험생을 위한 멘토링 제도**|를 출간하여 제도를 뒷받침하겠다.

① **멘제로서 수험생 회원** — 멘토와 연결하여 일정 기간 동안 도움을 받도록 함
② **멘토로서 수험생 회원** — 멘제에게 도움 주는 멘토 활동에 참여하도록 하고 일정 기간이 지난 후에 멘토 인정서를 발행하여 사회 봉사점수에 반영토록 함

 # 2. 멘토 인증 기준표

인증부문	배 점 기 준	인증점수	기대점수	비 고
교육수강	*정규교육 시간당-1점 Silver Course-20시간 Gold Course-40시간 Diamond Course-60시간 주간 이메일학습 6월-6점 성적우수자 1회-5점		70	4~60시간 선택가능
멘토 활동	*미팅 횟수 월당-4점 *활동유지 월당-4점 친목활동　경조활동 학습활동　봉사활동 체력단련　문화활동		100	12개월 기준
활동평가	*종합평가 내역-최종 위원장 평가 자기 진단도구 작성 점검-1점 Star Game 작성 점검-1점 우수 멘토 선정-2점 우수 멘토링 쌍 선정-2점 모니터 및 매니저 설문 평가-2점 멘제의 설문 평가-5		30	12개월 기준
종합인증			200	

 # 3. 멘토 인증서 양식

멘토 인증서
Mentor Certificate

일련번호:

멘토 성명:

생년월일:

소속명칭:

활동 기간:

윗사람은 금번 아래와 같은 성적으로 멘토링 활동에 참여하였음을 인증하여 이 증서를 드립니다.

인증부문	배 점 기 준	인증 점수	권장 점수	비 고
교육수강	* 정규교육수강 시간당 – 1점		70	60시간 기준
멘토 활동	* 활동유지 월낭 – 8점		100	12개월 기준
활동평가	* 종합평가		30	12개월 기준
종합인증			200	

인증일자: 2006.11.1

인증기관: 멘토링코리아

대표 류재석

류재석(柳在碩) 멘토링코리아 대표(설립자)

(www.cmko.com / 010-6330-0574)

* 교육 및 컨설팅 실적

  1) 설립년도: 1998.2.1

  2) 교육수료자: 멘토링지도사(자격증)－143명

                전문 과정수료자－193명

                기본특강수료자－640명

  3) 컨설팅업체: 현장컨설팅 기업학교공공기관교회군대－126업체

* 연구도서 출판 실적

단행본－「멘토링 원리와 현장적용 방법」

          「멘토링 경영과 실전성공 전략」

          「멘토링 사례와 조직별 모음집」

교재용－「멘토링 시스템 운영방법」

          「멘토링 다이아몬드 리더십」

          「멘토링 현장 활동기술」

멘토링 경영과 실전 성공 전략

- 초판 인쇄   2007년 10월 15일
- 초판 발행   2007년 10월 15일

- 지 은 이   류재석
- 펴 낸 이   채종준
- 펴 낸 곳   한국학술정보㈜
            경기도 파주시 교하읍 문발리 526-2
            파주출판문화정보산업단지
            전화 031) 908-3181(대표) · 팩스 031) 908-3189
            홈페이지 http://www.kstudy.com
            e-mail(출판사업팀사업부) publish@kstudy.com
- 등   록   제일산-115호(2000. 6. 19)
- 가   격
            44,000원

ISBN   978-89-534-7685-1 93320 (Paper Book)
           978-89-534-7686-8 98320 (e-Book)